중국의 부상

동아시아 및 한중관계에의 함의

현대중국연구총서 1

중국의 부상

동아시아 및 한중관계에의 함의

전성흥·이종화 편

The Rise of China

Its Implications for East Asia and Korean-Chinese Relations

Edited by
Sung Heung CHUN, Jong Hwa LEE

ORUEM Publishing House
Seoul, Korea
2008

머리말

1990년대 중후반 무렵 미국에서 한반도 전문가로 활동하는 한 한인학자가 한국을 방문하여 중국의 부상(浮上)에 대한 국내 중국전문가들의 의견을 비공식적으로 조사한 적이 있다. "부상하는 중국의 위협에 대해 한국은 어떻게 생각하느냐"라는 설문이었다. 오랫동안 이 문구를 기억하는 이유는 처음엔 다소 생소하게 들렸지만 두고두고 이를 스스로에게 자문하지 않을 수 없었기 때문이다. 고백하건대 필자는 그런 질문에 준비가 되어 있지 않았던 터라 소극적으로 응대했을 뿐 아니라 오히려 왜 그런 질문을 하는지 의아하게 생각했다. 물론 미국 내에서 중국위협론이 제기되어 국제정치 및 중국연구 분야의 새로운 쟁점으로 부각되던 시점이었기 때문에, 미국이 중국의 등장에 대해 부정적으로 인식한다는 점은 잘 이해하고 있었다. 그런데 왜 한국도 위협적으로 느낄 것이라고 전제하는지 의아했던 것이다.

나중에 돌이켜 보니 의사소통에 문제가 있었던 것으로 스스로 풀이되었다. 미국 내 모(某)연구기관에 종사하는 재미학자로서 그는 중국의 위협을 기정사실화하고 그에 대한 한국의 입장을 물어본 것이었고, 나 역시 차후에 깨닫게 된 몇 가지 사실을 그때는 인지하지 못했던 것이다. 만약 그가 '위협

여부'에 대한 평가가 해당 국가의 '능력'과 '의지' 외에, 상대국의 주관적 '인식'에 따라 달라질 수 있다는 사실에 착안했다면, "한국은 떠오르는 중국을 위협적이라고 보느냐"라는 질문부터 시작했을 것이다. 즉 개별 국가의 국력 차이로 인해 전략적 이익의 범주가 상이하다는 사실, 따라서 중국과 패권경쟁적 관계에 있는 미국과 그렇지 않은 한국이 중국 부상에 대한 인식이 각기 다르다는 사실을 잘 이해하지 못했다면, 아마 오히려 그가 태평양 건너 있는 세계 제일의 군사대국 미국이 중국을 위협적으로 보는데, 중국과 지근거리에 있는 약소국 한국이 중국위협에 대한 자각이 없다고 의아해하며 돌아갔을 것으로 짐작된다.

반면, 필자의 생각이 짧았던 것은 현존하는 위협 외에 잠재적 위협에 대해 구체적으로 인식하지 못했다는 점이다. 당시 약 20년간 고도성장을 지속해 온 중국이 향후 한반도에 지대한 영향력을 행사하게 되고 한국은 그런 중국의 세력권을 벗어나기 힘들 것이라고는 예상했었다. 그러나 한중 수교 이후 소위 '밀월기'에 해당하는 우호적인 분위기하에서 양국 간에 오늘날과 같은 갈등과 분쟁이 있을 것이라고는 짐작하지 못했던 것이다. 그러나 얼마 지나지 않아 '중국위협'은 우리에게도 하나의 화두(話頭)로 다가왔다. 때로는 경제적인 측면에서, 때론 문화적인 측면에서 한국과 중국은 교류와 협력 이면에 많은 갈등적 문제들에 직면하게 되었는데, 한국으로서는 갈수록 그 과정을 통해 양국 간 국력 차이를 실감하지 않을 수 없기 때문이다.

재미 한인학자와의 대화는 나에게 미래에 대한 대비가 부족했음을 일깨워주는 교훈으로 남아 있다. 수교 직후 한중관계가 순조로웠던 약 10년간과는 달리 그 이후, 특히 향후 몇 년간은 양국 간에 해결이 용이치 않은 많은 난제들이 대두될 것으로 전망되는바, 그에 대한 대비가 또 부족해서는 안 될 것이다. 그렇다고 필자가 '중국위협론'을 지지하는 것도, 한중관계의 미래를 비관적으로 보는 것도 아니다. 다만 중국의 부상이 한중관계 발전뿐 아니라 동아시아 번영과 안정에 유익한 것이 되어야 한다고 생각하는데, 그러기 위해서는 우리 나름대로의 준비와 노력이 필요하다는 점을 강조하고자 함이다.

이 책의 기획은 사단법인 현대중국학회가 한중수교 15주년을 기념하기 위해 2007년 10월 '한중국제학술회의'를 개최한 데서 시작되었다. 즉 상술한 문제의식에 기초하여, 현재의 시점에서 한중 양국의 학자들이 중국 부상의 의미를 재조명해 보고 바람직한 한중관계의 발전 방향을 모색해 보자는 취지에서 학술회의를 가졌는바, 이때 발표된 논문의 수정본을 중심으로 본서를 편집한 것이다. 학술회의 발표 논문이 편집과정에서 제외되고 다른 논문으로 대체된 경우도 있는데, 거기엔 여러 가지 개별적인 이유가 있었지만 그 최종 판단은 논문의 내용과 질적 수준이 기획 취지에 부합하는지의 여부에 따른 것이다. 이런 일련의 과정을 경과하느라 국내의 관례에 비추어 다소 출판이 지연된 것으로 볼 수 있는데 이 점 집필자들에게 양해의 말씀을 구하고자 한다.

학술회의도 그러하지만, 책의 출판도 많은 분들의 도움 덕분에 결실을 볼 수 있었다. 그간 동료 및 선배 학자 — 정종호, 왕윤종, 이희옥, 은종학, 정영록, 조영남, 김태호, 한석희, 백권호, 이홍규, 장윤미 등 — 여러분들께서 물심양면으로 도와주셨지만, 드러내길 원치 않으신 분도 있을 것 같아 함자만 나열하여 그 고마움에 대신하고자 한다. 또한 당시 학회 회장을 맡은 필자와 함께 사무국장으로서 학술회의의 기획과 진행, 그리고 결과물의 출판 등에 있어서 임기 이후에도 공동편집의 수고를 헌신적으로 해준 이종화 교수께 특히 감사드린다. 그 밖에 마땅히 감사드려야 할 분들이 적지 않지만 마음으로 대신 전하고자 한다. 그래도 흔쾌히 출판에 응해주신 도서출판 오름의 부성옥 사장께는 고마움을 표해야 도리일 것 같다.

아무쪼록 현대중국학회의 [현대중국연구총서] 발간을 겸하는 본서의 출판이 하나의 계기가 되어 향후 우수한 연구성과들이 보다 지속적으로 산출됨으로써 국내 중국연구와 한중관계의 발전에 작은 밑거름이 되었으면 하는 바람이다.

2008년 9월
편집자 전성홍

차례

제1부 중국 부상의 요인과 과제

제2부 중국의 부상과 동아시아

중국의 부상

동 아 시 아 및 한 중 관 계 에 의 함 의

제3부 중국과 한국 관계의 미래

서 장

'중국의 부상', 그 배경과 함의에 대한 재평가

전성흥(全聖興)

I. 연구 기획의 목적

'중국의 부상(中國崛起)', 그것은 이제 새삼스런 일이 아니다. 누구나 인정하는 하나의 객관적 사실로 간주되기 때문이다. 중국의 부상(浮上)이 운위되는 것은 두 가지 연유에서이다. 먼저, 각종 화려한 경제 지표가 말해주듯이 중국의 급속한 성장은 그야말로 눈부신 성과를 기록하고 있기 때문이다. 예를 들면, 중국은 GDP 기준으로 1978년 세계 제27위에서 2008년 현재 제4위로 급부상했고, 무역량 기준으로는 세계 제3위의 경제대국이 되었다. 구매력(PPP)으로 환산할 경우 2000년에 이미 미국 다음으로 세계 제2위를 차지했는데 갈수록 그 격차는 좁혀지고 있다.[1] 또한 지난 30년간 연평균 9.67%의 경제성장률을 기록했으며, 특히 2003년 이후 최근 몇 년간은 두 자리

---

[1] 중국이 언제 미국을 추월할 것인지에 대해서는 꽤 여러 연구기관에서 보고서를 내고 있는데, 다음 자료에 잘 요약되어 있다. 김재철, 『중국의 외교전략과 국제질서』(서울: 폴리테이아, 2007), pp.12-14.

수의 성장률을 보여주고 있다. 1조 8천억 달러에 달하는 세계 제1위의 외환
보유액은 중국 경제가 세계경제에 미치는 영향력을 단적으로 보여주는 부분
이다. 그리고 중국의 1인당 GDP는 2001년에 1천 달러를 넘어섰고, 단 5년
만인 2006년에 그 두 배인 2천 달러를 돌파함으로써 1978년 당시 최빈국
수준에서 중위권 개발도상국 반열에 올라섰다.[2]

이와 함께 경제발전의 대외적 효과로서 국제사회에서 중국의 위상과 대
외 영향도 크게 향상되었다. 특히 이런 중국의 성장은 구소련의 붕괴로
인해 미소 양극체제라는 기존 냉전구조가 해체된 상황에서 전개됨으로써 새
로운 미국 중심의 국제질서 형성에 중대한 도전 내지 핵심 변수로 간주된다.
탈냉전 시기 국제관계연구 분야의 최대 쟁점이 "중국의 부상으로 동아시아
및 세계 질서가 어떻게 변화될 것인지"를 둘러싼 것이라는 사실 역시 중국
부상에 대한 국제사회의 관심 정도를 잘 반영해준다.[3]

물론 이에 대해 유보적 입장이 없는 것은 아니다. 경제성장 자체만 하더
라도 '거품경제'니, '차이나 리스크'니 하는 용어가 시사하듯 비판적인 평가
와 비관적인 전망들이 심심찮게 제기되고 있기 때문이다. 중국 내에 경제
및 비(非)경제적 측면에서 지속적인 성장을 가로막는 각종 장애요인이 산적
해 있다는 지적이다. 게다가 양적으론 덩치가 커졌으나 질적으론 아직 갈
길이 멀다는 것이다.[4] 그러나 그럼에도 불구하고 중국은 세계경제에 큰 파
급효과를 미칠 정도로 경제력이 신장되었고 당분간 그 성장세를 지속할 것

---

2) 중국의 이런 성장 추세에 대해선 이 책 제4장을 참조할 것.

3) 예컨대, 향후 동아시아 지역에서 안정이 유지될지 아니면 갈등이 심화될지, 부상하는
   중국이 현상유지적인지 아니면 수정주의 노선을 추구할 것인지, 주변 국가들이 중국의
   부상에 순응할 것인지 아닌지, 그리고 중국이 지역 강대국인지 아니면 지구적 차원의
   강대국으로 부상할 것인지 등의 주제들이 논쟁적으로 다루어지고 있다. 이에 대한 정
   리는 전성흥, "중국 자본주의의 발전과 세계정치에서의 위상: '중국의 부상'을 둘러싼
   논쟁과 시각,"『사회과학연구』, 제13집 2호(2005), pp.301-302 참조.

4) 이른바 지속성장의 '한계' 내지 '병목'이라고 할 수 있는데, 이에 대해서도 다수의 보고
   서가 제시되어 있다. 그중 아래의 보고서는 최근 국내 학자들에 의한 연구결과로서
   기존의 주요 연구에 대한 간략한 소개와 함께, '2012년경 중국발 위기' 가능성을 제기
   하고 있다. 백창재 외,『2012 차이나 리포트』(서울: 인간사랑, 2008).

이며, 이제 미국과 경쟁적인 관계를 형성할 정도로 국제사회에서 급부상했다는 것이 중론이다. 이는 중국의 성장과 부상에 여러 가지 문제들이 없는 것은 아니나 그런 것들이 대세를 거스를 만큼 심각하지 않거나 또는 중국 지도부에 의해 충분히 관리될 수 있다는 판단에 근거한 것이다.

이와 같이 중국의 부상은 무엇보다 개혁개방 이후 그간 중국이 보여준 눈부신 경제성장과 그에 기초한 대외 위상 및 영향력 제고라는 '현상'과 관련된 것이다. 다른 한편으로, 중국의 부상이 관심의 초점이 되는 또 하나의 이유는 지속적인 고도성장이라는 현상 이외에, 중국 부상에 대한 서구의 인식과 그에 대한 중국의 대응이라는 일련의 과정을 통해 관련 '담론'이 형성되었을 뿐 아니라 이런 담론이 개별 국가들의 외교정책 수립에 상당 부분 영향을 미쳤기 때문이다.

그중 1990년대 중반 무렵 제기된 '중국위협론(中國威脅論)'은 중국의 부상에 대한 서구 사회의 가장 대표적인 시각이자 담론이라고 할 수 있다.5) 미국은 중국의 발전과 강대국화를 억제하는 것을 탈냉전 시대 동아시아 전략의 핵심으로 삼고 있는데, 그 근거는 바로 중국위협론에 두고 있다.6) 즉 시기별로 다소 상이한 정책 패턴을 보이고는 있으나 기본적으로 미국의 대중(對中) 정책은 '중국 견제'라는 틀을 벗어나지 않는바, 그 이유는 중국이 탈냉전기 미국의 전략적 이익을 위협하는 최대의 가상 적국으로 간주되기 때문이다. 중국의 성장이 주변국가에 군사안보상 위협이 된다는 중국위협론의 논리는 미국이 호주나 일본과의 안보 협력을 강화함으로써 보다 공격적인

---

5) 중국위협론의 주요 논지와 그것을 둘러싼 논쟁은 Denny Roy, "The China Threat Issue: Major Arguments," *Asian Survey,* Vol.36, No.8(August 1996), pp.758-771에 잘 정리되어 있고, 관련된 기존 연구에 대한 소개는 다음을 참조할 것. 이내영·정한울, "국제여론을 통해 본 중국위협론의 평가와 전망," 『中蘇研究』, 제31권 2호(2007년 여름), pp.15-47.

6) Avery Goldstein, "An Emerging China's Emerging Grand Strategy: A Neo-Bismarckian Turn?" G. John Ikenberry and Michael Mastanduno (eds.), *International Relations Theory and the Asia-Pacific* (New York: Columbia University Press, 2003), pp.57-106.

정책을 수립하는 데 중요한 명분이 되는 것이다. 따라서 미국에 있어서 중국 위협론은 대중 정책의 인식론적 기초인 동시에, 명분이기도 하다.

중국으로서는 소련·동구의 몰락과 천안문사건을 통해 오히려 체제 붕괴의 위기를 경험했고 비록 우여곡절 끝에 반전에 성공해 새로운 도약을 시도하고는 있으나 이런 자신의 노력이 타국에 대한 군사적 위협으로 인식된다는 것은 부당할 뿐만 아니라 중국의 국익에도 부합하지 않는 것으로 판단했다.7) 특히 1995~96년 중국이 연출한 대만해협에서의 위기 상황은 주변 국가에 대한 중국의 군사적 위협을 구체적으로 증명해주는 실질적 사례로 간주됨으로써 중국의 대외적 입지는 더욱 좁아지게 되었다.8) 따라서 중국은 자신에 대한 국제사회의 적대적 인식에 직면하여 이를 탈피하기 위한 다양한 노력을 시도한다. 예컨대, 아시아 외환위기 시에 위안(元)화 평가절하 압력에도 불구하고 중국이 범지역 차원에서 노력한 점, 주변 국가들이 중국 부상을 저지하기 위한 '반중(反中) 연합'에 가담하지 않도록 하는 동시에 주요 강대국과 전략적 동반자관계를 구축하고 양자외교를 적극 추진한 것, 그리고 과거엔 부정적이었던 다자주의(multilateralism)를 적극적으로 받아들인 점 등이다.9)

또한 중국은 중국에 대한 우려를 불식시킬 반박 논리를 개발하는 한편, 국제사회에서 중국이 발휘할 역할을 스스로 규정하는 일련의 새로운 외교전략 개념을 제기했다. 그 기본 아이디어는 중국이 타국과의 관계에서 비(非)적대적이고 비(非)위협적인 존재라는 사실을 널리 알리는 것이다. 그리고 나

---

7) 중미 간 충돌의 불가피성을 강조한 다음 저서가 중국위협론의 대표작으로 간주되는 바, 출판되자마자 3개월 만에 중국 관영 신화출판사의 '내부발행' 형식으로 번역 출판되었는데, 이는 이 문제에 대한 중국의 민감한 반응을 잘 보여주는 것이다. Richard Bernstein and Ross H. Munro, *The Coming Conflict with China* (New York: Alfred A. Knopf, Inc., 1997); [美] 理查德·伯恩斯壇, 羅斯·芒羅, 『卽將到來的美中衝突』(北京: 新華出版社, 1997).

8) Qimao Chen, "The Taiwan Strait Crisis: Its Crux and Solutions," *Asian Survey,* Vol.36, No.11(November 1996), pp.1055-1066.

9) Avery Goldstein, "The Diplomatic Face of China's Grand Strategy: A Rising Power's Emerging Choice," *The China Quarterly,* No.168(December 2001), pp.835-864.

아가 중국이 오히려 협력적인 존재로서 국제사회의 발전과 안정에 긴요한 역할을 수행할 것이라는 점을 강조한다. 예컨대, 비록 논리구조는 평이하지만 중국위협론과 가장 잘 대비되는 개념으로서 '중국기회론(中國機遇論)'을 들 수 있다. 즉 중국의 성장이 다른 나라에 '위협'이 되는 것이 아니라 오히려 그들이 발전을 도모하는 데 도움이 되기 때문에 도약의 '기회'로 인식해야 한다는 것이다.[10] 중국 부상이라는 객관적 사실에 대한 '인식'을 둘러싸고 서구는 '위협'으로, 중국은 '기회'로 봐야 한다는 각각의 논리이다. 그런 점에서 전자가 중국의 부상을 제로섬적인 파워게임에서 본다면, 후자는 윈-윈의 공생관계로 이해시키고자 하는 것이다.

중국은 중국위협의 논리에 대해 이런 소극적인 해명과 반론을 제시하는 것에 그치지 않고, 보다 적극적으로 자신의 주관적인 의지를 표명하는 단계로 발전한다.[11] 중국이 강대국으로 부상하는 데 얼마나 많은 제약과 한계가 있는지를 열거하는 일부 논리도 있지만, 그보다 많게는 부상하는 것 자체에 대해선 중국 스스로도 인정하면서 그 성격과 결과가 외부에서 우려하는 바와 같이 그렇게 부정적인 것이 아니라는 점을 강조하는 것이다. 이런 배경하에 등장한 것이 바로 '책임대국론(負責任的大國)'이다.[12] "중국이 국제사회

---

10) 중국기회론이 처음 공식적으로 제기된 것은 1999년 주룽지(朱鎔基) 총리가 "중국경제가 세계경제에 크게 기여하기 때문에 위협이 아니라 오히려 기회로 봐야 한다"고 언급한 뉴욕 연설에서이다. *People's Daily*, April 15, 1999. 한석희, 『후진타오 시대의 중국 대외관계』(서울: 폴리테이아, 2007), p.14에서 재인용.

11) 물론 당시 서구 사회에는 중국위협론 외에 '중국분열론' 혹은 '중국붕괴론'과 같은 또 다른 극단적 시각도 존재했는데 이런 논조들도 중국으로 하여금 대응논리의 필요성을 자각하게 한 점에선 동일하다. 그러나 이는 객관적으로 그리 설득력이 높은 것이 아니었으며 무엇보다 중국위협론만큼 대외적인 파급효과가 크지 않았다고 평가된다. 따라서 중국의 대응논리는 거의 대부분 중국위협론에 대해서인데, 예를 들면 다음과 같은 유형의 논저이다. 陸鋼·郭學堂, 『中國威脅誰?: 解讀'中國威脅論'』(上海: 學林出版社, 2004).

12) 다른 한편으론 중국이 냉전 이후 다극화를 추구하는 가운데 국제사회에서 자신의 새로운 정체성을 모색하는 과정에서 책임대국의 논의가 전개된 측면도 있다. 이런 분석은 이동률, "중국 '책임대국론'의 외교 전략적 함의," 『동아연구』, 제50집(2006), pp. 344-376 참조.

에서 책임 있는 대국이 되겠다"는 것이 그 요지이다.13)

중국은 이것을 중국이 경제성장에 걸맞는 대국의 지위와 역할을 부여받
아야 한다는 논리로 해석한다. 하지만 서방국가들은 중국이 국제사회에서
강대국으로서의 책무를 다해야 한다는 의무를 강조함으로써 책임대국론의
해석을 둘러싸고 상호간에 의견 차이를 보여준다.14) 여하튼 권리이든 의무
이든, 강대국으로 성장한다는 사실 내지 의지를 중국 스스로 확인했다는 점
에서, 책임대국론의 제기 이후 중국의 '강대국화'를 둘러싼 국내외의 논의는
보다 본격화되었다.15)

그러나 기본적으로 책임대국론은 민간 학자들을 중심으로 한 담론이다.
이런 점에서 '화평굴기론(和平崛起)'은 중국이 보다 적극적으로 자신의 대외
전략 기조를 피력한 것으로 볼 수 있다. 이는 후진타오(胡錦濤) 총서기의 핵
심 정책 브레인으로 알려진 개혁개방논단 이사장 정삐젠(鄭必堅)이 2002년
말 미국 방문을 통해 중국에 대한 미국 내 시각의 문제점을 인식하고 귀국
후 중앙 지도부에 관련 내용을 보고할 때 처음 제시한 개념이다.16) 물론
중국 내에서 '중국의 부상(中國崛起)'이라는 용어가 사용된 것은 이미 1990
년대 말 이후부터로서 이때가 처음은 아니다.17) 그러나 단순히 현상을 묘사

---

13) 王逸舟, "面向21世紀的中國外交: 三種需求的尋求及其平衡,"『戰略與管理』, 第6期
(1999), pp.18-27; 葉自成, "中國實行大國外交戰略勢在必行: 關於中國外交戰略的幾點
思考,"『世界經濟與政治』, 第1期(2000), pp.5-10; 唐世平, "再論中國的大戰略,"『戰略
與管理』, 第4期(2001), pp.29-37 등이 대표적인 논조이다.
14) 한석희, "중국의 부상과 책임대국론: 서구와 중국의 인식적 차이를 중심으로,"『국제
정치논총』, 제44집 1호(2004), pp.191-210.
15) 정재호, "강대국화의 조건과 중국의 부상," 정재호 편,『중국의 강대국화: 비교 및
국제정치학적 접근』(서울: 길, 2006), p.12.
16) 제기 과정에 대한 자세한 설명은 Bonnie S. Glaser and Evan S. Medeiros, "The
Changing Ecology of Foreign Policy-Making in China: The Ascension and Demise
of the Theory of 'Peaceful Rise'," *The China Quarterly*, No.190(2007), pp.291-310
참조.
17) 閻學通,『中國崛起: 國際環境評估』(天津: 天津人民出版社, 1998)를 필두로 그간 적잖
은 논문 및 저서들이 중국의 '부상'을 다루어 왔다. 주요 저서들만 소개하면 다음과
같다. 黃仁偉,『中國崛起的時間和空間』(上海: 上海社會科學院出版社, 2002); 郭萬超,
『中國崛起: 一個東方大國的成長之道』(南昌: 江西人民出版社, 2004); 張劍荊,『中國崛

하는 용어로서가 아니라 많은 함축적인 내용을 포함하는 대외전략상의 개념
이라는 점에서 화평굴기는 초기 논의와 구분된다. 특히 화평굴기는 2003년
11월 정삐젠이 보아오 포럼(博鰲論壇)에서 정식 제기했을 뿐 아니라,[18] 그
후 후진타오와 원자바오(溫家寶) 등 중국의 최고 지도자들도 여러 차례에 걸
쳐 공식적으로 언급한 바 있기 때문에 이는 학계의 논의를 넘어서 국가정책
적 차원의 의미를 지닌다.[19]

　화평굴기의 말뜻은 중국의 부상(the rise of China)이 평화적인 형태라는
것, 즉 평화적 부상(peaceful rise)이라는 의미이다. 기실 중국은 개혁 이후
상당 기간 동안 소위 "자신의 역량을 숨기고 때를 기다리는" 도광양회(韜光
養晦)의 행동지침하에 공격적인 대외정책을 자제해 왔다.[20] 따라서 화평굴기
론의 제기는 기존 방침에서 탈피하여 보다 과감하게 모습을 드러내어 "크게
일을 도모하는" 대유작위(大有作爲)의 대외정책을 표명한 것으로 볼 수 있
다.[21] 그리고 이는 경제성장에 따른 중국의 자신감을 반영한 것으로서 무엇
보다 중국의 등장에 대한 중국 스스로의 속내를 드러낸 것으로 평가된다.[22]

起: 通向大國之路的中國策』(北京: 新華出版社, 2005); 閻學通·孫學峰, 『中國崛起及其
戰略』(北京: 北京大學出版社, 2005).

18) 이 연설문을 포함해 화평굴기에 대한 그의 생각은 다음 책에 잘 나와 있다. 정삐젠
저, 이희옥 역, 『중국 평화부상의 새로운 길』(서울: 한신대학교 출판부, 2007).

19) 예를 들면, 원자바오 총리의 2003년 12월 하버드대학 연설, 후진타오 총서기의 2003
년 12월 마오쩌둥 탄생 110주년 기념 심포지엄 연설 및 2004년 2월 정치국 학습회
등을 통해서이다. Glaser and Medeiros, "The Changing Ecology of Foreign Policy-
Making in China," pp.297-299.

20) 이는 1990년대 초 덩샤오핑(鄧小平)이 제기한 것으로서 당시 중국 외교전략의 핵심
적인 사상으로 간주되었다. 王軍·但興悟, 『中國國際關係研究四十年』(北京: 中央編譯
出版社, 2008), pp.191-199.

21) 중국공산당 제16차 전국대표대회의 '정치보고'에서 "전체 형세를 볼 때, 20세기 첫
20년은 우리나라에 있어서 반드시 꼭 틀어쥐어야 할 뿐 아니라 '크게 일을 도모할
수 있는' 중요한 전략기회의 시기(戰略機遇期)이다"고 언급했는데, 일부 중국학자들
은 이를 비단 국내 문제에만 국한되는 것이 아니라 대외관계, 즉 화평굴기를 실현하
는 데 있어서 중요한 함의를 지니는 것으로 해석한다. 정치보고 원문은 中共中央文獻
研究室 編, 『十六大以來重要文獻選編(上)』(北京: 中央文獻出版社, 2005), p.14, 그리
고 관련 해석은 江西元·夏立平, 『中國和平崛起』(北京: 中國社會科學出版社, 2004),
pp.3-4 참조.

왜냐하면 최소한 '굴기하는 중국'이 동아시아 지각변동이라는 '변화'를 초래하는 동시에, 역내 '안정과 평화'에도 유리하게 작용할 것이라는 이중성을 지닌다는 점을 중국이 스스로 인정한 셈이기 때문이다. 즉, 중국이 강조하고자 한 것은 '평화적'이라는 방법과 형식에 있지만 외부 관찰자들은 여전히 '굴기'라는 내용과 결과를, 그리고 그것을 중국이 스스로 인정하는 것에 주목한다.[23] 이는 중국이 그 후 공식적으론 화평굴기 대신에 화평발전(和平發展)이라는 용어를 사용하게 된 중요한 배경이 되는 것이다.[24]

요컨대 중국은 의도했든 의도하지 않았든 일련의 과정을 통해 '중국의 굴기'를 자인하고 그것의 외교노선화 가능성까지 내비침으로써 중국 부상에 대한 국내외적 관심을 다시 한번 불러일으킨 것이다. 게다가 2006년 11월 중국의 관영 중앙방송(CCTV-2)에서 12부작으로 방영된 '대국굴기(大國崛起)'는 15세기 이후 지금까지 전 세계에 군림했던 9개의 강대국을 대상으로 그 흥망성쇠의 원인을 분석한 것인데, 단순히 교양 프로그램의 차원을 넘어서 중국 부상에 대한 대중적 관심을 확산시킨 것으로 풀이된다.

한국의 입장에서 이런 중국의 부상은 그 어느 나라에서보다도 비상한 관심 사항일 수밖에 없다. 1980년대 말 한중 교류가 본격화되던 당시 한국에

---

22) 관련된 중국학자들의 논저를 통해 이런 점을 파악하는 것은 그리 어렵지 않다. 다음 자료에서도 "중국의 부상은 도도한 역사적 흐름으로서 어떤 세력이나 국가도 이를 막을 수는 없다"고 기술하고 있다. 劉建飛, 『大博弈: 中國的'太極'與美國的'拳擊'』(杭州: 浙江人民出版社, 2005), p.28.

23) 흔히 굴기(崛起)라는 한자어가 마치 산이 일어나는 것과 같은 지각변동을 형용한다는 감각적 요소가 중국 부상에 부정적인 외부 시각을 더욱 자극하는 것으로 해석되기도 한다.

24) 화평굴기론은 중국 내에서 많은 논쟁을 불러일으켰다. 예컨대, 평화를 강조함으로써 대만 문제와 같이 중국이 강경한 입장을 고수해야 할 때에도 스스로의 행동을 구속하게 된다는 주장, 미국의 견제 등으로 중국의 부상 자체가 실현하기 어려운 목표라는 평가, 평화에 대한 공약이 중국의 군 현대화에 부정적인 결과를 초래할 것이라는 분석 등의 비판들이 그것인데, 이런 측면도 화평발전론으로의 수정 배경이 된다고 하겠다. 이에 대해서는 Glaser and Medeiros, "The Changing Ecology of Foreign Policy-Making in China," pp.301-306; 김재철, 『중국의 외교전략과 국제질서』, pp.75-77; 한석희, 『후진타오 시대의 중국 대외관계』, pp.122-126; 김애경, "중국의 '화평굴기론' 연구: 논쟁과 함의를 중심으로," 『국제정치논총』, 제45집 4호(2005), pp.215-233.

게 중국은 새로운 대안의 시장이자 외교 파트너로서 더없이 중요한 국가로 인식되었고, 따라서 한국은 중국과의 수교에 적극적이었다. 1992년 수교 이후 십수 년이 흐른 현재 양국은 '전략적 협력 동반자 관계(戰略合作伙伴關係)'를 맺을 정도로 급속도로 발전해 왔다.[25] 그러나 그 이면에는 다양한 형태의 갈등과 분쟁이 내재되어 있을 뿐 아니라, 경제적으로도 한국은 중국의 직접적인 영향하에 놓이고 외교적으로도 중미경쟁 구도 속에서 미묘한 입장에 처하게 되었다. 이에 따라 중국 부상에 대한 한국의 인식도 초기의 낙관적 시각에서 점차 비판적, 중립적 시각으로 전환되는 경향을 보여준다. 이는 그만큼 양국관계가 복잡해지고 있고 그에 따라 중국 부상이 한국에 미치는 영향도 그리 단순하지 않음을 의미하는 것이다. 따라서 "중국의 부상이 과연 우리에게 어떤 의미를 지니는 것인지"는 현 시점에서 재조명되어야 할 필요가 있다고 하겠다.

이 책은 이상의 문제의식에 기초해 현재의 관점에서 중국의 부상을 재평가해 보려는 의도에서 기획되었다. 크게 다음 세 가지 측면에 대한 분석을 중심으로 중국 부상의 함의를 반추해보고자 한다. 첫째, 중국의 부상 자체와 중국 내부의 문제를 짚어보는 것이다. 중국이 부상할 수 있었던 내적 동력이나 향후 지속적인 성장을 유지하는 데 있어서 해결해야 할 과제는 무엇인가라는 점이다. 예컨대, 중국이 고도성장을 이룩할 수 있었던 정치적 요인은 무엇인지, 성장 이면에 어떤 문제들에 직면해 있는지 등 중국 사회 내부의 관점에서 중국의 부상을 검토하는 것이다.

둘째, 중국 부상의 국제적 파급효과에 대해서이다. 전술한 바와 같이 중국의 부상이 국제사회에 어떤 영향을 미치는지, 그리고 그로 인해 동아시아 및 세계질서는 어떻게 변화될 것인지를 분석하는 것이다. 즉 중국의 부상이 지역 안보와 세계 경제체제, 그리고 역내 최대 쟁점인 대만문제에 각각 어떤 영향을 미치고 또 해당 주제는 이로 인해 어떤 변화를 보이고 있는지, 그리

---

25) 2008년 5월 이명박 대통령의 중국 방문을 계기로 양국이 이런 관계격상에 합의했는데, 그 배경과 의미에 대해 논의가 분분하다. 이에 대해서는 전성흥, "한중 정상회담의 의미와 과제," 『정세와 정책』, 2008년 7월호, pp.5-7.

고 향후 전망은 어떠한지 등이다.

셋째, 중국의 부상이 한중관계에 미치는 영향을 설명하고자 한다. 이는 중국의 부상과 변화된 국제환경이 한국과 중국 관계에 어떤 영향을 미치는지, 이로 인해 양국관계는 실제 어떤 변화된 모습을 보여주는지, 그리고 그 특징은 무엇인지 등을 외교, 경제, 역사논쟁이라는 세 가지 측면에서 다루는 것이다.

이 책은 이상의 세 가지 주제 영역에 대한 8편의 논문으로 구성되어 있다. 이에 각 장별 내용을 구체적으로 소개함으로써 독자들의 이해를 돕고자 한다. 아래에 요약된 부분은 편집자가 이해한바 개별 논문의 주요 논점으로서 기획 취지에 비추어 본문 내용을 재정리한 것이다. 따라서 비록 내용 자체에 차이가 있는 것은 아니나 원문의 구성과 순서가 반드시 편집자 서술 부분과 일치하는 것이 아님을 밝혀두고자 한다. 그러나 혹 전달상의 오류가 있다면 이는 전적으로 편집자의 책임이라고 하겠다.

II. 중국 부상의 요인과 과제

중국이 결코 짧지 않은 기간 동안 고속 성장을 유지할 수 있었던 이유는 여러 가지 측면에서 설명될 수 있겠지만 그중 정치적 안정 내지 지도부의 강력한 리더십이 무엇보다 중요한 기초가 된다는 사실을 간과할 수 없다. 물론 중국 정치에 여러 가지 불안정적인 요인이 있지만 비교적 안정적인 국면을 유지하고 있다는 것이 대체적인 평가이다. 이런 점에서 시장화를 통한 경제발전에도 불구하고 중국이 기본적으로 정치적 안정을 유지하는 비결이 무엇인지는 중국전공자들의 핵심 연구 주제이다. 즉, 개혁개방 30년을 경과한 현재 일당(一黨)지배체제가 지속될 뿐만 아니라 그에 심각한 도전이 없는 상황을 어떻게 해석해야 할 것인가 라는 문제이다.

제1장에서 조영남 교수는 개혁에도 불구하고 중국공산당이 일당지배체제를 안정적으로 유지할 수 있는 이유를 다음 세 가지로 설명한다. 첫째는 당

내 통합과 당외 통제에 주효한 정치적 요인이다. 먼저, 당내 권력 승계 및 배분 과정이 과거와는 달리 집단지도체제(collective leadership) 및 엘리트 민주주의(elite democracy)를 통해 지도부의 권력기반이 훨씬 안정화되었다는 점이다. 또한 사영기업가와 같은 경제엘리트와 지식인을 지배체제에 흡수하는 포섭전략을 성공적으로 추진함으로써 권력-지식-자본 간에 튼튼한 지배연합(ruling coalition)을 형성할 수 있었다고 본다. 이와 동시에 공산당은 노동조합을 비롯해 자신의 통치에 도전할 수 있는 각종 사회조직 및 단체에 대해서도 비교적 성공적인 포섭전략을 실시했다고 평가한다. 따라서 이런 지배연합과 포섭전략이 지속되는 한 흔히 정치적 불안정 요인으로 지적되는 노동자·농민의 저항이나 소요는 공산당 지배체제에 큰 위협이 되지 않는다는 것이다.

둘째는 행정적·제도적 측면을 강조한다. 공산당 통치의 정당성이 경제성장과 그에 따른 인민 생활수준의 향상에 있다고 한다면, 중국이 개혁개방을 통해 이런 성과를 이룩할 수 있었던 것은 통치능력 제고에 필요불가결한 행정개혁·세제개혁·금융개혁 등 제반 제도개혁을 비교적 원활히 추진했기 때문이라는 설명이다. 예를 들면, 지난 30년 동안 수차례에 걸친 정부개혁과 함께, 의회의 입법활동 강화와 같이 소위 '법에 의한 통치(依法治國)'를 위한 여러 가지 규범화 및 제도화를 적극 추진했는데, 이것이 일정부분 성과를 거두었다는 것이다.

셋째는 이념적 부분으로서, 중국공산당이 지난 30년 동안 기존 통치 이데올로기를 적절히 변형하고 새로운 내용을 끊임없이 발굴함으로써 성공적으로 당의 사상적 통일과 단결을 유지했고 이를 바탕으로 국민적 지지를 이끌어낼 수 있었다고 한다. 이는 중국이 사회주의 통치체제를 유지하려면 사상적 통일을 위한 통치 이데올로기가 존재해야 하는바, 만약 그렇지 못하면 이론적·사상적 측면에서 공산당 일당지배에 대한 근본적인 문제제기가 있게 될 것이라는 전제에서이다. 예컨대, 사회주의 초급단계론, 사회주의 시장경제론, 삼개대표론, 과학적 발전관 등과 같은 기존 사회주의 이데올로기의 변형에 더해, 민족주의와 같은 새로운 통치 이데올로기의 모색에 적극 나섰던 것을 그 구체적 사례로 들고 있다.

그러나 중국이 현재 기본적인 안정을 유지하고 있지만 그렇다고 공산당 통치의 장래가 보장된 것은 아니라고 지적한다. 일당지배에 위협적인 다양한 요소들이 잠재해 있는데 이를 어떻게 처리하느냐에 따라 그 지속 여부가 결정된다는 것이다. 그중 하나는 중국이 세계경제체제에 편입됨으로써 내부 문제 외에 외적 요인에 의해서도 자신의 의지와 상관없이 중국경제가 심각한 영향을 받게 되어 있는데, 이런 측면은 소위 '업적 정당성'에 기초한 중국의 정통성을 위협할 수 있는 소지가 있다는 것이다. 그리고 다른 하나는 경제성장 이면에 내재되어 있는 각종 사회문제들을 얼마나 효과적으로 잘 처리할 수 있느냐라는 것인데, 이는 현 지도부의 통치능력 내지 위기관리 능력과 관련된 문제임을 암시하고 있다.

제1장의 분석은 중국 개혁의 성과와 그 지속성 여부가 현재 중국이 당면한 '사회 문제'를 중국 지도부가 여하히 '정치 지도력'을 발휘해 풀어나갈 수 있느냐에 상당 부분 달려 있음을 말해주고 있다. 제2장은 중국이 어떤 문제들에 직면해 있는지, 그리고 개혁 후 사회 변화의 특징은 무엇이지를 다루고 있다. 여기에서 리페린 교수는 중국의 개혁개방을 '동방의 현대화(東方現代化)'라는 거시적인 관점에서 조망한다. 역사적으로 현대화에 뒤처졌던 동방 사회가 동아시아 신흥공업국(NIEs)의 경제적 도약 이후 관심의 대상이 되었다가 1990년대 말 아시아 금융위기와 그 회복을 통해 각각 엇갈린 평가를 받게 되었는데, 현재에도 상이한 해석들이 존재한다고 회고한다. 이런 점에서 지난 30년 간 중국의 개혁개방과 고도성장은 세계의 관심을 다시 한번 동방으로 집중시킨 의미를 지닌다 하겠고, 이런 중국의 개혁과 발전을 '중국경험(中國經驗)'이라는 개념으로 정의한다.

또한 개혁 이후 중국은 시장화, 정부 역할, 사회 구조 전환, 전지구화 등 크게 4가지 요인(역량)에 의해 사회 변화가 이루어졌다고 전제하고, 그 과정에서 나타나는 특징들을 설명하고 있다. 특히 변화의 결과로서 중국이 여러 가지 도전에 직면해 있는데 그중 '농민문제'를 제일 강조한다. 중국은 농민이 토지 상실로 인해 생계보장이 안되는 상황이 발생할 것을 우려하여 현재

'토지사유화'를 통한 '규모의 경영'을 보편적으로 실시하지 못하고 있는바, 이런 제약이 농민들로 하여금 의식주 해결은 가능하지만 중등생활 수준으로 부유해지는 것은 매우 어렵게 한다고 분석한다. 이와 함께, 개혁 이후 소득격차가 꾸준히 확대되어 왔는데 초기엔 이를 시장화의 당연한 결과로 간주했고 그 해결도 낙관했으나, 갈수록 오히려 심화될 뿐 아니라 과거 평균주의식 분배제도의 유산으로 그 심리적 효과가 더욱 증폭되는 문제점을 지적한다.

다른 하나의 어려움으로써, 시장화 개혁에 따라 정부가 단위(單位)를 통해 사회를 관리하던 과거의 방식은 이제 사구(社區)에 의해 대체되는 추세에 있는데, '주민자치조직'에 불과한 사구가 '강한 정부와 약한 사회'의 전통을 유지해 온 중국에서 과연 제 기능을 발휘할 수 있는지에 대해 의문을 제기하고 있다. 이 밖에, 국유기업 개혁에 따라 실직은 늘어난 반면 사회 전반적으로 취업은 갈수록 어려워지는 문제, 방대한 인구를 지닌 대국으로서 고도성장에 따른 엄청난 양의 자원 및 에너지 수요와 그에 따른 환경보호의 문제, 경제발전이 충분한 수준에 이르기 전에 이미 고령화 사회의 문턱에 진입했으며 사회보장이 새로운 과제로 부상했지만 중국의 현 재정 상태가 이를 감당하지 못하는 문제 등을 진단한다.

III. 중국의 부상과 동아시아

제1부가 중국의 부상 자체에 대한 평가와 분석을 시도한 것이라면, 제2부는 중국부상의 국제적 파급효과에 대한 것이다. 이와 관련하여 제3장은 중국 부상에 따른 동아시아 안보질서 변화를 심층적으로 분석하고 있다. 먼홍화 교수는 아시아 금융위기 이후 중국의 부상에 대한 시각이 점차 긍정적인 것으로 전환되고 미국 내에서도 중국 견제의 의견 대신 대중(對中) 포용정책을 지지하는 사람들이 늘고 있지만 여전히 중국에 대한 이해가 부족하다고 평가하고, 중국의 입장에서 본 중국의 부상과 그 영향이 어떠한지를 설명하고 있다.

먼저, 중국의 부상이 중국의 안보관에 새로운 변화를 가져왔음을 강조한다. 즉 과거엔 중국이 자신의 안보에 대한 위협을 가장 우려했는데, 이제는 중국의 부상이 위협이 될 것이라는 주변 국가 및 주요 강대국들의 의구심을 가장 경계하게 되었다는 것이다. 이로 인해 중국은 상호신뢰, 상호이익, 평등 및 협력을 핵심으로 하는 새로운 안보관에 입각해 대외관계를 추진하게 되고, 수정주의 국가(revisionist power)로 보이지 않도록 노력하는 과정에서 적극적으로 국제협력체제에 편입하여 건설적이고 책임 있는 역할을 수행하고자 다양한 시도를 하고 있다는 것이다.

또한 중국의 부상은 동아시아 국제질서 변화의 주요 내용인 동시에, 동아시아 국제질서 변화를 이끌어가는 주요 추동 요인이라고 설명한다. 중국은 탈냉전 이후 아태 지역 안보 전략의 첫 번째 목표를 주요 강대국과 최소한 정상적인 관계를 유지함으로써 다시는 강대국 사이에서 고립되지 않도록 하는 것이고, 두 번째 목표는 지역 내 국가들과 우호관계를 유지함으로써 다른 강대국의 지지하에 중국을 억제하는 동맹이 형성되는 것을 예방하고자 하는 것이다. 즉 중국의 입장에서 가장 좋은 전략은 역내 국가들의 시장과 투자·기술의 제공자가 됨으로써 중국이 지역경제 성장의 견인차라는 사실을 인식하도록 하는 것이다. 이런 점에서 중국은 아세안과 협력하여 아세안 주도의 동아시아 일체화(공동체)를 적극 추진하는 한편 동아시아 지역의 제도건설에도 크게 노력하고 있지만, 자신이 동아시아 협력의 주도권을 추구하는 것으로 비치는 것은 피하고자 한다고 강조한다.

따라서 중국에 대한 주변 국가들의 인식이 중국붕괴론, 중국위협론으로부터 중국기회론 및 중국책임론으로 전환하는 추세를 보이고, 중국의 부상을 반대하고 저지하는 것에서 중국의 건설적인 역할을 인정하는 방향으로 변화되고 있을 뿐 아니라, 중국의 긍정적인 역할을 통한 향후 동아시아 안보질서의 구축이 중국 부상에 대한 예측들을 한층 안정시켜 줄 것으로 보고 있다.26)

---

26) 이와 같이 중국 부상에 대해 매우 긍정적이고 낙관적인 전망을 제시하는 먼 교수는 전형적인 중국학자의 입장을 잘 대변해 주고 있다.

중국의 부상이 동아시아 지역 또는 전(全) 지구적 차원에서 어떤 영향을 미칠 것인지, 그 경제적 측면에서의 효과는 안보 영역에서의 그것에 비해 보다 경험적인 분석이 가능하다고 하겠다. 이와 관련하여, 제4장에서 은종학 교수는 중국경제가 세계경제와 상호영향을 주고받는 공생관계에 있음을 강조함으로써 중국위협론을 간접적으로 비판한다.

우선, 현재의 중국과 마찬가지로 과거 한때 서구에게 위협적인 존재로 느껴졌던 일본의 사례와 중국을 비교한다. 즉 중국의 발전이 일본의 경우와는 달리 외국의 자본과 기술, 즉 세계경제제체와의 긴밀한 연계 속에서 이루어진 것임을 강조한다. 이로써 동아시아 경제발전 패턴을 설명하는 기존 분석틀인 '안행형(雁行型) 모델'에서 벗어나서 '세계의 공장'으로 불리는 중국이 하나의 생산기지가 되어 국제간 분업체제가 이루어지는 소위 '동아시아 역내 분업체제', 혹은 더 나아가서 '글로벌 생산 네트워크'가 형성되고 있다는 것이다. 이에 근거할 때, 중국위협론의 논리와 같이 중국의 부상을 '단일국가의 추격'으로 보는 것은 문제가 있다고 지적한다.

또한, 역사적으로 중국은 세계적 차원의 경제대국이었던 경험을 가진 나라라는 점에서, 개혁개방 이후 중국의 부상은 '재(再)부상'이라고 봐야 한다고 전제한다. 다만 과거와 달라진 점을 든다면, 무엇보다 이전과는 비교가 안 될 정도로 거대해진 인구규모인데 이것이 세계경제에 큰 영향을 미치고 있다고 분석한다. 특히 중국의 WTO 가입을 계기로 세계경제는 이른바 '노동력 공급 쇼크(labor supply shock)'를 경험하는데, 그 효과(China effect)는 이중적으로 나타난다는 것이다. 즉 중국보다 앞선 국가의 노동집약적 전통산업들이 중국발 경쟁압력 속에서 구조조정과 생산기지의 해외이전을 경험해야 했고, 단순 노무직 보수는 하향 조정되도록 압력을 받게 된 반면, 전세계로 수출되는 중국산(made in China) 제품들이 소비재 부문의 가격안정을 가져온 점이다. 이는 중국경제의 고도성장과 세계경제체제가 쌍방향의 영향을 주고받았을 뿐 아니라 상호의존 속에서 '공동 진화(co-evolution)'의 과정을 겪고 있음을 보여주는 것이라고 강조한다.

이외에, 세계경제 속에서 중국이 실물생산뿐 아니라 자본흐름 면에서도 상당한 중계역할을 하고 있음을 지적한다. 특히 그러한 중계역할이 실은 중국의 기술, 내수시장, 투자금융 부문에 있어서의 불완전성과 미성숙에 기인하는 바가 크다는 사실을 설명한다. 또한, 중국이 이러한 불완전성과 미성숙을 향후 점진적으로 극복하는 과정에서 세계경제는 또 다른 형태의 '새로운 중국 효과(new China effect)'를 경험하게 될 것이며 그것이 비록 교과서적인 '균형' 상태에 근접하는 것이라 하더라도 그 과정은 반드시 순조롭기보다는 힘겨운 구조조정일 수 있다고 진단한다.

동아시아 지역은 유럽과 달리 냉전과 탈냉전의 속성이 병존하는 현상을 보이는 바, 과거 냉전 시기 이념적 대결 구조하에 잠재되어 있던 국가 간 갈등과 대립이 민족주의나 영토분쟁 등을 통해 표면화되고 있다. 특히 그중 대만문제는 북한핵문제와 함께 향후 동아시아 평화질서 구축 여부를 결정짓는 핵심 사안으로 간주된다. 냉전의 종식과 더불어 최근 중국의 부상은 대만문제를 둘러싼 주요 국가들의 역학관계와 전략구도를 매우 복잡하고 또 역동적인 것으로 변화되게끔 하고 있다. 제5장에서 문흥호 교수가 이 문제를 구체적으로 다루고 있다.

먼저 대만문제 자체의 불안정성을 설명하는데, '하나의 중국'이라는 규범과 '두 개의 중국'이라는 현실 간의 격차, 즉 '대만문제의 이중성'이 개별 국가의 인식과 전략적 차이를 초래한다는 것이다. 중국의 경우, 하나의 중국 원칙을 핵심으로 한 규범적 정의를 통해 대만문제를 중국의 내정(內政)으로 규정하고 그에 대한 주도권을 장악함으로써 소위 '대만문제의 국제화'를 차단하려는 반면, 미국 및 일본은 대만문제가 안고 있는 모호성과 불완전성을 계속 유지함으로써 개입과 간섭의 여지를 확대하고 중국에 대한 압력수단으로 이를 이용하려고 한다는 것이다.

최근 중국이 '종합국력'의 대대적인 증강을 바탕으로 대만문제에 대한 정치·경제·군사적 영향력을 강화하고 '일국양제(一國兩制)'에 의한 양안 통일을 적극 도모하고 있는데 이는 대만문제의 새로운 변수라고 지적한다. 왜냐하면 중국의 부상에 따라 '하나의 중국' 원칙을 수호하려는 중국의 의지와 능력이 크게 증대되었을 뿐 아니라 국제사회 역시 중국과의 관계를 고려하여 그 원칙의 불가역성을 강하게 인식하고 있기에 중국이 '구호로서의 통일'에 그치지 않고 점차 '실천으로서의 통일' 가능성을 모색하는 것으로 변화되고 있기 때문이라는 분석이다.

그러나 이는 다른 측면에서의 반작용을 초래하기에 그 효과는 상쇄된다고 평가한다. 즉 미국은 중국의 부상을 견제하기 위한 효과적 대응 수단으로 대만문제를 적극 활용하고자 하는바, 소위 '전략적 모호성'에 기초하여 통일과 독립의 이중정책을 구사함으로써 대만문제에 대한 실질적 통제력을 유지하는 한편 그 패권적 지위를 고수하고자 한다는 것이다. 또한 중국과의 지역패권경쟁 관계하에 있는 일본 역시 대만문제를 이용하려고 하는데, 특히 보수 우경화된 일본 정치권은 대만을 단지 잊혀진 식민지가 아니라 정치 및 군사 대국화 과정의 매력적인 자원으로 인식한다고 보고 있다. 이처럼 중국의 강대국화는 대만문제에 대한 중국의 장악력을 제고시키는 동시에 다른 한편으로 대만문제에 대한 미국 및 일본의 전략적 개입과 간섭을 증대시킴으로써 상반된 효과를 낳고 있다는 것이다.

IV. 중국의 부상과 한중관계

한중관계에 대한 연구는 최근 증가 추세에 있으나 여전히 그리 많지 않은 편이다. 특히 국내 학자들이 다른 주제에 비해 해외의 중국연구에 대해 비교 우위가 있을 것으로 짐작되는 주제임에도 불구하고 양적 및 질적으로 연구가 미흡하다는 것은 국내 중국정치 분야의 특징이자 문제점으로 그간 지적되어 왔다.27) 반면, 중국 외교 분야 전체에서 차지하는 비중은 비록 크지 않지만 중국의 한중관계 연구는 전문 연구기관 및 인력에 있어서 오히려

---

27) 전성흥, "한국의 중국연구: 현황과 과제," 이상섭·권태환 편,『한국의 지역연구: 현황과 과제』(서울: 서울대학교출판부, 1998), p.38; 전성흥·이민자, "한국과 중국정치연구," 정재호 편,『중국정치연구론: 영역, 쟁점, 방법 및 교류』(서울: 나남, 2000), pp. 303-304.

한국을 능가한다고 볼 수 있다.28) 그런 점에서 중국의 부상이, 그리고 중국 부상에 따른 주변 환경 변화가 한중관계에 어떤 영향을 미치는가를 한국의 입장에서 분석하는 것은 매우 의미 있는 작업으로 간주된다.

제6장에서 이동률 교수는 다음 몇 가지 측면에서 한중 간의 정치외교 관계를 설명하고 있다. 첫째, 중국의 부상이 가속화될수록 한국의 비중이 커지는 반면 북한요인은 줄어든다고 강조한다. 중국의 국력이 급성장하면 중국 외교에서 대미전략의 비중이 증대되고, 이에 따라 대미전략의 종속변수인 한국의 전략적 중요성도 증대되는 반면, 북한문제를 북중관계의 틀 속에서만 보는 것이 아니라 중미관계나 동아시아 안보질서 등의 보다 넓은 차원에서 접근하게 되었기 때문에 한중관계의 전통적 변수였던 북한요인은 상대적으로 그 비중이 감소되는 경향을 보인다는 것이다.

둘째, 양국 간 교류가 심화될수록 상호 신뢰와 이해도 깊어지지만, 그 반면에 갈등과 분쟁의 소지도 적지 않게 발생한다는 점에서, 중국의 부상이 한중관계에 미친 영향은 이중적이라고 평가한다. 2002년 월드컵 논란과 조선족문제, 마늘분쟁, 그리고 2004년 동북공정(東北工程)을 통한 고구려사 왜곡 등의 사례에서 보는 바와 같이 주로 양국의 국내외적 요인과 그에 대한 이해 부족에서 비롯되는 것이지만 특히 언론이 상호 이해 증진에 기여하기보다는 오해와 갈등을 증폭시키는 역할을 하고 있다고 지적한다. 경제적 측면에서도 갈수록 중국경제에 대한 의존이 심화됨에 따라 한국의 입장에서는 중국을 하나의 기회 및 대안으로 간주했던 기존의 중국기회론 내지 중국대안론에서 오히려 경계 및 우려의 대상으로 생각하는 중국경계론 및 중국위협론으로 변화된 인식을 보인다고 분석한다.

셋째, 중국과 한국 공히 한중관계보다 한미관계가 우선한다는 데 암묵적 합의가 있는 것으로 보고 있다. 중국은 한미동맹 관계가 한중관계 발전의 제약 요인 중 하나로 간주하면서도 한미관계가 한중관계에 우선하는 현실을

---

28) 그 현황에 대한 소개는 김애경, "중·한관계," 한국국제정치학회 중국분과 편, 『중국 현대국제관계』(서울: 오름, 2008), pp.209-243, 특히 '각주 4')의 기존 연구를 참조.

대체로 인정하고, 주한미군의 존재도 비록 대만문제로까지 확산될 가능성을 경계하긴 하지만, 중국 부상에 대한 주변 국가들의 불안 심리를 완화시켜 줌으로써 안보딜레마 문제를 해소하는 데 도움이 되는 것으로 판단한다는 것이다. 한국 내에서도 중국의 부상 이후 대(對)중미 관계 설정에 있어서 '한미동맹 강화론'과 '한미동맹 유연화론' 사이의 논쟁이 있지만, 한중관계를 안정적으로 유지하는 것이 미국에 대한 한국의 레버리지를 강화하는 것이라는 인식, 즉 한미관계 위주의 대외전략이 대체로 선호되고 있다고 평가한다.

이런 점에서 한국이 미·중 사이에서 위험분산전략(hedging strategy) 내지 편승전략(bandwagoning)을 추구하고 있다거나, 또는 심지어 일부 논자들의 '중국대안론'적 설명은 과장된 것이라는 지적이다. 한국의 입장에서 가장 우려되는바, 만약 중미 경쟁 심화 및 상호 관계 악화 시에 현재와 같은 한-중, 한-미 관계의 이중 구조가 유지되기 어려운 상황이 전개될 수도 있는데, 이에 대해 체계적인 대비가 있어야 함을 지적한다. 그리고 그 예로서 장기적인 관점에서 '동북아 다자안보협력체제' 구축을 위한 시도와 노력이 필요함을 역설하고 그 가능성을 검토하고 있다. 아울러 한중 간에 예기치 않은 갈등 요인을 합리적으로 관리하고 원활하게 해결할 수 있는 소통의 채널과 위기 관리체제 및 공존의 기제가 요구되는바, 이를 위해선 무엇보다 상호 이해 증진에 보다 노력해야 함을 강조한다.

앞선 논의가 한중 간의 정치외교 관계를 주로 다룬 것이라면, 제7장은 한중 경제무역관계에 초점을 둔 것이다. 이 장에서 지만수 박사는 중국 부상의 거시적 특징에 비추어 한중관계를 조명해야 함을 강조하고 있다. 즉 한중 간 교류의 증폭을 가져온 1992년의 한중수교는 중국이 덩샤오핑의 남순강화(南巡講話)를 계기로 본격적으로 시장경제로 전환하고 세계자본주의 경제질서에 보다 깊숙이 편입되던 시점과 맞물려 있다는 점에서, 한중 경제관계를 글로벌 경제체제의 변화라는 보다 큰 틀에서 이해해야 함을 그 분석의 전제로 삼고 있다.

먼저, 2007년 중국이 수출과 수입 면에서 한국의 제1의 교역대상국이 될 정도로 양국 간 교역이 급성장한 반면에, 중국의 대(對)한국 무역 적자는 갈수록 늘어나 한중경제 관계의 주요 문제가 되고 있는데, 이런 빠른 성장과 불균형의 지속이라는 양국 경제관계의 특징은 동아시아의 새로운 국제 분업 구조에서 비롯된 것이라는 설명이다. 즉 개혁개방 이후 중국의 연해지역에서 수출산업이 빠르게 성장하였지만, 국유기업 중심의 중화학 장치산업의 변화는 지연됨으로써 중국의 수출산업이 필요로 하는 원자재와 부품은 한국, 일본, 대만 등 주변 공업국으로부터의 수입으로 충당될 수밖에 없기 때문에 그 과정에서 한국의 무역수지 흑자 기조가 만들어졌다는 것이다.

또한 한국의 대중 투자가 크게 증가된 것도 노동비용의 절감이나 중국시장 진출과 같은 전통적인 목적에서만이 아니라 '글로벌 생산 네트워크'의 활용이라는 데서 보다 근본적인 이유를 찾을 수 있다고 분석한다. 즉 중국 내에서 글로벌 생산 네트워크 구축이 확산되는 과정에서 한국기업들이 중국 연해지역에서 진행된 글로벌 생산 네트워크 형성에 참여하였고, 이 과정에서 많은 한국기업들이 중국에 투자했다는 것이다. 예컨대, 임금상승 추세에도 불구하고 중국에 대한 투자가 계속 증가하는 것이라든지, 임금이 낮은 내륙 지역으로 투자가 확산되지 않는 현상 등을 그 근거로 제시하고 있다.

그런 점에서 2000년대 들어 한국에서 제기되었던 '중국위협론'이 시사하는 위협의 실제 내용은 흔히 지적되는바 중국의 고도성장, 낮은 생산비용, 높은 수출시장 점유율에 있는 것이 아니라 중국에 의해 동북아에 현재 형성되어 있는 분업구조가 급격한 변화를 겪게 되는 것이라고 강조한다. 그동안 발전이 지체되었던 중국의 중화학 장치산업이 빠르게 성장하여 국내 노동집약형 수출산업과 연계를 구축하게 되면 중국은 원자재와 부품산업에서 수입대체를 도모할 수 있게 되고 그렇게 되면 한국 등은 지금까지 누려온 중국 특수가 소멸될 뿐 아니라, 중국이 더 나아가 이를 수출산업으로 성장시킨다면 세계 시장에서 동일 산업 분야에서 치열한 경쟁관계하에 놓이게 된다는 것이다.

다만, 그 형태와 속도가 문제로서 현재의 전망으로는 중국의 산업고도화와 기업성장이 폐쇄적이기보다는 개방적이고 적절한 속도로 진행됨으로써 상생적 협력관계를 유지할 것으로 보여 중국 위협이 현실화될 가능성은 그리 높지 않다고 진단한다. 오히려 최근 중국 정부가 내수 소비시장의 확대를 위해 노력하고 있는데, 이런 노력이 성공을 거둔다면 중국이 '세계의 공장'에서 '세계의 시장'으로 변모함으로써 중국 위협에 대한 우려가 줄어들 것으로 내다보고 있다.

한중관계의 두드러진 특징 중 하나는 바로 상호 교류가 심화되는 과정에서 협력과 발전이 증진되는 반면에 갈수록 갈등과 분쟁의 요인도 커져간다는 이중성이다. 6장과 7장의 논의가 이를 잘 말해주고 있지만, 동북공정을 통해 나타난 양국 간 역사논쟁이 무엇보다 대표적인 사례라고 할 수 있다. 이런 점에서 제8장은 중국의 부상에 따라 형성된 한중관계의 새로운 정치지형을 동북공정의 쟁점을 통해 분석한 것이다. 이희옥 교수는 중국위협 여부를 평가하는 데 있어서 중국의 의도와 능력 외에, 이를 느끼는 해당 국가의 인식이 중요하다고 전제하고 그 실례로서 동북공정에 의한 고구려사 논쟁이 한국에게 중국에 대한 문화적 위협으로 받아들여지는 것을 들고 있다. 따라서 동북공정에 대한 양국의 인식은 한중관계의 현재와 미래를 가늠하는 하나의 척도가 될 수 있다고 보고, 다음 몇 가지 측면을 설명한다.

우선 한국이 중국의 정책 의도에 대한 정확한 이해가 부족하여 사안을 확대해석하는 경향이 있다고 지적한다. 즉 중국이 1990년대 초 소련 붕괴 이후 중앙아시아 지역에서 이슬람 민족주의가 대두됨으로써 더욱 민감해진 신장(新疆) 지역이나, 베트남과의 국경분쟁을 포함해 마약의 국제유통지로 기능하는 남서부 윈난(雲南) 지역 등 중국 내 소수민족 거주지역의 안정을 도모해야 할 필요성이 절실했음을 강조한다. 동북지역의 경우, 중국 정부가 낙후된 지역경제를 활성화하기 위해 동북진흥정책을 추진했고, 그 과정에서 동북공정을 통해 조선족의 정체성 위기를 극복하고 향후 새롭게 부각될 수 있는 영토문제에 대해 사전 예방적 조치를 취하고자 한 것이기 때문에 동북 국경 지역을 안정적으로 관리하기 위한 '방어적 목적'이 그 근본 취지라는 것이다.

이런 점에서 중국의 동북공정 추진을 지나치게 과장되게 해석함으로써 상호 갈등을 증폭시켰다는 것이다. 그 예로서, 중앙정부가 한반도 내지 동북아에서의 영향력 확대를 위해 전략적 차원에서 사전 기획에 의해 주도적으로 추진했다거나, 북한의 급변사태에 대비해 유사시 북한에 대한 영유권 주장을 위한 사전 포석이라는 주장 등을 들고 있다. 또한 일부 한국인들이 2001년 만주회복을 위해 '다물운동'을 전개했던 사례에서와 같이 해당 지역을 여행하면서 공공연히 '고토회복'을 주장하는 행위가 영토 및 소수민족 문제에 민감한 중국을 자극한 측면이 있다고 본다.29)

　반면에 중국 역시 상황 인식과 대응에 있어서 문제가 있음을 지적한다. 예컨대, 중국의 동북공정에 의한 양국 간 갈등은 크게 두 차례에 걸쳐 진행되었는데, 중국 정부는 초기에 동북공정의 정치적 민감성과 사태의 심각성에 크게 주목하지 못했으나 한국 정부의 지속적인 문제제기로 인해 그에 대한 인식과 정책을 변화시켰다는 것이다. 또한 중국은 실제 위협 여부와 그 의도와는 별도로 상대적 소국(小國)이 느끼는 주관적 인식은 다르다는 사실을 간과하고 있다는 것이다. 이런 점에서 '한국판 중국위협론'은 근거없는 억측이라기보다는 중국이 동북공정을 다루는 방식과 태도가 가져다준 정치적 결과라고 진단한다. 따라서 이런 상호 간의 오해와 이해부족이 향후에도 양국 간 갈등과 대립의 불씨가 될 소지가 다분하다는 점에서 이에 대한 정책적 대안 모색이 필요하다고 지적하고, 몇 가지 실천적 제언을 제시하고 있다.

---

29) 이런 자성적인 혹은 중립적인 입장은 국내의 일반적인 논조와 크게 대비된다. 기존의 관련 연구들은 주로 중국의 전략적 의도와 팽창주의적 경향, 그리고 그에 대한 한국의 대응에 초점을 두고 이 문제를 다루어 왔기 때문이다. 이에 대한 평가는 독자들의 몫이라 하겠다.

▌참고문헌

김애경. "중·한 관계." 한국국제정치학회 중국분과 편. 『중국 현대국제관계』. 서울: 오름, 2008.

_____. "중국의 '화평굴기론' 연구: 논쟁과 함의를 중심으로." 『국제정치논총』, 제45집 4호. 2005.

김재철. 『중국의 외교전략과 국제질서』. 서울: 폴리테이아, 2007.

백창재 외. 『2012 차이나 리포트』. 서울: 인간사랑, 2008.

이내영·정한울. "국제여론을 통해 본 중국위협론의 평가와 전망." 『中蘇研究』, 제31권 2호. 2007.

이동률. "중국 '책임대국론'의 외교 전략적 함의." 『동아연구』, 제50집. 2006.

전성흥. "중국 자본주의의 발전과 세계정치에서의 위상: '중국의 부상'을 둘러싼 논쟁과 시각." 『사회과학연구』, 제13집 2호. 2005.

_____. "한국의 중국연구 현황과 과제." 이상섭·권태환 편. 『한국의 지역연구: 현황과 과제』. 서울: 서울대학교출판부, 1998.

_____. "한중 정상회담의 의미와 과제." 『정세와 정책』, 7월호. 2008.

전성흥·이민자. "한국과 중국정치연구." 정재호 편. 『중국정치연구론: 영역, 쟁점, 방법 및 교류』. 서울: 나남, 2000.

정삐젠 저·이희옥 역. 『중국 평화부상의 새로운 길』. 서울: 한신대학교 출판부, 2007.

정재호. "강대국화의 조건과 중국의 부상." 정재호 편. 『중국의 강대국화: 비교 및 국제정치학적 접근』. 서울: 길, 2006.

한석희. "중국의 부상과 책임대국론: 서구와 중국의 인식적 차이를 중심으로." 『국제정치논총』, 제44집 1호. 2004.

_____. 『후진타오 시대의 중국 대외관계』. 서울: 폴리테이아, 2007.

江西元·夏立平. 『中國和平崛起』. 北京: 中國社會科學出版社, 2004.

郭萬超. 『中國崛起: 一個東方大國的成長之道』. 南昌: 江西人民出版社, 2004.

唐世平. "再論中國的大戰略." 『戰略與管理』, 第4期. 2001.

[美] 理查德·伯恩斯壇, 羅斯·芒羅. 『卽將到來的美中衝突』. 北京: 新華出版社, 1997.

閻學通. 『中國崛起: 國際環境評估』. 天津: 天津人民出版社, 1998.

閻學通·孫學峰. 『中國崛起及其戰略』. 北京: 北京大學出版社, 2005.

葉自成. "中國實行大國外交戰略勢在必行: 關於中國外交戰略的幾點思考." 『世界經濟與政治』, 第1期. 2000.

王軍·但興悟. 『中國國際關係研究四十年』. 北京: 中央編譯出版社, 2008.

王逸舟. "面向21世紀的中國外交: 三種需求的尋求及其平衡." 『戰略與管理』, 第6期. 1999.

劉建飛. 『大博弈: 中國的'太極'與美國的'拳擊'』. 杭州: 浙江人民出版社, 2005.

陸鋼·郭學堂. 『中國威脅誰?: 解讀'中國威脅論'』. 上海: 學林出版社, 2004.

張劍荊. 『中國崛起: 通向大國之路的中國策』. 北京: 新華出版社, 2005.

中共中央文獻研究室 編. 『十六大以來重要文獻選編(上)』. 北京: 中央文獻出版社, 2005.

黃仁偉. 『中國崛起的時間和空間』. 上海: 上海社會科學院出版社, 2002.

Bernstein, Richard, and Ross H. Munro. *The Coming Conflict with China*. New York: Alfred A. Knopf, Inc., 1997.

Chen Qimao. "The Taiwan Strait Crisis: Its Crux and Solutions." *Asian Survey*, Vol.36, No.11(November 1996).

Glaser, Bonnie S., and Evan S. Medeiros. "The Changing Ecology of Foreign Policy-Making in China: The Ascension and Demise of the Theory of 'Peaceful Rise'." *The China Quarterly*, No.190(2007).

Goldstein, Avery. "An Emerging China's Emerging Grand Strategy: A Neo-Bismarckian Turn?" G. John Ikenberry and Michael Mastanduno, eds. *International Relations Theory and the Asia-Pacific*. New York: Columbia University Press, 2003.

_____. "The Diplomatic Face of China's Grand Strategy: A Rising Power's Emerging Choice." *The China Quarterly*, No.168(December 2001).

Roy, Denny. "The China Threat Issue: Major Arguments." *Asian Survey*, Vol.36, No.8(August 1996).

제1부

중국 부상의 요인과 과제

제1장

중국공산당 통치의 지속성과 정치적 기초

조영남(趙英男)

I. 서론

이 글의 목적은 개혁기에 중국이 고도의 경제성장과 급격한 사회변화를 경험했음에도 불구하고 중국공산당이 일당지배체제를 비교적 안정적으로 유지할 수 있었던 정치적 기초를 검토하는 것이다. 중국은 지난 30년 동안 개혁·개방 정책을 통해 경이적인 경제성장을 이룩했다. 중국의 공식통계에 의하면, 국내총생산(GDP)은 1980년부터 2005년까지 연평균 9.6% 성장했고, 그 결과 중국은 2006년에 세계 4위의 경제대국, 세계 3위의 무역대국, 그리고 세계 1위의 외환보유국이 되었다. 사회도 개혁·개방 정책의 실시 이후 급격한 변화를 경험했다. 단적으로 사적 소유제도와 시장제도가 확산됨으로써 중국은 이제 '중국특색의 자본주의' 사회로 변화한 것이다.

그런데 이런 사회경제적 변화에도 불구하고 공산당은 지난 30년 동안 비교적 안정적으로 일당지배체제를 유지해 왔고 향후 상당 기간 동안 이것이 지속될 것으로 전망된다.[1] 과거 제3세계 국가의 경제발전과 민주화 경험을 놓고 볼 때, 경제성장과 정치안정을 동시에 달성하기는 결코 쉬운 일이 아니

었다. 이 두 가지를 비교적 성공적으로 이룩한 중국은 최소한 현재까지는 이례적인 경우라고 할 수 있다.2)

그런데 공산당 통치의 지속성 문제를 분석하기에 앞서 우리는 먼저 중국 정치체제가 과연 안정적(stable)이었고 앞으로도 그럴 것인가라는 질문에 답해야 한다. 만약 중국 정치체제가 안정적이지 않았다고 한다면 공산당 통치의 지속성 문제에 대한 검토는 다른 각도, 즉 공산당은 불안정한 정치체제를 어떻게 지속시킬 수 있었는가라는 각도에서 이루어져야 하기 때문이다. 이 문제에 대해서는 그동안 여러 연구가 있었다.

기존 연구는 중국의 안정성과 관련하여 두 가지 사실을 동시에 지적한다. 우선, 중국 정치체제는 쉽게 붕괴하지 않을 것이고, 공산당 일당지배체제도 최소한 단기간 내에는 해소되지 않을 것이다.3) 공산당은 우리가 생각하는 것보다 변화된 현실에 훨씬 더 잘 적응해왔고 국민들로부터도 강한 지지를 받고 있기 때문이다.4) 그러나 다른 한편으로 중국은 관료주의나 부정부패

---

1) 조영남, 『후진타오 시대의 중국정치』(서울: 나남출판, 2006), pp.341-356; Jae Ho Chung, "Charting China's Future: Scenarios, Uncertainties, and Determinants," in Jae Ho Chung (ed.), *Charting China's Future: Political, Social, and International Dimensions* (Lanham, Maryland: Rowman & Littlefield Publishers, 2006), pp.1-19.

2) 전성흥, "변화와 안정을 위한 중국의 노력," 김재철 편, 『새로운 중국의 모색 I』(서울: 폴리테이아, 2005), pp.285-314; Randall Peerenboom, *China Modernizes: Threat to the West or Model for the Rest?* (Oxford, London: Oxford University Press, 2007), p.20.

3) Chung, "Charting China's Future," p.11; Jae Ho Chung, "Assessing the Odds against the Mandate of Heaven: Do the Numbers (on Instability) Really Matter?" in Chung, *Charting China's Future,* p.120; Bruce Dickson, "The Future of the Chinese Communist Party: Strategies of Survival and Prospects for Change," in Chung, *Charting China's Future,* p.46; Bruce Dickson, "Political Instability at the Middle and Lower Levels: Signs of a Decaying CCP, Corruption, and Political Dissent," in David Shambaugh (ed.), *Is China Unstable? Assessing the Factors* (Armonk, New York: M.E Sharpe, 2000), p.54.

4) Kjeld Erik Brodsgaard and Zheng Yongnian, "Introduction: Whither the Chinese Communist Party?" in Kjeld Erik Brodsgaard and Zheng Yongnian (eds.), *The Chinese Communist Party in Reform* (London: Routledge, 2006), pp.1-32; Brodsgaard and Zheng, "Introduction: Bringing the Party Back In," in Brodsgaard and Zheng

같은 정치문제 외에도 실업·농업문제·빈부격차·지역격차·환경오염 등 여러 가지 심각한 사회문제를 안고 있다. 이런 두 가지 사실을 종합적으로 고려할 때 중국은 '취약한 안정성(fragile stability),'[5) '흔들리는 안정성(rocky stability)' 또는 '안정적 불안(stable unrest),'[6) '안정적 불안정성(stable instability)'의 상태에 있다고 평가된다.[7) 필자도 기본적으로 이런 평가에 동의한다. 즉 중국은 1980년대 말과 1990년대 초에 일정한 정치사회적 혼란을 경험했고 현재에도 여러 가지 불안정 요소를 안고 있지만 전체적으로 볼 때는 비교적 안정적이었고 앞으로도 최소한 당분간은 이런 안정이 지속될 것이라고 판단된다.

이 글은 다음과 같은 세 가지 측면에서 공산당 일당지배체제가 지속될 수 있었던 정치적 기초를 분석하려고 한다. 첫째는 정치적 측면이다. 여기서는 구체적으로 중국의 엘리트정치가 얼마나 안정적으로 운영되고 있으며, 중국의 통치엘리트가 공산당 일당지배를 지속하기 위해 주요 사회세력 및 집단에 대해 어떤 전략을 사용했는가를 검토할 것이다. 둘째는 행정적·제도적 측면이다. 여기서는 중국이 국가 통치능력을 강화하고 통치행위를 규범화·제도화하기 위해 어떤 노력을 기울였는지를 검토할 것이다. 마지막은 이념적 측면이다. 여기서는 중국이 개혁기에 변화된 국가정책과 사회경제적 조건에 맞추어 자신의 통치 이데올로기를 어떻게 변화시켰는가를 검토할 것이다. 필자는 이상의 세 가지 측면에 대한 분석을 통해 공산당이 안정적인 통치체제를 유지할 수 있었던 정치적 기초를 찾을 수 있을 것이라 판단한다.[8)

(eds.), *Bringing the Party Back in: How China Is Governed* (Singapore: EAI, 2004), pp.1-21; Jie Chen, *Popular Political Support in Urban China* (Washington, D.C.: Woodrow Wilson Center Press, 2004).

5) Dickson, "Political Instability," p.54.

6) Martin King Whyte, "Chinese Social Trends: Stability or Chaos?" in Shambaugh, *Is China Unstable?* p.160.

7) Chung, "Assessing the Odds," p.118.

8) 참고로 정재호 교수는 중국의 안정성에 영향을 미치는 요소를 국내요소와 국외요소로 구분한다. 국내요소로는 중국공산당, 선거, 중앙-지방관계, 대중소요를, 국외요소로는 외교정책, 중미관계, 대만문제를 제기한다. Chung, "Charting China's Future," pp.7-9.

II. 중국의 정치개혁과 국가능력에 대한 기존 연구 검토

공산당이 중국을 지속적으로 통치할 수 있었던 정치적 기초를 검토하기 전에 먼저 기존 연구는 중국의 정치개혁과 국가능력에 대해 어떻게 평가하는가를 살펴보자. 우리는 이를 편의상 두 가지로 나누어 검토할 수 있다. 첫째는 중국의 정치개혁을 비판적으로 보는 연구이다. 정치개혁이 지체되면서 국가 통치능력이 저하되었다고 주장하는 페이(Minxin Pei)와 중국 거버넌스(governance)의 문제점을 지적하는 하웰(Jude Howell)의 연구가 대표적이다.9) 중국 국내문제의 심각성을 지적하면서 중국의 취약성과 위험성을 주장하는 서크(Susan L. Shirk)의 연구도 이에 속한다.10) 둘째는 중국의 정치개혁과 국가능력을 긍정적으로 보는 연구인데, 이것은 다시 두 가지로 나눌 수 있다. 하나는 국가 통치능력 향상과 적응이라는 측면에서 정치개혁을 높이 평가하는 것으로, 양(Dali L. Yang)과 쩡(Yongnian Zheng)의 연구가 대표적이다.11) 중앙-지방관계에서 중앙이 여전히 상당한 통치능력을 보유하고 있다고 주장하는 노튼(Barry J. Naughton)과 양(Dali L. Yang)의 연구도 이에 속한다.12) 다른 하나는 정치개혁에 의해 중국정치가 실제로 발전했다고 주장하는 연구인데, 디트머(Lowell Dittmer)와 류(Guoli Liu), 구쓰리(Doug Guthrie)의 연구가 이에 속한다.13)

---

9) Minxin Pei, *China's Trapped Transition: The Limits of Developmental Autocracy* (Cambridge, Massachusetts: Harvard University Press, 2006); Jude Howell (ed.), *Governance in China* (Lanham, Maryland: Rowman & Littlefield Publishers, 2004).

10) Susan L. Shirk, *China: Fragile Superpower* (Oxford, London: Oxford University Press, 2007).

11) Dali L. Yang, *Remaking the Chinese Leviathan: Market Transition and the Politics of Governance in China* (Stanford, California: Stanford University Press, 2004); Yongnian Zheng, *Globalization and State Transformation in China* (Cambridge, London: Cambridge University Press, 2004).

12) Barry J. Naughton, and Dali L. Yang (eds.), *Holding China Together: Diversity and National Integration in the Post-Deng Era* (Cambridge: Cambridge University Press, 2004).

13) Lowell Dittmer and Guoli Liu (eds.), *China's Deep Reform: Domestic Politics in*

먼저 부정적인 평가를 살펴보자. 페이는 점진적이고 부분적인 개혁, 특히 정치개혁의 지체로 인해 중국이 이행(transition)의 '덫'에 걸렸다고 주장한다. 페이에 따르면, 중국 지도자들은 공산당 정권의 생존을 위해 점진적 개혁방식을 채택했다. 이 방식을 통해 공산당은 기득권을 유지함과 동시에 새로운 사회계층을 체제 내로 포섭함으로써 정권의 안정을 도모할 수 있었다. 그러나 점진주의는 자체의 한계로 인해 지속될 수 없다. 우선, 공산당의 특권유지와 부당이익 추구는 막대한 국가자원의 고갈을 초래하면서 경제성장의 동력을 내부로부터 붕괴시킨다. 또한 민주적 정치개혁이 지연되면서 국가능력이 저하되고 경제발전과 사회안정에 필요한 공공재를 제공하는데도 실패한다. 이 같은 '덫'에서 벗어나기 위해서는 과감한 개혁조치를 취해야 하는데 이것이 쉽지 않다.[14]

페이는 이 연구에서 특히 중국 국가 성격의 변질과 '거버넌스 결핍(governance deficit)' 문제를 강조한다. 그에 따르면 중국은 일본·한국·대만과 같은 동아시아 발전국가(developmental state)에서 '분권적 약탈국가(decentralized predatory state)'로 국가 성격이 변질되었다. 지방에서 광범위하게 나타나고 있는 '지방 마피아 국가'는 이것의 극단적인 형태이다. 공산당 간부들이 정치적 특권을 이용하여 사적 이익을 추구하면서 부패가 만연하고, 이 과정에서 정경유착뿐만 아니라 정치권력과 폭력세력이 결합하는 형태까지 나타난다는 것이다. 중국의 거버넌스 결핍은 국가능력 저하와 공산당 동원능력 쇠퇴에서 잘 나타난다. 전자의 예로는 교통사고와 광산사고의 급증 등 공공안전 및 작업장 안전의 악화, 기초교육과 고등교육의 황폐화, 공공의료체계의 붕괴, 환경오염의 심화, 그리고 농촌의 재정 위기를 들 수 있다. 후자의 예로는 공산당 기층조직의 약화, 공산당 간부의 부패, 공산당에 대한 대중의 불

Transition (Lanham, Maryland: Rowman & Littlefield Publishers, 2006); Doug Guthrie, *China and Globalization: The Social, Economic, and Political Transformation of Chinese Society* (New York and London: Routledge, 2006).
14) 조영남, "덫에 걸린 중국의 개혁?" 미래전략연구원(http://www.kifs.org), 2006년 9월 25일.

신 증가를 들 수 있다.15)

하웰도 페이와 비슷한 관점에서 중국 국가의 통치능력 약화를 지적한다. 그녀에 따르면 중국 거버넌스에는 몇 가지 부정적인 경향이 발견된다. 예를 들어, 중앙정부는 전국적이고 통일된 정책과 법률을 집행하려고 고군분투하지만 중국의 거버넌스 과정은 점증적으로 분열되고 모순적인 양상을 보인다. 뿐만 아니라 경제적 자유화가 심화되면서 파룬공(法輪功) 사례가 보여주듯이 공적 권위가 도전받는 범위가 증가하는 경향이 있다. 그 밖에도 공산당/국가는 아직까지도 사회적 이익을 표출하기 위해 필요한 예측가능하고 효과적인 의사소통 구조와 과정을 수립하지 못했다. 여기에 더해 중국은 외부로부터 오는 사회경제적 영향에 점증적으로 노출되어 있다.16)

다른 한편으로 하웰도 페이처럼 중국의 '거버넌스 결핍'을 강조하면서 그 요인으로 정치적·제도적·경제적 요소를 제기한다. 정치적 요소는 공산당의 권력독점 욕구이다. 이로 인해 당정직능분리, 정부기업분리, 사회단체 자율성 확대 등 그동안 제기되었던 정치개혁이 좌절되었다. 제도적 요소는 경직되고 균열적인 레닌주의적 제도가 초래한 병폐이다. 상부에 대해서만 복종하고 책임지려는 관료제도, 특정 정부 부서나 지역의 이익만 옹호하는 부문주의(departmentalism)와 지역주의(localism), 민간의 주도적인 대안 마련을 봉쇄하는 엘리트주의가 이런 병리현상이다. 마지막으로 경제적 요소는 경제개혁 간의 모순과 제도개혁 및 경제개혁 간의 탈구에서 오는 문제들이다. 급속한 경제발전과 사회제도 미비에서 초래된 지역격차·도농격차·빈부격차의 확대가 그 예이다.17)

반면 양과 쩡은 중국의 정치개혁과 국가능력에 대한 이상의 부정적인 평가에 동의하지 않는다. 먼저 양에 따르면, 중국은 시장제도를 도입하면서

---

15) 조영남, "덫에 걸린 중국의 개혁?"

16) Jude Howell, "Governance Matters: Key Challenges and Emerging Tendencies," in Howell, *Governance in China*, pp.1-18.

17) Jude Howell, "Getting to the Roots: Governance Pathologies and Future Prospects," in Howell, *Governance in China*, pp.226-240.

통치능력(특히 경제적 거버넌스) 향상을 위해 많은 노력을 기울였다. 그 결과 중국은 사회주의 통제국가를 시장경제 운영에 적합한 규제국가(regulatory state)로 변화시키는데 성공했다.18) 정부기구 재조정과 인원조정을 위한 행정개혁, 국가기구의 효율성과 능력증대를 위한 각종 제도개혁(세제개혁과 재정개혁, 중앙은행 역할 강화와 증권시장 관리개선을 포함한 금융개혁), 행정합리화와 정부행위 규제를 위한 법치정책 실시, 제도개혁을 통한 반부패 정책, 의회의 역할 확대를 통한 국가기관 간 수평적 책임성 강화와 국가 규제기구(회계 및 통계) 강화 등은 이를 잘 보여주는 사례라는 것이다.

노튼과 양의 연구에 참여한 학자들도 이와 유사한 주장을 제기한다.19) 한마디로 말해 중국 정치체제는 개혁기에 들어 다양화되고 시장화된 사회의 도전에 매우 잘 적응했다는 것이다. 중국의 행정제도와 인사제도는 국가통합에 큰 기여를 했고, 관료적 위계체제(hierarchy)는 변화된 현실에 잘 적응하여 강화되었을 뿐만 아니라 일정한 규칙에 따라 운영되고 있다. 그 결과 중앙정부는 국가통합 유지를 위해 강력한 힘을 행사할 수 있었다. 이는 개혁기에 실시된 시장화와 분권화 정책으로 인해 국가능력, 특히 중앙정부의 통치능력이 약화되었다는 주장을 정면으로 반박하는 것이다. 예를 들어, 황(Yanzhong Huang)과 양(Dali L. Yang)은 인구정책에 대한 사례 분석을 통해 경제영역에서는 국가 역할이 감소되었지만 다른 영역에서는 결코 그렇지 않다는 것을 보여주었다.20) 수(Fubing Su)도 석탄산업 구조조정에 대한 사례 분석을 통해, 중앙정부는 자신의 목적을 달성할 수 있는 정책수단을 보유 및 행사할 수 있다는 사실을 보여주었다. 이에 근거하여 그는 경제개혁 이후 여러 가지 변화가 있었지만 강한 국가 동원능력과 행정규율이 존재한다는 중국정치의 특징이 여전히 유지되고 있다고 주장한다.21)

---

18) Yang, *Remaking the Chinese Leviathan,* pp.1, 18, 313.
19) Naughton and Yang, *Holding China Together.*
20) Yanzhong Huang and Dali L. Yang, "Population Control and State Coercion in China," in Naughton and Yang, *Holding China Together,* pp.149-192.
21) Fubing Su, "The Political Economy of Industrial Restructuring in China's Coal

세계화와 중국 국가체제의 변화를 분석한 쩡도 유사한 결론에 도달했다. 그에 따르면, 개혁기 중국의 국가체제는 이념적·제도적 차원 모두에서 변화된 현실에 잘 적응하는 엄청난 유연성을 보여주었다. 뿐만 아니라 국가체제는 중국의 세계화 과정에 능동적으로 개입하여 적응하는 모습을 보여줌으로써 세계화 과정의 중요한 요소가 되었다. 따라서 그는 일부 영역에서는 국가역할이 약화되었을지 몰라도 다른 영역에서는 오히려 그것이 강화 또는 공고화되었다고 주장한다. 다만 그는 공산당이 법과 제도 위에 군림함으로써 중국이 세계화에 적응하고 제도화되는데 진정한 걸림돌이 되었다는 점을 지적한다.22) 이런 국가의 적응을 보여주기 위해 쩡은 정부기구개혁, 세제개혁, 재정개혁, 기업개혁 등을 구체적으로 분석했다.

한편 디트머는 다른 관점에서 중국 개혁에 대해 매우 긍정적으로 평가한다. 그에 따르면, 1990년대 개혁은 1980년대 개혁과는 매우 다르고, 그래서 그는 이를 '심화된 개혁(deep reform, 深化改革)'이라고 부른다. 우선, 심화된 개혁은 이전 개혁처럼 경제발전을 최고의 정치의제로 삼고 정치 제도화와 사회안정을 강조하며 정치권력의 분권화와 합리화를 꾸준히 추진한다. 그러나 심화된 개혁은 이전 개혁의 변형이라는 성격도 띤다. 심화된 개혁은 시장경제 수립과 법치국가 건설이라는 근본 목적을 달성하기 위해 추진되었으며 지금까지 다음과 같은 특징을 띠고 있다는 것이다. 우선, 계획과 시장이 병존하는 혼합경제가 아니라 완전한 시장경제 건설을 목표로 한다. 또한 개방정책이 세계화 추세 속에서 전반적인 개방으로 발전했다. 여기에 더해 법치(rule of law)가 통치수단에서 개혁의 근본 목적으로 변화했다. 그 밖에도 정치 제도화와 체계적인 권력이행을 포함한 의미 있는 정치개혁이 이루어졌다. 마지막으로 심화된 개혁은 중국의 평화적 부상(和平崛起)을 위한 대전략과 연계되었다. 디트머는 이런 사실을 종합하여 1990대 중국 개혁은 "질적

Industry, 1992-1999," in Naughton and Yang, *Holding China Together,* pp.226-252.

22) Zheng, *Globalization and State Transformation in China.*

으로 새로운 발전 단계에 도달했다"고 주장한다. 또한 심화된 개혁은 전체적으로 볼 때 '커다란 성공'을 거두었다고 평가한다.23)

구쓰리도 디트머와 마찬가지로 중국 개혁에 대해 높이 평가하고 정치민주화에 대해서도 낙관한다. 그에 따르면 중국의 변화는 외부에서 생각하는 것보다 훨씬 급진적이다. 또한 중국 개혁은 국가 주도로 진행되었는데, 개혁과정에서 국가가 효과적인 역할을 수행했을 뿐만 아니라 국가주도 발전이 시장주도 발전보다 훨씬 우월하다는 것을 보여주었다. 그 밖에도 중국의 경제개혁은 의도하지 않은 결과로 인해 정치민주화로 이어질 것이며, 이런 중국의 변화는 세계적인 의미를 갖는다.24)

이상에서 우리는 중국의 정치개혁과 국가능력에 대한 두 가지 상반된 견해를 살펴보았다. 필자는 이 중에서 긍정적인 견해를 지지한다. 즉, 중국은 지난 30년 동안 다양한 개혁정책을 통해 국가 통치능력을 향상시켰고 정치과정의 제도화 측면에서도 상당한 진전을 이루었다는 것이다. 이것이 공산당이 일당지배체제를 유지할 수 있었던 중요한 배경이 되었다는 것이 필자의 판단이다.

아래에서는 공산당 통치의 정치적 기초를 분석하기 위해 정치적 요소, 행정적·제도적 요소, 그리고 이념적 요소를 차례로 살펴볼 것이다.

III. 엘리트정치의 안정과 지배연합의 형성

중국과 같은 사회주의 정치체제에서는 엘리트정치가 매우 중요하다. 이같은 정치체제에서는 소수의 통치엘리트가 거의 독점적으로 주요 국가정책을 결정하기 때문이다. 또한 사회주의 정치체제는 당-국가체제로서, 공산당과 국가기관이 조직적·기능적으로 결합되어 있고 국가의 핵심권력이 공산

---

23) 조영남, "덫에 걸린 중국의 개혁?"
24) Ibid.

당으로 집중되는 특징을 보인다. 이 때문에 우리가 공산당 통치의 지속성과 그 정치적 기초를 분석할 때에는 무엇보다 먼저 공산당을 중심으로 한 엘리트정치를 검토해야 한다.25) 결론적으로 말해, 공산당 통치의 지속성 여부는 일차적으로 엘리트정치의 안정성 여부에 의해 결정되는데, 지난 30년 동안 공산당이 일당지배체제를 유지할 수 있었던 가장 중요한 요인은 바로 엘리트정치가 안정화되었기 때문이다.

개혁기 중국의 엘리트정치를 어떻게 보아야 할 것인가에 대해서는 그동안 많은 논의가 있었다. 예를 들어, 일부 학자들은 중국정치도 다른 국가의 정치처럼 정치엘리트들이 국민의 의견을 수렴해 정책에 반영하고 국민들로부터 지지를 얻기 위해 서로 경쟁하는 양상으로 바뀌었고, 그래서 중국정치도 이제 정상정치(normal politics)라고 부를 수 있다고 주장한다. 반대로 일부학자들은 이를 비판하면서 중국정치는 여전히 승자독식(winner-takes-all)의 원리에 따라 작동하며 후견인주의(clientalism)에 기초한 비공식(informal)정치(파벌정치)가 법과 제도에 기초한 공식(formal)정치보다 더 중요하다고 주장한다.26) 필자는 이 두 주장 모두 일리가 있다고 생각한다. 다시 말해, 개혁기 중국에는 비공식정치(파벌정치)와 공식정치(정상정치)가 공존한다는 것이다. 그러나 우리는 변화하는 현실, 즉 시간이 가면서 중국정치가 비공식정치에서 공식정치로 발전하고 있다는 사실에도 주목해야 한다. 이런 발전으로 인해 중국의 엘리트정치는 상당히 안정화될 수 있었던 것이다. 장쩌민(江澤民) 시대와 후진타오(胡錦濤) 시대의 엘리트정치는 이런 특징을 잘 보여주었다.

우리가 알다시피 1980년대 중국의 엘리트정치는 불안한 모습을 보여주었다. 덩샤오핑(鄧小平)의 후계자로 간주되었던 후야오방(胡耀邦)과 자오즈양(趙紫陽)의 실각이 보여주듯이, 1980년대에는 공산당이 권력승계와 당노선/

---

25) 전성흥, "변화와 안정을 위한 중국의 노력," pp.299, 309; 김재철, 『중국의 정치개혁』 (서울: 한울, 2002), pp.29-36, 258-264; Chung, "Charting China's Future," p.7.
26) 조영남, 『후진타오 시대의 중국정치』, pp.154-156.

정책 결정을 둘러싸고 심각한 당내 갈등과 혼란을 겪었다. 1986~87년 학생 민주화운동과 1989년 톈안먼(天安門) 사건은 엘리트정치의 불안정 속에서 발생한 것이었다. 1990년대에 들어 중국의 엘리트정치는 점차로 제도화되고 안정화되는 추세를 보였다. 장쩌민 체제 제1기(1989~1996)는 과도기였다. 예를 들어, 장쩌민은 1989년 톈안먼 사건과 자오쯔양의 실각이라는 정치적 혼란 속에서 공산당 총기서와 중앙군사위원회 주석에 임명되었고, 이후 경쟁자를 제거한 후에야 비로소 최고지도자가 될 수 있었다. 이런 과도기를 거쳐 제2기(1997~2002)에는 엘리트정치가 매우 안정화되었다. 이후 '제3세대'에서 '제4세대' 지도자로의 권력이양이 매우 평화롭고 순조롭게 이루어짐으로써 중국은 엘리트정치의 안정성을 대내외에 과시할 수 있었다.[27]

이렇게 변화된 중국의 엘리트정치는 다음과 같은 두 가지 특징을 보인다. 첫째, 덩샤오핑을 마지막으로 카리스마적 지도자가 퇴진하면서 특정 개인이나 파벌이 권력을 독점하는 현상이 사라졌다. 대신 복수의 통치엘리트 또는 파벌이 권력을 분점하는 집단지도체제(collective leadership)가 형성되었다. 예를 들어, 장쩌민 시대에는 장쩌민을 중심으로 한 상하이파(上海幇)가 핵심 세력이었지만 이들이 권력을 독점하고 국가정책을 자신들의 뜻대로 결정할 수 있었던 것은 아니다. 즉 제1기 장쩌민 체제에서는 장쩌민-챠오스(喬石/전국인민대표대회(전국인대) 위원장)-리펑(李鵬/국무원 총리)의 삼두체제가 형성되었고, 제2기에는 장쩌민-리펑(전국인대 위원장)의 이원체제가 형성되었다. 후진타오 시대에 들어와서는 공청단(共靑團) 지도자 출신을 중심으로 한 '후진타오 세력'과 구상하이파 및 태자당(太子黨)을 중심으로 한 '장쩌민/쩡칭홍(曾慶紅) 세력'이 중앙과 지방에서 권력을 분점하고 있다.

둘째, 앞에서 살펴본 첫 번째 특징으로 인해 최고 통치엘리트들이 협의와 타협을 통해 국가정책과 인사문제를 결정하는 당내 민주주의(intra-party democracy) 또는 엘리트 민주주의(elite democracy)가 확대되었다. 이렇게 되면서 권력승계나 당노선/정책 결정이 전보다 훨씬 안정적이고 평화롭게 이

---

27) 조영남, 『후진타오 시대의 중국정치』, pp.156-161.

루어질 수 있었다. 예를 들어, 2002년 공산당 정치국 상무위원 인선과정에서는 최대 세력인 상하이파가 다수(9인 중 5인)를 차지하고 다른 세력이 일정한 지분을 인정받는 타협이 이루어졌다. 또한 2004년 9월 장쩌민의 중앙군사위원회 주석 사임과 후진타오의 승계, 2006년 9월 천량위(陳良宇) 상하이시 당서기의 퇴진과 2007년 3월 시진핑(習近平)의 임명 등은 모두 후진타오 세력과 쩡칭훙 세력의 협의와 타협을 통해 이루어졌다.

이처럼 중국 엘리트정치에서 집단지도체제가 형성되고 당내 민주주의가 확대될 수 있었던 배경으로는 두 가지를 들 수 있다. 먼저, 제3세대나 제4세대 지도자는 마오쩌둥(毛澤東)이나 덩샤오핑처럼 카리스마적 지도력을 발휘할 수 없다. 따라서 이들은 타 세력(파벌)을 인정하고 타협할 수밖에 없다. 여기에 더해 1990년대부터 중국에서는 공산당·정부·의회 등 권력기관 간에 역할을 분담하고 각 기관의 주요책임자에게 그 권한을 인정해주는 체제가 형성되었다. 이는 후진타오 시대에도 해당된다.[28]

이처럼 집단지도체제가 형성되고 당내 민주주의가 확대되면서 중국 엘리트정치는 매우 안정화되는 추세에 접어들었다. 그런데 이런 안정화는 덩샤오핑과 같은 조정자가 없는 상황에서, 또한 주요 파벌들이 치열하게 경쟁하는 상황에서 이루어진 것이기 때문에, 이것이 가능한 배경이 무엇인가를 두고 의문이 제기되었다. 필자가 보기에 이것은 크게 세 가지 이유 때문에 가능해졌다. 먼저, 카리스마적 지도자의 퇴진과 함께 어느 특정 개인이나 파벌도 다른 경쟁자나 파벌을 물리적으로 제거할 수 있는 방법이 사라졌다. 다시 말해 절대적인 권력자가 없는 상황에서 파벌 간에 상호 인정하고 타협하는 일종의 신사협정(code of civility)이 형성되었고, 이것이 엘리트정치의 안정화에 기여했다는 것이다. 실제로 한 연구에 따르면 1949년 이후 중국정치를 볼 때 카리스마적 지도자의 퇴진과 함께 독재 또는 헤게모니가 약화될 때 파벌 간에 타협이 가능하고, 그로 인해 엘리트정치가 안정화되는 현상이 나타났다.[29]

---

28) 조영남, 『후진타오 시대의 중국정치』, pp.159-160.

다음으로, 장쩌민 시기에 들어 파벌과 파벌투쟁의 성격이 변화한 점을 들 수 있다.30) 마오쩌둥 시대에 파벌은 주로 이념(ideology)과 노선 대립을 기반으로 형성되었고, 파벌투쟁은 승자독식의 원리에 따라 생사를 건 투쟁으로 격렬하게 전개되었다. 문화대혁명(1966~76) 시기의 이념 대립과 지도자 숙청은 이를 잘 보여준다. 덩샤오핑 시대에는 '개혁파'나 '보수파' 같은 명칭이 보여주듯이 파벌이 주로 정책 차이로 인해 형성되었고, 파벌투쟁은 전보다 덜 격렬했지만 여전히 치열하게 전개되었다. 후야오방과 자오쯔양의 실각은 이를 잘 보여준다.31)

그런데 장쩌민 시기의 파벌은 이런 이념/노선 대립이나 정책 차이가 아니라 학연(예를 들어, 淸華幇), 지연(상하이방과 베이징방), 업무(공청단파), 혈연(太子黨) 등을 통해 형성되었다.32) 이는 1992년 제14차 당대회에서 '사회주의 시장경제 건설' 방침이 확정되면서 공산당 지도부 내에 개혁·개방정책에 대한 일정한 합의가 형성되었고 그 때문에 지도자 간에 이념 대립이나 정책 차이가 크게 부각되지 않은 결과라고 할 수 있다.33) 그래서 최근의 파벌투쟁은 중앙과 지방의 요직을 어떻게 배분할 것인가를 놓고 벌어지는 자리다

---

29) Jing Huang, *Factionalism in Chinese Communist Politics* (Cambridge: Cambridge University Press, 2000), pp.24-25, 425-428.

30) Lowell Dittmer, "Leadership Change and Chinese Political Development," in Yun-han Chu, Chih-cheng Lo and Ramon H. Myers (eds.), *The New Chinese Leader-ship: Challenges and Opportunities after the 16th Party Congress* (Cambridge: Cambridge University Press, 2004), pp.10-32: Lowell Dittmer and Yu-shan Wu, "Leadership Coalitions and Economic Transformation in Reform China: Revisiting the Political Business Cycle," in Dittmer and Guoli, *China's Deep Reform,* pp.49-80.

31) Huang, *Factionalism in Chinese Communist Politics,* pp.424-425.

32) Cheng Li, *China's Leaders: The New Generation* (Lanham, Maryland: Rowman & Littlefield, 2001), pp.15-17.

33) 물론 중국에는 지식인과 퇴직한 공산당 고위간부를 중심으로 '자유주의,' '신좌파,' '마오주의' 등 특정 이념적 성향을 갖는 집단이 존재하는 것이 사실이고, 이들 집단은 개혁개방 정책 전반에 대해 다른 평가와 처방을 제시하는 것도 사실이다. 그러나 이런 이념적 집단이 존재한다는 것과, 공산당 지도자들이 이런 특정 이념적 성향에 근거하여 파벌을 형성한다는 것은 별개이다. 다시 말해 이런 특정 이념적 성향의 집단들은 공산당과는 별개로 존재한다고 할 수 있다.

툼의 성격을 강하게 띠고 있다.34) 이렇게 되면서 파벌투쟁은 승자독식의 원리에 근거한 생사를 건 투쟁이 아니라 소수파에게도 일정한 몫(자리)을 배정할 수 있도록 타협하고 흥정하는 거래로 변화되었다.

마지막은 공산당 지도부의 단결 유지에 대한 강한 공감대 형성이다. 1989년 6월 톈안먼 사건과 1991년 소련 붕괴 이후, 중국에서는 "안정이 모든 것에 우선한다"는 원칙이 수립되었고, 이것은 지금까지 이어지고 있다. 특히 1990년대 중반 이후 노동자·농민 등 개혁·개방정책의 피해계층(집단)이 형성되고 이들이 조직적으로 저항(시위 등)하는 규모와 빈도수가 증가하면서 공산당은 일종의 위기의식을 갖게 되었다.35) 그런데 사회안정을 유지하기 위해서는 정치안정이 필수적이고, 중국과 같은 공산당 일당지배체제에서는 공산당의 통합과 단결유지가 정치안정의 핵심이다. 덩샤오핑의 말했듯이 만약 중국에서 정치적으로 문제가 생긴다면 그것은 공산당이 분열할 경우이다. 이런 공산당 지도부의 위기의식과 단결에 대한 강조가 파벌투쟁의 악화를 방지하는 중요한 역할을 함으로서 엘리트정치의 안정에 기여할 수 있었던 것이다.

한편 1990년대에 들어 중국에는 정치권력·지식·자본이 비교적 강고하게 지배연합(ruling coalition)을 형성하여 노동자·농민·자영업자 등 일반 국민을 통치하는 현상이 나타났다. 이것은 공산당이 지식인과 경제엘리트(특히 사영기업가)를 체제 내로 끌어들이는 선취전략(co-optation strategy) 또는 포섭전략(inclusion strategy)을 성공적으로 실시한 결과이다. 제3세계 국가의 정치변화를 볼 때 권위주의 정치체제에 도전할 수 있는 가장 강력한 집단은 지식인(대학생 포함)과 중산층이다. 1980년대 한국의 민주화 경험은 이를 잘 보여준다. 따라서 만약 권위주의 통치엘리트가 이들을 성공적으로 체제 내로 포섭할 수 있다면 통치의 지속성은 확보될 수 있다. 중국공산당이 지난 30년 동안 권위주의 정치체제를 유지할 수 있었던 또 다른 정치적 요인이

---

34) Dittmer, "Leadership Change and Chinese Political Development," p.19.
35) Shirk, *China: Fragile Superpower,* pp.6-7, 255, 269.

바로 이것이다.

먼저 지식인의 보수화와 체제 내 편입을 살펴보자. 1989년 톈안먼 사건과 1991년 소련 붕괴 이후 중국의 지식인은 급격히 보수화되었다. 이 같은 사건을 경험하면서 중국에는 정치적 단결과 사회적 안정을 강조하는 경향이 확산되었고, 단결과 안정을 위해서는 국가능력과 함께 공산당지배를 강화해야 한다는 주장이 힘을 얻었다. 여기에 더해 공산당은 임금인상 등을 통해 지식인 및 전문가집단의 경제적 지위를 향상시켜 주었고, 국가정책 결정과정에 이들을 일부 참여시킴으로써 정치적 지위도 높여주었다. 또한 일정한 선을 넘지 않는 범위 내에서는 지식인이 비교적 자유롭게 연구하고 활동할 수 있도록 보장함으로써 이들의 불만을 완화시킬 수 있었다. 그 결과 일부 지식인은 공산당이 이룩한 경제적 성과를 인정하고 이전의 급진적 정치개혁 요구를 반성하면서 공산당 지배체제를 적극적으로 지지하는 체제옹호세력으로 변화했다.[36]

물론 중국 내외에 공산당 일당지배체제에 비판적인 반체제 지식인이 다수 존재하는 것이 사실이다. 그러나 전체적으로 볼 때 1990년대 이후 이들의 대 국민 영향력은 매우 약화되었다. 또한 1990년대 말부터 여러 사회적 쟁점에 대해 의견을 제시하고 경우에 따라서는 사건에 직접 개입하여 문제해결을 시도하는 새로운 유형의 활동가적인 지식인, 즉 '공공지식인(公共知識分子, public intellectuals)'이 등장했다. 2003년 농민기업가 순다우(孫大午) 재판과 디자이너 순즈강(孫志剛) 사망 사건에서 보여준 일부 대학교수와 변호사의 적극적인 참여는 대표적인 예이다. 공공지식인의 등장은 의미 있는 일이지만 이들이 중국정치에 어떤 영향력을 미칠지는 좀더 두고 보아야 한다.

사영기업가를 중심으로 한 경제엘리트에 대한 공산당의 포섭전략은 2000년대에 들어 구체화되었다. 1990년대에 시장경제가 확대됨에 따라 사영기업가는 중국에서 중요한 사회계층으로 성장했다.[37] 그런데 이들은 처음부터

---

36) 조영남, 『후진타오 시대의 중국정치』, pp.61-63.
37) 陸學藝 主編, 『當代中國社會階層硏究報告』(北京: 社會科學文獻出版社, 2002), pp.224-

국가권력에 대해 대항적이라기보다는 협조적이었다. 이는 무엇보다 이들의
• 태생적 한계 때문이다. 즉 중국의 사영기업가들은 국가권력과의 밀접한 관계
(부패 포함)를 통해서 부를 축적했다는 것이다. 또한 사영기업가가 체제 지지
적인 태도를 보이는 것은, 중국과 같은 권위주의 정치체제에서는 정치권력과
대립해서는 경제활동을 제대로 수행할 수 없다는 현실 때문이기도 하다.38)

그러나 최근까지 사영기업가가 갖고 있는 경제력에 비해 이들의 사회적
지위는 여전히 낮았고 정치적 영향력도 매우 미약했다. 단적으로 1989년
텐안먼 사건 직후 공산당 중앙은 「당건설 강화에 대한 통지」를 통해 사영기
업가의 입당을 공식적으로 불허했다. 이에 따라 사영기업가들은 자신의 경
제활동을 보호하고 사회정치적 지위를 높이기 위해 공익사업 출연, 당정 고
위관료와의 꽌시(關係) 형성, 공산당 입당, 지방의회 의원 출마 등 다양한
방식을 동원해야만 했다.39)

이런 상황에서 장쩌민의 삼개대표(三個代表)론이 2002년 제16차 당대회의
당헌 수정과 2003년 제10기 전국인민대표대회(이하 ‘전국인대’로 표기함) 제1
차 회의의 헌법 수정을 통해 국가의 공식 지도이념이 된 것은 사영기업가에
게 매우 큰 의미를 갖는다. 왜냐하면 삼개대표론은 사영기업가의 정치적 지
위를 공식적으로 인정하고 이들의 입당을 정당화하는 이론이기 때문이다.
여기에 더해 2004년 제10기 전국인대 제2차 회의에서 헌법 수정을 통해 국
유재산과 동등하게 사유재산의 신성불가침성도 헌법에 명시되고, 2007년
제10기 전국인대 제5차 회의에서 <소유권법(物權法)> 제정을 통해 사유재산
보호가 더욱 구체화됨으로써 사영기업가들의 재산권은 법적으로 더욱 철저

238.

38) 김재철, “사영기업가의 등장과 정치변화,” 전성흥 편, 『전환기의 중국사회 II』(서울:
   오름, 2004), pp.151-179; Bruce J. Dickson, *Red Capitalists in China: The Party,
   Private Entrepreneurs, and Prospects for Political Change* (Cambridge, London:
   Cambridge University Press, 2003); Kelle S. Tsai, *Capitalism without Democracy:
   The Private Sector in Contemporary China* (Ithaca and London: Cornell University
   Press, 2007).

39) 陸學藝, 『當代中國社會階層研究報告』, pp.220-221.

하게 보장받게 되었다. 이런 여러 가지 조치들이 취해짐으로써 원래부터 체제 순응적이던 사영기업가들은 공산당 일당지배체제를 더욱 옹호하는 세력으로 변화했다.

다른 한편으로 공산당은 자신의 지배체제에 위협이 될 만한 사회조직과 단체에 대해서도 사전에 체제 내로 흡수하는 포섭전략을 추진했다.[40] 노동조합(總工會)을 비롯한 여성단체(婦聯), 사영기업가단체(工商聯), 청년단체(共靑團)에 대한 정책은 대표적인 사례이다. 예를 들어, 노동자들은 시장제도 등 자본주의적 개혁정책이 실시된 이후 심각한 고용불안과 노동조건 악화를 경험했다. 특히 국유기업 개혁이 본격적으로 실시된 1990년대에는 대규모 실업이 발생함으로써 노동자 문제가 큰 사회적 쟁점이 되었다. 이런 상황에서 노동조합은 공산당/국가와 노동자를 연결하는 교량으로서 노동자를 개혁·개방 정책에 동원하는 역할만 수행할 수는 없었다. 다시 말해 노동조합은 노동자의 권익 향상을 위해 적극적인 역할을 수행해야 하고 만약 그렇지 못하면 노동자로부터 외면당할 수 있었다.

이런 이유로 공산당은 1980년대 중반 이후 노동조합이 국가 정책작성 과정에 좀 더 적극적으로 참여할 수 있도록 보장하고 장려하는 정책을 실시했다. 예를 들어, 1985년에 공산당과 국무원은 공동명의로 공산당과 정부기관이 노동관련 정책을 결정할 때 노동조합이 참여하여 의견을 개진할 수 있도록 보장하는 통지를 하달했다. 이 통지의 하달로 정부가 노동관련 정책을 결정할 때 노동조합이 직접 참여할 수 있는 근거가 마련되었고, 실제로 노동조합은 정부의 정책작성 과정에 적극 참여했다. 이런 방침은 1989년 톈안먼 사건 이후 더욱 강화되었다. 그 결과 1990년대에 들어 노동조합은 정부의 정책작성 과정뿐만 아니라 지방의회의 입법과정에서도 매우 중요한 역할을 수행할 수 있게 되었다.[41] 이처럼 공산당은 포섭전략을 통해 노동조합을 체

---

40) 공산당은 자신의 지배체제에 직접적인 위협을 가하는 집단에 대해서는 단호하게 물리력을 행사하여 탄압했다. 1998~99년 중국민주당(中國民主黨) 창당사건과 파룬공(法輪功) 사건, 최근의 일부 인권변호사에 대한 물리적 탄압은 대표적인 사례이다.
41) 조영남, 『중국 의회정치의 발전』(서울: 폴리테이아, 2006), pp.123-160.

제 내에 묶어두고 동시에 그것을 활용하여 노동자를 관리할 수 있었다. 이는 다른 군중단체에도 해당된다.

공산당이 주요 사회세력을 지배체제 내로 흡수하는 포섭전략을 적극적으로 구사함으로써 현재 중국에서는 기성 정치체제 밖에서 공산당에 반대하는 힘 있는 조직이 형성될 수 없다. 물론 일부 지역에서는 빈민구제단체, 환경단체, 여성단체가 공산당이나 국가권력의 간섭과 통제 밖에서 형성 및 운영되고 있는 것이 사실이다. 이런 면에서 공산당의 사회단체 포섭전략 또는 조합주의적 틀로 사회세력을 규제하려는 시도는 일정정도 실패했다고 주장할 수도 있다.42) 그러나 이런 주변부 조직이나 단체들이 중국과 같은 권위주의 정치체제에서 의미 있는 정치적 영향력을 발휘하기까지에는 좀 더 많은 시간이 필요할 것이다. 또한 공산당 지배체제에 영향을 미칠 수 있는 노동자·농민·여성·청년 등의 군중단체나 기업가·변호사·의사·회계사 등의 직능단체는 모두 공산당/국가의 조합주의적 틀 속에서 움직이고 있기 때문에 공산당의 포섭전략이 실패했다고 볼 수는 없다.

IV. 국가 통치체제의 강화와 제도화

엘리트정치의 안정화와 강고한 지배연합의 형성, 그리고 사회조직/단체의 체제 내 흡수는 정치적 측면에서 공산당 통치가 장기간 지속될 수 있었던 배경이 되었다. 그러나 이것만으로 공산당이 지난 30년간 장기 집권할 수 있었던 것은 결코 아니다. 여기에 더해 공산당 통치가 지속될 수 있었던 배경에는 국가체제 정비를 통한 국가 통치능력 강화와 통치행위의 규범화·제도화가 있다.

개혁기 공산당 통치의 정당성은 사회주의 이데올로기가 아니라 경제성장과

---

42) Jude Howell, "New Directions in Civil Society: Organizing around Marginalized Interests," in Howell, *Governance in China,* p.162.

그에 따른 국민 생활수준 향상에 기반하고 있다. 이는 중국이 개혁·개방 정책을 성공적으로 수행했기 때문에 가능한 것이었다. 그런데 중국이 경제성장과 국민 생활수준 향상에 필요한 개혁·개방 정책을 성공적으로 추진하기 위해서는 그에 맞는 제도개혁을 실시해야 했다. 예를 들어, 계획경제시대에 명령과 통제에 익숙한 정부구조나 행정체제로는 시장제도를 도입하고 운영할 수 없다. 해외투자 유치와 무역 촉진도 마찬가지이다. 뿐만 아니라 계획경제체제에서는 국가가 주택·교육·의료를 무상으로 제공했지만 시장경제 체제에서는 그렇게 할 수 없다. 이에 따라 공공서비스 제공과 관련된 국가 역할과 기능도 재조정되어야 했다. 결국 이 모든 것은 행정적·제도적 차원에서 국가체제를 정비하고 통치능력을 제고할 것을 요구했다.

실제로 공산당/국가는 지난 30년 동안 다양한 개혁정책을 통해 변화된 사회경제체제에 능동적으로 적응할 뿐만 아니라 국가 통치능력을 향상시키기 위해 많은 노력을 기울였다. 이런 노력은 크게 다섯 가지로 정리할 수 있다. 첫째는 정부기구개혁과 인사제도개혁을 중심으로 한 행정개혁이다. 둘째는 분세제(分稅制) 도입을 중심으로 한 세제개혁이다. 셋째는 은행·증권·국유자산 관리체제 개혁을 중심으로 한 금융개혁이다. 넷째는 회계·통계·세무 등 국가 규제기구의 강화이고, 마지막은 중앙-지방관계의 재조정이다.[43] 이 같은 노력을 통해 중국은 동구 사회주의 국가와는 달리 국가체제를 재정비하고 통치능력을 강화할 수 있었고, 이를 바탕으로 정치적 안정을 유지하면서 개혁·개방 정책을 실시하여 경제성장을 이룩할 수 있었다.

예를 들어, 중국은 1978년 이후 지금까지 모두 여섯 차례(1982년, 1988년, 1993년, 1998년, 2003년, 2008년)에 걸쳐 정부개혁을 실시했다.[44] 그 주요 내

---

43) 정재호, 『중국의 중앙-지방관계론』(서울: 나남, 1999), pp.153-183; 정영록, "금융개혁과 금융시장의 발전," 고정식 외, 『현대중국경제』(서울: 교보문고, 2000), pp.254-291; 이근·한동훈, 『중국의 기업과 경제』(서울: 21세기북스, 2000), pp.363-294; 이정남, "개혁·개방기 중국의 정치개혁과 정치변화," 김익수 외, 『현대 중국의 이해: 정치·경제·사회』(서울: 나남, 2005), pp.73-114; 조영남, 『후진타오 시대의 중국정치』, pp.25-53; Yang, *Remaking the Chinese Leviathan;* Zheng, *Globalization and State Transformation in China.*

용도 초기에는 단순한 정부기구 통폐합과 인원축소에서 정부직능 변화와 그
것에 근거한 기구 및 인원 재조정, 더 나아가서는 행정권력 운영방식 전반에
대한 개혁으로 바뀌었다. 이 중에서 가장 중요한 것이 1998년에 시작된 제4
차 행정개혁이다. 이를 통해 시장경제체제 수립과 함께 불필요하거나 과도
했던 정부의 경제기능을 민간에 대폭 이양하면서 정부의 경제관련 부서가
대폭 축소(국무원 경제관련 부서 22개에서 12개)되고 인원도 대규모로 감축(3
만 2천에서 1만 6천 명)되었다. 정부개혁 이외에 중국은 1994년에 공무원제도
를 정식 도입했다. 중국의 공무원 제도는 여러 가지 문제점을 안고 있지만
성과 또한 적지 않았다. 즉 공개적이고 평등한 시험제도와 임용제도의 도입,
업적에 따른 승진, 법에 의한 신분보장 등은 공무원제도의 실시를 통해 얻은
중요한 성과이다.45)

공산당은 국가체제 정비와 통치능력 향상을 위해 노력했을 뿐만 아니라
국가 통치행위의 규범화·제도화를 위해서도 많은 노력을 기울였다. 의법치
국(依法治國/법에 의한 통치) 방침의 실시는 대표적인 예이다. 의법치국은 말
그대로 국가의 모든 통치행위가 법률에 근거해야 하고 공산당도 법률이 정
한 범위 내에서 활동해야 한다는 것이다. 사실 중국이 1978년 개혁·개방
정책을 시작할 때부터 공산당은 '사회주의 민주'와 '법제(法制) 건전화'를 중
요한 정치적 과제로 제기했다. 그런데 1980년대에 개혁·개방 정책이 주로
경제적 측면에 초점이 맞추어짐으로써 민주 확대와 법제 정비는 큰 주목을
받지 못했다. 1990년대에 들어 시장경제가 확대되고 국가 통치행위의 규범
화·제도화 문제가 심각하게 제기되면서 법제 정비가 중요한 과제로 다시
등장했다. 1997년 제15차 당대회에서 의법치국이 국가의 기본정책으로 공
식 결정되고, 1999년 제9기 전국인대 제2차 회의에서 헌법개정을 통해 헌법

---

44) 宋德福 主編, 『中國政府管理與改革』(北京: 中國法制出版社, 2001); 劉智峰 主編, 『第
   七次革命: 1998-2003 中國政府機構改革問題報告』(北京: 中國社會科學出版社, 2003).
45) 조영남, 『후진타오 시대의 중국정치』, pp.37-38; 조영남, "중국 선전(深圳)의 행정개
   혁 실험," 『중소연구』, 30권 2호(2006 여름), pp.16-19; John P. Burns, "Governance
   and Civil Service Reform," in Howell, *Governance in China*, pp.37-57.

서문에 "중국은 의법치국을 실시하여 사회주의 법치국가를 건설한다"는 것이 명시된 점은 이를 잘 보여준다.

그런데 법제 건전화와 의법치국을 위해서는 그것을 담당하는 국가기관의 개혁이 필요했다. 우선, 법제 건전화와 의법치국은 체계적이고 안정적인 법률체제 수립을 필수 전제조건으로 한다. 법률체제 수립 없이는 법에 근거한 통치가 불가능하기 때문이다. 그래서 이전에는 유명무실했던 의회의 입법역할이 강화되어야만 했다. 또한 정부의 엄격한 법률 집행과 준법 행정을 강제하기 위해서는 자의적인 정부행정을 통제하고 감독할 수 있는 제도적 장치가 필요했다. 이것은 곧 의법행정(依法行政/법에 의한 행정)의 실시와 의회의 대 정부 감독강화, 법원의 역할강화로 이어졌다. 이 중에서 지난 30년 동안 가장 큰 성과를 거둔 분야는 의회의 입법 및 감독 역할 강화이다.[46]

예를 들어, 의회의 입법역할은 두 가지 측면에서 강화되었다. 첫째는 입법 자율성의 확대이다. 즉 의회는 극히 일부의 법률을 제외하고는 공산당의 사전 비준 없이 독자적으로 법안을 기초하고 심의할 수 있는 권한을 갖게 되었다. 둘째는 의회 입법산출의 급격한 증가이다. 문화대혁명(1966~76) 10년 동안 전국인대가 제정한 법률은 단 1건에 불과했다. 그런데 1980년부터 2002년까지 전국인대는 총 440건의 법률(법률과 같은 효력을 갖는 결정 및 결의 포함)을 제정하거나 수정했다. 같은 기간 동안 지방의회는 모두 8,781건의 조례를 제정 및 수정했다. 이렇게 되면서 중국도 비교적 완전한 법률체계를 마련할 수 있었다. 이 밖에 지방의회의 대 정부 감독도 매우 강화되었다.[47]

1990년대 들어 의법행정(법에 의한 행정)은 의법치국 방침의 핵심 요소가 되었다. 의법행정은 1990년대 초부터 일부 지역에서 시험 실시되었다. 국무원은 이를 종합하여 의법행정을 전국적이고 전면적으로 추진하기 위해 1999년 11월에 「의법행정의 전면적 추진 결정(全面推進依法行政的決定)」이라

---

46) 조영남, 『중국 정치개혁과 전국인대』(서울: 나남출판, 2000); 조영남, 『중국 의회정치의 발전』.
47) 조영남, 『후진타오 시대의 중국정치』, pp.40-41; 조영남, 『중국 의회정치의 발전』.

는 공식 문건을 제정 및 하달했다. 2004년에는 이것을 확대 발전시킨 새로운 강령, 즉 「의법행정의 전면적 추진 실시강요(全面推進依法行政實施綱要)」를 제정했다. 그런데 비교적 최근까지 국무원은 의법행정을 위해 어떤 정책을 어떻게 실시해야 하는지를 분명하게 제시하지 않았다. 그래서 의법행정은 지역마다 조금씩 다른 내용으로 추진되었다.48)

의법행정을 가장 모범적으로 실시해오고 있는 지역 중의 하나인 광둥성(廣東省)과 선전(深圳)의 사례는 의법행정이 어떤 내용으로 어떻게 집행되었는지를 잘 보여준다. 광둥성은 1990년대 중반부터 의법행정을 의법치국 방침의 핵심요소로 간주하고 이를 적극 추진했다. 당시에는 의법행정의 주요 과제로 세 가지, 즉 행정인허가제도(行政審批制度) 개혁, 정부업무(政務) 공개, 행정집행책임제 실시를 제기했다. 한편 선전은 이전의 의법행정 경험을 총괄하여 1999년에 '9개의 행정법정화(行政法定化)' 정책을 발표하고 2001년부터 이를 전면적으로 실시했다. 이렇게 되면서 의법행정은 정부행정과 관련된 9개 분야(항목)의 법적 제도화를 중심으로 추진되었다. 9개 분야에는 정부기구의 조직·직능·편제, 행정절차, 행정인허가제도, 행정수수료, 행정처벌, 정부공사 및 물품조달, 정부투자, 행정책임제도, 정부내부관리가 포함되었다.49) 여기서 우리는 의법행정이 법률 제정과 집행을 통해 정부의 행정업무 전반을 통제하고 제도화하는 정책임을 알 수 있다.

V. 통치 이데올로기의 변형과 모색

모든 국가에서 그렇지만 사회주의 국가인 중국에서는 통치 이데올로기가 특히 중요하다. 통치 이데올로기는 공산당 내부적으로는 당원의 사상을 통

---

48) 應松年·袁曙弘 主編, 『走向法治政府: 依法行政理論研究與實證調查』(北京: 法律出版社, 2001).
49) 조영남, "중국 선전(深圳)의 행정개혁 실험," p.27.

일시킴으로써 당의 통합과 단결을 유지하고 밖으로는 국민들에게 공산당 통치의 정당성을 주장하고 설득하는 중요한 수단이기 때문이다. 만약 당원이 동의하고 국민이 수용할 수 있는 통치 이데올로기가 없으면 공산당은 끊임없는 사상투쟁으로 분열되고 국민들의 불신과 외면에 시달릴 것이다. 이런 점에서 중국공산당은 지난 30년 동안 기존 통치 이데올로기를 적절히 변형하고 새로운 내용을 끊임없이 발굴함으로써 비교적 성공적으로 당의 통합과 단결을 유지했고 이를 바탕으로 국민의 지지를 받을 수 있었다. 다시 말해 통치 이데올로기의 변형과 모색이 공산당 통치의 지속성을 가능하게 만든 또 다른 중요한 요소라는 것이다. 우리는 이것을 사회주의 이데올로기의 변형과 민족주의의 고취에서 엿볼 수 있다.

공산당이 정통 사회주의 이데올로기를 고수하는 한 사적 소유제도와 시장제도의 도입을 핵심내용으로 하는 개혁·개방 정책을 추진할 수 없었다. 기존 사회주의 이데올로기의 폐기 또는 변화가 불가피했던 것이다. 공산당 입장에서는 사회주의 이데올로기를 폐기할 수 없었다. 만약 그렇게 되면 일당지배체제를 포기해야 하기 때문이다. 대신 공산당은 사회주의 이데올로기를 형식적으로는 고수하면서 내용적으로는 자본주의의 핵심요소를 수용하는 방향으로, 더 나아가서는 사회주의 이데올로기를 경제발전 이데올로기로 변화시키는 방향으로 통치 이데올로기의 변형을 시도했다. 1987년 제13차 당대회에서 체계화된 '사회주의 초급단계론'과 1992년 제14차 당대회에서 채택된 '사회주의 시장경제론'은 공산당의 이런 노력의 결과물이다.[50]

여기에 더해 공산당은 통치 이데올로기가 변화된 중국 현실을 반영하고 당의 개혁정책을 정당화할 수 있도록 하기 위해 새로운 내용을 계속 모색했다. 2002년 11월 제16차 당대회에서 공산당의 공식 지도이념으로 채택된 '삼개대표론'과 2007년 10월 제17차 당대회에서 채택된 '과학적 발전관(科學發展觀)'과 '조화사회(和諧社會)론'은 이를 잘 보여준다. 이런 새로운 이데

---

50) 이희옥, 『중국의 새로운 사회주의 탐색』(서울: 창비, 2004); 이희옥, "중국의 체제전환과 새로운 이데올로기의 모색," 김도희 편, 『새로운 중국의 모색 II』(서울: 폴리테이아, 2005), pp.29-56; 조영남, 『후진타오 시대의 중국정치』, pp.29-31.

올로기의 모색에 대해 공산당 내외에서 반대가 없었던 것은 아니지만, 공산당은 당원을 대상으로 한 대규모 학습운동과 대국민선전을 통해 이를 극복해왔다.

이런 변형된 사회주의 이데올로기가 일반 국민들에게 어느 정도 설득력이 있는지는 단정적으로 말할 수 없다. 우리가 알다시피 중국 국민들은 문화대혁명을 경험한 이후 사회주의 이념에 대한 믿음을 상당히 상실했고(신념의 위기), 개혁·개방 정책으로 자본주의적 요소가 도입되고 빈부격차가 확대되면서 이러한 경향은 더욱 심화되었기 때문이다. 그러나 변형된 사회주의 이데올로기가 최소한 국민들에게 공산당이 중국을 어느 방향으로 이끌고 가는지를 제시하고 국민들의 동의를 구하는데 일정한 역할을 한 것은 분명하다. 이것보다 더 중요한 점은 사회주의 이데올로기의 변형을 통해 공산당이 당의 통합을 유지하고 당노선을 정당화할 수 있었다는 사실이다. 이런 점에서 변형된 사회주의 이데올로기는 대국민 설득 수단보다는 공산당 내부 통합과 당노선의 정당화를 위한 수단이라는 성격이 강하다.

1989년 톈안먼 사건 이후 공산당은 서구사상의 유입을 막고 국민 통합과 단결을 유지하기 위해 사회주의 이념의 변형과 함께 새로운 통치 이데올로기의 개발을 모색했다. 1990년대에 민족주의(중국에서는 '사회주의적 애국주의')가 재등장할 수 있었던 것은 이 때문이다.[51] 즉 공산당은 21세기에는 '중화민족의 위대한 중흥'을 이룩해야 한다는 민족주의 이념을 대대적으로 선전하면서 공산당 통치와 개혁·개방 정책을 정당화했던 것이다. 1990년대 초에 실시된 애국주의 교육운동은 대표적인 사례이다. 이런 노력의 연장선에서 2002년 제16차 당대회에서는 당헌개정을 통해 공산당의 성격을 '노동자 계급의 선봉대'이면서 동시에 '중국인민과 중화민족의 선봉대'라고 재규정했다. 즉 공산당은 이제 계급정당이면서 동시에 민족정당이 된 것이다.

그런데 1990년대 민족주의의 재등장은 공산당/국가의 노력에 의해서만 이루어진 것이 아니다. 1989년 톈안먼 사건 이후 중국 지식인사회는 급속히

보수화되었는데, 일부 지식인들은 신보수주의나 마오쩌둥 사상과 함께 민족
주의에 주목하고 이를 적극 선전했던 것이다. 일부 지식인은 사회안정과 경
제발전을 위해서는 국가권력이 강화되어야 한다는 국가 민족주의를 제기했
고, 일부 지식인은 중국문화의 우수성을 강조하고 서구의 문화침략을 비판
하는 문화적 민족주의를 주장했다. 이렇게 해서 민족주의는 1990년대 중국
사회의 지배담론이 되었다.[52]

　　민족주의는 두 가지 측면에서 공산당 통치와 개혁·개방 정책을 정당화했
다. 먼저, 민족주의는 공산당 일당지배를 정당화하는 새로운 근거를 제시했
다. 즉 공산당이 중화민족의 선봉대가 됨으로써 중화민족의 중흥을 위해서
는 공산당을 중심으로 한 단결과 공산당 통치가 필요하다고 주장할 수 있게
되었다. 또한 민족주의는 개혁·개방 정책에 필요한 동원 이데올로기 역할을
수행했다. 즉 공산당은 사회주의 이상(평등)을 실현하기 위해서가 아니라 중
화민족의 중흥을 위해서 개혁·개방 정책을 추진다고 주장함으로써 공산당
지배에 반대하는 국민이나 화교까지도 민족중흥의 대의에 공감한다면 개
혁·개방 정책에 적극 참여해야 한다고 주장할 수 있게 된 것이다.[53]

VI. 결론

　　중국공산당이 지난 30년 동안 비교적 안정적으로 중국을 통치할 수 있었
던 정치적 기초는 다음 세 가지라고 판단된다. 첫째는 정치적 요소로서, 여
기에는 엘리트정치의 안정화, 권력·지식·자본의 지배연합 형성, 그리고 공
산당의 주요 사회조직/단체에 대한 포섭이 속한다. 개혁기 중국의 엘리트정
치는 시간이 가면서 점차 안정화되었고 이것이 공산당 통치의 유지에 크게
기여했다. 여기에 더해 공산당은 지식인과 경제엘리트(특히 사영기업가)를 지

---

52) 조영남, 『후진타오 시대의 중국정치』, pp.32-33.
53) 조영남, 『후진타오 시대의 중국정치』, p.33.

배체제에 흡수하는 포섭전략을 성공적으로 추진함으로써 권력·지식·자본의 강고한 지배연합을 형성할 수 있었다. 이런 지배연합이 지속되는 한 노동자·농민의 저항이나 소요는 공산당 지배체제에 큰 위협이 되지 않는다. 그밖에도 공산당은 자신의 통치에 도전할 수 있는 사회조직/단체에 대해서도 포섭전략을 실시하여 지금까지는 비교적 성공을 거두었다.

둘째는 행정적·제도적 요소로서, 공산당은 지난 30년 동안 국가체제를 정비하여 통치능력을 강화하고 통치행위를 규범화·제도화하는데 많은 노력을 기울였다. 중국이 개혁·개방 정책을 통해 고도의 경제성장과 국민 생활수준 향상을 이룩할 수 있었던 것은 이를 위한 행정개혁·세제개혁·금융개혁 등 제반 제도개혁이 비교적 원활히 추진되었기 때문이다.

셋째는 이념적 요소로서, 여기에는 사회주의 이데올로기의 변형과 적응, 민족주의의 활용 등이 속한다. 공산당은 그동안 당내 통합을 유지하고 공산당 지배의 정당성을 옹호하기 위해 사회주의 초급단계론, 사회주의 시장경제론, 삼개대표론, 과학적 발전관과 조화사회 건설론 등 사회주의 이데올로기의 변형과 민족주의 등 새로운 통치 이데올로기 모색에 적극 나섰다.

그런데 우리가 공산당 통치의 지속성과 그 정치적 기초를 검토할 때에는 다음과 같은 두 가지 사항에 주의해야 한다. 우선, 현재 중국에는 공산당 통치에 중대한 위험이 될 수 있는 다양한 불안정 요소가 있고, 공산당이 이 문제를 어떻게 처리하느냐에 따라 공산당 통치의 안정성과 지속성이 결정될 수 있다는 점이다. 다시 말해 공산당 통치의 장래는 결코 보장된 것이 아니며, 상황에 따라서는 공산당 지배체제의 붕괴를 포함한 급격한 정치변화가 얼마든지 일어날 수 있다는 것이다. 이런 가능성은 크게 두 가지 측면에서 기인한다.

첫째, 지금까지 공산당 통치의 정당성은 주로 경제성장과 국민 생활수준 향상에 근거한 것이었다('업적 정당성', performance legitimacy). 그런데 중국 경제가 세계경제체제에 깊숙이 편입됨으로써 이런 업적 정당성이 위험에 직면할 수 있게 되었다. 2001년 12월 중국이 세계무역기구(WTO)에 가입으로써 중국은 이제 세계경제체제에 비교적 완전하게 편입되었다. 이에 따라 공

산당은 국내 경제변화뿐만 아니라 세계 경제변화에 대해서도 능동적으로 대
응해야 하는 어려움에 놓이게 된 것이다. 다시 말해 중국의 의지와는 상관없
이 세계경제의 변화에 따라 중국경제도 심각한 영향을 받고, 동시에 중국정
부의 경제정책 운용도 많은 제약을 받게 되었다는 것이다. 인도네시아와 태
국 등 동남아시아 국가가 1997~98년 아시아 경제위기 후에 심각한 정치적
위기를 경험한 것은 이런 위험성을 잘 보여준다.

둘째, 중국은 지난 30년 동안 급속한 경제성장을 이룩했지만 이와 동시에
많은 심각한 사회문제에 직면하게 되었다. 지역간·도농간 격차의 확대, 계
층간 빈부격차의 심화, 사회안전망의 미비와 사회불안의 증대, 약 1억 5천만
명에서 2억 명에 달하는 '농민공(農民工)' 문제, 환경악화와 에너지 부족 등
중국이 직면하고 있는 문제는 결코 만만한 것이 아니다.[54] 이런 사회적 불
안요소로 인해 5인 이상이 참여하는 집단소요사건(群體性案件)이 중국 전역
에 걸쳐 2004년에는 7만 4천 건, 2005년에는 8만 7천 건이나 발생했다. 만
약 공산당이 이런 사회문제들을 제대로 처리하지 못한다면 공산당 통치는
심각한 도전에 직면할 것이다.

다음으로, 중국정치를 분석하고 전망할 때 비교 정치학(comparative politics)
관점과 중국특수성론(中國國情論)을 어떻게 잘 조합하여 타당한 관점을 수립
할 것인가 하는 문제가 있다. 지난 30년 동안 중국만이 사회주의 체제이행과
정치이행(민주화)을 경험한 것은 아니었다. 소련 및 동구 사회주의 국가도
같은 시기에 사회주의 체제이행과 정치이행을 경험했다. 또한 이들 국가에
앞서 1970년대와 1980년대에는 한국·대만·필리핀 등 동아시아 국가, 스페
인·포르투갈 같은 남부 유럽 국가, 그리고 수많은 라틴 아메리카 국가들이

---

54) 정재호, "중국의 개혁-개방 20년," 정재호 편, 『중국 개혁-개방의 정치경제 1980-
2000』(서울: 까치, 2002), pp.3-36; 전성홍 편, 『전환기의 중국사회 II』(서울: 오름,
2004); Elizabeth J. Perry and Mark Selden (eds.), *Chinese Society: Change, Conflict
and Resistance* (New York and London: Routledge Curzon, 2000); Peter Hays Gries
and Stanley Rosen (eds.), *State and Society in 21st-Century China* (New York and
London: Routledge Curzon, 2004).

민주화 이행을 경험했다. 따라서 다른 국가의 체제이행과 정치이행은 중국을 이해하는데 좋은 비교 대상이 될 수 있다. 이를 위해서는 중국의 이행을 다른 국가들의 경험과 비교하여 분석하려는 관점, 즉 비교 이행기적(comparative transition) 관점을 가져야 한다.

그런데 이 경우에 일정한 문제가 있다. 우선, 기존 사회주의 체제이행이나 민주화 이행 연구는 이미 결과(민주적 정치체제 수립)를 알고 그 변화과정을 분석하는 사후적인 연구라는 특징이 있다. 그런데 중국의 사회주의 체제이행과 정치이행은 여전히 진행 중에 있다. 특히 정치체제는 공산당 일당지배 체제라는 성격을 전혀 벗어나지 않았고 그 변화의 조짐조차 아직 나타나지 않는 것이 현실이다. 여기에 더해 중국의 인구·지리적 조건과 역사적 경험은 다른 사회주의 국가나 제3세계 국가와는 매우 다른 것으로, 이들 국가의 경험을 중국에 그대로 적용하는 것은 타당하지 않다. 예를 들어, 인구 13억에 56개 민족으로 구성된 유럽 대륙 크기의 사회주의 국가 중국의 이행을 분석하는데 인구 규모 3천만~5천만 명의 제3세계 자본주의 국가의 민주화 이행 경험을 적용하는 것은 분명히 문제가 있다. 이런 측면에서 우리는 중국 특수성론에 귀 기울일 필요가 있다.

지금까지 중국특수성론은 주로 소극적인 의미로 사용되었다. 즉 공산당이 다당제나 직선제 등 자유 민주주의적 정치개혁을 추진하지 않는 이유를 제시하거나 중국이 당면한 심각한 사회문제의 원인을 해명하는 근거로 중국특수성론이 사용되었다. 예를 들어, 중국 국민은 교육수준이 낮고 민주화 경험이 없으며, 중국 사회도 경제적 발전 수준이 낮고 지역편차가 매우 심하기 때문에 지금 당장 국민의 정치참여를 완전히 보장하는 직선제나 다당제 같은 정치개혁을 실시할 수 없다는 주장이 있다. 그래서 중국특수성론은 종종 공산당 일당지배체제 옹호론으로 연결된다. 그러나 이런 소극적 측면은 인정할지라도 중국특수성론이 갖고 있는 합리적인 요소를 찾아내고, 현재의 중국정치를 평가하고 미래를 예측할 때 그런 요소를 적극적으로 고려하려는 노력이 필요하다.

예를 들어, 앞에서 말한 중국의 인구·지리적 특성, 즉 13억 인구, 광활한 영토, 56개 민족으로 구성된 다민족 국가라는 특성은 과거에도 있었고 앞으로도 지속될 것이다. 이로 인해 소규모 인구를 가진 단일 민족 국가에 비해 중국은 사회경제적 다양성과 지역편차를 더 자연스럽게 인정하고 수용하는 경향이 있다. 이런 특성은 다시 현재 심각한 사회문제로 제기되는 지역간·도농간 격차의 확대에 대해 중국 사회가 좀 덜 민감하게 반응할 가능성을 제기한다. 다시 말해 단순히 숫자로 파악된 중국의 지역간·도농간 격차, 더 나아가서는 계층간 격차의 확대 — 예를 들어 지니(Gini) 계수 — 만으로는 중국 사회의 불안정 정도를 파악할 수 없다는 것이다.55)

여기에 더해 그동안 중국이 추진한 독특한 개혁·개방 정책은 중국특수성론에 새로운 요소를 추가했다. 예를 들어, 연해지역 중심의 불균등 지역발전 전략은 공산당 일당지배체제 유지에 유리한 환경을 조성했다. 이 전략으로 인해 공산당은 우선, 개혁초기에 개혁·개방 정책을 지지하는 든든한 지역기반(연해지역)을 확보할 수 있었고, 동시에 연해지역이 경제발전에 성공함으로써 내륙지역, 더 나아가서는 중국 전체가 경제발전에 성공할 수 있다는 믿음을 국민들에게 심어줄 수 있었다. 또한, 현재 내륙지역이 안고 있는 여러 가지 미발전의 문제는 공산당이나 중국 전체의 문제가 아니라 특정 지역의 문제라는 인식을 확산시킬 수 있었다. 이에 따라 공산당은 개혁·개방 정책이 초래한 여러 가지 사회문제, 즉 지역간·도농간 격차의 확대, 계층간 빈부격차의 심화, 유동인구 문제 등의 책임을 회피 또는 전가할 수 있는 여지가 생겼다. 이것이 공산당 장기집권에 유리한 요소로 작용한 것은 말할 필요도 없다.

이 밖에도 "점(點) — 선(線) — 면(面)"으로 이어지는 점진적 개혁전략도 공산당이 급진적인 정치개혁을 먼 장래로 미루고 일당지배체제를 고수하는 데 유리한 환경을 조성했다. 예를 들어, 공산당은 점진주의 방식을 통해 경제개혁과 경제발전에 성공했듯이 이런 방식을 통해 정치개혁도 성공할 수

---

55) 참고로 중국당국의 공식 발표에 의하면 2003년 중국의 지니계수는 0.43이었다. 그러나 중국사회과학원 등이 조사한 비공식 발표에 의하면 2003년 중국의 지니계수는 0.50 이상이다.

있다는 믿음을 일반 국민은 물론 지식인에게도 심어줄 수 있었다. 특히 중국의 눈부신 경제성장이 소련 및 동구 사회주의 국가의 붕괴 및 경제적 어려움과 대비되면서 이런 공산당의 주장은 더욱 커다란 설득력을 갖게 되었다. 이에 따라 공산당은 다당제나 직선제 같은 급진적인 정치개혁을 전면적으로 실시하라는 국민들의 압력으로부터 자유로울 수 있었다. 대신 공산당은 점진주의 방식에 따라 기층 단위와 일부 지방을 중심으로 다양한 정치실험을 선택적으로 실시했다. 한마디로 공산당은 정치개혁과 관련하여 상당한 시간을 벌 수 있었고, 이것이 공산당 통치가 지속되는데 일정한 역할을 했다는 것이다.

이처럼 현재의 중국정치를 분석하고 미래를 전망할 때에는 비교 정치학 관점을 유지하면서 동시에 중국특수성론을 놓치지 않으려는 세심한 노력이 필요하다. 가능하다면 이 두 가지 관점을 잘 조합하여 중국정치를 분석하는 새로운 관점을 제시하는 것이 필요하다. 그러나 이는 중국정치의 장래를 예측하는 것만큼이나 매우 어려운 작업이 될 것이다.

▌참고문헌

김재철. "사영기업가의 등장과 정치변화." 전성홍 편. 『전환기의 중국사회 II』. 서울: 오름, pp.151-179. 2004.

＿＿＿. 『중국의 정치개혁』. 서울: 한울, 2002.

이 근·한동훈. 『중국의 기업과 경제』. 서울: 21세기북스, 2000.

이정남. "개혁·개방기 중국의 정치개혁과 정치변화." 김익수 외. 『현대 중국의 이해: 정치·경제·사회』. 서울: 나남, pp.73-114. 2005.

이희옥. "중국의 체제전환과 새로운 이데올로기의 모색." 김도희 편. 『새로운 중국의 모색 II』. 서울: 폴리테이아, pp.29-56. 2005.

＿＿＿. 『중국의 새로운 사회주의 탐색』. 서울: 창비, 2004.

전성홍. "변화와 안정을 위한 중국의 노력." 김재철 편. 『새로운 중국의 모색 I』. 서울: 폴리테이아, pp.285-314. 2005.

＿＿＿. "중국 정치체제 변화의 회고와 전망." 『한국정치학회보』, 35집 4호(겨울호), pp.297-315. 2001.

＿＿＿ 편. 『전환기의 중국사회 II』. 서울: 오름, 2004.

정영록. "금융개혁과 금융시장의 발전." 고정식 외. 『현대중국경제』. 서울: 교보문고, pp.254-291. 2000.

정재호. "중국의 개혁-개방 20년." 정재호 편. 『중국 개혁-개방의 정치경제 1980-2000』. 서울: 까치, pp.3-36. 2002.

＿＿＿. 『중국의 중앙-지방관계론』. 서울: 나남, 1999.

조영남. "덫에 걸린 중국의 개혁?" 미래전략연구원(http://www.kifs.org), 2006d.

＿＿＿. "중국 선전(深圳)의 행정개혁 실험." 『중소연구』, 30권 2호(여름), pp.13-38. 2006c.

＿＿＿. 『중국 의회정치의 발전』. 서울: 폴리테이아, 2006b.

＿＿＿. 『중국 정치개혁과 전국인대』. 서울: 나남출판, 2000.

_____.『후진타오 시대의 중국정치』. 서울: 나남출판, 2006a.

劉智峰 主編.『第七次革命: 1998-2003 中國政府機構改革問題報告』. 北京: 中國社
會科學出版社, 2003.
陸學藝 主編.『當代中國社會階層研究報告』. 北京: 社會科學文獻出版社, 2002.
宋德福 主編.『中國政府管理與改革』. 北京: 中國法制出版社, 2001.
應松年·袁曙弘 主編.『走向法治政府: 依法行政理論研究與實證調查』. 北京: 法律
出版社. 2001.

Brodsgaard, Kjeld Erik, and Zheng Yongnian. "Introduction: Bringing the Party
    Back In." Kjeld Erik Brodsgaard and Zheng Yongnian, eds. *Bringing the
    Party Back in: How China Is Governed.* Singapore: EAI, pp.1-21. 2004.
_____. "Introduction: Whither the Chinese Communist Party?" Kjeld Erik
    Brodsgaard and Zheng Yongnian, eds. *The Chinese Communist Party in
    Reform.* London: Routledge, pp.1-32. 2006.
Burns, John P. "Governance and Civil Service Reform." Howell(2004), pp.37- 57.
    2004.
Chen, Jie. *Popular Political Support in Urban China.* Washington, D.C.: Wood-
    row Wilson Center Press, 2004.
Chung, Jae Ho. "Assessing the Odds against the Mandate of Heaven: Do the
    Numbers (on Instability) Really Matter?" Chung(2006), pp.107-128. 2006b.
_____. "Charting China's Future: Scenarios, Uncertainties, and Determinants."
    Chung(2006), pp.1-19. 2006a.
_____, ed. *Charting China's Future: Political, Social, and International Dimensions.*
    Lanham, Maryland: Rowman & Littlefield Publishers, 2006.
Dickson, Bruce J. "Political Instability at the Middle and Lower Levels: Signs
    of a Decaying CCP, Corruption, and Political Dissent." Shambaugh(2000),
    pp.40-56. 2000.
_____. "The Future of the Chinese Communist Party: Strategies of Survival and
    Prospects for Change." Chung(2006), pp.21-49. 2006.
_____. *Red Capitalists in China: The Party, Private Entrepreneurs, and Prospects
    for Political Change.* Cambridge, London: Cambridge University Press, 2003.

Dittmer, Lowell. "Leadership Change and Chinese Political Development."
    Yun-han Chu, Chih-cheng Lo and Ramon H. Myers, eds. *The New Chinese
    Leadership: Challenges and Opportunities after the 16th Party Congress.*
    Cambridge, London: Cambridge University Press, pp.10-32. 2004.

Dittmer, Lowell, and Guoli Liu, eds. *China's Deep Reform: Domestic Politics in
    Transition.* Lanham, Maryland: Rowman & Littlefield Publishers, 2006.

Dittmer, Lowell, and Yu-shan Wu. "Leadership Coalitions and Economic Trans-
    formation in Reform China: Revisiting the Political Business Cycle."
    Lowell Dittmer and Guoli Liu, eds. *China's Deep Reform: Domestic Politics
    in Transition.* Lanham, Maryland: Rowman & Littlefield, pp.49-80. 2006.

Gries, Peter Hays, and Stanley Rosen, eds. *State and Society in 21st-Century
    China.* New York and London: Routledge Curzon, 2004.

Guthrie, Doug. *China and Globalization: The Social, Economic, and Political
    Transformation of Chinese Society.* New York and London: Routledge,
    2006.

Howell, Jude. "Getting to the Roots: Governance Pathologies and Future Prospects."
    Howell(2004), pp.226-240. 2004c.

_____. "Governance Matters: Key Challenges and Emerging Tendencies."
    Howell(2004), pp.1-18. 2004a.

_____. "New Directions in Civil Society: Organizing around Marginalized
    Interests." Howell(2004), pp.143-171. 2004b.

_____, ed. *Governance in China.* Lanham, Maryland: Rowman & Littlefield
    Publishers, 2004.

Huang, Jing. *Factionalism in Chinese Communist Politics.* Cambridge, London:
    Cambridge University Press. 2000.

Huang, Yanzhong, and Dali L. Yang. "Population Control and State Coercion in
    China." Naughton and Yang, pp.149-192. 2004.

Li, Cheng. "Political Localism Versus Institutional Restraints: Elite Recruitment
    in the Jiang Era." Naughton and Yang, pp.29-69. 2004.

_____. *China's Leaders: The New Generation.* Lanham, Maryland: Rowman &
    Littlefield, 2001.

Naughton, Barry J., and Dali L. Yang. "Holding China Together: Introduction."

Naughton and Yang, pp.1-25. 2004.

_____, eds. *Holding China Together: Diversity and National Integration in the Post-Deng Era.* Cambridge, London: Cambridge University Press, 2004.

Peerenboom, Randall. *China Modernizes: Threat to the West or Model for the Rest?* Oxford, London: Oxford University Press, 2007.

Pei, Minxin. *China's Trapped Transition: The Limits of Developmental Autocracy.* Cambridge, Massachusetts: Harvard University Press, 2006.

Perry, Elizabeth J., and Mark Selden, eds. *Chinese Society: Change, Conflict and Resistance.* New York and London: Routledge Curzon, 2000.

Shambaugh, David, ed. *Is China Unstable? Assessing the Factors.* Armonk, New York: M.E Sharpe, 2000.

Shirk, Susan L. *China: Fragile Superpower.* Oxford, London: Oxford University Press, 2007.

Su, Fubing. "The Political Economy of Industrial Restructuring in China's Coal Industry, 1992-1999." Naughton and Yang, pp.226-252. 2004.

Tsai, Kelle S. *Capitalism without Democracy: The Private Sector in Contemporary China.* Ithaca and London: Cornell University Press, 2007.

Whyte, Martin King. "Chinese Social Trends: Stability or Chaos?" Shambaugh, pp.143-163. 2000.

Yang, Dali L. *Remaking the Chinese Leviathan: Market Transition and the Politics of Governance in China.* Stanford, California: Stanford University Press, 2004.

Zheng, Yongnian. *Globalization and State Transformation in China.* Cambridge, London: Cambridge University Press, 2004.

제2장

중국의 경제발전과 사회변혁

리페이린(李培林)

I. 중국경험과 '동방현대화' 문제

'동방현대화'라는 문제를 제기하는 것은 과거 몇 세기 동안 현대화는 거의 '동방사회'와 인연이 없었기 때문이다. 길고 긴 역사 동안 많은 사람들이 보기에 '동방현대화'가 가능한지는 단지 '미해결'의 문제일 뿐이었다. 처음에 '동방'은 그저 지리와 문화적 개념일 뿐이고, '서방' 사회는 그리스, 로마 문명이 발전해 내려온 것으로 중세 시대 지중해는 세계의 '서방'으로 간주되었다. 중세기 이후 서구인들의 눈에 세계의 중심은 북서유럽으로 옮겨졌고 세계의 범위 역시 남미와 북미로 확대되었다. 이러한 지리와 문명 범위의 확대 역시 동방이란 개념의 변화를 가져왔다.

16~17세기 서방에서 동방으로의 확장은 동방세계를 세계 중심으로부터의 거리에 따라 — 서구로부터의 원근에 따라 근동(지중해에서 페르시아만), 중동(페르시아만에서 동남아), 원동(태평양지대 동아시아와 동남아국가)으로 나누었다. 헤겔에서 토인비까지의 역사철학에서 '동방' 문화는 모두 '서방' 문화에 의해 초월당하는 존재였다. 마르크스 역시 당시 제한적인 동방사회(특

히 인도)의 문헌에 의거하여 동방사회는 서구의 진화형 사회와는 다르다고 추측하였고 자급자족적인 소농경제는 아시아 사회구조의 높은 안정을 이해하는 하나의 열쇠라고 지적했다. 그는 "이렇게 단순한 생산조직은 다음과 같은 비밀을 드러내는데 하나의 열쇠를 제공한다. 즉 아시아 각국이 부단히 무너지고 다시 세워지고 자주 왕조가 바뀌었지만 이와는 달리 아시아 사회는 아무런 변화도 없었다. 이런 사회의 기본적인 경제요인의 구조는 정치영역에서의 거센 바람에도 저촉되지 않았다."고 말한다.1)

과거 현대화 이론의 논리에서 보면 현대화는 항상 서방 사회와 연결되어 있었다. 이러한 서방 사회는 그리스, 로마 문명에서 시작하여 문예부흥과 계몽운동, 산업혁명과 현대 민주 조류의 시련을 거쳐 왔다. 서방의 정치, 경제 용어에서 '서방'은 경제발전, 정치민주, 사회자유와 서로 연결되어있고 이와 대응되는 '동방'은 종종 낙후한 경제와 집중된 정치권력, 그리고 사회 가족화와 연관되어 왔다.

이러한 사고방식은 심지어 지리적으로 아시아에 속하면서 아시아에서 가장 먼저 현대화를 실현한 일본 역시 스스로를 '동방국가'라고 여기지 않게 만든다. 일본 메이지 유신 시기의 계몽사상가 후쿠자와 유키치(福澤諭吉)는 1885년 3월 16일 『時事新報』에 발표한 <脫亞論>이란 글에서 일본이 "신봉해야 할 주의는 오로지 탈아(脫亞) 두 글자이다. 우리 일본 국토가 비록 아시아 동부에 속하지만 그 국민정신은 이미 아시아의 고루함에서 벗어나 서양문명을 향하고 있다"고 주장한다. 그는 또 "동아시아 공동 부흥을 앉아 기다리기보다는 그 대오에서 벗어나 서양 각 문명국가와 함께 처신해야 한다"고 호소했다. 후쿠자와 유키치는 또한 『문명론개략』에서 만약 일본 문명을 진보시키고 싶다면 반드시 서구 문명을 목표로 하여 이것을 모든 논의의 기준으로 삼고 이 기준으로 사물의 이해득실을 가늠해야 할 것이라고 말한다.2)

제2차 세계대전 이후 사회주의 국가의 현대화운동과 식민지 해방운동은

---

1) 马克思, 『马克思恩格斯全集(第23卷)』(北京: 人民出版社, 1972), p.367.
2) 福泽谕吉, 『文明论概略』(北京: 商务印书馆, 1982).

'동방'과 '서방'을 정치적 개념으로 만들었고 '동방'은 서구 냉전이론에 의해 비민주적인 집권의 의미를 부여받았다. 위트포겔(K.A.Wittfogel)은 동방사회를 서방과 다른 일종의 '치수(治水)사회'로 보았다. 이러한 사회의 농업은 가뭄 때문에 협업(協業)의 관개계통에 의존해야 하고 이러한 협업은 기율과 종속관계와 강력한 지도력을 필요로 하며 이에 따라 정치권력이 통제하는 방대한 사회조직망이 형성되었고 이것이 '동방 전제주의'의 역사적 근원이라고 보았다.[3]

포스트식민주의의 해체 담론에서 '동방'은 서방 담론 헤게모니를 해체하는 무기가 되었다. 사이드(E W. Said)는 지식관계를 통해 권력관계를 드러내는 푸코의 방법을 계승하여 1978년『오리엔탈리즘』이란 책을 발표했다. 이 책은 수백 년간 서방의 학자들이 어떻게 '동방'을 인식하고 상상하며 구조화했는지를 분석하고 일련의 학설을 제기함으로써 서방학계의 '동방'에 관한 헤게모니 담론에 도전하고 있다. 또한 '종족주의와 이데올로기'의 방식으로 오리엔탈리즘과는 대립되는 '옥시덴탈리즘'을 구조화하는 데 반대하며 전지구적인 포스트 식민문화 연구 물결에 영향을 끼쳤다.[4]

소동구의 격변 후 '동방' 개념은 한층 더 '이데올로기화'되어 후쿠야마(F. Fukuyama)는 헤겔의 자유원칙 개선과 종결이라는 역사 논단을 차용하여 소련연방해체와 '자본주의 승리'에서 '역사의 종언'을 보았다.[5] 또한 헌팅턴(Samuel Huntington)은『문명의 충돌』이란 책에서 1989년 이후 세계가 7~8개의 다극화된 구조로 분열되고 양대 진영의 대립은 문명의 충돌에 의해 대체되며 이러한 충돌은 주로 미국과 유럽을 대표로 하는 서방문명과 이슬람 문명, 중국문명 혹은 러시아 동방정교 문명과의 대립이라고 보았다.[6] 흥미로운 것은 제2차 이라크전쟁 이후 또 다시 서방의 분열과 두 개의 '서방'

---

3) 魏特夫(K.A.Wittfogel), 『東方专制主义』(北京: 中国社会科学出版社, 1989).

4) 萨义德(E W. Said), 『东方学』(北京: 三联书店, 1999).

5) F. Fukuyama, *End of History and the Last Man* (London: Hamish Hamilton, 1993).

6) Samuel Huntington, *The Clash of Civilization and the Remaking of World Order* (New York: Simon & Chuster, 1996).

다시 말해 '진정한 미국의 서방'과 '유럽의 포스트 서방'이라는 새로운 미국
과 오래된 유럽이 나타났다는 점이다.7)

　동아시아 일부 국가와 지역의 경제적 성과는 이미 '동방현대화' 가능성에
관한 명제를 제기한 바 있다. 불과 한 세대의 시간동안 동아시아의 싱가포
르, 한국, 대만, 홍콩 등의 국가와 지역은 '신흥공업화경제체(NIEs)'가 되어
구미에서 대략 한 세기에 걸쳐 달성했던 경제 도약을 세계경제체계에서 성
공적으로 실현해 주변에서 반주변으로 뛰어올랐다. 이에 따라 새로운 '아시
아 가치' 관련 학설이 등장했고 일부 '신유가' 학자들은 동아시아 현대화
경험에 따라 베버의 프로테스탄트 윤리와 자본주의 발전의 문화 명제에 도
전하며 유가문화와 동아시아발전의 내적기원 발전이론을 수립하려 시도했
다. 미국의 화교 역사학자 위잉시(余英時)는 오랜 시간의 역사고찰에 착수하
여 중국 전통적인 유가문화의 가치에도 근면한 도구이성이 존재하며 이것이
명조 중엽이후 나타난 상업발전의 원인이라고 보았다.8) 홍콩 중문대학 총장
을 지냈던 사회학자 진야오지(金耀基)는 동아시아사회 경제발전의 수수께끼
는 유가 윤리가 자본주의 발전에 장애가 된다는 베버의 명제에 대한 '경험
현상의 도전'을 제기했고 이제 '장기간 학술계가 암묵적으로 따랐던 철칙'
을 뒤집으려한다고 지적하고 있다.9) 또한 세계은행의 전문가들 역시 동아시
아발전에서 새로운 전망을 보는 것 같다며, 『동아시아기적: 경제성장과 공공
정책』이란 책에서는 '깜짝 놀라게 만든다는' 각종 미사여구로 동아시아 발
전을 찬양하였다.10)

　반면 일부 학자들은 이른바 '동아시아 기적'에 대해 의문을 제기한다. 미
국의 사회학자 데요(F. C. Deyo)는 태국을 사례로 들면서 동아시아 국가의

---

7) 托德(Emmanuel Todd), 『帝国之后: 关于美国体制的解体』(巴黎: Gallimard 出版社,
　 2002); Robert Kagan, *Of Paradise and Power America and Europe in the New
　 World Order* (New York: Knopf, 2003).
8) 余英时, 『中国近代宗教伦理与商业精神』(台北: 联经出版社, 1987).
9) 金耀基, 『中国社会与文化』(香港: 牛津大学出版社, 1993).
10) World Bank, *The East Asian Miracle: Economic Growth and Public Policy* (New
　 York: Oxford University Press, 1993).

경제는 '샌드위치 함정'이 존재한다고 지적한다. 위로는 선진국이 고부가가
치 생산품 시장을 선점하고 모든 수단을 보유하고 있으며, 아래로는 노동력
비용이 더욱 낮은 국가로부터 날로 거센 경쟁 압박에 직면하고 있으니 지속
적인 고속성장을 유지하기가 매우 어렵다고 지적한다.[11] 미국의 경제학자
크루그만(Paul Krugman) 역시 『아시아 기적의 신화』라는 책에서 동아시아
경제성장은 서구의 전통적인 자유시장경제보다 더욱 선진적인 발전모델을
제공하지 못했다고 하면서 이른바 동아시아의 '네 마리 호랑이'는 사실 모
두 '종이 호랑이'에 불과했다고 직설적으로 말하고 있다.[12] 1997년 동아시
아에 불어 닥친 금융위기는 환율과 주식시장 폭락, 물가 상승, 심지어는 사
회와 정치적 국면의 혼란으로까지 이어져 '동아시아 기적'이란 화두가 '실
어(失語)' 상태에 빠지고 과연 '동아시아 현대화'가 가능한지에 관한 의문이
다시 학술계를 풍미하기 시작했다.

그러나 동아시아 국가는 금융 위기에서 신속하게 회복하여 성장했고 사
람들은 다시 '동아시아 모델'에 대해서 관심을 갖기 시작했다. 그러나 동아
시아 모델에 대해서는 서로 엇갈린 평가를 내리고 있다. 이른바 '동아시아
모델'의 성공에 관해 현재 몇 가지 서로 다른 해석이 존재한다. 하나는 '자
유시장경제'설로 동아시아의 성공은 서방체제를 모방한데 있으며, 철저한
자유경제정책을 채택하여 전 세계의 자원을 효과적으로 동원하고 배치 할
수 있었기 때문이라고 여긴다.[13] 두 번째는 '정부개입'설로 동아시아 정부
가 의식적으로 시장에 개입해 산업정책을 통해 중요한 전략산업을 성장시켰

---

11) Frederic C. Deyo, "Capital, Labor, and State in Thai Industrial Restructuring: The
    Impact of Global Economic Transformations," in Jozsef Borocz and David Smith,
    eds., *A New World Order? Global Transformation in the Late Twentieth Century*
    (Westport, CT: Praeger, 1995); "Reform, Globalization, and Crisis: Reconstructing
    Thai Labour," *Journal of Industrial Relations* (Australia), Vol.42, No.2(June, 2000).
12) Paul Krugman, "The Myth of Asian Miracle," *Foreign Affairs* 73 (1994), pp.62-
    78.
13) World Bank, *The East Asian Miracle: Economic Growth and Public Policy* (New
    York: Oxford University Press, 1993).

기 때문이라고 본다.14) 세 번째는 '대외 지향적 경제'설로 국제무역이 동아
시아 경제발전 성공에 매우 중요한 역할을 했고 동아시아가 실시한 대외
지향적 발전정책은 국제경쟁력을 높이는 거대한 동력이 되었다고 본다.15)
반면 '동아시아 모델'에 대한 비판은 대다수는 '정부과도개입', '민주화 결
함', '권력경제', '정실관계' 등등에 집중되어 있다.

　동아시아 신흥공업국가와 지역의 발전 경험은 그 지역과 인구 규모의 한
계 그리고 발전과정이 냉전의 총체적인 배경에 처해 있었기 때문에 이른바
'동아시아 경험'은 실제 '서방 현대화 경험'의 일부분이나 실험장, 혹은 그
의 연장이나 확산 또는 추진 등으로 여겨진다.

　개혁개방 이후 거의 30년간의 지속적인 중국대륙의 고속 성장은 세계의
관심을 다시 한번 '동방'으로 집중시켰다. 중국, 러시아, 인도 등 대국의 빠
른 발전은 '동방 현대화'의 가능성 문제를 재차 제기했다. 중국 등 대국의
부상은 세계경제정치구조 변화에 심각한 영향을 미칠 수 있을 뿐 아니라
'서방 현대화'와는 다른 '동방 현대화'로의 길을 형성할 수 있을 것으로 보
인다. 따라서 '동방 현대화'는 완전히 지역적인 규정성을 갖는 개념이 아니
라 전 세계의 현대화를 포함하여 서구와는 다른 새로운 발전경험의 길을
제공해주어야 한다.

　'중국경험'은 이러한 새로운 경험의 중요한 구성부분이라 할 수 있으며
학술적 개념으로 다음과 같은 몇 가지 규정성을 지녀야 한다. 첫째, 이른바
'중국경험'은 '중국모델'이나 '중국 기적' 등의 개념과는 다르다. '성취'를
의미 할 뿐 아니라 '교훈'까지도 포함하여 걸어온 발전경로의 모든 특수한

14) Alice H. Amsden, *Asia's Next Giant: South Korea and Late Industrialization* (New
York: Oxford University Press, 1989); Robert Wade, *Governing the Market:
Economic Theory and the Role of Government in East Asian Industrialization*
(Princeton: Princeton University Press, 1990); "Wheels within Wheels: Rethinking
the Asian Crisis and the Asian Model," *Annual Review of Political Science,* 3
(2000).

15) A. O. Krueger, *Economic Policy Reform in Developing Countries* (Oxford: Basil
Blackwell, 1992).

경험을 포괄하는 개념이다. 둘째, '중국경험'은 특히 중국의 인구 규모, 사회
구조, 문화적으로 누적된 특징 등으로 생겨난 새로운 발전규칙과 현대화 길
에 관한 인식을 심화시키는데 일정정도 모색의 의미가 있다. 셋째, '중국경
험'은 개방적이고 포용적이며 실천적이고 일정한 형태 없이 부단히 변화하
고 또 발전하는 과정 속에서의 경험이다. 따라서 이것은 다른 경험의 선택을
존중하여 '서방경험'과 대립 면에 서지 않으며 또한 스스로의 보편성을 강
조하지도 않고 단지 통일과 다양성의 완전한 결합 가능성을 설명할 뿐이다.

II. 중국의 경제성장과 사회 운행에 영향을 미치는 네 가지 역량

　중국의 개혁과 발전은 경제와 사회의 전면적인 변화를 의미한다. 하지만
아마도 많은 사람들, 특히 해외 학자들은 중국에서 발생하는 모든 변화가
시장화개혁의 자연적인 결과라고 여길 것이다. 사실 현실 생활에서의 정치,
경제, 사회, 문화는 하나의 혼합된 총체이다. 현실생활의 복잡성은 한 가지
영역을 전체에서 단독으로 분리해낼 수 없으며, 모든 영역은 스스로의 발전
규칙과 논리가 존재한다는 데 있다.

　예컨대, 경제가 추구하는 최고 가치는 경쟁의 효율과 경제적 수익이고,
정치가 추구하는 최고 가치는 국민과 국가의 부강, 장기적 통치와 안전, 민
의를 실현하는 사회적 이상일 것이며, 사회가 추구하는 최고 가치는 사회
통합과 단결, 화해와 공정이고, 문화가 추구하는 최고 가치는 '전통'의 새로
운 연속과 응집력 그리고 감화능력일 것이다.

　따라서 현실 생활에서는 이렇게 서로 다른 가치가 소통할 수 있는 교량과
서로 협조할 수 있는 가능성이 필요하며, 한 가지 영역의 논리로 모든 영역
의 발전규칙을 대체해서는 안 된다. 중국은 현재 경제사회발전에서 네 가지
역량이 매우 중요한 영향력을 발휘하고 있다.

1. 시장 배치

중국의 개혁개방은 처음부터 시장을 지향하고 있었다. 비록 중간에 약간의 곡절이 있기도 했지만 체제 전환의 횡보는 기본적으로 중단되지 않았다. 1992년 덩샤오핑의 남순강화를 통해 철저한 사회주의 시장경제의 목표를 확정한 이래로 시장체제의 전환은 이미 돌이킬 수 없는 것이 되었다. 이러한 불가역성은 사회주의 시장경제가 사상체계와 제도체계를 완성했기 때문일 뿐 아니라 수십 년의 급속한 경제성장과 부의 축적 및 생활수준의 향상으로 인해 사람들이 마음속으로 사회주의 시장경제에 대한 신뢰를 갖고 있기 때문이기도 하다. 상품시장에서 서비스시장까지, 자본시장에서 노동력시장까지, 재산권시장에서 선물시장까지 사람들의 시장에 대한 인식은 날로 심화되고 있다. 시장은 가장 효과적인 자원배치방식으로 중국의 경제생활에서 갈수록 큰 역할을 발휘하여 경제발전을 추진하는 기초적인 역량이 되었다. 일부 학자들의 추산에 따르면 1985년에서 2002년까지 중국 시장화의 총 지수는 2.183에서 7.061로 높아졌다.16)

2. 정부개입

중국의 경제사회생활에서 정부는 매우 큰 역할을 발휘한다. 이는 정부가 여전히 상당 정도 투자규모를 결정하고 영향을 미치기 때문이다. 정부는 시장질서의 확립자이자 보호자이며 의식적으로 각종 경제와 법률, 행정에 유리한 지렛대로 거시경제의 운행을 조정한다. 또한 정부는 실제적으로 사법, 은행, 사회보장 등 제도의 최종적인 보증자이기도 하다. 복잡한 국제관계 처리와 공평한 경쟁의 시장질서 확립, 정치사회의 안정 유지, 전국적인 통일된 사회경제정책 등 많은 분야에서 정부는 모두 대체할 수 없는 역할을 하

---

16) 周业安·赵坚毅, "中国市场化、经济结构变迁和政府经济结构政策转型—中国经验," 『管理世界』, 2004年 第5期.

고 있다. 정부의 거시조절 능력은 실제로 사회의 모든 기업과 촌락 그리고 가정에서도 줄곧 관철되어 왔다.

정부의 독특한 역할은 또한 각급 지방 정부의 개입능력으로 나타난다. 재정 분권화 제도와 중국 지역 간 발전의 격차로 인해 지방정부는 실제 지방의 구체적인 상황에 근거해서 정책을 결정하는 커다란 역량을 가지고 있으며, 심지어 지방정책의 영향 아래 자신만의 독특한 발전모델을 형성하기도 한다.

3. 사회구조 전환

역사적으로 볼 때 사회구조가 자원 배치에 미치는 영향은 정부와 시장보다 훨씬 더 오래되었다. 정부와 시장이 없었을 때 사회구조는 이미 이러한 영향력을 발휘하였다. 만약 시장이 자원 배치의 보이지 않는 손이라 하고 정부를 자원 배치의 보이는 손이라 한다면 전환과정에 있는 중국으로서는 구조 전환이 또 다른 보이지 않는 손이라 하겠다.

중국은 사회 전환과 신구체제의 교체 과정에서 많은 미시적인 영역에서 공식제도의 공백과 모호한 상태가 나타났고 이러한 공백은 각종 비공식적인 제도로 채워졌다. 이러한 비공식적인 제도는 특정 시공간의 사회관계에서 구성되어 중국 경제사회생활에 영향을 미치는 중요한 역량이 되었다. 이른바 지방조합주의, 사구(社區)자치규칙, 민간 사회조직, 제3부문 등은 모두 구조 전환의 자원배치 역량으로 나타난 형식들이다. 구조 전환의 역량은 더욱 중요하게는 사회구조 변동이 가져오는 거대한 수익으로 나타나며 중국의 비교적 높은 구조적 탄력은 일종의 '비교 우위'가 되었다.

4. 전지구화

전지구화는 세계와 중국의 모든 촌락을 긴밀하게 연결시켜 주며 이미 중국의 생산, 유통, 금융, 에너지 및 각종 서비스업에까지 그 파급력이 미치고 있다. 또한 갈수록 중국의 생활방식과 사상관념에 영향을 미치는 일종의 특수한 힘이 되어가고 있다. 전지구화의 영향 아래 세계 레짐에 중대한 변화가 발생하고 있고 각종 세력의 재조합, 초국적기업의 급속한 발전은 전 세계의 자원배치를 바꾸어놓고 독립적인 민족-국가 경제정치에 도전이 되고 있다. 우선 중국은 노동력의 비교 우위를 이용해 세계 제조업의 중심으로 급속히 발전하였다. 또 다른 측면에서 미국 등 선진국은 지식기술의 비교 우위를 통해 새로운 세계경제 통제체제를 구축하고자 한다. 중국의 대규모 제조에서 생겨난 경쟁력은 과거 개발도상국이 사용했던 무역보호무기였고 현재도 역시 이전에 줄곧 '자유경제'를 고도의 이데올로기로 강조해 왔던 선진국에서 사용하기 시작했다.

III. 중국 경제발전과 사회변혁의 특징

1. 점진적 개혁은 중국 개혁의 보편적 규칙

일찍이 사람들에 의해 수없이 논의되어 왔던 '점진식' 개혁이란 이미 낡은 개념이 된 것처럼 보이지만 실제로는 지금까지도 여전히 중국개혁의 단계를 결정하고 있다. 점진식 개혁은 기본적으로 쉬운 것부터 어려운 것으로의 순서에 따라 점진적으로 실험하고 '이중 규획체제(双规制)'를 실시하며 미시적인 방법을 통해 체제를 개선하는 과도적인 방법이라는 특징을 가지고 있다. 이러한 개혁 방식의 장점은 정부가 비교적 쉽게 개혁 과정을 통제할 수 있고 위에서 아래로의 전략배치와 기층의 아래에서 위로의 창조적인 적극성을 결합하여 시행착오와 적절한 경험평가 그리고 교훈을 통해 개혁의 단계를 조정하고 개혁을 부단히 심화시키는 동시에 사회 안정을 보장한다는 데 있다. 농촌의 농가생산책임제와 향진기업 발전, 소도시(小城鎭) 건설에서 국유기업 재산권 구조와 거버넌스 구조의 전면적인 개혁까지 수많은 기층의 창조적인 개혁경험이 응집된 것이다.

중국의 점진식 개혁의 또 다른 특징은 경제영역에서 정치, 사회, 문화 영역으로 확대 추진되고 있다는 것이고, 취업체제와 사회보장체제, 수입분배체제, 호적체제, 단위(單位)체제, 입법체제, 기층민주건설, 당내민주건설, 문화산업발전 등 분야의 개혁 모두 부단히 진행되고 있다는 점이다.

점진식 개혁 역시 단점을 갖고 있다. 바로 개혁의 마찰비용이 비교적 높고 신구체제 교체에 비교적 긴 과정이 필요하며 종종 쉽게 제도의 진공과 무질서한 국면을 초래할 수 있다는 점이다. 중국은 하나의 대국으로 각 지역의 상황 모두 각기 특수성을 갖고 있기 때문에 '전국이라는 전체 국면'의 전제를 요구한다면 정부는 한편으로는 각 지역에 통일된 발전전략에 복종하라고 요구하겠지만, 또 다른 측면에서 정부는 충분한 정보를 장악하여 각 지역에 적절한 구체적인 방안을 제정하기 어려울 것이다. 따라서 자주 목도되는 것으로 중앙 정책이 집행 과정에서 기존의 이익구조와 충돌이나 모순이 생겨 정책 집행에 왜곡과 변형(上有政策, 下有対策)이 나타난다는 것이다. 시장 발육초기 가짜 상품의 범람, 개혁 과정에서 생기는 금권 거래 현상, 공익부문에서 나타나는 불법적인 징수, 사회조직 발전과정에서 나타나는 복잡한 상황 등은 모두 '마찰 비용'이 비교적 높게 나타나는 현상들이다.

개혁초기에서 오늘날까지 일부 국내외 기관과 학자들은 중국의 점진식 개혁에 대해 많은 비평을 해주었고 혹은 중국은 이미 이러한 개혁 방식을 바꿀 때가 되었다고 여기기도 한다. 그러나 중국은 가격의 이중체제, 투자의 이중체제에서 '면직(下崗)' 체제를 거쳐 실업체제로의 궤도 병합까지 그리고 환율 유동제로의 점진적인 발전까지 '점진식'은 지금까지도 여전히 중국개혁의 중요한 특징이 되고 있다. 시간이 흘러감에 따라 사람들은 오히려 점진식 개혁이 대국의 '안정 우선'이라는 전제 아래 개혁 리스크를 피할 수 있는 효과적인 방법이라고 인식하고 있다. 실제로 이것은 개혁 대가에 대해 분기 지불의 방식으로 위험을 분산시켜 왔다. 보다 중요하게 중국의 점진식 개혁의 경험은 개혁에 성공하려면 새로운 체제 수립이 구체제 타파보다 훨씬 어렵고 중요하다는 것을 보여준다.

2. 경제체제 궤도 전환과 사회구조 전환의 동시 진행

중국의 발전은 정치제도에서의 차이를 제외하고 동아시아 신흥공업국가와 지역 및 소동구 전환국가와는 달리 경제체제 궤도 전환과 사회구조 전환이 동시에 이루어졌다는 특징을 보이고 있다. 20여 년간의 경제발전이란 주제에서 종종 사회구조의 변화는 단순히 경제개혁의 자연스런 결과 혹은 이에 수반된 현상으로 간주되어 왔다. 그러나 실제 사회구조 전환 자체는 경제사회발전을 추진하는 하나의 독립된 힘이다. 중국과 소동구 국가를 비교해 볼 때 정치체제와 이데올로기, 개혁의 순서와 목표라는 큰 차이를 빼놓고 사람들이 쉽게 간과하는 거대한 차이는 바로 사회구조의 차이라는 점이다. 소동구 국가는 개혁 이전에 이미 기본적으로 공업화를 달성했고 농업 역시 노동에 대한 기술의 대규모 대체가 이루어졌으며 사회구조엔 변화의 병목현상과 전체적인 경직성이 나타났다. 반면 중국은 개혁 초기 사회구조의 탄력성이 여전히 컸고 사회구조 변동에 커다란 공간이 있어 기층에서도 큰 유연성이 존재했다.

따라서 개혁이 사람들의 적극성과 창조력을 동원할 때 사회 전체는 신속하게 활력으로 넘쳐났다. 농업에서의 노동에 대한 기술대체, 농업노동력의 비(非)농업 산업으로의 신속한 이동, 향촌인구의 도시로의 대량 집중 등은 모두 사회에 거대한 이익을 가져다주었다. 과거 중국의 GDP 성장 요인을 계산할 때는 자본과 노동의 공헌을 제외하고 남은 것은 전체 요소 생산율의 공헌이라고 보았다. 또한 종종 전체 요소 생산율의 공헌은 주로 기술진보와 체제개선의 공헌이라고 간단히 치부해 왔다.

그러나 최근 전문가들의 추산에 의하면 단지 농업에서 비농업 산업으로의 노동력 이동 하나만으로도 1978~1998년 중국 GDP 성장 공헌의 20% 이상을 차지하였으며 이는 체제 개선 요인의 공헌보다 훨씬 높은 것이었다.[17] 이러한 사회구조 변동으로 인한 수익은 소동구 국가로선 갖지 못하는 것이었

---

17) 蔡昉·王美艶, "中国经济增长究竟有多快?"『新视野』, 2002年 第4期.

으며, 중국이 소동구 국가들에 비해 해외 화교라는 투자이점을 지녔다는 설명
보다 훨씬 근본적인 것이다.

그 밖에 동아시아 신흥 공업국가들과 비교해 보았을 때 중국 대륙 발전의
독특성은 개혁의 거대한 힘이 사회구조 변화에 심각한 영향을 미쳤다는 점
이다. '큰 밥그릇(大锅饭)' 체제로 대표되는 분배체제를 타파하고 수입격차를
인정하는 각 영역에서의 전 방위적인 경쟁기제의 도입은 한편으론 중국이
비약적인 발전과 지속적인 고속성장을 실현할 수 있게 해주었지만 동시에
동아시아 국가 및 지역의 고속성장시기에 없었던 비교적 큰 수입격차와 높
은 실업률이라는 문제를 낳았다. 국제적으로 많은 학자들이 일본과 동아시
아 신흥공업국가 및 지역의 비교적 낮은 실업율과 비교적 낮은 수입격차를
'유교문화의 영향'이라고 귀결 짓는다.

3. 사회 안정 우선 원칙과 신중한 민주화의 모색

중국은 개혁과정에서 사회 안정을 상당히 중시하고 점진적이고 신중하게
민주화를 모색해 왔다. 이것 역시 중국 개혁의 특징이다. 그러나 이러한 특
징은 서방 주류 사회의 비판을 가장 많이 받은 것이기도 하다. 이러한 비판
은 일정 부분 이론적인 추론에 기인한 것이며 더욱 많은 부분은 이데올로기
와 국가 이익으로 인한 것이다. 전통적인 현대화 이론에 따르면 민주화는
산업화의 선도 혹은 최소한 수반되는 현상이지만 민주화에 대한 개념 정의
는 오히려 다양할 수 있다. '민주'의 기본적 함의는 권력이 인민으로부터
나온 것이지만 어떻게 인민으로부터 나온 것인지 현실에선 매우 풍부한 다
양성을 지니고 있으며 구체적으로 규정한 각종 직선(直選)과 대의(代議) 형식
이 있다. 현재 서구 이데올로기에서 민주는 갈수록 다당제, 직접선거, 삼권
분리, 언론자유 등과 동등해지고 있고 또 '가두와 광장에서의 합법적인 항
의'라는 새로운 정의도 존재한다.

동아시아 일부 국가(예컨대, 싱가포르와 말레이시아)는 급속한 발전의 과정
에서 서구로부터 비롯된 '비민주', 심지어 '독재'라는 비판을 받은 적이 있

다. 왜냐하면 서구의 기준에 따르면 수십 년 동안의 리콴유(李光耀) 통치하의 싱가포르와 마하티르 지배하의 말레이시아는 비록 경제적으로는 대단한 성과를 거두었지만 결코 민주정치 국가는 아니며 동아시아의 '권위' 국가라는 것이다. 하지만 반환되기 전 영국 총독 지배하의 홍콩은 '권위'국가로 간주되지 않았는데 이는 영국 황실체제의 '영국 민주'와 부합되기 때문이라는 것이다. 또한 완전히 미국 정치법률 체제가 이식된 필리핀은 '민주체제' 아래 줄곧 경제가 부진했고 사회적으로도 매우 혼란했다.

서구 현대화 이론에서 경제발전과 사회진보, 그리고 특정한 '민주정치제도'를 연관 짓는 논의는 동아시아 국가의 경험과 소·동구 변화의 결과로 다시 재논의되고 있다. 이러한 논의는 '중국경험'으로 인하여 더욱 현실적인 의미를 갖춘 것으로 변하고 있다. 중국에서의 실천적 측면을 볼 때, '정치제도'의 우월성에 대한 판단은 이론적 원칙에 따라 할 수 없으며 사실과 실천적 결과에 기반하여 그것이 경제발전과 사회진보 그리고 인민복지의 보편적인 향상에 유리한지의 여부를 봐야 한다는 것이다. 민주의 장점은 인민 대중의 창조성이 발휘될 수 있고 어떠한 권력이라도 모두 감독과 견제를 받고 권력간 균형을 이루며 광범위한 인민 대중의 권리와 이익이 충분히 보호된다는 것이다. 그러나 민주 역시 이익 조절에서 비용이 지나치게 높고 효율이 떨어지거나 심지어 '다수에 의한 폭정'이라는 민주 함정이 나타날 수도 있다.

중국은 발전 과정에서 민주와 법치의 내재적 연관성을 강조한다. 한편으론 정치체제개혁에서의 '안정 우선' 원칙을 견지하고 또 다른 측면에선 기층민주 선거와 당내 민주의 모색을 적극 추진하여 중국발전에 부합하는 사회주의 민주 법치체계를 형성하길 기대하고 있다. 중국의 급속한 발전 중 정부, 기업계, 지식계, 민중 사이에서 점차적으로 일치하고 있는 사회 안정 문제에 대한 공통된 인식은 중국의 빠른 전환과정에서의 정치적 자원이 되고 있다.

4. 장기적인 저출산율 정책과 빈곤 감소 유지

중국은 20세기 70년대 초기부터 산아제한정책을 실시하기 시작하여 인구에 대해 엄격히 통제하고, 특히 도시에서는 '한 가구 한 자녀'라는 조치를 실시해왔다. 이 정책의 집행과정에서 농촌에서는 지나치게 난폭한 방법이 실행되기도 하여 국제적인 여론의 비난을 받기도 하였으나 30여 년간 지속적인 저출산율 정책을 실시했기 때문에 예기(豫期)되던 인구 재난을 피할 수 있었다. 중국은 이 정책으로 3억여 명의 인구를 감소시킬 수 있었고 약 27조 위안의 부양비용을 절약했다. 외국 여론에서 말하는 중국에서 매년 '캐나다가 하나 생기고 포르투갈 하나가 죽으며 오스트레일리아 하나가 증가하는' 상황은 이미 존재하지 않으며 중국은 가장 어려운 인구 통제단계를 지났다고 할 수 있다. 중국은 인구 통제로 인해 발전의 기회와 생활수준 향상이라는 수익을 얻을 수 있었다. 예컨대 중국과 인도 모두 경제성장이 빠른 국가지만 20세기 50년대 중국의 1인당 GDP는 인도보다 낮았고 90년대 초기 중국과 인도의 1인당 GDP는 기본적으로 비슷한 수준이었지만 현재 중국의 1인당 GDP는 이미 인도의 두 배 이상이다.

중국은 인구성장을 엄격하게 통제하는 동시에 농촌의 빈곤인구도 대폭 감소했다. 1978년에서 2006년까지 절대 빈곤인구가 2.5억에서 2천여만 명으로 감소해 빈곤 발생율은 30%에서 3%로 줄었다.[18] 국제여론은 중국의 빈곤 감소 성과에 대해 높이 평가하고 있는데 중국의 빈곤감소가 수십 년간 유지해 왔던 세계빈곤인구의 상승 추세를 돌려놓았기 때문이다.

그러나 사람들은 인구통제정책과 농촌빈곤인구 감소의 내재적 연관성을 중시하지 않고 총인구와 인구 구조, 인적 자질 등의 변화를 간과하고 있는데, 중국처럼 십 수억의 인구를 지닌 대국으로서는 이러한 것들이 많은 발전의 결과와 규칙들을 변화시키게 될 것이다. 중국의 인구성장에 따른 발전에 대한 요구는 매우 높다고 할 수 있다. 현재까지 중국 총인구는 매년 700여만

---

18) 李佐军, "三十年改革的成就,"『中国经济时报』, 2008年 1月 24日.

명의 순성장을 유지하고 있으며 절대 다수는 농촌에 분포되어 있다. 중국은 반드시 비교적 높은 경제성장과 사회발전의 속도를 유지해야 인구가 증가 상황에서 생활수준의 보편적 향상과 사회구조의 변화를 실현할 수가 있다. 인구가 정체되어 있거나 심지어 인구가 감소되는 국가와 비교해 보았을 때 중국은 경제성장속도에 대한 완전히 다른 요구에 직면해있다.

5. 인구 대국에서 인력자원 대국으로의 전환

교육 중시는 일찍이 일본과 동아시아 국가가 비약적인 발전을 실현할 수 있었던 하나의 경험으로 간주되었다. 중국은 이러한 측면에서의 잠재력이 더욱 크다. 왜냐하면 중국인구 출생률의 급속한 하락으로 사회총부담 지수 (노인과 아이가 총인구에서 차지하는 비율)가 하락추세에 있기 때문이다. 중국 은 현재 충분한 노동력 공급 시기에 놓여 있으며 노동력의 자질 향상을 통 해 경쟁력을 향상시킬 수 있는 여지가 매우 크다. 이러한 점은 중국으로서는 빠른 발전을 위한 하나의 좋은 인구 기회라 할 수 있다.

중국인이 교육을 중시하는 것은 문화적·전통적 요인도 있지만 한 자녀 정책이 가정의 교육투자경향을 크게 강화시킨 점에 주목할 필요가 있다. 2000년 이후 도시 주민 소비구조에서 교육 등의 분야가 차지하는 지출은 이미 식품 지출에 이어 두 번째가 되었고, 농촌 주민 소비구조에서도 교육 분야 지출은 식품, 주택 지출에 이어 세 번째가 되었다. 또한 최근 몇 년간 도시주민의 저축 목록 조사에서도 알 수 있듯이 자녀교육은 연금, 주택, 의 료, 취업 등을 포함한 항목선택에서 1위를 차지했다. 중국 대학의 재학생 수는 1989년 2백여만 명에서 현재 이미 2천여만 명으로 늘어났고 중국인의 평균 교육수혜기간은 거의 8년에 달한다.[19] 물론 전체 인구의 자질 측면에 서 본다면 선진국과 상당한 거리가 있는 것도 사실이다.

---

19) 国家人口和计划生育委员会发展规划司, 『人口和计划生育常用数据手册(2006)』(北京: 中国人口出版社, 2007), pp.193-195.

현재 중국의 인구문제는 크게 바뀌고 있는데, 중요한 것은 점차 총량 문제에서 인구 자질문제와 인구 구조문제로 전환되고 있다는 것이다. 인구 자질 향상의 거대한 탄력성, 그리고 인구 대국에서 인력자원 대국으로의 전환으로 인해 중국은 생산효율과 지식생성능력을 대폭 향상시킬 수 있는 잠재력을 갖추어야 하고 이로써 자본과 기술의 상대적인 부족을 보완하여 중국의 강력한 경제성장을 추동해야 한다.

6. 대외개방, 이데올로기를 초월한 세계로 향한 국제 협력

중국의 개혁과 대외개방은 긴밀하게 서로 연결되어 있다. 대외개방의 과정과 점진개혁의 과정은 거의 동시에 이루어졌다. 대외개방 역시 연해에서 내륙으로, 경제영역에서 사회문화영역으로, 일반 경쟁적 영역에서 독점영역으로의 점진적 과정으로 나타났다. 선진적 기술과 외자를 유치하는 동시에 '세계로 향하는' 정책을 채택하여 해외투자, 합병, 합작, 원조 등을 통해 세계적 범위의 자원배치와 국제질서 구축에 참여했다. 중국의 대외개방은 거대한 수익을 가져다 주었다. 일반 기술영역에서 선진국과의 차이를 급속히 줄였을 뿐 아니라 중국은 세계투자의 핵심지역이 되었다. 특히 중국이 채택한 이데올로기를 초월한 국제협력전략은 중국을 위한 광범위한 외교적 공간을 가져다주었다.

중국의 국제협력전략의 주요한 특징은 다음과 같다. 첫째, 평화, 발전, 협력을 시대의 주제로 하고 경제 세계화를 발전의 대세로 하여 거부하지 않고 정세에 따라 유리하게 이끌어나갔다. 둘째, 호혜합작이라는 실무적 방법을 견지해 역사문화, 사회제도, 이데올로기가 협력의 장애가 되지 않도록 했다. 셋째, 다변주의(多边主义)를 견지, 상호신뢰, 호혜, 평등, 협력이라는 신안보체계 구축에 참여하고 보편적 가치에 대한 논쟁에 대해 정면으로 자신의 주장을 제기했다. 넷째, 책임 있는 대국 이미지를 수립하고 각종 돌출적인 사건을 냉정하게 처리하여 중국의 경제사회발전을 위한 장기적인 평화적 환경을 만들었다.

IV. 중국의 지속발전과 사회 안정이 직면한 도전

1. '중국경험'에 대한 농민문제의 시련

중국은 1인당 GDP 1천 달러를 달성한 이후에도 농민 수와 농업 종사 인구의 비중이 여전히 많고 도농 주민의 수입과 생활격차가 날로 커지고 있다. 이것은 중국의 특수한 상황이다. 정부에서 농업세 폐지를 포함해 수천 년이래 보기 드문 단호한 조치를 취했음에도 불구하고 농민 가구당 평균 경지규모가 반 헥타아르에도 미치지 못하는 제약 아래 농업 노동의 비교수익은 여전히 상당히 낮은 편이다. 현대화된 국가의 가장 상징적인 지표 중의 하나는 바로 농민이 더 이상 가난하지 않다는 것이다. 그러나 중국경험은 농민들이 토지 상실로 인해 실업과 생활보호장치를 잃어버릴 것을 걱정하여 규모의 토지경영을 보편적으로 실시할 수 없는 상황에서 기술향상 지원하의 단위면적 증산과 수입증가를 포함하는 좁은 경지에서의 힘든 노동은 농민들이 먹고 살 수 있는 정도(溫飽)의 생활을 가능하게 할 수 있었지만 농민들을 부유하게 만들어 중등생활수준에 보편적으로 달성하게 만드는 일은 매우 어렵다는 것을 보여준다.

중국이 비록 빈곤 감소에서 상당한 성과를 거두었지만 농민의 절대 빈곤과 상대적 빈곤문제는 여전히 심각하다. 국제절대빈곤기준(구매력 평가로 계산하여 1인당 하루 수입 혹은 소비가 1달러를 넘어야 하며 이를 인민폐로 환산하면 약 2.7위안에 해당함)에 따르면 중국 농촌엔 여전히 수천만 명의 빈곤인구가 있다. 수많은 농민은 중국이 현대사회구조로 전환하는데 많은 어려움을 가져다주었고 어떻게 농민을 부유하게 만드는가가 현대화의 최대 문제가 되었다. 하지만 농업 수입증가의 잠재력을 배양하고 보편적인 겸업을 통해 더욱 많은 비농업 수입을 거두며 농업 노동력을 이동시키는 것을 제외하고는 농민이 부자가 될 수 있는 별다른 길이 없는 것 같다.

중국의 도농 일체화는 아마 일반적인 현대화 과정보다도 훨씬 긴 시간을 필요로 할 것이다. 그러나 이것 역시 중국의 현대화에서 반드시 거쳐야 하는 구조 전환이다. 중국이 이 문제를 해결할 수 있는지의 여부와 이를 어떻게 해결하느냐는 이미 '중국경험'의 심각한 시련이 되고 있다.

2. 수입격차 확대추세의 도전

시장화개혁을 추진하는 과정에서 중국의 수입격차 역시 부단히 확대되어 왔다. 이것이 단계적인 문제인지 아니면 새로운 장기적 추세인지에 대해서는 아직까지도 정설이 없다. 그러나 지니계수이든 수입계층배수 계산방법이든지 간에 중국은 현재 수입격차가 상당히 크고 경계할 만한 상황에까지 이르렀다. 또한 음성적 수입이 광범위하게 존재하고 있어 실제 수입격차는 계산하여 예측된 결과보다 훨씬 크며, 재산(금융자산과 부동산)의 차이는 수입격차 보다 몇 배에 더 클 것이다.[20]

20세기 90년대 중반까지 많은 학자들은 여전히 이러한 차이의 확대를 시장화 개혁의 '자연스런 결과'로 보았으며 경제발전으로 사회가 부유해짐에 따라 분배문제 역시 자연히 해결될 것이라고 여겼다. 하지만 현재 중국의 빈부격차 확대 곡선이 언제 축소 방향으로 바뀔지, 쿠즈네츠(S. Kuznets)의 선확대 후축소라는 '역U형' 수입분배곡선 규칙에 부합할지, 또한 이러한 차이확대의 추세가 최종적으로 어떤 결과를 가져오게 될지는 모두 불확실하다. 왜냐하면 세계화라는 경쟁적 배경 아래 중국의 서로 다른 산업의 비교이익 차이가 확대되고 비(非)실물경제의 신속한 발전은 부의 축적 속도를 가속화하고 있으며 산업 클러스터 현상은 투자방향을 특정 지역에 더욱 집중시키고 풍부한 노동력 공급과 과도한 경쟁으로 낮은 노동임금수준이 지속되고 있으며 게다가 부패와 불법 소득의 존재 등 이러한 모든 것들이 수입격차가 한층 더 확대되는데 영향을 미치는 요인이 되고 있기 때문이다.

따라서 두 가지 측면의 문제에 상당한 관심을 기울여야 한다. 첫째, 중국의 전통적인 '고른 빈부' 문화유산과 계획경제시기 평균주의분배제도의 유

---

20) 赵人伟·李实·丁赛, "中国居民财产分布研究,"『中国经济时报』, 2005년 4月 26日.

산은 수입격차에 대한 사회심리적 감당능력에 영향을 미칠 수 있다. 둘째, 체제전환시기에 나타난 기회 불평등과 금권거래현상으로 인해 사회구성원들은 격차 원인에 대한 강렬한 불만을 가질 수 있으며 이에 따라 빈부격차문제가 심리적으로 확대되어 사회문제를 일으키는 심층적인 요인이 될 수 있다. 이 밖에 일부 학자들은 빈부격차문제에 대한 사회적 관심이 개혁 심화와 시장화개혁의 전체적인 방향에 영향을 미칠까 걱정하고 있다.

3. 취업문제와 노동 저비용시대의 점진적인 종결

거의 30년에 이르는 중국의 개혁개방과 지속적 발전은 기본적으로 국민의 의식주 문제를 해결해주었다. 다음으로 직면한 가장 민감한 민생문제는 바로 취업문제이다. 20세기 90년대 중반이후 실업의 그림자는 줄곧 중국을 괴롭혀왔다. 중국의 취업상황은 필립스 커브(실업과 물가가 반대로 움직이는 역상관관계)에 따라 변화되지 않고 경제성장과 물가상승이 동시에 이루어지고 있으며 실업상황은 현저히 개선되고 있지 않다. 고등교육의 대규모 학생선발 확대는 잠시 취업을 미루어 실업을 완화하는 저수지와 같은 역할을 했지만 현재 대량으로 증가하는 대학졸업생은 상층 취업시장의 경쟁을 하층 취업시장의 경쟁과 마찬가지로 격렬하게 만들어놓았다. 20세기 90년대 후반기부터 시작된 국유기업개혁과 '인원감축을 통한 효율상승' 정책으로 빚어진 대량의 면직 노동자들은 면직과 실업제도의 궤도 병합과 경제보상, 그리고 각종 퇴직 조치를 통해 이미 가장 어려운 단계를 지나왔으며 그 기간 동안 가정의 고통과 시대적 비극을 낳았다. 현재 취업시장은 여전히 불안하며 실업군(失業群)의 연소화로 인한 '새로운 실업군'이 생겨나기 시작했다.

노동이 기술과 자본으로 대체됨에 따라 중국 경제성장의 취업탄성은 끊임없이 하락해 왔다. 개혁초기 1% 경제성장은 0.4%의 취업성장을 이끌 수 있었지만 현재 이러한 촉진 작용은 0.1%까지 하락했다.[21] 최근 몇 년간 1%

---

21) 汝信·陆学艺·李培林 主编, 『2006年中国社会形势分析与预测』(北京: 社会科学文献出

GDP 성장은 실제 100만여 명의 도시취업을 증가시킬 뿐이었다. 또한 매년 새로운 노동력 공급이 지속적으로 늘어나고 있으며 국유기업 인원 감축개혁은 아직 전부 끝나지 않아 3천만에 이르는 사업단위 노동자에 대한 개혁이 아직 시작되지 않았으며 비농 산업으로 이동하는 농업노동력의 압박도 여전히 매우 크다. '기술진보의 힘'을 믿는 일부 학자들은 농업시대에서 산업시대로, 산업시대에서 정보시대로 가면서 기술은 줄곧 취업기회를 증가시켰지 감소시키지 않았다고 여긴다. 그러나 중국의 현재 단계에서 노동집약형 산업이 취업문제 해결에 대해 갖는 특수한 의미는 기술진보에 대한 강조로 경시하거나 저평가할 수 없는 것이다.

이와 동시에 중국 노동 저비용의 황금시대는 향후 노동수급관계 변화에 따라 끝나게 될 것이며 예측컨대 길게 잡아야 십여 년 정도의 시간을 유지할 수 있을 것이다. 중국의 일부 지역에서 나타나기 시작한 '노동력 부족현상(民工荒)' 징조는 향후 노동비용이 점차 증가하게 될 것을 알려주고 있다. '메이드 인 차이나(中国制造)'는 저가 제품생산 이후 어떻게 비교우위와 경쟁력을 유지해야 하는지의 문제를 고려하게 만들었다.

4. 시장조건 아래서의 정부와 사회관계

시장 지향적 개혁으로 인해 중국의 경제체제와 경제생활 모두 심각한 변화가 발생했다. 이러한 변화는 많은 사람들이 모두 관찰하고 이해할 수 있는 것이며 시장기제에 대한 사람들의 느낌은 이미 낯선 것에서 익숙한 것으로 점차 바뀌어 왔다. 그러나 이와 동시에 발생한 사회영역에서의 심각한 변화에 대해서는 사람들이 확실하게 인식하지 못하고 있다.

'단위조직'의 개혁(주택자유화, 취업시장화, 사회보장사회화, 후방서비스 시장화)과 거의 20여 년에 이르는 대량의 '비(非)단위' 종사부문의 탄생으로 대다수 사회 구성원들은 '단위인'에서 '사회인'으로 변했다. 정부가 '단위'에 의

版社, 2005), p.6.

존해 사회를 관리하던 방식은 현재 변화되어 점차 '사구'가 '단위'를 대체해
사회통합의 기초가 되고 있다. 사구는 낮은 보증금과 연금 지급, 범죄교정,
규범적 세수, 생활 서비스 등 각 분야에서 갈수록 중요한 역할을 발휘하기
시작했다. '사구'는 또한 본래의 학술적 개념에서 누구나 알고 있는 상식적
개념이 되어버렸다. 그러나 어떻게 사구를 건설할지는 여전히 모색 중이다.
'사구'는 법적으로 '주민자치조직'으로 정의된다. 하지만 중국은 오랜 시간
동안 강한 정부와 약한 사회관계를 유지하여 왔기 때문에 사회의 자치조직
능력은 매우 취약하다. 각 지역의 상황을 볼 때 만약 정부의 대대적인 지원
이 없다면 사구건설은 급속하게 발전하기 어렵다. 현재의 문제는 사구 건설
의 의미를 정확하게 인식하고 새로운 사회생활 지원 네트워크를 건설하는
일이다.

중국이 다른 선진국과 다른 점은 비영리 사회조직이 맡은 사회적 기능과
공익 서비스를 상당부분 중국의 특수한 '사업단위'에서 맡는다는 것이다. 현
재 중국의 각종 사업단위는 130여만 개 있으며 정부사업단위 편제에 들어간
인원만도 거의 3천만 명에 달한다. 이들의 각종 사업경비 지출은 정부 재정
지출의 30% 이상을 차지한다.[22] 그러나 중국은 국유기업과 행정기구에 대
한 간소화 개혁을 진행하고 있지만 사업단위의 전체 운행기제에 대한 변화
는 크지 않다. 수십 년간 사업단위 개혁이 가져온 이른바 '수익창출기제'는
실제 이득보다 폐해가 큰 것으로 나타났다.

예컨대, 의료부문과 교육부문의 '수익창출'은 재정의 의료지출과 가정의
자녀교육을 배 이상 증가하게 만들었고 이러한 지출이 전부 의료나 교육
서비스 수준 향상에 쓰여진 것도 아니며 업계 풍조에도 나쁜 영향을 끼쳤다.
중국 사업단위 개혁의 방향은 사회주의 시장경제체제에 적합하고 공공서비
스 수요를 만족시킬 수 있으며 과학적이고 합리적인 고효율의 현대적인 사
업조직체계를 건립하는 것이어야 한다. 이 분야에서 시장영역과는 다른 사
회발전영역의 규율을 연구하고 정부기제와 시장기제 간에 다양성하게 분류

---

22) 刘东凯, "我国考虑实施事业单位改革, 涉及几千万人," 『新华社』, 2003年 3月 23日.

해서 지도하는 관리방법을 모색해야 한다. 순수 공익부문에 대해서는 재정 공급을 보장하는 동시에 '사회정산'제도와 엄격한 예산제약이 있어야 한다. 정부가 구매하는 서비스 부문에 대해서는 정부가 운영하거나 완전히 시장에 맡기는 것보다 훨씬 좋은 사회서비스 효과를 갖출 수 있도록 보장해야 한다. 준시장화 부문에 대해서는 개선된 규칙으로 경영행위와 발전방향을 규격화 할 수 있어야 한다.

5. 환경, 자원, 그리고 급속한 발전의 모순

중국은 십수 억의 방대한 인구로 인해 경제발전, 생활수준 향상, 소비능력 확대와 환경, 자원조건 간의 첨예한 모순에 직면해 있다. 서방 선진국은 현 대화 원시적 축적 과정에서 전 세계적인 범위에서 자원에 대한 잔혹한 쟁탈 전을 수반했고 정치는 경제의 연속이 되었으며 전쟁은 정치의 연속이 되었 다. 불과 지난 세기 100년간 소비했던 에너지 총량은 수천 년간 인류가 소모 했던 총량을 훨씬 초과한다. 기술진보가 창출한 에너지 대체는 생산과 소비 의 빠른 성장을 거의 만족시켜주지 못하고 있으며 에너지 부족은 경제위기 가능성을 항상 존재하게 만든다.

중국은 하나의 대국으로 대국의 부상과 소국의 부상은 국제적으로 미치는 영향력의 측면에서 완전히 다르다. 과거 발전경험은 대국의 부상이나 대체는 종종 세계의 경제정치구조를 바꾸고 세력범위쟁탈의 국제적 충돌을 야기할 수 있다는 것을 보여준다. 급속한 발전으로 중국은 한편으로는 더욱 넓은 범위에서 자원과 에너지 공급을 획득해야 하고 또 다른 한편으로는 경제안 전 보장을 위해 주로 국내 자원과 에너지 공급에 의존할 수밖에 없게 되었다.

어떠한 자원과 에너지로 버티든 간에 중국처럼 방대한 인구를 가진 국가 의 현대화는 다른 선진국의 고소비 생활방식을 모방할 수 없다. 환경보호 의식의 강화로 환경관리의 커다란 대가에 대해서도 새로운 인식이 생겨났지 만 환경변화 곡선은 수입분배 변화곡선과 마찬가지로 언제 전체 상황이 개 선되는 전환점이 나타나게 될지 예측하기가 매우 어렵다. 그러나 환경, 자원

조건의 경직된 제약 아래 '순환경제', '절약형 사회' 등의 개념은 현재 새로운 발전이념과 생활이념을 만들어나가고 있다.

6. 노령화와 사회보장의 압력

65세 이상 노인이 총인구에서 차지하는 7% 기준이든, 60세 이상 노인이 총인구에서 차지하는 10% 기준이든 간에 중국은 이미 노령화 사회의 문턱에 들어섰다. 그러나 우선적으로 물질생활이 부유해진 다음에 사회가 노화되는 일부 국가의 발전경험과는 달리 중국은 1인당 평균 수명연장과 엄격한 인구통제로 인해 국가가 보편적으로 부유해지기도 전에 너무 일찍 인구 노령화 문제가 나타났다. 중국의 현재 평균 부유 정도를 비슷한 수준으로 노령화된 선진국과 비교해 보면 몇 배 심지어 십수 배 정도 낮다. 또한 이러한 차이는 시간의 추이에 따라 계속될 수 있는데, 그 이유는 인구의 순증가가 기본적으로 정지된 다른 국가들과는 달리 중국은 노령화 사회에 진입한 이후 인구 성장의 최고봉에 이르는데도 아직 수십 년도 더 남아 있어 1인당 수입 증가가 경제 성장보다 훨씬 느리기 때문이다.

인구 노령화는 중국 연금체제에 새로운 도전이 되고 있다. 지금까지 중국에서 기본적인 연금체제의 혜택을 볼 수 있었던 사람은 2006년 도시취업인구 중 남성의 60%, 여성의 40%에 이르며[23] 농촌에서는 주로 가정 양로에 의존한다. 가정의 소형화 추세와 외동 자녀라는 새로운 세대에 직면해 수천 년간 이어온 중국의 가정 양로모델과 사회윤리규범은 각종 새로운 문제에 직면하게 되었다.

분명 중국의 사회보장 안전망의 혜택이 점차 농민과 농민공에까지 미쳐야 하지만 중국의 유한한 재정 능력은 복지국가 모델이나 혹은 기존의 도시 기본사회보험 모델을 농촌으로까지 확대할 수 없게 만든다. 중국은 한편으

---

23) 国家统计局社会和科技统计司, 『中国社会中的女人和男人—事实和数据(2007)』(北京: 国家统计局社会和科技统计司印, 2007), p.60.

론 사회 리스크를 회피할 수 있는 사회안전망을 광범위하게 건설하는데 노력해야 하며 또 다른 한편으론 복지와 보장체제가 경제성장에 심각한 부담을 주지 않도록 방지하여 사회보장수준의 성장과 경제발전주기 파동 간의 모순을 잘 처리해야 한다.

V. 중국발전의 새로운 단계, 새로운 특징, 새로운 문제

중국은 개혁개방 30년 동안 점차적으로 '중국경험'을 만들어왔다. '중국경험'의 형성과정에서 전체 국면에 영향을 미친 중대한 이론은 주로 세 가지이다. 첫째는 사회주의 초급단계이론이고, 둘째는 사회주의 시장경제이론이며, 세 번째는 사회주의 조화(和諧)사회이론이다. 이 세 가지 이론은 각기 다른 특징을 가지고 있지만 조화사회이론의 제기는 전통문화의 정화와 동방국가의 지혜가 더욱 응집되어 있어 다른 두 가지 이론과는 다소 다르다고 볼 수 있다. '중국경험'은 세 가지 현대성 가치에 대한 실천적 모색과 깊은 성찰을 포함하고 있는데, 이것이 바로 '시장경제', '민주정치', 그리고 '공정사회'이다. 이 세 가지 기본가치에 대한 '중국경험'의 실천은 실제로 이 세 가지 가치에 대한 재형성과정이기도 하다.

'시장경제', '민주정치', 그리고 '공정사회' 이 세 가지 현대성 가치를 둘러싸고 많은 사상논쟁이 있었고 일부 논쟁은 매우 격렬했다. 예컨대 시장경제가 일종의 정글법칙이 아니냐는 것과 정치생활과 사회생활, 문화생활에 대한 시장법칙의 전면적인 침투가 어떠한 영향을 미치게 될까? 일부 국가와 지역의 '민주화' 과정이 대체 인민 생활에 무엇을 가져다주었는가? 중국 수입격차의 지속적 확대가 미래 사회에 어떠한 영향을 끼칠 것인가? 등등이다. 이러한 이익관계와 사상인식 상의 차이는 개혁개방초기 분열과 분화의 양상으로 나타났다. 즉 이해득실과 가치 인식을 둘러싸고 두 가지 혹은 몇 가지 세력이 형성된 것이다. 그러나 오늘날까지 이르면서 더욱 다양화된 양상으로 나타났고 이러한 다양화 역시 '분절화(fragmentation)'라고 부를 수 있을 것이다.

이러한 이른바 '분절화'는 중국에서 다음과 같은 몇 가지 특징으로 나타난다. 첫째, 사회이동이 매우 빠르고 사회구조가 아직 정형화되지 않은 상황에서 계급계층 내부의 차이가 계급계층 간의 차이보다 크다. 둘째, 객관적 기준으로 규정된 계급계층은 사회 태도와 행위 지향에서 뚜렷한 일치성을 보이지 않는다. 셋째, 각종 사회문제가 현상적으로는 이익관계 모순으로 나타나지만 이러한 모순이 집중되는 지점은 심층적으로는 가치인식의 차이와 충돌을 반영한다. 이익관계와 가치 인식에서 이러한 '분절화'가 발생하는 상황은 다음의 '네 가지 심각한' 변화와 긴밀하게 관련되어 있다고 볼 수 있다.

첫째, '경제체제의 심각한 변혁'이다. 개혁개방 30년을 거치면서 중국은 기본적으로 계획경제체제에서 사회주의 시장경제체제로의 전환을 완성했다. 시장경제의 발전은 경제에 커다란 활력을 불어넣었지만 체제 혁신과 성장방식 전환의 임무는 더욱 가중되어 에너지, 자원, 환경, 기술 등 분야에서 형성되는 발전의 병목현상이 날로 심각해지고 지속가능한 발전의 실현에 가해지는 압박이 증대되고 있다.

둘째, '사회구조의 심각한 변동'이다. 산업화, 도시화의 빠른 추진은 중국을 전통적인 도농 이원구조에서 현대사회구조로 전환시키고 있다. 이렇게 사회구조 전환의 인구규모가 크고 속도가 빠르며 정도가 심한 경우는 세계 현대화 역사상 없었던 일이다. 수억에 달하는 농민이 토지를 떠나 비농업 산업으로 신속하게 이동하고 농촌인구가 도시로 대량 집중되면서 중국의 사회구조 전환에 큰 동력을 가져다주었고 사람들의 생활방식과 취업방식 그리고 전체 사회의 모습까지 크게 바꾸어놓았다.

셋째, '이익구조의 심각한 조정'이다. 개혁 자체는 바로 이익구조의 조정과정이다. 도농, 지역, 서로 다른 사회 구성원 간의 수입격차가 날로 확대되는 상황이 나타났다. 세계화라는 경쟁적 배경 아래 중국의 서로 다른 산업의 비교이익 차이가 확대되고 비(非)실물경제의 신속한 발전은 부의 축적 속도를 가속화하고 있으며 산업 클러스터 현상은 투자방향을 특정 지역에 더욱 집중시키고 풍부한 노동력 공급과 과도한 경쟁으로 낮은 노동임금수준이 지속되고 있으며 게다가 부패와 불법 소득의 존재 등 이러한 모든 것들이 수입격차가 한층 더 확대되는데 영향을 미치는 요인이 되고 있기 때문이다. 이러한 것들이 대체적으로 발전 단계에서 돌출된 문제인지 아니면 장기적인 추세인지에 관해서는 진지하게 연구할 필요가 있다.

마지막으로 '사상관념의 심각한 변화'이다. 시장경제와 민주정치, 시민개념의 발전에 따라 사람들의 생활방식, 취업선택, 이익추구, 가치지향, 사상관념 등에서 다양화 추세가 나타났다. 서로 다른 지역 간, 계층 간, 세대 간의 인식 차는 현저히 증가하고 있으며 사회적인 공통된 인식과 사회적 합의의 난이도가 커지고 있다. 그러나 일부 국가의 정치내란에서 비롯된 경제후퇴, 사회혼란, 생활 빈곤의 결과로 인해 '현대성'에 대해 다시 성찰하게 만들고 있다.

이 밖에 개혁개방 초기와 비교해 보았을 때 20세기 90년대 중후반 이후 중국의 경제사회발전에 새로운 특징이 나타났다. 이익관계와 가치 인식의 다양화, 분절화 추세, 그리고 '시장경제', '민주정치', '공정사회' 등 현대성에 대한 성찰 역시 이러한 발전단계의 새로운 특징과 긴밀한 관련이 있다. 이러한 새로운 특징은 대체로 다음 몇 가지 측면이 있다.

첫째, 두 가지 전환이 동시에 일어나면서, 구조 전환이 체제전환을 역추동하고 있다. 중국의 발전은 다른 국가의 전형적인 특징과는 다른데 바로 두 가지 전환이 동시에 진행된다는 점이다. 즉 경제체제에서는 계획경제에서 사회주의 시장경제로의 전환이 이루어지는 동시에 사회구조에서는 폐쇄된 농업 향촌사회에서 개방된 도시 공업사회로의 전환이 이루어지고 있다. 개혁개방 초기엔 이러한 두 가지 전환이 동시에 진행되어 주로 경제체제개혁이 사회구조 전환을 추동하는 것으로 나타났고 사회구조 전환의 수익으로 체제 전환의 비용을 보상했다. 그러나 현재는 쉬운 일부터 먼저 처리(先易后難)하는 점진식 체제전환이 새로운 단계에 접어들면서 구조전환이 체제전환에 거꾸로 압박을 가하는 역추진기제가 형성되었다. 개혁에서 이익조정과 사회공정을 더욱 중시하도록 요구할 뿐 아니라 경제영역에서 사회영역으로의 전면적인 확장을 요구하여 성찰을 추진하는 개혁 자체가 성찰의 대상이 되고 있지만 중단과 후퇴는 출로가 아니다.

둘째, 세 가지 단계가 병존하면서 발전문제에서 시공 압축이 발생하고 있다. 세계화라는 배경 아래 국제적인 중심-반주변-주변 경제사회 구조 역시 중국 내륙의 지역구조에 영향을 미쳐 중국에서 서로 다른 세 가지 발전단계의 병존 현상이 나타났다. 즉 산업화 초기의 자본축적단계와 산업화 중기의 산업고도화 단계, 그리고 산업화 후기의 구조전환 단계가 병존한다. 세 가지 단계의 병존은 공간적인 압축이라 할 수 있다. 또한 시간적인 압축이라고도 할 수 있다. 중국은 30년이라는 시간 안에 대략 선진국이 수백 년간 걸어왔던 노정을 완성했다. 이러한 시공압축이란 특징 때문에 서로 다른 성질의 발전문제에 직면하였고 어려운 양자택일의 문제를 많이 양산했다. 예컨대 중국은 노동집약형 기업을 발전시켜 취업을 확대하는 방식으로 엄청나게 늘어나고 있는 신규노동력과 농촌에서 이동하는 노동력을 소화해야 할지, 기술혁신과 제품 갱신을 가속화하여 제품의 부가가치를 증가시킴으로써 끝없이 늘어나는 노동력 비용을 소화하고 무역마찰을 감소해야 할지, 아니면 환경보호와 에너지 절약에 역점을 두고 지속가능한 발전을 할 수 있도록 해야 할지 등등의 문제들이다. 이러한 시공압축은 실제 각 분야에서 나타나 마치 중국 문단에서 현실주의, 비판현실주의, 초현실주의가 병존하는 것과 흡사하다.

셋째, 두 가지 관심이 되고 있는 문제의 변화로 수입 분배의 지나친 차이와 공공제의 공급부족이 새로운 초점이 되었다. 개혁개방 초기 시행된 '큰 밥그릇'을 서로 나누어 먹는 '평균주의' 타파정책은 오늘날 수입격차의 지나친 확대를 가져옴에 따라 관심이 되는 문제의 하나가 되었다. 수입격차 확대를 통제하기 어려운 상황에 처하면서 사람들은 효율과 공정관계에 대해 다시 성찰하게 되었지만 걸어온 길을 되돌아갈 수는 없는 상황에 직면해 있다. 왜냐하면 그것은 죽음의 길이기 때문이며 향후의 발전방향에 대해선 반드시 새로운 공통된 인식을 이루고 그것을 바탕으로 새로운 선택을 해야 한다. 개혁개방 초기의 생산품 결핍에서 현재의 공공제품의 부족문제는 또 다른 관심이 되고 있다. 판매자 시장에서 구매자 시장으로 변화됨에 따라 새로운 결핍 현상은 더 이상 생산품 영역에서만 존재하지 않고 공공제품과 공공서비스 영역에서도 발생하고 있다. 예컨대 교육, 의료, 사회보장, 환경보호, 공공교통 등이다. 이러한 변화는 정부조직 직능 전환과 독점행위 타파, 사구건설과 사회조직 발전에 대한 광범위한 고찰을 요구하고 있다.

넷째, 세 가지 종류의 기제가 형성되고 있으며 세 가지 기제의 조정은 사회 관리의 새로운 과제가 되었다. 개혁개방초기 시장경제는 정부로선 낯선 정책이었다. 시장경제 조건아래에서 정부가 무엇을 해야 할지, 어떻게 해야 할지 하나의 학습과 적응의 과정이었다. 이러한 과정에서 정부라는 보이는 손은 점차 시장이라는 보이지 않는 손을 이해하게 되었다. 그러나 시장경제가 추진됨에 따라 사회 역시 심각한 변화가 발생했다. 사회는 서로 다른 이익집단과 서로 다른 사회계층, 그리고 서로 다른 이익 추구를 가진 분산된 개인으로 분화되었다. 이익관계의 조정은 새로운 사회운행의 기제가 되었고 이는 정부기제와 시장기제와는 다른 또 다른 새로운 기제이다. 어떻게 정부와 시장, 사회라는 삼자간의 관계를 잘 처리해야 할지 새로운 학습과 적응의 과정이 필요하게 되었다.

중국의 발전과정에서 생겨난 새로운 문제와 새로운 특징, 새로운 추세는 발전전략의 선택과 사회정책 제정에 새로운 요구를 제기하고 있다. 사회주의 조화사회 구축이라는 중대한 전략사상의 제기는 바로 이러한 새로운 현실적 요구와 과거 경험에 근거한 총결산이라 할 수 있다. 조화사회이론의 내포와 사상체계는 이미 비교적 체계화되었다. 물론 제기된 지 그다지 길지 않아 실천 검증에 따라 부단히 풍부해지고 개선되어야 한다. 이러한 전략사상과 이론체계는 일련의 변화를 가져왔다. 예컨대 발전이념의 변화로 사람들은 발전의 목적과 발전 경로, 발전방식에 대해 더욱 신중하게 사고하게 되었다. 발전목적에서 부강, 민주, 문명, 조화 등의 기본적인 가치의 융합과 삶의 질 향상을 더욱 중시하게 되었다. 발전방식에서 과학발전과 조화로운 발전에 더욱 많은 관심을 갖게 되었다. 발전 경로에서 중국특색적 사회주의의 방향을 더욱 명확하게 하였다. 즉, 발전의 전체 구성배치의 변화로 사회건설은 발전의 중요한 부분이 되었고 민생 개선은 현재 사회건설의 핵심적인 내용이 되었다. 또한 발전원칙의 변화로 사람들은 효율과 공평의 관계, 생산과 소비의 관계, 성장과 진보의 관계, 활력과 안정의 관계, 분화와 통합의 관계 등을 포함하여 중대한 균형문제에 대해 다시 사고하게 되었다.

현재 급변하고 있는 중국은 사회건설과 사회관리 측면에서 새로운 변화와 새로운 문제에 따라 사회 통합을 강화하고 개선해야 하며 사회조화와 사회단결을 촉진해야 한다. 이러한 사회통합은 사회관계와 사회제도, 그리고 사회가치라는 세 가지 측면의 재통합을 포함한다.

사회관계 통합 측면에서 특히 집단 간의 이익관계에서 중대한 변화가 발생한 세 가지 새로운 사회관계, 즉 빈부관계, 노사관계, 간부와 군중관계를 통합하고 조정해야 한다. 각종 사회모순과 사회충돌, 심지어 이른바 '직접적 이익이 없는 군체성 사건'은 종종 이 세 가지 사회관계를 둘러싸고 전개되는 것이다. 조직 간의 관계에선 정부조직과 기업조직, 사회조직(NPO) 간의 관계, 그리고 독점조직과 경쟁조직 간의 관계, 관방조직과 민간조직 간의 관계 등을 통합해야 한다. 지역 간의 관계에선 도·농 간의 관계, 지역 간의 관계, 지역관계로 나타나는 종교와 민족 간의 관계 등을 통합해야 한다.

사회제도 통합 측면에서는 두 가지 큰 변화에 주의해야 한다. 하나는 사회관리의 기초단위에서 현재 중대한 변화가 발생하고 있다는 점이다. 즉 사회 관리는 과거의 '단위'조직(기관, 기업, 사업, 공사)에서 현재 '단위'와 '사구' 단위로 전환되고 있으며, 점차 '사구'의 방향으로 발전되고 있다. 사구, 사회조직 등 각종 새로운 사회적 유대는 국가, 사회, 개인 삼자간의 관계를 처리하는 중요한 매개가 되고 있다. 또 다른 하나는 사회 관리방식의 중대한 변화, 즉 신분, 당안(檔案) 제도를 특징으로 하는 행정화 관리에서 공민제도를 특징으로 하는 사회화 관리로 전환되고 있는데 이는 호적, 취업, 사회보장, 의료, 교육, 주택 등 일련의 사회체제 개혁과 관련된다.

사회가치 통합 측면에서 알아야 할 것은 가치 통합이 이익 통합보다 훨씬 장기간의 과정이라는 점이다. 민주법제, 공평정의, 신뢰우애, 조화문명 등은 점차 사회 인식의 공동가치가 되어야 하고 중국특색의 사회주의라는 핵심적 가치의 형성은 인류문명에서 창조한 모든 우수한 성과를 흡수하여 보편적 가치의 합의와 내포를 재구성함으로써 중국의 장기적인 안정적 발전과 조화 세계의 구축을 위해 평화, 조화, 협력 발전의 정신적 지주를 제공해야 한다.

VI. 중국경험이 세계 현대화에 주는 시사점

1. 역사의 새로운 시작과 대국의 조화로운 부상 가능성

냉전이 끝난 이후 역사는 실제 모종의 발전모델의 승리로 종언을 선고한 것이 아니며 역사는 다시 시작되고 있다. 한편으로 구미 사회민주당은 20세기 90년대 후반부터 시작해 '제3의 길(the third way)' 문제를 다시 모색하고 있으며 전통적인 좌파정책과 우파정책 사이에서 구파 사회민주주의와 신자유주의를 초월하는 '중도' 노선의 수립을 추구함으로써 세계경제정치 구조의 변화에 대응하고자 한다.24) 한국의 학자들도 최근 '제3의 길' 문제를 탐색하며 문화 패권의 '시장 제국주의'에 반대하고 있지만 이원대립적인 사회 비판주의에 불만을 가지고 있으며 또한 현대성 해체라는 포스트모던 사조에 대해서도 불만을 갖고 있다. 그들은 동양적·유가적·민본적이고도 중용의 조화로운 '제3의 길'의 형성을 시도하고 있다.25)

사실 제2차 세계대전 이후 서방 현대화를 대체하는 각종 발전모델과 책략은 시종 존재해 왔다. '동아시아모델'이나 '동아시아 가치'는 그중의 하나이지만 종종 사람들에 의해 서구의 보편적인 가치를 배제하는 동방의 보수주의 색채로 여겨졌다.

'중국경험'의 등장으로 세계적 범위 내에서 사람들은 역사발전 전망의 가

---

24) A. Giddens, *Beyond Left and Right* (Cambridge: Polity Press, 1994); *The Third Way: The Renewal of Social Democracy* (Cambridge: Polity Press, 1998); *The Global Third Way Debate* (Cambridge: Polity Press, 2001).

25) 韓相震, "东亚'第三条道路': 全球化时代社会学的新视野," 『社会理论』, 第1辑(社会科学文献出版社, 2005).

능성을 다시 고려하고 논의하게 되었다. 왜냐하면 '중국경험'이 기본적으로 형성한 '동방 현대화'의 길은 개방적이고 포용적이고 문명융합적인 것이지 문명 충돌의 길은 아니기 때문이다. 중국의 일련의 국제 국내 정책이 보여준 조화로운 대국 부상의 길로의 결심은 '서방 현대화'의 논리를 바꾸거나 수정할 것이다.

2. 모든 것은 실제에서 출발하고, 조화사회 건설을 위한 과학발전관 수립

가설의 이론원칙에서 출발할지, 모든 것을 실제에서 출발할지 두 가지 서로 다른 인식 경로가 있다. 중국은 발전과정에서 기존의 이론이나 관념의 속박에 구애되지 않고 새로운 실천을 적극적으로 모색했다. 개혁과 발전 과정은 비록 정부 주도의 관점에서 볼 때 위에서 아래로의 과정이었지만 실천적 관점에서는 아래에서 위로의 과정이었다.

개혁과 발전 과정에서 사람들은 점차 경제성장을 견지하는 동시에 인민 군중의 생활수준을 부단히 향상시키고 절대 다수가 개혁과 발전의 실제 혜택을 향유할 수 있도록 하는 것이 개혁과 발전이 순조롭게 진행될 수 있는 가장 중요한 기초라는 합의가 형성되었다.

중국은 발전 과정에서 일련의 문제가 나타났다. 예컨대 도농 간 비교적 커다란 발전차이와 수입격차의 확대, 취업불안, 사회보장 불안정, 심각한 환경오염, 생태조건의 악화 등이다. 국제적으로 중국 발전이 지속하기 어렵다는 점에 대해 '중국 붕괴론'의 예언 역시 끊임없이 나타나고 있다. 하지만 중국이 성공적으로 각종 사회적 위기를 모면하고 각종 사회 리스크를 제어할 수 있는 관건은 바로 모든 것을 실제에서 출발한다는 인식 때문이다. 이로 인해 중국의 정책지향은 실제상황의 발전에서 끊임없이 새로운 조정을 할 수 있었고 또한 인민생활 수준의 부단한 향상과 사회이동의 가속화로 인해 사회구조가 거대한 탄력성을 지니게 되어 발전하는 과정에서 동태적인 안정을 유지할 수 있었다.

3. 전지구화 조건하의 '메이드 인 차이나'와 비약적 발전

전통적인 현대화 과정에서 현대화의 후발자는 단지 현대화 선행자의 경험을 학습, 모방, 복제, 수정하기만 한다. 현대화 국가와 개도국 간에는 거대한 '역사적 시공'의 차이가 존재하고, 현대화 과정은 거의 서방 현대화 모델의 복제와 재생산과정이라 할 수 있다. 그러나 전지구화의 추세는 이러한 상황을 바꾸어놓았다. 세계적 범위 내에서의 자원의 재편으로 인해 발전 수준이 서로 다른 국가는 똑같은 '역사적 시공'에 놓이게 되었고 이러한 특징은 많은 현대화의 규칙을 바꾸어놓았다.

과거 현대화의 역사에서 한 국가의 경제가 제조업에서 시작하여 서비스업으로, 산업구조가 제2산업 위주에서 제3산업 위주로 전환되는 것은 거의 현대화의 과정에서 동시에 일어나거나 혹은 현대화의 함의 중 하나였다. 그러나 국제자본과 기술 그리고 중국 노동력의 결합으로 현재 전대미문의 자원배치우위를 창출하여 중국이 '세계공장'이라는 발전 전망을 갖게 되었고 중국 현대화의 '메이드 인 차이나'는 매우 독특하게 추동되었다. GDP 중 산업생산이 차지하는 비중은 거의 50% 이상에 달하며 제3차 산업의 비중은 1인당 GDP가 중국의 반도 못 미치는 인도보다 훨씬 더 낮다. 이러한 특징은 전지구화의 영향이 아마 중국에서 오랜 시간동안 지속되어 왔고 중국이 원래 '사양 산업'인 중화학공업발전의 길을 지향했다가 다시 이러한 특징의 영향 아래에서 재차 개발되고 있기 때문일 것이다. 산업구조의 고도화가 중국에서 갖는 내포와 의미는 대체 무엇인가? 그리고 산업구조 비율의 변화, 기술의 대체나 갱신, 고소비 생산방식의 전환 등등의 문제들은 다시 생각해 봐야 할 것이다.

전지구화의 추세아래 정보와 기술의 신속한 전파 역시 마찬가지로 현대화의 과정을 변화시키고 있다. 과거 선진적인 실용기술이 선진국에서 저발전 국가로 전해지는데 평균 몇 년 심지어는 수십 년 걸렸지만 현재는 평균 몇 개월, 심지어 몇 일로 단축되었다. 선진국은 갈수록 지적 재산권의 이익 보호와 새로운 기술 장벽의 수립을 중시하면서도 또 다른 한편으론 대량투자로 이룬 신기술이 만약 신속하게 보급되지 못한다면 이익창출은 고사하고 투자자본을 회수하지 못하는 딜레마에 직면하게 된다. 이러한 새로운 추세 역시 중국에 어려움과 동시에 기회를 가져다준다. 한편으로 중국은 배 전체 콘테이너에 가득 실은 의류와 신발로 복제 비용이 비교적 낮은 소프트웨어와 칩으로 바꾸어야 하고, 또 다른 한편으론 서방 현대화의 논리를 따라 비약적인 발전의 가능성을 달성해야 한다.

4. 사회의 배태성과 현실발전의 다양성

현대화 과정에서 사람들이 말하는 이른바 발전모델이란 실제 특정한 사회구조에 배태되어 있어 특정 구조의 제약조건을 받아 형성된 것이다. 중국의 연해 일대 경제가 발전하는 과정에서 이른바 대외가공무역에 의존하는 '주장(珠江)모델', 개체사영경제에 의존하는 '온저우(溫州)모델', 집체경제에 의존하는 '쑤난(蘇南)모델' 등이 나타났다. 물론 이들 모델은 몇 년 뒤 단계적인 특징이 되었고, 발전노선의 학습·모방·회합의 과정이 매우 빨리 진행되었다. 그러나 발전과정에서 단순히 모방하거나 지역사회구조의 초기제약조건에 주의하지 않는다면 실행할 수 없다.

예컨대 동북공업기지에서 초기 온저우 모델에 대한 모방은 전체적으로 성공하지 못했다. 특정 사회관계는 재산권관계, 계약관계, 노동관계 등에 대해 모두 중요한 영향을 미칠 수 있다.26) 재산권관계는 국유와 사유 간에, 경제활동조직 방식은 기업의 위계제와 시장 네트워크 간에, 사회관리방식은 '단위'와 사구 간에 연속적인 스펙트럼의 다양성이 존재한다. 중요한 것은 특정 사회구조의 제약조건에 따라 이러한 다양성의 존재 이유를 이해하고 각자의 비교 우위와 약점을 이해해야 한다는 것이다. 고정된 이론 틀로 서로 다른 발전방식의 우열을 판단해선 안 된다.

---

26) 周雪光, "'关系产权': 产权制度的一个社会学解释,"『社会学研究』, 2005年 第2期; 刘世定, "嵌入性与关系合同,"『社会学研究』, 1999年 第4期.

5. 발전의 과정에서 나타나는 새로운 이익과 가치충돌의 해소

중국의 발전 과정에서 많은 새로운 사회적 모순이 나타났다. 이러한 모순은 모두 이익구조의 조정문제에 속한다. 이들 사회 모순에 대해 더욱 많은 관심을 갖고 문제 해결을 위한 재정 능력을 부단히 강화함에 따라 이러한 모순 역시 점차 발전과정에서 완화되고 해소되며 해결되고 있다.

그럼에도 불구하고 중국의 일부 해결하기 쉽지 않은 심층적인 가치 충돌 문제에 주의해야 한다. 전지구화와 중국의 급속한 전환으로 서로 다른 발전 단계의 경제, 사회, 문화가 동일한 시공의 장(場)으로 압축되었다. 경제적 측면에서 전산업화, 산업화, 후기산업화의 발전 지대가 동시에 존재하고, 사회적 측면에서 전근대, 근대, 포스트모던의 현상이 병존하며, 문화 예술적 측면에서 현실주의, 비판현실주의, 초현실주의의 작품이 혼재되어 있다.

이와 동시에 시장화의 과정 역시 가치관 전환의 충격을 가져다주어 서로 다른 지역의 집단과 사회계층, 서로 다른 연령대의 인구가 사회의 중요한 가치 인식측면에서 비교적 큰 차이를 보이고 있다. 고전적인 현대화 이론은 문화 파괴의 문제를 중시하여 문화변천이 경제변천에 뒤떨어지는 현상에 특별한 관심을 보인다. 하지만 중국은 현재 문화 파괴문제 뿐 아니라 경제, 사회, 문화 영역 내부에 거대한 자체 장력(張力)이 존재한다.

경제개혁과 사회전환이 가져온 이익구조의 변화로 인해 대다수의 사회모순이 모두 이익충돌의 유인을 갖게 되었지만 시공 압축 아래 문화가치의 충돌은 향후 사회모순의 심층적인 영향 요인이 되고 있다. 이러한 특수한 배경 아래 이익 조정과 가치 통합은 사회주의 조화사회 건설을 위해 특별히 관심을 두어야 하는 두 가지 측면이다.

중국의 현대화는 거대한 인구 규모와 발전의 불균등성으로 인해 매우 길고 험난한 과정이 될 것이다. 거의 30년에 이르는 지속적인 발전을 이루고 도시들이 급속히 성장하게 되었다고 중국의 미래 발전에 대해 지나치게 낙관적인 전망은 할 수 없으며, 새로운 형세 아래 생겨날 수 있는 객관적 규율과 제약조건을 위배하는 초월적인 행위는 방지해야 한다. 그러나 다시 20여

년이 지난 이후에도 중국이 이러한 지속적인 고속발전을 유지할 수 있다면 개혁개방 이후 반세기의 급속한 발전이 만들어 낸 '중국경험'은 분명 '동방현대화'를 풍부한 함의를 지닌 이론체계로 만들어 놓을 것이며, 또한 세계현대화에 대해 각종 새로운 선택의 가능성을 제공하게 될 것이다.

▌참고문헌

金耀基.『儒家伦理与经济发展』. 载他的『中国社会与文化』. 香港: 牛津大学出版社, 1993.

戴约(F. C. Deyo) 编.『经济起飞的新视角』. 中国社会科学出版社, 1991.

林毅夫·蔡昉·李周.『中国的奇迹: 发展战略与经济改革(增订版)』. 上海三联书店, 1999.

福泽谕吉.『文明论概略』. 北京: 商务印书馆, 1982.

世界银行.『中国推动公平的经济增长』. 北京: 清华大学出版社, 2004.

余英时.『中国近代宗教伦理与商业精神』. 台北: 联经出版社, 1987.

魏特夫(K. A. Wittfogel).『东方专制主义』. 北京: 中国社会科学出版社, 1957/1989.

周雪光. "'关系产权': 产权制度的一个社会学解释."『社会学研究』, 第2期. 2005.

周业安·赵坚毅. "中国 市场化、经济结构变迁和政府经济结构政策转型—中国经验." 载『管理世界』, 第5期, 2004.

蔡昉·王美艳. "中国经济增长究竟有多快?"『新视野』, 第4期. 2002.

刘世定. "嵌入性与关系合同."『社会学研究』, 第4期. 1999.

托德(Emmanuel Todd).『帝国之后: 关于美国体制的解体』. 巴黎: Gallimard 出版社, 2002.

萨义德(E W. Said).『东方学』. 北京: 三联书店, 1999.

赵人伟·李实·丁赛. "中国居民财产分布研究."『中国经济时报』, 4月 26日, 2005.

韩相震. "东亚'第三条道路': 全球化时代社会学的新视野."『社会理论』, 第1辑, 社会科学文献出版社, 2005.

马克思(K. Marx). "不列颠在印度的统治." 载『马克思恩格斯选集』, 第二卷, 北京: 人民出版社, 1853/1973.

Amsden, Alice H. *Asia's Next Giant: South Korea and late industrialization.* New York: Oxford University Press, 1989.

Deyo, Frederic C. "Capital, Labor, and State in Thai Industrial Restructuring: The Impact of Global Economic Transformations." In Jozsef Borocz and David Smith, eds. *A New World Order? Global Transformation in the Late Twentieth Century.* Westport, CT: Praeger, 1995.

_____. "Reform, Globalization, and Crisis: Reconstructing Thai Labour." *Journal of Industrial Relations* (Australia) 42, 2(June). 2000.

Fukuyama, F. *End of History and the Last Man.* London: Hamish Hamilton, 1993.

Giddens, A. *Beyond Left and Right.* Cambridge: Polity Press, 1994.

_____. *The Third Way: The Renewal of Social Democracy.* Cambridge: Polity Press, 1998.

_____. *The Global Third Way Debate.* Cambridge: Polity Press, 2001.

Huntington, Samuel. *The Clash of Civilization and the Remarking of World Order.* New York: Simon & Chuster, 1996.

Kagan, Robert. *Of Paradise and Power America and Europe in the New World Order.* New York: Knopf, 2003.

Krueger, A. O. *Economic Policy Reform in Developing Countries.* Oxford: Basil Blackwell, 1992.

Krugman, Paul. "The Myth of Asian Miracle." *Foreign Affairs* 73. 1994.

Wade, Robert. *Governing the Market: Economic Theory and the Role of Government in East Asian Industrialization.* Princeton: Princeton University Press, 1990.

_____. "Wheels within Wheels: Rethinking the Asian Crisis and the Asian Model." *Annual Review of Political Science,* 3. 2000.

World Bank. *The East Asian Miracle: Economic Growth and Public Policy.* New York: Oxford University Press, 1993.

제2부

중국의 부상과 동아시아

제3장

중국의 부상과 동아시아 안보질서*

먼훙화(門洪華)

I. 들어가는 글: 중국의 부상과 동아시아 질서의 변화

냉전 종식 이후, 중국의 부상은 세계적 흐름에 중요한 영향을 끼치는 주제가 되었다. 중국은 개혁개방을 통하여 신속하고도 평화적인 발전을 이루었다. 이와 동시에 국제사회가 중국을 대하는 시각에도 '중국붕괴론' 및 '중국위협론'에서 '중국기회론' 및 '중국책임론'에 이르기까지 많은 변화가 발생하고 있다. 중국은 이제 커다란 국제적 영향력을 갖춘 지역 강대국(地区性大国)이고 또한 세계와 서로 영향을 주고받는 과정에서 가일층 지역일체화에 편입되어감에 따라 동아시아 변화의 핵심 추동력이 되었다. 따라서 '중국 부상의 전략 효과를 어떻게 인식할 것인가'와 '중국의 부상과 동아시아 질서의 변화를 어떻게 이해할 것인가'가 점차 핵심인 주제로 떠오르고 있으며, 국제사회의 보편적인 관심을 끌고 있다.

대국의 부상과 지역질서의 변동은 이제까지 국제관계 연구의 핵심주제

---

* 이 글의 내용은 필자가 소속되어 있는 연구기관의 관점을 대표하지는 않는다.

가운데 하나였다. 그리고 중국이 동아시아 면적의 68%와 인구의 65%를 차지한다는 사실, 중국이 역사적으로 동아시아 성장 시기에 가졌던 특수한 지위와 중국경제가 최근 30년간 9.67%의 연평균 성장률을 유지했다는 것은 중국이 필연적으로 동아시아 질서의 변화를 이끌고 있는 핵심 역량 가운데 하나임을 보여준다.

어떤 의미에서 안보관계는 국제관계의 핵심이며, 안보질서는 국제질서의 집약적인 표현이다. 중국의 부상은 필연적으로 기존의 국제질서에 충격을 가할 것이며, 동아시아 안보질서에 중국이 미치는 영향만큼 민감한 문제도 없을 것이다. 보편적인 의미에서 볼 때 '중국을 포용할 것인가' 아니면 '중국을 저지할 것인가'하는 문제가 장기적으로 국제사회가 고려해야 할 중요한 문제이다.[1] 1997년 아시아 금융 위기 이전에 '왜 중국을 저지해야 하는가?'라는 문제에 관해서 수많은 정책토론이 이루어졌다.[2] 특히 프리드버그(Aaron Friedberg)의 동아시아 충돌에 관한 예측은 동아시아 안보가 처한 어려움에 대하여 열띤 토론을 불러왔다.[3] 1997년 이후에는 중국의 국제전략의 변화에 따라, 중국에 대한 포용을 다루고 중국의 부상을 인정하는 문헌이 갈수록 많아지고 있으며, 중국의 발전노선을 이성적으로 인식하는 저술이 늘어나고 있다. 지역적인 맥락에서 '중국위협론'의 기원이 동아시아 국가들에 있다는 것은 필연적이다. 냉전 종식 이후 수많은 학자들이 아시아의 미래에 관해 비관적인 태도를 유지했으며, 중국이 수정주의적인 국가가 될 것이라는 예측에 따라 아시아는 반드시 세력쟁탈의 지역이 될 것이라고 여겨왔다.[4]

1) Gerald Segal, "East Asia and the 'Constrainment' of China," *International Security,* Vol.20, No.4(Spring 1996), pp.107-135.

2) Gerald Segal, *China Changes Shape,* Adelphi Paper, No.287(London: IISS/Oxford University Press, March, 1994).

3) Aaron L. Friedberg, "Ripe for Rivalry: Prospects for Peace in a Multipolar Asia," *International Security,* Vol.18, No.3(Winter 1993/94), pp.5-33.

4) Aaron L. Friedberg, "Ripe for Rivalry: Prospects for Peace in a Multipolar Asia," pp.5-33; Gerald Segal, "East Asia and the Containment of China," pp.107-135; Charles A. Kupchan, "After Pax Americana: Benign Power, Regional Integration, and the Sources of Stable Multipolarity," *International Security,* Vol.23, No.2(Fall

그러나 비록 아시아에서의 충돌이 적지 않았지만 대규모 충돌이 발생하지는 않았으며 이러한 추세는 지속될 전망이다. 데이비드 캉(David C. Kang)은 "중국의 지도적 역할은 무시할 수 없다. 역사적으로 중국이 쇠약했던 시기에는 아시아가 불안했으며, 중국이 강대하고 안정적이었던 시기에는 아시아가 질서정연했다. 역사적인 측면에서 부강한 중국은 지역 안정을 견고하게 만드는 역량이다."라고 지적했다.5) 다른 한편 지난 1세기 동안의 중국의 나약함과 혼란 그리고 세계 다른 국가들(특히 미국)의 영향력 증대는 현재의 아시아 정세의 기초를 결정하였다. 따라서 중국의 강대함과 풍요로움은 자연스럽게 의심과 추측, 그리고 모종의 기대를 불러올 것이다. '한층 강력해지고 자신감을 가진 중국이 어떻게 주변국을 대할 것인가'와 '중국이 동아시아에 미치는 영향력의 확대에 대하여 그 주변국들이 어떻게 반응할 것인가'에 대해 국제적인 관심이 모아지고 있다.6)

중국의 부상이 동아시아 안보질서에 미치는 영향에 관해 비록 비관적인 인식도 많지만, 전반적으로 많은 국가지도자들과 학자들이 동아시아의 전망에 대하여 갈수록 낙관적인 견해를 표명하고 있다. 어떤 의미에서 이는 중국 부상의 과정에서 발생한 바람직한 변화가 야기한 결과이기도 하다. 중국은 오랜 기간 동안 지역(Region)의 관점에서 아시아 국가들과의 관계를 처리한 것이 아니라, 양자간 차원에서 상관국가와의 관계를 처리해 왔다.7) 1990년대 중반 이래 중국은 적극적으로 지역의 개념을 받아들였으며 국제 전략의 중점을 동아시아 일체화에 놓았다. 그리고 중국의 인근지역에 기반을 두면

1998), pp.62-66; Alastair Iain Johnston, "Is China a Status Quo Power?" *International Security,* Vol.27, No.4(Spring 2003), pp.5-56.

5) David C. Kang, "Getting Asia Wrong: The Need for New Analytical Frameworks," *International Security,* Vol.27, No.4(Spring 2003), pp.57-85.

6) David Shambaugh, "China Engages Asia: Reshaping the Regional Order," *International Security,* Vol.29, No.3(Winter 2004/2005), pp.64-99.

7) Rosemary Foot, "Regionalism in Pacific Region," in Louse Fawcett and Andrew Hurrell (eds.), *Regionalism in World Politics: Regional Organization and International Order* (London: Oxford University Press, 1995), p.239.

서 지역정치경제의 형성 능력을 강화해 왔다. 중국이 추진하고 있는 동아시아 협력 메커니즘은 중국 외교의 새로운 사고를 보여준다. 자신의 이익이 관련된 지역에서의 공통 이익을 기초로 하여 평등·협력·호혜·협조의 지역질서를 만들어가고, 건설적인 상호 관계 속에서 오랜 기간 쌓였던 감정의 앙금을 제거하면서 단계적으로 국가간 관계와 국제관계의 새로운 규범을 확립해나간다는 것이다. 이를 위해 중국은 지역 협력을 위해 적극적으로 노력하고 있으며, 지역 내 국가들과 중국 발전의 경험과 성과에 대하여 공유하려 하고 있으며 또한 중국의 의제설정(Agenda-Setting)능력을 향상시키고자 한다. 중국의 지역질서 구축 속에서의 이러한 노력은 국제질서의 변화에 대해서도 충분히 참고 가능한 모델을 제공하고 있다.

중국의 부상은 실제로 바람직한 변화의 결과이며, 이러한 변화는 점차 국제사회에서 인정받고 있다. 갈수록 많은 학자들이 중국의 부흥은 자연적인 현상이며, 경제의 상호의존은 중국이 부상하는 환경을 만들어내어 앞으로 국제규범의 사회화를 통하여 중국이 현상유지적 국가와 신뢰할 수 있는 협력적 동반자가 될 것임을 인식하고 있다.8) 더욱 더 많은 학자들은 중국이 보다 복잡한 행위자(More Complex Actor)임을 인정한다.9) 또한 중국의 부상에 대한 이성적인 인식과 반응도 비교적 많이 존재하고 있다. 램튼(David M. Lampton)은 "중국은 이미 지역과 세계의 질서에서 멀리 내다보고 깊이 생각하는(深謀遠慮) 참여자가 되었다"고 주장했다.10) 샴보(David Shambaugh)는 "양자간이건 다자간이건 중국 외교는 확실히 성숙하고 유연하며 지역국가들 사이에서 존경받는다. 지역국가들은 모두 중국을 좋은 이웃, 건설적 동반자, 다양한 의견을 경청하며 위협이 없는 지역 강국으로 보고 있다. 이는

---

8) Nicholas Khoo, Michael L. R. Smith and David Shambaugh, "China Engages Asia? A Caveat Lector," *International Security,* Vol.30, No.1(Summer 2005), pp.196-213.

9) Gerald Segal, "East Asia and the 'Constrainment' of China," pp.107-135.

10) David M. Lampton, "China's Growing Power and Influence in Asia: Implications for U.S. Policy," http://www.nixoncenter.org/index.cfm?action=publications (March 28, 2004).

십여 년 전의 중국의 이미지와 현저한 차이가 있다.”11)고 인식하고 있다.
로스(Robert Ross)는 “중국이 불안정한 정책을 채택하여 지역 질서를 바꿀
필요가 없다”고 예측한다.12) 이와 동시에 동아시아는 중국의 부상에 대하여
더 적극적으로 대응하는데, 중국의 부상에 편승하여 심지어 전략 방향을
“중국에 경사”시키기도 하며, 최소한 정책 결정 시에 중국의 이익과 관점을
받아들인다.13) 동아시아 국가들은 중국의 부상과 지역관계의 미래에 대하여
더욱 확신하고 있다. 아차리아(Amitav Acharya)는 “아시아는 갈수록 지역 규
범의 공유, 경제의 상호의존, 제도적 연결의 강화를 통해 불안전성을 관리하
는 능력을 가지게 될 것”이라고 낙관적으로 이야기한다.14)

두말할 것 없이 중국의 부상이 동아시아 안보질서에 미치는 영향은 미국
과 일본에서 더 많은 토론을 불러일으켰다. 중일 사이의 (특히 역사문제에 대
한 인식에서 나타나는) 역사적 숙원과 현실에서의 충돌, 미래의 경쟁에 대한
판단에 비추어볼 때, 일본은 경제적으로는 중국과 협력을 강화하지만 안보
와 전략상으로는 중국을 견제한다는 목표를 단기적으로 바꾸지는 않을 것이
다. 동아시아 협력이 진전됨에 따라 당연히 중일 문제도 완화되고 안정되며
점차 해결의 가능성이 있을 것이고, 동아시아 모든 국가의 이익에 부합할
것이다. 미국은 지리적으로는 동아시아 국가가 아니지만, 그 존재는 지역외
강대국을 훨씬 넘어선다. 심지어 어떤 의미에서는 미국을 떼어놓고는 동아
시아의 협력과 안전보장이 의미가 없다고 할 수도 있다.15) 최근에 “미국의

11) David Shambaugh, “China Engages Asia: Reshaping the Regional Order,” pp.64-99.
12) Robert Ross, “The Geography of the Peace: East Asia in the Twenty-First Century,” *International Security,* Vol.23, No.4(Spring 2004), pp.81-118.
13) David Kang, “Getting Asia Wrong: The Need for New Analytical Frameworks,” pp.57-85, esp. p.66; “Hierarchy, Balancing, and Empirical Puzzles in Asian International Relations,” *International Security,* Vol.28, No.3(Winter 2004); David Shambaugh, “China Engages Asia: Reshaping the Regional Order,” pp.64-99.
14) Amitav Acharya, “Will Asia's Past Be Its Future,” *International Security,* Vol.28, No.3(Winter 2003/2004), pp.149-164.
15) 毛里和子, “东亚地区的安全保障与非东亚要素,” 『世界经济与政治』, 2003年 8期 pp.52-

대중국 전략은 중국을 국제기구의 다자간 전략의 틀로 포획하고, 기능적 영역에서는 중국 정부와 종합적인 양자간 포용의 전술을 추진한다는 두 가지 전략의 결합을 보여주고 있다."16)

설사 미국이 중국이 그동안 성장한 실력을 단속하고 서약을 준수할 지의 여부는 의심할 지라도,17) 이 과정에서 비전통적인 안보의 중요성의 떠오르면서 중미 안보관계에는 돈독한 건설적인 변화가 나타났다. 많은 학자들은 미국의 군사력이 존재하지 않으면 동아시아 안보가 긴장 확대의 국면으로 접어들 것이 필연적이며,18) 동아시아에는 중국을 제약하고 억지할 능력이 없어서 미국의 참여만이 견제를 이룰 수 있다고 인식한다.19) 그러나 갈수록 많은 인사들이 대중 포용정책을 지지한다. 크리스텐센(Thomas J. Christensen)은 중국에 완화된 포용정책(Moderate Engagement)을 실행하고 더 건설적인 정책을 채택하는 동시에 충돌가능성을 낮춰야 한다고 주장한다. 예를 들어 군사주둔 증강, 동맹국 혹은 지역안보 동반자와의 협조 강화와 같은 강경한 미국의 정책은 항상 충돌에 직면한 미국의 잠재권력 증강에 유리한 것처럼 보이지만 충돌의 기회를 높일 가능성도 있다.20) 램튼은 중국이 갈수록 지역과 세계적인 경제발전의 엔진이 될 것이기 때문에 미중 간에 안정적인 전략 관계를 유지하는 것은 협애한 안보이익을 뛰어넘는다고 강조한다.21)

이상의 관점들은 중국의 부상과 동아시아 안보질서 변화에 대한 인식이

57.

16) David Shambaugh, "China or America: Which is the Revisionist Power," *Survival*, Vol.43, No.3(Autumn 2001), pp.25-30.

17) G. John Ikenberry, "American hegemony and East Asian order," *Australian Journal of International Affairs*, Vol.58, No.3(September 2004), pp.353-367.

18) Thomas Christensen, "China, the U.S.-Japan Alliance, and the Security Dilemma in East Asia," *International Security*, Vol.23, No.4(Spring 1999), pp.49-135.

19) Gerald Segal, "East Asia and the 'Constrainment' of China," pp.107-135.

20) Thomas J. Christensen, "Fostering Stability or Creating a Monster? The Rise of China and U.S. Policy toward East Asia," *International Security*, Vol.31, No.1 (Summer 2006), pp.81-126.

21) David M. Lampton, "China's Growing Power and Influence in Asia: Implications for U.S. Policy," http://www.nixoncenter.org/index.cfm?action=publications.

이성적이고 객관적으로 변해가고 있음을 보여주며, 일부의 이해와 해석은 상당한 계몽적인 의미가 있다. 하지만 전반적으로 그들은 중국의 입장에서 중국의 부상을 보지 않고, 중국의 변화의 방향성에 대한 전면적인 인식이 부족하며 심지어는 중국 자신의 안보딜레마에 대한 기본적인 관심도 결여하고 있다. 이를 바탕으로 필자는 중국 부상의 전략 효과에 착안하여 중국의 부상이 동아시아 안보질서의 변화에 미치는 영향을 서술하고, 중국의 안보 문제, 안보관 혁신과 안보 실천을 분석하여 중국의 부상과 동아시아 안보질서의 관계에 대하여 논평하고자 한다.

II. 중국 부상의 전략 효과

중국에 있어서 20세기는 '미증유의 대변혁'의 시대였다. 20세기 전반부에 중국은 불안정한 국제체제의 하위에 편입되어 무엇보다도 19세기에 잃어버렸던 주권과 독립을 회복하는 것을 목표로 삼았다. 20세기 후반부에 중국은 역사적인 부상을 맞이하여 폐쇄적인 이등국가에서 동아시아 및 세계에서 제일 활력 있는 개방형 국가가 되었으며[22] 부강한 국가와 민족부흥을 현실적인 기대로 만들었다. 특히 20세기의 마지막 20년간, 중국은 주동적으로 세계체제에 편입하여 점차 국제체제의 책임 있고 건설적인 예측가능한 행위자가 되었으며, 동아시아 일체화의 적극적인 참여자로 성장했고 동아시아 질서 변화의 핵심 추동력이 되었다.[23] 21세기 초에 중국은 '전면적 소강사회 건설(全面建設小康社會)', '과학발전관(科学发展观)', '조화로운 사회(和谐社会)', '조화로운 세계(和谐世界)' 등의 전략적 사상을 제시하였다. 이와 동시에 세계체제는 전환의 시기에 접어들었는데 경제세계화와 지역일체화는 병존하

22) David Kang, "Getting Asia Wrong: The Need for New Analytical Frameworks," pp.57-85.
23) 章百家, "改变自己影响世界—20世纪中国外交基本线索刍议,"『中国社会科学』, 2002 年 1期, pp.4-19; 门洪华, "中国崛起与国际秩序,"『太平洋学报』, 2004年 2期, pp.4-12.

면서도 모순되지 않는 두 개의 큰 흐름이 되었으며 지역협력의 강화는 국가 간의 공통된 합의와 목표가 되었다. 중국의 부상과 세계의 전환은 서로 맞물렸는데, 이러한 역사적인 중첩은 인류의 발전에 더없는 기회를 제공할 뿐만 아니라 세계적인 도전 또한 야기하고 있다. 그리고 중국에게 신뢰와 기회 그리고 주동적으로 계획할 수 있는 전략적 공간을 부여하였다.

1. 중국 부상의 국가적 효과

중국의 실력 증강은 현재 경제력, 군사력, 심지어는 사상관념에 이르기까지 각 방면에서 드러나고 있으며, 특히 관념의 변화와 안보관의 혁신은 중국의 부상에 있어서 가장 주목해야 할 측면이다.

1) 신흥 강대국으로서의 중국의 부상

중국은 개혁개방 이래 지금까지 종합국력의 상승에 있어 강대국 사이에서 수위를 차지해 왔다. 1978년, 환율에 따라 계산한 중국의 GDP는 세계 27위였다. 1978년 이래 중국은 연평균 9.7%의 경제성장률을 기록해 왔으며, 연평균 공업총생산 성장률은 11.5%에 달하면서 세계총량에서 차지하는 비중은 계속 상승하면서 세계의 선두에 자리잡고 있다. 환율에 따라 계산한 중국의 2000년 GDP는 세계 6위였고, 2005년에는 미국, 일본, 독일 다음으로 4위를 차지하였다. 실질 구매력 평가에 따르면 2000년 중국의 GDP는 이미 미국 다음으로 세계 제2위이고, 미국과의 상대격차는 계속 줄어들고 있다. 2006년 중국의 GDP는 세계 총량 대비 16%를 차지하고 있는데 미국과 EU는 각각 20%를 차지하고 있다. 중국의 화물무역은 2000년에 세계 8위였고, 2005년에는 3위를 기록하였다. 중국의 외환보유고는 이미 세계 1위이다. 중국이 흡수한 외자누계 총액은 7,000억 달러를 넘어서서 세계 제2위가 되었다. 중국의 주요 농산품과 공업산품의 생산량은 세계 1위이고 세계 3위의 무역강국이 되었다. 중국의 부상은 현실이 되었다.

당연히 중국의 평화발전의 과정에는 여전히 시급히 해결해야 할 많은 국

〈표 1〉 중국 주요지표가 세계총량에서 차지하는 비중(1820~2020년)

시기	인구	GDP	수출	제조업 생산
1820	36.57	32.88	-	29.8
1870	28.15	17.05	2.49	16.1
1913	24.4	8.83	1.78	3.6
1929	21.28	7.37	1.87	3.4
1950	21.66	4.5	1.69	2.3
1973	22.52	4.62	0.65	3.9
2005	20.74	14.01	7.5	21.1
2020	19.5	18.5	13	25

자료출처: Paul Bairoch, "International Industrialization Levels from 1750 to 1980," *Journal of European Economic History,* Vol.11, No.2(Fall 1982), pp.269-335; Augus Maddison, *The World Economy: Historical Statistics,* Paris (OECD, 2006); World Bank, *World Development Indicators 2005 & 2006* (CD-ROM)

내문제가 존재한다. 중국의 현대화·공업화의 실현은 절박한 발전의 과정으로 현재 중국은 개혁개방의 한 가운데에 서있으며 경제, 정치, 사회, 문화 관념 등 각 방면에 많은 전환기적 특징이 나타나고 있다. 경제적 측면에서 중국과 선진국 사이에는 여전히 큰 격차가 존재하며, 경제구조의 양과 질에서도 한층 더 큰 향상이 필요하다. 사회적 측면에서 전면적인 전환은 전에 없는 사회의 활력을 촉발시켰지만, 동시에 중국은 고위험의 전환기에 접어들어 각종 발전격차가 계속 확대되고 있으며, 사회시스템 내부의 다른 집단 간의 마찰이 증가하였고 발전의 비용과 대가는 점차 커졌다.

환경의 측면에서 자원의 상대적인 부족 및 이용효율의 저하는 이미 중국 경제의 지속가능한 발전의 중대한 제약요소가 되었다. 생태환경의 전체기능도 떨어져서 각종 자연재해를 막아내는 능력도 쇠약해졌으며 생태악화의 범

〈표 2〉중국이 직면한 4대 전환

유형	함의	도전	영향
경제 전환	지령성 계획경제에서 사회주의 시장경제로의 전환	경제성장의 불안정, 불균형, 인플레이션; 취업방식의 다양화, 비정규직화, 실업 및 정리해고, 시장실패	민중의 불안감 확대; 사회집단의 이익분화; 사회적 약자들이 대부분의 대가를 부담; 환경오염처리와 공공서비스의 결핍
사회 전환	전통 농촌경제사회에서 현대도시 사회로의 전환	인구변동, 인구유동성 증가; 정보통제 이완; 새로운 사회조직 출현, 사회의식의 다원화	정보비대칭성의 증가; 탈선행위의 비용저하; 전통적인 사회화 메커니즘의 약화; 외부 이데올로기의 경쟁심화
정치 전환	전통적 중앙집권정치체제에서 사회주의 민주체제로의 전환	당내 이익의 분화와 다원화 당과 사회집단과의 관계, 정부와 민간 관계의 긴장, 외부압력 증대, 중앙과 지방 사이의 대결	부정행위 성행, 정치·경제적 지대추구; 정부에 대한 정체성, 응집력 약화, 집정의 합법적 기초 파괴
개방 전환	폐쇄·반폐쇄 사회에서 개방형 경제와 개방형 사회로의 전환	세계시장에 대한 의존성 증대; 국제시장에 대한 영향 및 충격; 외부충격의 위험확대; 부분적인 주권의 양도	국내 위기의 국제화; 손실의 확대효과; 국제적 충돌의 증가; 국제적 압력의 증가

자료출처: 胡鞍钢, "科学发展是硬道理, 社会和谐也是硬道理," 门洪华 主编, 『中国: 软实力方略』(杭州: 浙江人民出版社, 2007年), p.92

위와 정도도 점차 확대되고 있다. 정치적 측면에서 사회주의 시장경제체제의 수립은 시장화의 정도를 뚜렷이 높였으며 제도 개선에도 탁월한 성과를 거두었지만, 많은 체제적·시스템적 문제가 한층 더 정돈되어야 한다. 중국 발전의 명확한 방향은 현대국가체제의 수립과 현대화 과정의 완성이지만, 현재의 국가 정세는 상술한 목표를 실현하는 데에 있어 어려움을 가중시키고 있다. 발전이념을 완벽히 개선하고 발전모델을 최적화하고 발전전략을 조정하는 것이 당면한 절박한 문제이며 이를 통해 중국은 반드시 지속가능한 발전과 균형발전의 노선전환을 실현해야 한다.

다음으로, 중국 빠른 부상은 세계 GDP 총량에서 차지하는 비중에서의 지속적인 상승과 세계 경제성장에 기여하는 공헌도의 확대에서 표현되어 나타난다. 이와 동시에 중국의 정치발전, 사회진보, 외교영향력 등 각 방면에서 명백한 성과를 거두고 있어 중국의 대국부상(大国崛起)의 효과는 확산되고 있는 중이다. 중국의 부상에 대한 국제사회의 반응은 '중국붕괴론', '중국경제과장론', '중국위협론'에서 '중국책임론'으로 변화하고 있으며, 중국은 더 많은 국제적 책임을 져야한다는 요구에 직면해 있다.

2) 중국 안보관의 혁신

중국의 지리적 위치와 동아시아의 지정학적 구조는 중국의 국가안보가 직면한 실재적·잠재적 위협의 다원성을 결정짓는다.[24] 중국은 냉전 종식 이후에야 처음으로 직접적인 거대한 군사위협이 없는 정세를 맞이하게 되면서 주변의 크고 작은 국가들과의 안보관계에 있어 다양한 개선을 이루었다. 이러한 측면에서 볼 때 현재 중국의 안보환경은 역사적으로 비교적 좋은 시기이다. 그러나 기타 강대국들과 비교했을 때, 중국의 안보정세는 가장 심각한 편이며, 여전히 국가통일이라는 전략적 목표 때문에 안보환경에 불확실한 요소들이 많이 존재하고 있다. 달리 말하면 중국의 국가안보는 전통적인 요소와 비전통적인 요소의 이중의 압력을 받고 있다는 것이다. 전통적인 안보위협은 주로 대만 독립, 티벳 독립, 신장위구르 독립과 같은 국가분열 세력에 기인하며, 영토와 주권의 보전에 대한 현실적인 위협이 증대하여 국지전에 휘말릴 위험도 큰 편이다. 중국이 직면한 비전통적인 안보위협의 기원은 다양한데, 예를 들어 환경오염, 유행성 질병, 자원부족, 테러리즘 등

---

24) Michael D. Swaine and Ashley J. Tellis, *Interpreting China's Grand Strategy: Past, Present, and Future* (Ithaca: RAND, 2000), pp.133-140.

과 같은 기존의 비전통적인 안보문제와 인터넷과 관련된 기술적 소외 문제, 정보보호 등 새로운 비전통적인 안보문제를 포괄한다.

중국의 안보관은 중국의 부상에 따라 변화하였고 안보딜레마에 대한 인식에도 변화가 발생하였다. 과거에 중국이 자신의 안보에 대한 위협을 가장 걱정하였다. 하지만 현재 중국은 중국의 부상이 위협이 될 것이라는 주변국가와 세계 주요 강대국의 의구심을 가장 경계하고 있다. 바로 이러한 작용들이 중국으로 하여금 상호신뢰·상호이익·평등·협력을 핵심으로 하는 새로운 안보관을 내세우게 추동하였으며, 상하이 협력기구를 통한 실천은 중국과 동아시아 안보질서의 관계로 확대되는 중이다.

중국의 새로운 안보관의 핵심은 상호신뢰·상호이익·평등·협력(协作)이다. 상호신뢰는 이데올로기와 사회제도의 차이를 초월하여 냉전적 사고와 강압적 정치행태를 버리고 서로 의심하지 않고 적대시하지 않음을 의미하며, 각국은 항상 자신의 안보방위 정책 및 중대한 행동의 전개를 상호간에 통보해야 한다. 상호이익은 세계화 시대의 사회발전의 객관적 요구에 맞추어 상대방의 안보이익을 존중하고, 자신의 안보이익을 실현하는 동시에 상대방의 안보조건에 대해서도 공동 안보를 실현하는 것을 가리킨다. 평등은 규모나 국력에 상관없이 모든 국가가 국제사회의 일원임을 의미하며, 서로 존중하고 평등하게 대하여 다른 국가의 내정에 간섭하지 않고 국제관계의 민주화를 추진하는 것이다. 협력은 평화적 협상의 방식으로 분쟁의 실마리를 해결하고, 공동의 안보문제에 대하여 광범위한 협력을 추진하여 폐해를 제거하고 전쟁과 충돌의 발생을 막는 것을 의미한다.

새로운 안보관은 어떤 의미에서 안보위협을 판단하는 보편안보론·안보를 기초로 한 공동안보론·안보를 내포한 종합안보론·안보를 유지수단으로 하는 협력안보론으로 해석할 수 있다.

2. 중국 부상의 세계적 효과

중국은 순탄하게 평화발전의 고속도로로 진입했을 뿐만 아니라 세계와도 나날이 긴밀하게 연결되어 세계 평화와 번영에 중대한 건설적 역량을 담당하고 있다. 중국은 세계경제의 중요한 엔진일 뿐만 아니라 동아시아와 세계 평화의 안전장치이기도 하다. 중국이 세계를 위해 중대한 기여를 하는 시대를 맞이하고 있다.

1) 세계에 대한 공헌의 확대

대국의 부상은 세계경제와 무역의 성장에 현저한 파급효과와 외부효과를 가지고 있다. 한 국가의 경제규모가 커질수록 경제성장률도 커지고, 시장개방도가 커질수록 세계경제 성장에 미치는 기여도도 커진다. 개혁개방 이후 30년간 중국은 세계경제와 무역의 성장에 중대한 기여를 하였다. 동시에 중국의 경제성장은 신속한 사회발전과 빈곤의 감소를 불러와 전 세계의 인류 발전에 중대한 역할을 하였다.

한 국가의 수출규모가 커지거나 세계총량에서 차지하는 비중이 높아질수록 세계무역성장에의 기여가 증대된다. 또한 한 국가의 수출무역 성장률이 높아질수록 세계무역의 성장에 대한 기여도 커진다. 개혁개방 이후 30년 동안 세계수출무역의 성장에 대한 중국의 기여는 세계 3위였다. 중국은 선진국에 대량의 우수한 저가의 완제품을 공급하였으며 세계 3위의 상품 수입

〈표 3〉 중국의 세계 GDP 증가량에 대한 기여도(1980~2020년)

시기	2000년 국제달러(PPP)	2000년 불변가격(시장환율)
1980~1990	11.5	4.1
1990~2000	26.1	9.7
2000~2005	29.6	15.3
2005~2020	〉1/3	19.6

자료출처: World Bank, *World Development Indicators 2006*, CD-ROM; *World Development Report 2007*, CD-ROM

〈표 4〉 주요 국가의 상품수출입액이 세계에서 차지하는 비중(1980~2005년)

	중국		독일		인도		일본		미국	
	수입	수출	수입	수출	수입	수출	수입	수출	수입	수출
1980	1.0	0.9	9.1	9.5	0.7	0.4	6.8	6.4	12.4	11.1
1990	1.5	1.8	10.0	12.2	0.7	0.5	6.6	8.3	14.6	11.4
2000	3.4	3.9	7.4	8.6	0.8	0.7	5.7	7.4	18.8	12.1
2005	6.3	7.5	7.4	9.6	1.3	0.9	4.9	5.9	16.5	8.9

자료출처: WTO, *International Trade Statistics 2006*, CD-ROM

시장이 되었다. 대량의 수입을 통해 다른 국가들에게 대량의 일자리를 창출했으며, 세계 각국과 중국 시장의 성장의 성과를 나누었다. 향후 중국의 이러한 기여효과는 갈수록 더 증대될 것이다.

세계에 대한 중국의 기여는 경제와 무역 측면뿐만 아니라 발전이념과 발전노선에 대한 영향에서도 나타나고 있다. 중국의 대외개방이론은 개발도상국들이 경제세계화에 적극적으로 참여하여 현대화를 실현하는 데 있어서 좋은 경험과 참고가 된다. 중국은 대외개방과 국내개혁을 통해 현대화의 길을 실현하였는데, 이는 '베이징 컨센서스(北京共识)'로 불리며 그 세계적인 의의를 드러낸다. 개발도상국들이 어떻게 현대화를 실현할 것인가는 세계적인 주제이자 난제이기도 하다. 중국의 성공경험은 이들에게 좋은 참고대상이 된다. 미국의 전략가인 브레진스키(Zbigniew Brzezinski)는 10여 년 전에 다음과 같이 지적했다. "중국이 그 10억이 넘는 인구로 정치적으로 실현가능하고 사회적으로도 풍족한 국가를 건설하는 데 성공한다면, 이는 중국이 그렇게 되길 희망하는 것과는 상관없이 필연적으로 전 세계의 초점이 될 것이다. 설사 중국이 이데올로기 차원에서 중국 모델의 의의를 선전하지 않아도, 자신들에게 맞는 역사적인 지도방침을 조급하게 찾고 있는 빈곤국가들이 필연적으로 중국 주변에 모여들 것이다."[25]

2) 세계의 이익상관자로서의 중국

근래에 중국은 그 발전에 따라 국제적인 책임을 담당하려는 욕망과 능력이 증가하고 있으며, 국제제도의 참여에 있어서도 전면적이고 전략적이며 항구적인 특징을 보이고 있다. 중국은 확실히 국제제도의 가입이 책임 있는 명성을 얻는 데 중요한 조건임을 인식하고 있다. 국제사회의 중대한 문제에 있어 중국은 갈수록 국제제도 속에서 더 많은 협력하고 있다. 중국은 국제제도에 대한 참여를 확대할 뿐만 아니라 그 안에서의 실천에서도 점차로 적극적인 자세를 나타내고 있으며 의제설정 능력도 제고하고 있다. 국제제도의 참여빈도에서도 중국은 이미 다른 국가들을 추월하고 있는 참여정도도 높은 국가 중 하나이다. 세계적 규모의 정부간 국제기구의 참여비율은 61.19%에 달하며, 이는 모든 참여국들 중에서 27위에 해당하는 것이다.[26]

중국이 국제사회에 전면적으로 편입함에 따라 중국의 세계에 대한 관념의 변화와 전략의 조정이 나타나고 있으며, 기존의 국제제도를 통해 국가의 전략적 이익을 유지하고 개척하고 있다. 중국은 외부 방관과 소극적 참여에서 적극적인 참여로 전환하여 국제체제 속으로 전면적으로 편입하였다. 중국은 점진적, 평화적, 민주적인 방식으로 국제질서의 건설을 주장하는 것이지, 다른 방도를 마련하자는 것이 아니다. 중국은 적극적으로 국제체제에 편입하고, 책임 대국의 신분으로 새로운 국제질서의 건설에 참여하고 지역질서를 우선시하며 세계질서의 변화를 촉진하고 있다. 중국은 국제제도의 건설과 개선에 중점을 두고 그 기본규칙에서부터 유엔이 적극적인 역할을 발휘할 수 있게 하고, 유엔 개혁을 적극 추진하여 미래의 국제질서를 조절하는 중심이 될 것을 주장한다. 이러한 전략은 중국이 '수정주의 국가(Revisionist Power)'로 보이지 않으려고 애쓰고 있으며, 주동적이고 이성적으로 국제체제에 편입

---

25) 布热津斯基, 『大失控与大混乱』(北京: 中国社会科学出版社 1995年), p.207.
26) 王玲, "世界各国参与国际组织的比较研究,"『世界经济与政治』, 2006年 11期, pp.47-54.

하여 국제체제에서 적극적이고 건설적이며 책임 있는 역할을 하는 데 힘을 기울이고 있음을 보여준다.27)

중국의 전략적 역량은 국제체제에 평화적 방식을 투사하여 중국의 국제적인 영향력을 향상시키고 세계적 전환에 깊은 영향을 미쳐 국제협력을 촉진시키고 있다. 어떤 의미에서 미국 국무부 차관 졸릭(Robert Zoellick)이 중국을 '책임 있는 이익상관자'라는 전략적 지위에 놓은 것은 국제체제의 주도자로서의 중국의 전략을 기대한다는 것을 의미하는 증거이다.28) 중국의 건설적이며 예측 가능한 국제이미지는 중국이 국제사회에서 적극적인 인정을 받았음을 보여주며, 또한 갈수록 세계의 이익상관자로 보이게 한다.

3) 중국이 추구하는 호혜공영(互利共贏) 시기의 성숙

경제세계화의 발전과 중국의 종합 국력의 상승에 따라 중국경제와 세계경제 사이의 연계성이 부단히 증대되고 있다. 이에 따라 양자 간의 상호영향은 나날이 세계가 주목하는 초점이 되고 있으며, 동시에 중국의 경험과 성취 그리고 중국의 미래가 커다란 관심을 받고 있다. 경제세계화에 대한 중국의 참여와 무역의 빠른 성장은 이미 세계 각국에 명확한 외부효과를 끼쳤으며, 이는 전형적인 호혜공영의 무역일체화와 경제협력의 방식이다.

최근에 중국은 스스로를 억제하여 부상을 실현하는 방식을 통해 국제사회에서 적극적으로 인정받고, 공공재를 제공하는 방식의 대외개방으로 상당한 신뢰를 얻고 있다. 중국은 유엔의 평화유지활동에 적극적으로 참여하며 대외원조를 강화하고, '해외 진출(走出去)' 전략을 실시하여 호혜공영의 실현을 추진할 수 있는 경험을 쌓았다. 중국이 추구하는 호혜공영의 시기가 이미 무르익었다고 이야기할 수 있다. 미래를 전망하자면, 중국과 세계의 상호공조는 21세기의 중요한 특징이 될 것이다. 중국이 한층 더 건설적인 역할을 발휘함에 따라 중국은 갈수록 세계에 더 큰 기여를 하게 될 것이며, 갈수록

---

27) Alastair Iain Johnston, "Is China a Status Quo Power," pp.5-56.
28) Robert B. Zoellick, "Whither China: From Membership to Responsibility?" http://usinfo.state.gov/eap/Archive/2005/Sep/22-290478.html(September 21, 2005).

더 큰 영향을 미치게 될 것이다.

3. 중국 부상의 지역적 효과

제2차 세계대전 종전 이후 동아시아 지역에는 부흥의 파도가 연달아 일어나 일본, 동아시아의 "네 마리의 용" 그리고 중국이 동아시아 경제발전의 강력한 동력이 되었으며, 이에 따라 동아시아는 세계에서 가장 빠르고 개방적인 경제지역이 되었다. 특히 중국 부상의 지역적 효과는 지속적으로 발효되어 동아시아가 1997~1998년의 금융위기에서 신속히 회복할 수 있게 하였으며, 동아시아에 경제부흥의 시대를 불러왔다. 동아시아의 부상은 경제세계화를 선도하고 지역일체화의 과정을 가속화하고 있으며, 특히 지역 내 무역 비중의 상승과 자유무역지대 협상을 적극적으로 추진하고 있다. 중국은 동아시아 일체화의 중심적인 지위를 차지했으며 위의 두 가지 과정을 핵심적인 추동자이다.

1) 중국이 동아시아에 가져온 기여와 기회

중국은 주변 국가의 경제발전에 활력을 불어넣었다. 중국은 아시아, 특히 동아시아 지역에 거대한 시장을 제공하였으며, 인접 국가들을 최대수혜자로 만들었다. 특히 1960년대 이후, 안행(雁行)모델은 장기적으로 동아시아 산업이전에서 주도적 역할을 했다. 중국은 동아시아 산업 사슬에 진입한 후에 동아시아 산업이전과 산업구조의 확대에 적극적인 역할을 했고, 일본과 동아시아의 신흥공업국가 및 기타 경제체에게 거대한 시장과 발전의 기회를 제공하였다. 중국은 아시아 지역에서 부단히 가속화하는 경제의 조정과정에서 핵심적인 역할을 하였다. WTO에 가입하기 이전에 이미 중국은 아시아 지역 수출액 및 수입액에서 일본의 뒤를 이어 2위를 차지했으나 아시아에서 일본이 차지하는 비중과는 차이가 컸다.

중국은 2001년 WTO에 가입한 이후 2002년 아세안과의 자유무역지대 협상을 완료하였으며, '조기자유화(早期收获)'와 관세삭감 합의를 실시하여 단계적으로 관세를 낮추었다. 2004년에 이르러 중국의 수출액과 수입액은 각각 아시아에서 1위를 차지하였으며, 아시아 지역의 수출과 수입의 상품무역 총액의 24.8%와 25.2%를 차지하여 아시아 지역 무역 성장의 실질적인 리더가 되었다. 중국은 동아시아 경제일체화 과정에 가입하여 지역 내 무역을 선도하고 있다. 아시아 개발은행의 통계에 따르면 2005년 동아시아의 지역 내 무역 비중은 이미 전체 무역량의 54.5%를 차지했으며, NAFTA(45.0%)는 넘어섰으나 EU(66.2%)에는 못 미치고 있다.[29] 최근 중국이 아시아 지역의 새로운 투자자가 되면서 2005년 말에는 중국의 대아시아 지역 대외직접투자액의 누계가 406억 달러에 달하였다.

〈그림 1〉 동아시아 GDP와 무역에 대한 중국의 기여(1980~2005년)

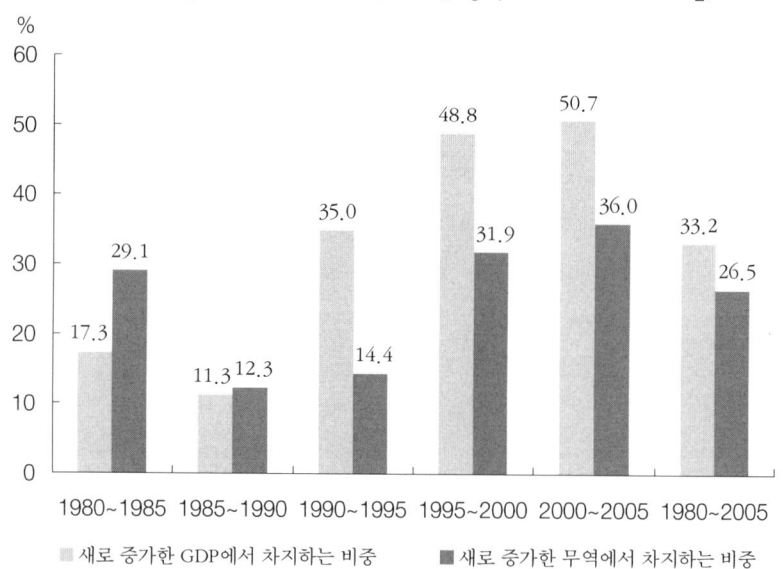

注: GDP는 2000년 불변가격에 따라 계산
자료출처: 세계은행 통계 http://devdata.worldbank.org/query/default.htm

---

29) Pradumna B. Rana, *Economic Integration in East Asia: Trends, Prospects, and a Possible Roadmap* (ADB Working Paper, July 2006).

동아시아 지역의 양자간·다자간 무역협정의 추진을 통하여 점점 더 많은 동아시아 경제체가 중국의 성장을 통해 무역자유화의 과정에서 큰 이익을 얻었다. 동아시아 경제일체화 과정의 지속적인 심화와 양성순환은 동아시아 전체의 경쟁력과 장기적인 발전 잠재력을 고양시켰다. 중국은 주변의 다양한 발전수준의 경제체들과 긴밀한 의존관계를 유지하여 그 경제체들이 모두 중국의 WTO 가입과 경제적 부상의 역사적 기회 속에서 큰 외부동력을 얻을 수 있도록 하였다. 이러한 협력발전과 평화적 발전의 추세는 이미 지역 내의 자원흐름, 투자흐름, 생산분포와 무역관계에 깊은 영향을 미치고 있으며, EU나 NAFTA와는 현저히 다른 방식으로 더 많은 국가들과 번영과 경제일체화를 공유하고 있다.

이와 동시에 중국은 이 지역에서 점점 더 적극적이고 책임 있는 지역 대국의 역할을 담당하고 있다. 협력안보와 공동안보를 지향하는 신안보관을 제기하고, (전통적 안보와 비전통적 안보를 포괄하는)동아시아 국가의 안보협력을 적극적으로 추구하고 있으며, 공공재를 제공하여 동아시아의 안정과 번영을 촉진시키고, 동남아시아와의 경제협력을 발전시키고 동북아의 안보정세를 안정화시키는 데에 더 힘을 기울이고 있다. 지역 내 국가와의 공동의 노력을 통해 동아시아에 일종의 복합적인 상호의존·공존공영의 의식과 협력틀이 만들어지기 시작했다.

2) 나날이 긴밀해지는 중국과 동아시아의 경제관계

중국의 전면적인 부상은 동아시아 지역협력 속에서 이득을 보았다. 현재 중국의 대외경제활동의 70%는 동아시아 안에서 이루어지고 있으며 중국에 투자하는 자본의 85%가 동아시아 지역에서 기인하는 것이다.

동아시아 일체화의 가장 강력한 추동력이 된 중국 부상의 전략 효과는 이미 전면적으로 펼쳐지고 있다. 중국은 평화·번영·안정의 국제환경을 만드는데 전력을 다하고 있으며, 국제체제와 지역체제에 전면적으로 편입하여 현대화의 실현을 완성하는 것을 목표로 삼고 있다. 이를 기반으로 중국과 동아시아 국가들이 전면협력하면서 경제적 긴밀도는 안정적으로 상승하고

〈표 5〉 중국의 외국인 직접투자의 출처(%)

	1998	1999	2000	2001	2002	2003	2004	2005	2006
홍콩	40.7	40.6	38.1	35.7	33.9	33.1	31.3	29.8	32.1
대만	6.4	6.4	5.6	6.4	7.5	6.3	5.1	3.6	3.4
일본	7.5	7.4	7.2	9.3	7.9	9.4	9.0	10.8	7.3
한국	4.0	3.2	3.7	4.6	5.2	8.4	10.3	9.4	6.2
싱가포르	7.5	6.6	5.3	4.6	4.4	3.8	3.3	3.7	3.6
동아시아	66.1	64.1	59.9	60.5	61.4	61.1	62.0	59.2	52.6

자료출처: 国家统计局编, 『中国统计年鉴』, 2000~2007年

〈표 6〉 중국과 26개 주변 경제체의 무역관계

	1995		2000		2005	
제1무역 대상국	1	홍콩	3	몽골, 홍콩, 북한	9	홍콩, 마카오, 대만, 몽골, 북한, 한국, 일본, 키르기스스탄, 베트남
제2무역 대상국	9	아프가니스탄, 마카오, 카자흐스탄, 키르기스스탄, 일본, 몽골, 대만, 북한, 미얀마	6	일본, 마카오, 대만, 파키스탄, 미얀마, 라오스	7	카자흐스탄, 인도, 라오스, 미얀마, 파키스탄, 필리핀, 러시아
제3무역 대상국	1	한국	7	카자흐스탄, 한국, 키르기스스탄, 네팔, 러시아, 타지키스탄, 베트남	5	싱가포르, 말레이시아, 네팔, 타지키스탄, 태국
합계	11개		16개		21개	

자료출처: IMF, *Direction of Trade Statistics 2006*, CD-ROM

있다. 심지어는 그 효과가 동아시아의 지리적 범위를 넘어서고 있는데 호주, 뉴질랜드, 인도 등이 모두 동아시아의 미래 구상에 적극 참여하려 하고 있다. 중국 주변에는 26개의 경제체가 있는데, 1995년에 중국은 4개 경제체의 제1무역대상국이었고, 3개 경제체의 제2무역대상국이었으며, 5개 경제체의 제3무역대상국이었다. 2005년에는 중국은 10개 경제체의 제1무역대상국, 6개 경제체의 제2무역대상국, 5개 경제체의 제3무역대상국이 되었다. 중국은 지역일체화 속에서 적극적이고 건설적인 역할을 하고 있으며 세계경제의 '엔진', 지역거시경제의 '안정 장치', 동아시아 일체화의 '가속기'가 되었다.

3) 중국이 진행하고 있는 지역전략 조정

역사적인 관점에서 대국의 부상은 종종 기존 질서의 도전으로 보였으며 큰 전쟁을 피하기 어려웠다. 중국의 부상도 인접국들과 기타 강대국들의 비슷한 우려를 낳고 있다. 그러나 중국은 그 인접국들과의 지역일체화의 전략 노선을 통해 이러한 우려를 완화시켰다.[30] 중국은 일련의 협력원칙과 합의에 기반을 둔 다자간 제도에 적극 참여하고 있다. "이러한 제도가 반드시 구성국들의 안보수요를 만족시키는 것은 아니지만, 적도 우방도 아닌 국가 간 관계를 증진시키는데 매우 적합하다. 이 제도는 중국 및 인접국들에 평화공존과 충돌가능성을 완화하는 메커니즘을 제공하며, 기존에 상대적으로 고립되었던 중국의 위치를 크게 변화시켜 중국에게 제도화된 협력의 경험을 제공한다."[31] 중국은 동아시아 지역제도의 건설자 중 하나이며, 또한 상호접촉의 과정에서 중국은 동아시아의 책임 있는 이익상관자가 되었다.

지역일체화의 과정에서 중국은 공동이익에 기초한 전략 조정을 진행하였으며, 지역 내 국가와 공동이익을 지향하는 건설적 협력을 달성하였다. 특히

---

30) 郭清水, "中国参与东盟主导的地区机制的利益分析,"『世界经济与政治』, 2004年 9期, pp.53-59.

31) Michael Yahuda, "The Evolving Asian Order," in David Shambaugh, ed., *Power Shift: China and Asia's New Dynamics* (Berkley: University of California Press, 2005), p.347.

중국은 동아시아의 구조적인 현실을 깊이 이해하면서 상호 신뢰를 증대시키기 위하여 지역일체화의 과정에서 겪을 수 있는 실패를 피해가려고 한다. 또한 아세안 국가의 더 나은 인정을 받기 위하여 중국은 아세안의 정상회담 방식과 아세안이 동아시아 공동체 건설에서 차지하는 지도적 지위를 인정하고, 지역주의를 개방한다는 입장을 지지하고 있다.[32]

전반적으로 중국의 동아시아 전략은 일정한 성과를 거두었다. 하지만 중국은 국제협조에 대한 참여경험 부족으로 인해 어떻게 대국의 역할을 발휘할 지에 대하여 명확히 인식하지 못하였고, 지역경제 일체화와 각종 쌍방협력의 추진 속에서의 주동성이 여전히 부족하였다.[33]

III. 중국 부상이 가져온 동아시아 안보질서의 변화

중국의 부상은 동아시아 질서 변화의 일부분이며, 더 나아가 동아시아 질서 변화의 주요 동력과 핵심요인이 되었다.

1. 국제질서 구성의 논리

국제질서는 다음과 같은 몇 가지 내용을 포함한다. 첫 번째, 국제질서는 일정한 기간 동안 주요 행위주체들의 실력을 바탕으로 만들어진 구조로 각 행위주체, 특히 주요국가의 힘에 비례하여 만들어진다. 달리 표현하면 국제질서는 권력배분의 결과이다. 두 번째, 국제질서는 일정한 기간 일정한 목표를 둘러싼 국제사회 각 행위주체들의 이익추구의 상호작용과 상호투쟁을 통해 확립된 국제적인 행위규범과 보장 메커니즘이다. 다시 말해 국제질서는

---

32) 秦亚青·魏玲, "结构、进程与权力的社会化—中国与东亚地区合作," 『世界经济与政治』, 2007年 3期, pp.7-15.

33) P赵英·李海舰, "大开放背景下的中国经济安全," 『中国与世界观察』, 2006年 3期, pp.45-54.

국가간, 특히 강대국 사이의 이익분배의 결과이다. 세 번째, 일정한 기간 동안의 국제질서의 안정 여부는 종종 주요강대국들이 핵심적 관념에서 암묵적 동의, 타협 혹은 일치를 이루었는가의 여부에 따라 결정된다.[34] 바꿔 얘기해서 국제체제 내의 관념배분은 국제질서의 건립 여부와 안정적인 핵심변수의 유지 여부에 따라 결정된다. 네 번째, 국제질서는 국제사회의 주권국가, 국가집단 및 국제기구 등의 행위주체가 일종의 원칙, 규범, 목표, 수단으로 상호간의 관계를 처리하여 구성되고 유지되는 일종의 국제정치경제의 운영메커니즘과 전체적인 정세를 의미한다. 다시 말해 국제제도는 국제질서를 구성하고 유지하는 결정적인 변수이다. 국제제도는 국가권력을 제약하는 동시에 국가권력의 확대를 추동하는데, 이로 인해 질서의 구성과 유지에 결정적 역할을 한다.

상술한 바를 종합하해서 필자는 국제질서는 국제사회의 주요행위주체, 특히 강대국의 권력배분, 이익배분, 관념배분의 결과이며, 그 주요 표현양식은 국제제도의 창설과 운영이라고 인식한다. 이러한 인식에 기초하면 국제질서는 일종의 국제적인 공공재이며 그 구성과 유지는 공통 이익을 취합하고 그것을 제도화하는 과정인 것이다.

전통적인 관점에서 국제질서는 항상 군사적 폭력의 부산물이며, 국가 간에 서로 집단적으로 인정하는 비폭력적인 국제질서는 불확정적이라고 여겨졌다.[35] 그러나 지역주의와 그것이 미치는 효과는 이러한 일상적인 정의를 바꾸어 놓았다. 실제로 지역질서의 구성은 권력관계 및 국가 이익의 추구에 기초할 뿐만 아니라 관념의 개선, 집단 정체성, 제도 구성 등의 과정적인 요소에도 기인한다. 지역질서의 구성에 있어 경제일체화는 항상 지역협력의 온상으로 여겨졌다. 일체화의 과정에서 협력, 협조와 타협은 국가간 관계를

---

34) 관념의 작용에 관하여서는 다음을 참조할 것. Albert S. Yee, "The Causal Effects of Ideas on Policies," *International Organization*, Vol.50, No.1(Winter 1996), pp. 69-108; 亚历山大·温特, 『国际政治的社会理论』(上海: 上海人民出版社 2000年), p.467.
35) Janice Bially Mattern, "The Power Politics of Identity," *European Journal of International Relations*, Vol.7, No.3(2001), pp.349-397.

처리하는 주류가 되었고 일부 규칙, 규범, 정책결정 절차는 점차 모든 참여자가 받아들였고 제도화를 통해 지역의 연성법(Soft Laws)이 되었다. 이러한 제도화의 요소는 최소한 다음과 같은 요소들을 포괄한다. 첫 번째, 호혜는 각국이 자신의 이해를 추구할 뿐만 아니라 지역의 공동이익도 유지하는 것이다. 두 번째, 점진성은 합의를 이룰 때까지 인내하고 관용하는 것이다. 세 번째, 개방성과 포용성은 지역 외부 역량의 참여를 환영하고 받아들이는 것이다. 네 번째, 다자간 협력과 전통적인 양자주의의 병행이다. 다섯 번째, 보장적 안배로 낮은 단계의 정치영역부터 포괄하는 안보협력의 마련이다.36) 이러한 요소는 모두 공동이익의 추구를 드러내며, 실제로 공동이익은 '공동체의 원리적 문제'로 여겨졌다.

당면한 정세에서 공동이익을 취합하여 제도화하는 것은 건설적인 지역질서 수립을 위한 유일한 수단이다. 여기서 공동이익은 공동 수익(Common Benefits)뿐만 아니라 공동으로 직면한 도전과 위협(Common Challenges and Threats)도 포괄한다. 지속적으로 표출되는 세계적인 문제와 국가 간의 이익은 밀접하게 연관되어 있다. 인구폭발, 국제테러리즘, 핵무기 및 기타 대규모 살상무기의 확산, 환경악화, 국제마약거래 등의 문제는 국제사회의 지속가능한 발전의 장애물이 되고 있으며 각국이 협력하여 해결해야 한다. 공동이익과 공동위협은 각국 간의 협력을 요구하며, 국제이해 공동체의 수립을 가져온다. 국제이해 공동체는 세계화를 배경으로 각국이 이해관계를 공유한다는 인식을 바탕으로 규범화, 제도화의 과정에 있다. 수세기 이래 수많은 국가들이 일찍이 이해공동체 수립에 힘써왔다. 전통적인 동맹, 최근의 자유무역지대와 지역일체화는 모두 이익공동체의 수립을 나타내는 것이다. 따라서 미래의 지역질서 구성은 반드시 지역 내 국가간 공동이익을 기초로 하며 지역의식의 합치를 통해 공동이익의 제도화를 실현하므로 필연적으로 이해공동체의 기본적인 특징을 띠게 된다.

---

36) Gareth Evans, "Cooperative Security and Intrastate Conflict," *Foreign Policy*, No.96(Fall 1994), pp.3-20.

2. 중국과 동아시아 안보질서의 변천

구조(Structure)적 측면에서 볼 때 동아시아 안보의 난제는 산적해 있다. 기존의 강대국 즉 중미, 중일, 러일 사이의 안보문제에 더해 한반도문제와 같은 중견국가 사이의 안보문제도 있다. 중국과 아세안 국가들 사이에 존재하는 대국과 소국 사이의 문제도 있고, 소국 사이 즉 아세안 동맹국들 간에 존재하는 일정한 안보문제도 있다. 동아시아 국가들이 시행하는 견제, 예방, 동맹 등과 같은 각기 다른 안보정책은 동아시아 안보의 아주 복잡한 연동관계를 초래하였다. 동아시아 지역은 오늘에 이르기까지 서로를 광범위하게 인정하고 받아들이는 안보제도나 체제를 형성한 적이 없었으며 제도적 제약이 결여된 수많은 행위주체로 인해 상대적으로 안정적인 안보관계를 형성하지 못했다. 지역의 주요 현안들은 근본적으로 해결된 적이 없었고 심지어는 통제 불능의 가능성 또한 여전히 존재한다.

과정(Process)의 측면에서 볼 때 동아시아 안보질서는 줄곧 변동하고 있으며, 점차로 동아시아의 안정적 기초를 확립하고 있다. 그 과정에서 중국은 동아시아 안보질서의 피감시자에서 적극적인 참여자가 되었으며 그 역할에도 변화가 발생하였다. 중국의 안보관과 안보실천에도 커다란 변화가 발생하였고 이는 중국과 동아시아 안보질서의 상호작용에 양호한 기본조건을 제공하며, 동아시아 안보질서 건설에 새로운 동력을 제공하고 있다.

제2차 세계대전 종전 이후의 동아시아 지역질서에는 줄곧 냉전의 그림자가 드리워졌으며 민족주의의 물결에 파묻혀 있었다. 미국이 주도하는 양자 간 안보동맹은 동아시아 안보질서의 주체였으며 중국이 처한 안보 불안의 주요원인이었다. 당시에 동남아 지역과 한반도는 탈식민화와 국가재건에 매진하였는데, 1967년에 성립된 아세안은 외부 견제와 내부 응집력의 부족으로 인해 동아시아 질서 구성에서 제대로 된 역할을 발휘하기 힘들었다. 1960년대에서 80년대에는 일본과 동아시아 신흥공업국의 부상도 기존의 동아시아 안보질서를 근본적으로 흔들지 않았다. 중국은 국내의 혁명건설과 서방의 봉쇄 그리고 소련의 위협에 맞서는데 바빠서 1982년에 이르러서야 국제전략의 조정을 마무리짓고 중국의 장기적인 관심을 정치안보와 군사안보에 두었다. 비록 그 후에 경제안보의 중요성이 뚜렷이 대두되고 정치안보와 군사안보의 지위가 하락하였지만, 중국의 안보관은 여전히 핵심적인 안보영역에 집중되어 있다.37) 그 당시의 세력균형과 패권의 병존은 여전히 동아시아 안보질서의 기본적인 특징이었다.

동아시아 안보질서의 변동은 냉전의 종식에서 비롯되었으며, 특히 1997년 아시아 금융위기와 중국의 안보사상의 혁신 및 실천은 그 변동을 자극하였다. 냉전 종식 이후 양극 대치국면이 끝나고 사회주의 진영이 와해되면서 동아시아 안보 정세에는 중대한 변화가 발생하였다. 미국도 그에 상응하여 자신의 전략을 조정하였으며 동아시아의 군사주둔을 감소시켰고 심지어는 1992년에 동남아에서 철군하였다. 미국이 동남아에서 철군하면서 동남아는 거대한 권력의 진공상태로 남았는데, 원래 냉전 시기에 잠재해 있던 모순과 역사적으로 남아있던 영토와 영해 분쟁이 점차 대두되었다. 게다가 해당 지역국가의 경제발전 수준과 문화, 민족, 종교 등의 방면에서 존재하던 차이가 해당 지역 내부의 불안정 요소로 나타났다. 미국의 철군 이후에 남겨진 권력의 진공을 메우고 해당 지역의 안정적인 안보유지를 위하여 아세안은 적극적인 토론을 진행하였다. 아세안 지역에는 독자적으로 지역의 안보문제를 처리할 수 있는 국가가 없었으므로 아세안은 다자주의를 도입하였다. 1994년에 동아시아에서는 최초로 다자간 안보기구인 '아세안 지역안보포럼(ARF)'을 설립하였으며 안보협력의 이념과 실천을 도입하였다.38)

이와 동시에 중국은 안보환경의 거대한 변화에 직면하여 적극적으로 주변국가와의 안보 협력을 추구하였다. 1996년 4월에는 '상하이 5국체제'를 설립하였으며, 중국 지도부는 비핵심적인 안보영역을 안보 전략의 사고중심에 놓고 안보협력과 상호안보를 핵심으로 하는 새로운 안보관을 구축하기

---

37) 秦亚青, "国家身份、战略文化和安全利益—关于中国与国际社会关系的三个基本假设," 『世界经济与政治』, 2003年 1期, pp.10-15.

38) 吴金平, "东亚多边安全合作机制建设与美国因素," 『东南亚研究』, 2004年 4期, pp.15-18.

시작했다. 1997년 3월에는 중국이 아세안 지역안보포럼에서 정식으로 '새로운 안보관'을 제기하였다. 1997년 4월에 중국과 러시아가 서명한 「세계 다극화와 국제질서 건설에 관한 중·러간 연합 성명」에서 쌍방은 새로운 보편적 의의를 갖춘 안보관을 확립하였고 양국 간에 다자간 협력을 통해 평화와 안보를 추구한다고 주장하였다. 1999년 3월 26일 장쩌민은 유엔군축회의에서 처음으로 중국의 새로운 안보관을 전면적으로 밝혔는데 그 핵심은 "상호신뢰, 상호이익, 평등, 협력"에 대한 강조였다. 중국의 새로운 안보관은 이후에 성립된 상하이 협력기구에도 적극적으로 드러나 있으며, 중국-아세안 자유무역협정과 한반도의 안정에 관한 6자회담에도 깃들어 있어서 그 속에서 각국의 공동이익을 추구하고 확대하고 있다.[39] 동시에 중국은 적극적으로 동아시아 일체화의 과정에 참여하여 동아시아가 전면포용의 시대로 접어들 수 있도록 하며, 동아시아의 정치대화와 안보협력의 진전을 촉진하고 국가 간에 일정정도 '공존공영'의 운명공동체를 형성하게 하여[40] 동아시아 공동체가 지역질서 구성의 미래상이 되도록 하였다.

중국은 아시아 태평양 지역이 강대국들이 가장 밀집한 지역임을 인식하고, 중국의 지역안보전략의 가장 중요한 목표를 지역 내 주요 강대국들과 최소한 정상적인 운영이 가능한 관계를 유지하는 것으로 삼아 중국이 다시는 강대국들 사이에서 고립되지 않게 하려고 한다. 중국의 지역안보전략의 두 번째 목표는 지역 내 국가들과 우호관계를 유지하여 기타 강대국들의 지지를 얻어 중국을 억제하는 동맹의 형성을 방지하는 것이다. 중국은 갈수록 이러한 관점을 받아들여 경제의 상호의존이 공동이익과 충돌 방지에 긍정적 역할을 할 것으로 인식한다. 또한 중국은 가장 좋은 전략은 지역 내 국가들의

---

39) Benjamin Self, "China and Japan: A Façade of Friendship," *The Washington Quarterly,* Vol.26, No.1(2003), pp.77-88; G. John Ikenberry, "American hegemony and East Asian order," *Australian Journal of International Affairs,* Vol.58, No.3 (September 2004), pp.353-367; 王毅, "全球化进程中的亚洲地区合作,"『外交学院学报』, 2004年 2期, pp.19-21; 芮效俭, "中国和平崛起和东亚合作: 中国和美国的视角,"『外交评论』, 2005年 6期, pp.26-27.
40) 秦亚青·朱立群, "新国际主义与中国外交,"『外交评论』, 2005年 5期, pp.21-27.

시장과 투자, 기술의 제공자가 되어 중국을 점차 지역경제성장의 견인차로 만드는 것이라고 여긴다.41) 중국의 부상에 따라 중국과 주변국가들 사이의 관계에도 중대한 전환이 발생하고 있는데 긴밀히 연계된 환중국(環中國) 경제지대가 형성되고 있다. 그와 병행하여 중국의 부상이 가져온 지역 충격은 중국이 동아시아 발전을 핵심으로 동아시아 일체화를 추진하고, 지역경제에 도움이 되며 경제개방을 진전시키는 지역적 국제제도를 설립하여 다른 나라가 중국의 발전에 편승할 수 있는 기회를 제공하여야 함을 드러낸다.

중국의 지역협력에 대한 참여는 점진적으로 발전하는 과정이다. 냉전 종식 이후에 중국과 주변국가, 특히 동남아 국가들과의 관계는 차례로 정상화 되었으며, 신속한 경제세계화는 이러한 전환의 역사적 배경이 되었다. 중국과 세계, 특히 주변과의 관계가 나날이 긴밀해지고 있으며, 동아시아 금융위기가 폭발하면서 중국 주변의 안보가 직면한 도전과 폐해는 지역협력의 계기와 동력을 제공하였다. 중국 공산당 16차 당대회 보고는 선린우호와 지역협력의 강화를 제기하였다. '지역협력'은 당대회의 정치보고에서 최초로 등장하였으며, 처음으로 양자관계와 나란히 놓였다. 이후에 중국은 지역협력과 교류를 강화하여 아시아 공영을 실현하는 효과적인 수단으로 삼아 적극적으로 새로운 협력방식을 모색하고 있다. 중국은 상하이 협력기구의 활동과 '아세안+3'의 과정에 적극 참여하여 점차 이 양대 지역협력을 확대하려고 한다.

즉 북쪽에서는 상하이 협력기구를 완성하여 안보협력에서 정치경제적 협력으로 확대시키고, 남쪽에서는 우선 아세안과 자유무역지대를 설립하여 기타 지역 외 국가들이 자유무역에 더 적극적인 태도를 취하도록 하고 있다. 중국은 앞장서서 「동남아시아 우호협력 조약」에 가입하여 아세안과 관계된 정치적·법률적 기반을 공고히 하고 있으며, 먼저 비전통적인 안보협력의 전개를 제안하고 동아시아 협력의 범위와 그 함의를 확대하였다. 또한 중국은 솔선하여 아세안과 전략적 동반자관계를 형성하였으며 지역국가들과 협

---

41) 唐世平·張蘊嶺, "中国的地区战略," 『世界经济与政治』, 2004年 6期, pp.8-13.

력의 수준을 높여가고 있다. 중국은 '아세안 방식'이 구현하는 협력원칙과
규범을 지지하고, 이러한 협력방식이 '유효한 방식과 원칙'이라고 인식한다.
중국은 아세안이 동아시아 협력에서 주도적인 지위를 유지하도록 하며, 아
세안 지역안보포럼이 같음을 추구하되 다름을 인정하고(求同存異) 협의 일
치, 점진적인 발전, 상대방의 적응 정도를 고려하는 기본원칙을 견지해야
한다고 인식한다. 중국의 적극적인 대일본·대한국 협상은 한·중·일 삼국
의 연합협력선언을 발표하게 하였다. 이러한 적극적이고 주동적인 조치는
중국과 지역 내 국가들 간의 상호신뢰를 증진시키고, 인접국가들의 중국에
대한 의심을 완화시켰으며 우수한 정치적·경제적 효과를 낳았다.

동아시아는 주로 양자간 안보체제(특히 양자간 군사동맹)와 다자간 안보체
제를 채택하여 지역 전체의 안보를 확보하고 유지한다.[42] 동아시아 국가들
은 서로 다른 안보를 추구하고 있다. 미국은 단일패권을 추구하고 중국·러
시아·일본은 모두 공공연하게 혹은 비밀리에 다극화를 추구하며, 다른 국가
들은 다자간 안보협력 메커니즘의 형성을 바라고 있다. 이에 따라 패권, 세
력균형, 안보협력 등 서로 충돌할 것처럼 보이는 안보 선택이 다양하게 존재
하고 있다.[43] 동아시아 안보질서는 다양한 안보관련 모델의 중첩으로 보인
다.[44] 중국 부상의 바람직한 역할에 따라서 동아시아 안보질서에는 냉전 종
식 이전과는 확연히 다른 특징이 나타나고 있다. 양자간 동맹, 다자간 대화
와 특수외교의 혼합 등 군사적 경쟁 대결구도가 나타나지도 않았고 다자간
협력체제로 발전하지도 않았으며, 세력균형과 공동체 질서의 사이에 놓여있
다.[45] 어떤 의미에서 보면 동아시아 안보는 미국의 동맹질서 구상과 동아시

---

42) 王良, "东亚安全与复合安全体制," 『国际观察』, 1999年 5期, pp.28-32.
43) 샴보는 동아시아에 패권체제, 강대국 경쟁체제, 허브-스포크 체제, 강대국 협조체제,
   강대국 공동통치체제, 규범공동체, 복합적 상호의존체제 등의 여러 가지 방식이 존재
   할 수 있다고 인식한다. David Shambaugh, "The Rise of China and Asia's New
   Dynamics," in David Shambaugh, ed., *Power Shift: China and Asia's New Dynamics*
   (London: University of California Press, 2005), pp.12-16.
44) Michael Yahuda, "The Evolving Asian Order: The Accommodation of Rising
   Chinese Power," p.348.

아 안보협력 구상의 대결을 겪고 있는 중이다.[46]

현재의 전통적인 군사동맹으로는 비전통적인 안보위협에 완전히 대응할 수 없다. 안보협력 개념이 민심을 얻어가고 공동이익과 공동위협의 확대에 따라 안보협력을 주체로 동아시아 안보체제를 설립하는 것이 합리적인 선택으로 보인다.[47] 동아시아는 전체적으로 안보불안에서 안보협력으로, 전통적인 안보 곤란에서 비전통적인 안보협력으로 발전해가고 있으며 전통적인 안보도 관리 가능한 방향으로 유도하고 있다. 중국은 새로운 안보관과 안보협력 이념을 결합하여 최근의 안보실천에서 안보협력의 전략적 가치를 보여주고 있으며, 동아시아 안보질서 변화의 핵심추동력이 되었다.

3. 중국의 부상과 동아시아 질서 변화의 추동력

동아시아 경제일체화와 그 파급효과, 중국의 전면적인 부상, 미국의 전략조정, 일본의 정치대국으로의 가속화, 아세안의 규범적 효과 등은 동아시아 안보질서 변화의 주요 추동력이다. 그중에서 중국의 부상은 안보질서 변화의 핵심추동력이다.

---

45) G. John Ikenberry and Jitsuo Tsuchiyama, "Between Balance of Power and Community: the Future of Multilateral Security Co-operation in the Asia-Pacific," *International Relations of the Asia-Pacific,* Vol.2(2002), pp.69-94.

46) 에반스는 안보협력은 일종의 광범위한 안보경향으로 범위상으로는 다변적이고 성질상으로는 점진적이며 비협박을 강조하고 상호배척이 아니라 포용적이라고 하였다. 그 구성원에는 제한이 없으며 양자주의보다 다자주의를 선호하고, 군사적 해결과 비군사적 해결 사이에서는 결코 전자를 선호하지 않는다. 국가를 안보체제의 주요행위주체로 여기지만 비국가행위주체의 역할도 중요하다고 여긴다. 정식 제도의 설립을 요구하지 않지만 거부하지 않으며 다자간 대화의 관습을 강조한다. Paul Evans, "Cooperative Security and Intrastate Conflict," pp.331-358.

47) 牛军·王东, "中美日安全关系与东亚安全环境," 『国际经济评论』, 2005年 11-12期, pp. 55-57.

1) 동아시아 경제일체화 및 그 파급효과

동아시아 경제일체화는 지금까지 세 번의 주요한 발전단계를 거쳐 왔다. 1960년대에서 90년대 중반에 이르기까지 동아시아 경제일체화는 시장 혹은 투자의 시동단계에 있었다. 일본경제의 부흥, '네 마리 용'의 경제기적과 중국 경제의 부상은 동아시아 발전의 추진력이었다. 하지만 동아시아 경제성장은 주로 각자의 경제와 무역정책에 의존한 것이었지 다자간 틀 내에서의 경제협력의 결과는 아니었다. 일본은 동아시아 경제협력과 산업이전에서 핵심적인 역할을 하였으며 투자정책은 안행 모델이라는 경제적 질서의 추진을 주도하였고, 동아시아 국가와 지역 사이에 노동분업에 따른 동태적 비교우위의 수직적 분업 구조를 형성하였다. 동아시아의 지역 내 무역비중은 점차

⟨표 7⟩ 지역 내 무역비중 일람표(1980~2005년)

	동아시아	아세안	북미	EU15개국	EU25개국	남미공동시장
1980	35	18	34	61	61	11
1985	37	20	39	60	60	7
1990	43	19	38	66	67	11
1995	52	24	43	64	67	19
2000	52	25	49	62	67	20
2001	52	24	49	62	67	18
2002	54	24	48	63	68	14
2003	55	24	47	63	69	15
2004	55	24	46	62	68	15
2005	55	24	45	62	66	15

注: 동아시아는 아세안 10개국, 중국, 일본, 한국, 홍콩, 대만을 포함
자료출처: IMF, *Direction of Trade Statistics 2006*, CD-ROM

상승하였으며, 무역과 대외직접투자(FDI)는 동아시아 경제성장의 엔진이 되었다.

1997년의 아시아 금융위기는 동아시아의 긴밀한 협력을 촉발하였으며, 지역 내 국가들이 적극적으로 협력조치를 채택하여 위기에 대응하고 미래의 도전을 사전에 준비할 수 있는 계기를 제공하였다. 이때부터 지역주의가 동아시아 질서 변동의 명확한 나침반이 되었으며 동아시아 경제일체화가 경제, 정치의 이륜구동의 단계에 접어들었다. 금융위기는 동아시아 국가들로 하여금 긴밀한 협력의 중요성을 인식하게 하였으며, 상호의존의 심화에 따라 각국 경제는 각종 조치로 상호의존의 제도화를 실현할 필요가 있었다.48) 각국의 무역, 투자, 금융 등의 영역에서의 협력은 중대한 진전이 있었으며 성장의 공유는 동아시아 일체화의 주요한 추동력이 되었다.49)

2001년 중국이 WTO에 가입하고 중국-아세안 자유무역협정의 체결을 제안하면서 동아시아 경제일체화를 심화시키는 새로운 동력이 주입되었다. 동아시아 경제일체화는 정치, 경제, 제도, 전략의 사륜구동의 단계로 접어들었다. 중국-아세안 자유무역협정의 수립은 지역의 자유무역 붐을 촉발시켰으며, 비록 전지역을 포괄하는 FTA 협정이 단기간 내에 체결되기 어려울지라도 동아시아는 이미 FTA 지대가 되었다. 1997년 이후 지금까지 중국은 대규모 전략 조정을 진행해왔고, 신속하게 건설적인 지역전략을 확립하였으며 동아시아 일체화의 과정에서 핵심적인 역할을 하기 시작했다.

지역경제일체화는 동아시아 안정과 번영의 기초이며 그 파급효과는 정치, 안보, 사회, 문화 등의 영역에서의 지역협력도 강화하고 있다. 이러한 제도적 틀이 형성되기 시작하면서 동아시아 공동체의 이념은 지역협력의 미래상

---

48) Masahiro Kawai, "Regional Economic Integration and Cooperation in East Asia," paper prepared for presentation to the Experts' Seminar on the "Impact and Coherence of OECD Country Policies on Asian Developing Economies," which is organized by the Policy Research Institute of the Japanese Ministry of Finance and the OECD Secretariat and to be held in Paris, June 10-11, 2004

49) 陈虹, "共享增长: 东亚区域经济合作的现实与思考,"『国际经济评论』, 2003年 9-10期, pp.51-55.

으로 받아들이고 있다. 경제의 상호의존 및 기존의 규범과 제도는 지역내부의 권력균형 상실의 충격을 완화하고, 안보 불안의 확산을 막는 기능을 한다.[50] 동시에 일련의 양자간 동맹, 안보대화, 다자간 포럼, 장관급 회의, 비공식 접촉 및 기타 특정한 메커니즘이 점차 생겨나 갈수록 중요한 역할을 하고 있다.[51] 각국은 미래의 동아시아 질서의 구성이 패권전쟁으로 나타나는 것이 아니라 공동이익에 기초하여 국제제도를 주요방식으로 하는 국제협력이 될 것으로 인식한다.[52] 공동이익의 취합과 제도화는 점차 동아시아 협력을 주도하는 요소가 될 것이다.

2) 미국의 전략 조정

미국의 중요 이익은 동아시아 구석구석에 퍼져있으며, 그 전략적 이익을 유지하기 위해 공식적·비공식적 제도를 마련해놓았다.[53] 안보영역에서 미국은 일본, 한국, 필리핀, 태국 등과 공식적인 군사연맹을 형성하였고 대만과는 실질적인 준동맹관계를 유지하고 있다. 1990년대 중반 이후 미국은 일련의 전략조치를 채택하여 미국을 축으로 삼아 다섯 개의 공식적인 양자간 동맹과 약간의 비공식적인 안보관계를 구성하여 군사협력의 각 영역에 영향을 미치고 있으며, 동아시아 전체를 투사하는 허브-스포크체제(Hub-Spoke System)를 새로이 확립하려 한다. 이 체제는 세 단계로 나눌 수 있다. 첫째 단계는 일본, 한국, 호주와의 양자간 동맹으로 그중 일본과 호주와의 동맹은 미국의 아시아-태평양 전략의 북쪽과 남쪽 정박지로 보인다. 특히 일본과의 동맹은 미국의 동아시아 전략의 기반으로 보인다. 둘째 단계는 필리핀, 태국

50) Amitav Acharya, "Will Asia's Past Be Its Future," pp.149-164.
51) G. John Ikenberry and Jitsuo Tsuchiyama, "Between Balance of Power and Community: the Future of Multilateral Security Co-operation in the Asia-Pacific," pp.69-94.
52) 代帆·周聿峨, "走向统一的东亚秩序?"『太平洋学报』, 2005年 12期, pp.20-27.
53) Dennis C. Blair and John T. Hanley, Jr., "From Wheels to Webs: Reconstructing Asia-Pacific Security Arrangements," *The Washington Quarterly*, Vol.24, No.1 (Winter 2001), pp.7-17.

과의 양자동맹이다. 셋째 단계는 말레이시아, 싱가포르, 인도네시아 등 아세
안의 핵심국가들과의 밀접한 안보협력관계이다.54) 이러한 조정의 다른 측면
은 냉전 종식 이후 미국은 바로 동아시아의 군사주둔을 감소시켰으며, 심지
어 1992년에는 동남아에서 철군하였다는 점이다. 미국의 철군은 동남아시아
에 거대한 권력의 진공을 초래하였고, 원래 냉전이 은폐하고 있던 모순과
역사적으로 남아 있던 영토와 영해분쟁이 분분히 표출되면서 동아시아 다자
간 안보협력 메커니즘의 맹아를 틔웠다.55) 2001년 '9·11 테러사건' 이후로
미국은 동남아에 복귀하였으며 적극적으로 아세안 지역안보포럼의 활동에
참여하고 그 강대한 힘을 빌려 동아시아 안보에 영향력을 유지하고 있다.

경제영역에서 미국은 동아시아의 모든 경제주체의 중요한 동반자이다. 동
아시아가 미국무역에서 차지하는 비중은 오랜 기간 안정적으로 37~38%를
유지했으며, 최근에 미국이 동아시아의 대외직접투자 총량에서 차지하는 비
중도 15%에서 18% 정도 상승했다. 미국의 대중국, 대일본의 경제관계는
종종 세계의 이목을 집중시키고 있으며, 어느 정도 양자간 관계를 가늠하는
척도가 되고 있다. 1990년대 초반부터 미국은 아시아-태평양 경제협력체
(APEC)에서 지도적인 역할을 하고 있으며 비경제적인 주제를 비공식적인
정상회담의 의제로 성공적으로 끌어왔다. 미국은 여전히 중국과 일본 외의
기타 경제주체와의 협력에도 힘을 기울이고 있으며 동아시아 국가들과 양자
간 자유무역협정의 타결을 추진하고 있다.

전반적으로 미국은 동아시아의 안보제도 배치의 유지를 지속할 수 있고,
그 전략적 이익을 유지하고 확산시킬 수 있으며, 지속적으로 동아시아 질서
구성 속에서 핵심적인 역할을 할 것이다. 또 다른 측면에서 미국은 동아시아
의 패권국가가 아니기 때문에 동아시아의 다른 강대국들과 세력균형의 구조
를 형성하고 있으며 그 세력균형은 동아시아 평화의 주요 본보기처럼 보인
다.56) 한편 미국은 동아시아 국가들과의 관계를 새로이 정립하려고 한다.

---

54) 杨光海, "美国的东亚同盟体系: 态势、趋向及意图," 『国际论坛』, 2004年 4期, pp.29-34.
55) 吴金平, "东亚多边安全合作机制建设与美国因素," 『东南亚研究』, 2004年 4期, pp.15-18.

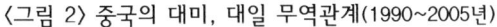

〈그림 2〉 중국의 대미, 대일 무역관계(1990~2005년)

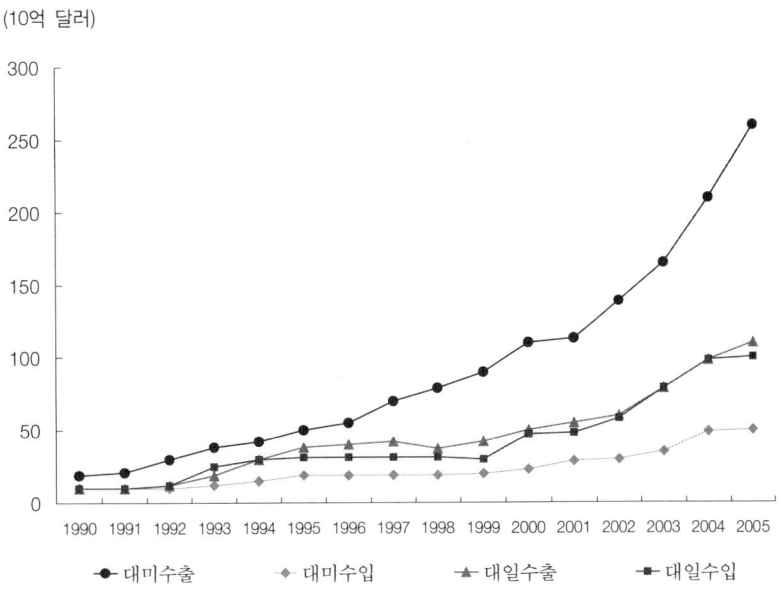

자료출처: UN COMTRADE database, http://comtrade.un.org/db/

미국의 동아시아 전략 조정에서 가장 치열한 것은 중미관계이다. 냉전이 끝
난 이후 미국의 대중국 전략은 줄곧 억제와 포용 사이에서 동요하였다.

　미국은 중국에게 줄곧 양다리 전략을 사용했다. 그간 양자는 '포용'을 통
해 고위전략 대화를 포함하는 일련의 소통 메커니즘 및 정치, 경제, 문화,
군사안보 등 전방위적인 협력메커니즘을 발전시켜 세계에서 가장 큰 생산자
와 소비자 사이의 상호의존, 공동발전, 호혜공영을 실현하고 이익공동체를
형성하였다.[57] 십수 년 동안 주저하다가 미국은 마침내 비교적 객관적인 안

---

56) 閻学通, "東亜和平的基础," 『世界経済与政治』, 2004年 3期, pp.8-14.
57) 俞正梁·阙天舒, "体系転型和中国的戦略空间," 『世界経済与政治』, 2006年 10期, pp.
　　29-35.

목으로 중국의 부상을 대하기 시작했다. 2005년 9월, 미 국무부 차관 졸릭은 '책임 있는 이익상관자'라는 표현을 사용하여 중국에 대한 기대를 표현하였다.[58] 이후 미국은 중국에 세계경제를 이끌어야 할 책임을 질 필요가 있다고 호소하였으며, 어떤 의미에서 미국은 중국에 대하여 접촉과 포용정책으로 전략적 경향을 결정지은 것이다. 중미 양국은 제도화의 수단을 통해 양자 간 관계를 안정화시키고 있으며, 전략적 교류와 다자간 영역에서의 대화를 위하여 견실한 기초를 세우고 있다.

3) 정치대국을 향한 일본의 매진

일본은 1960년대 말에 세계 제2의 경제대국이 되었으며 점차 자본집약형, 기술집약형, 지식집약형의 경제를 건립하면서,[59] 과거의 무력으로는 실현할 수 없었던 목표를 달성하였다. 일본은 국제적인 지위에 걸맞게 그 정체성에서도 변화가 나타나기 시작했다. 80년대 이래로 일본은 '보통국가(Normal Nation)'가 되는 것을 전략목표로 삼고 경제적 실력에 부합하는 정치대국의 지위를 추구하였다. 일본은 전 세계적인 그리고 지역적인 이슈들에 대해 두드러진 역할을 하기를 열망한다. 세계무대에서 일본은 더 큰 국제적인 인정을 받아 세계질서를 주도하는 국가 가운데 하나가 되기를 추구하고, 유엔 안보리 상임이사국의 지위 획득을 목표로 삼아 근 20년간 전력을 기울이고 있다. 또한 지역무대에서 일본은 미래의 동아시아 공동체의 이념, 틀 그리고 주요특징의 주도권을 확정하는 것을 추구한다.

전후 「미일안보조약」은 일본의 '생명선'이었고 미국이 주도하는 자유무역체제는 그 '이익선'이었다.[60] 일본은 제2차 세계대전 이후 미국이 주도적으로 세운 동아시아 안보체제 속에서 이득을 보았으며, 이에 의존하여 일본

---

58) Robert B. Zoellick, "Whether China From Membership to Responsibility," speech at National Committee on U.S.-China Relations (September 21, 2005). http://www. state.gov/former/zoellick/tem/53682.htm.

59) 周茂清, "不同类型国家对外开放政策的比较,"『中国工业经济』, 2003年 10期, pp.29-34.

60) 冯昭奎, "日美关系: 从战后到冷战后,"『美国研究』, 1996年 3期, pp.7-20.

이 주도하는 안행 모델의 경제질서를 만들 수 있었고, 이로 인해 일본은 동아시아에서 우세한 지위를 차지하였다. 일본은 '보통국가'를 주요 동력과 기치로 삼아 미일동맹에 의탁하여 끊임없이 군사역량을 강화하고 있으며 동아시아 안보 사업에서 발언권을 얻어 동아시아에 영향력을 확대하려고 한다.61) 냉전 종식 이후에 동아시아 국가, 특히 중국의 경제적 부상은 동아시아의 권력관계를 변화시키기 시작하였으며 동아시아 안보정세를 변화시켰다. 일본은 중국의 가까운 이웃으로, 중국이 동아시아 지역에서 갈수록 강해지는 것에 대하여 미국보다 더 심각한 압력을 받고 있다고 받아들인다. 일본에게 가장 중요한 사항은 미일안보동맹을 새로이 확인하고 정의하는 것이다. 왜냐하면 미일안보동맹은 동아시아에서 양국 이익의 주춧돌이기 때문이다.

동남아는 일본의 경제번영에 있어 지극히 중요한데, 일본과 아세안은 양자간 혹은 다자간 경제연대협정(Economic Partnership Agreement)을 맺고 그 협력관계를 더욱 공고히 하고 있다. 자유무역지대는 동아시아 경제일체화에 있어서 경제성장을 촉진하고 정치와 사회안정에 도움을 주며, 일본에게도 적극적인 영향을 주고 있다.62) 당연히 이러한 조정은 중일 경제관계에도 영향을 미친다. 동아시아 질서의 리더로서 일본은 자유무역지대의 건설과 지역질서의 구성에서 중국 뒤로 밀리는 것에 대하여 달가워하지 않을 것이다. 2002년에 일본의 총리 고이즈미는 '아세안+3'의 틀을 뛰어넘는 '확대된 동아시아 공동체'의 구상을 제안하였다. 그 기본적인 함의는 일본의 주도로 일본과 아세안을 핵심으로 호주 등의 비동아시아 국가를 공동체의 핵심구성원으로 끌어들여 중국이 동아시아에 영향력을 확대하는 것을 견제하겠다는 의도이다. 2006년 하반기 이후로 중일 양국은 전략적 호혜관계 수립에 적극적으로 노력하기로 하였으나, 안보와 전략의 측면에서 중국을 견제하려는 일본의 의도가 갈수록 명확해지고 있다.

---

61) 牛军·王东, "中美日安全关系与东亚安全环境," pp.55-57.
62) Shujiro Urata, "Japan's FTA Strategy and a Free Trade Area of Asia Pacific," in Takatoshi Ito, Hugh Patrick and D. E. Weinstein, eds., *Reviving Japan's Economy* (Cambridge: the MIT Press, 2005), pp.71-86.

새뮤얼 헌팅턴(Samuel Huntington)은 일본이 미래에 네 가지 선택이 있다고 분석하였다. 첫 번째, 미국과 동맹관계를 유지하고 확대하여 영미관계에서의 영국의 역할을 하는 것이다. 이러한 관계는 아시아 정세에서 본질적으로 반중국적(Anti-Chinese)이라는 시선을 피하기 어려우며 일본을 충돌의 상황으로 접어들게 할 가능성이 있다. 두 번째는 만약 중국의 실력이 계속 증대한다면, 일본이 중국과 동맹을 맺는 것으로 독불관계에서 프랑스의 역할을 하는 것이다. 그러나 중국과의 동맹은 일본과 미국과의 관계가 대폭 멀어지는 것을 의미한다. 세 번째, 일본이 동아시아의 적대와 경쟁에 말려들지 않도록 힘을 다하는 것이다. 이는 강대국과 동맹을 맺지 않고 자위에 필요한 자신의 군사역량을 발전시키는 것으로 유럽에서 중립을 유지하고 있는 스위스의 역할과 비슷하다. 네 번째, 모든 강대국들 및 기타 필요한 국가들과 협력관계를 발전시켜서 적극적으로 아시아 외교에 참여하여 서로간의 모순을 완화시키는 것이다. 이는 유럽의 독일과 비슷한데, 다만 독일은 유럽의 최강국이지만, 아시아의 최강국은 중국이므로 일본은 중국과 맞서지 않고는 이렇게 하기 힘들 것이다.[63] 당면한 정세에서 일본은 혼합노선을 선택하여 경제적으로는 중국과 일본의 상호의존을 심화시키는 동시에, 안보와 전략적인 측면에서는 중국의 견제를 강화할 것이다. 이는 어떤 의미에서 동아시아 안보질서 건설의 점진성과 변혁성을 결정짓는다.

4) 아세안 방식의 규범적 효과

아세안은 점차 하위지역의 특징을 나타내는 정책결정모델을 형성하고 있다. 아차리아는 아세안이 구성국 간 관계를 처리하는 일련의 기본원칙과 규범을 아세안 방식(ASEAN Way)으로 개괄하였으며, 그중 가장 중요한 두 가지 원칙은 비공식성과 협의일치이다. 비공식성의 원칙 하에서 지역협력은 비교적 낮은 수준의 제도화를 유지하고 있다. 협의일치의 원칙하에서 지역

---

63) Samuel Huntington, "Japan's Role in Global Politics," *International Relations of the Asia-Pacific*, Vol.1, No.1(2001), pp.131-142.

협력의 정책결정 메커니즘은 다수결과 강제집행을 회피하게 하여 지역협력
참여자의 편안함을 만족시킨다.64) 아세안의 모든 구성국들은 그 규모와 국
력의 차이에 상관없이 동아시아 이슈에 대한 정책결정과 집행의 과정에서
절대적으로 평등하다. 아세안의 최고 정책결정기구는 각 구성국들이 돌아가
면서 주관하고, 최고집행기구 상무위원회도 순환제이며 각국은 돌아가면서
상무위원회와 균형을 맞추어 그 부속집행기구의 주도권을 맡는다.

아세안은 협의일치의 정책결정 방식을 채택하였는데, 전체 구성국들의 계
속된 교섭과 타협을 통해 최종합의에 도달하게 하여 어떤 안건이건 간에
전체구성원들의 반대의견이 없을 때에만 통과할 수 있다. 대외업무에서 아
세안의 협력은 각국의 독립적인 정책을 전제로 하여, 다자주의 틀 내에서의
일방주의와 국가결정과 지역목표의 병존을 허락하고 있다.65) 이러한 국가이
익과 지역이익을 최대한도로 고려하는 방식은 이익이 각기 다른 구성국들
사이에 효과적인 협력을 보장하며, 비교적 낮은 수준의 제도화를 형성한다.
아세안 방식을 기준으로 삼아 동남아 국가들은 양자간 그리고 다자간의 분
쟁의 실마리를 효과적으로 평화롭게 해결하며 점차 안정적인 하위지역질서
를 형성하고 있다.

외교안보관계에서 아세안은 한편으로는 ‘아세안 주도, 강대국 균형’의 전
략을 세워 적극적으로 아세안 외부의 국가들과의 관계를 발전시키고 점차
다양한 층위의 포럼방식의 협상제도(아세안 지역안보포럼)를 만들고 있다. 또
다른 한편으로는 여전히 지역 외 강대국, 특히 미국과의 양자간 안보협력을
지지하여 양자간 방위동맹을 가장 효과적이고 현실적인 안보모델로 간주한
다.66) 아세안의 지역안보전략은 다음과 같이 개괄할 수 있다. 아세안 합작을
통하여 집단안보 보장능력을 강화한다. 교섭과 대화를 통해 지역강대국들과

---

64) Amitav Acharya, "Ideas, Identity, and Institution-Building: From the 'ASEAN Way'
to the 'Asia-Pacific Way'?" *The Pacific Review,* Vol.10, No.3(1997), pp.328-333.
65) Masahide Shibusawa, *Pacific Asia in the 1990s* (London: Routeledge, 1991), p.101.
66) Amitav Acharya and Richard Stubbs, eds., *New Challenge for ASEAN-Emerging
Policy Issues* (Vancouver: UBC Press, 1995), p.195.

상호신뢰 관계를 수립하여 외부의 위협을 제거한다. 적극적으로 아세안 안보포럼을 제창하여 '비공식적'인 안보대화를 전개하고 지역 다자안보 메커니즘을 구성한다. 군사전략을 조정하고 군사역량을 독립적으로 발전시켜 군사영역내의 협력을 적극적으로 전개한다.

아시아 금융위기는 아세안 자신이 위기를 해결할 수 없고 IMF 등의 국제제도에 의지해서는 안 되며 동아시아 국가들 사이의 긴밀한 협력이 유일한 선택임을 보여주었다. 이때부터 아세안은 줄곧 동아시아 지역주의의 주요한 조직자가 되었으며, '아세안 방식'도 점차 동아시아 일체화의 과정에서 확산되었다. 특히 아세안 국가들이 채택한 대중국 포용전략은 중국의 지역제도와 지역대화로의 참여를 목표로 하였다. 이에 중국은 아세안이 제안한 동아시아 정상회담 방식과 공동체 건설에서의 아세안의 주도적 지위를 지지하였고, 아세안과 중국 관계의 건강한 발전은 아세안이 동아시아 질서의 구성에서 기본 조건과 중요한 작용을 발휘하게 하였다.67) 지금까지 아세안의 동아시아 협력 과정에서의 역할은 효과적이었다고 말 할 수 있으며, 경제일체화 과정에서의 아세안의 지도적 지위는 지역 외 국가들의 인정과 존중을 받았다. 한편 아세안은 동아시아 협력의 제도화 및 동아시아 질서 구성에서도 결정적인 역할을 하였으며, 모든 지역협력의 발의에서도 중심적인 역할을 추구하였다. 그러나 아세안 방식이 견지하는 낮은 수준의 제도화와 서약과 의무를 피하는 방식은 동맹 내부의 합치를 더디게 만들 뿐만 아니라 일정정도 동아시아 안보질서 구성 과정을 완만하게 만든다.

종합하자면, 중국의 부상은 동아시아 안보질서를 견인하는 핵심역량이다. 중국의 전면적인 부상과 일본의 정치대국으로의 매진, 아세안의 규범적 영향의 확대와 미국의 전략조정에 따라 동아시아의 권력관계는 점차 균형을 향해가고 있다. 동아시아의 권력구조는 동아시아 질서의 개방성을 결정하고 미국 등 외부역량이 강대함은 공동이익의 취합과 제도화가 동아시아 안보질

---

67) Nikolas Busse, "Constructivism and South East Asia Security," *Pacific Review*, Vol.12, No.1(1999), pp.39-60; Gerald Segal, "Tying China into the International System," *Survival*, Vol.37(1995), pp.60-73.

서 구성의 실행 가능한 유일한 길임을 결정하였다.

IV. 중국의 부상과 동아시아 안보질서의 미래

　동아시아의 협력의 적극적인 추진에 따라 중국과 동아시아 안보질서의
구성은 선순환적 특징을 보이고 있다. 미래를 전망해보자면, 양자는 서로
영향을 미치고 제약하고 촉진시킬 것이며, 중국의 부상은 동아시아 안보질
서의 변화를 견인하는 핵심 역량일 뿐만 아니라, 후자는 중국이 평화 부상을
실현할 수 있는가의 여부를 시험하는 중요한 척도가 될 것이다.

1. 동아시아 안보질서의 전망

　비록 동아시아의 안보설계와 충돌의 해결에 있어 다자주의적 전통이 드물
고[68] 동아시아 지역협력도 예전처럼 낮은 수준의 제도화(Under-institutionalized)
의 특징을 띠고 있지만[69] 안보문제에 대한 수요가 동아시아 지역의 안보정
체성의 형성을 촉진시키고 있으며, 광의의 협력메커니즘이 발전하고 있어
상호신뢰를 촉진시키는 기본틀의 확립에 도움이 되고 있다. 현재 동아시아
안보질서 구성에 있어서 냉전이 남겨놓은 일부 문제를 처리하는 것은 여전
히 중점적인 문제이지만, 적극적 요인들이 이미 작용하고 있으며 안보협력
의 추구는 이미 지역국가의 기본목표가 되었다. 총체적으로 냉전 이후의 동
아시아 국가들은 근본적으로 적과 동지를 구분하지 않으며, 경쟁과 협력의
병존은 국가간 안보관계의 주류가 되었다. 동아시아의 다자간 협력과정은

---

68) Desmond Ball, "Strategic Culture in the Asia-Pacific Region," *Security Studies,*
Vol.3, No.1(Autumn 1993), pp.44-74.

69) Amitav Acharya, "How Ideas Spread: Whose Norms Matter? Norm Localization and
Institutional Change in Asian Regionalism," *International Organization,* Vol.58,
No.2(Spring 2004), pp.239-275.

지역안정, 지역협력의 촉진, 지역규범의 형성을 유지하며 지역정체성을 구성하고 있고, 이에 따라 군사동맹의 틀과 다자간 안보대화 틀의 병존을 동아시아에 들여와 이원적 안보구조를 형성하였다. 이 두 가지 안보틀은 목표와 수단이며 다양한 전략적 사고를 대표한다.

미래의 동아시아 안보질서를 전망하자면 동아시아에 전통적인 제로섬게임이 재현되기는 어려울 것이며, 다자간 안보협력틀 속에서 중국의 날로 성장하는 지역적 영향력과 미국의 동아시아에서의 역할 사이에 균형을 맞추는 것은 새로운 안보제도의 마련을 촉진시킬 것이다.[70] 전략적 제약, 특히 자신의 전략적 제약은 중국과 미국 등 강대국이 반드시 진지하게 사고해야 할 주제가 되었다. 전체적으로 동아시아 안보질서는 실질적인 미일주도에서 시작하여 공동주도로 발전했다. 동아시아 안보질서 구성의 중요한 측면을 이루는 경제상호의존의 추진, 6자회담 등 전통적인 안보문제에 대응하는 제도의 추진, 비전통적인 안보문제에 대응하는 제도건설의 추진, 강대국 사이의 전략순환 메커니즘 건설의 추진은 모두 지속될 것이다. 기존의 허브-스포크 체제와 새로운 공동체제는 결코 양자택일의 길로 가지 않을 것이며, 평화공존의 길을 찾을 것이다.

이러한 정세하에서 동아시아의 다자간 안보협력제도의 건설은 필연적으로 공동이익 발전의 산물이다. 공동이익을 확립하여 공고히 다지고 발전시키기만 하면, 다자간 안보제도와 관련된 구성원들은 합의를 도출할 것이며, 다자간 제도는 효과적으로 실시될 것이다. 이로 인해 동아시아 지역의 다자간 안보협력제도는 각각의 공동이익의 영역에서 선행하여 점차 더 많은 영역으로 확대될 것이다. 공동이익을 추구하는 것은 한국의 전 총리인 이수성이 이야기한 것과 같이 곤란한 안보문제를 방지하는 것에서 시작하여 상호신뢰, 상호이익, 상호의존의 공동체의식을 배양하는 관건이 된다.[71]

---

70) 芮效俭, "中国和平崛起和东亚合作: 中国和美国的视角," 『外交评论』, 2005年 6期, pp.26-27.

71) 李寿成, "希望形成东亚多边安全合作体制," 『日本学刊』, 2004年 6期, pp.44-47.

2. 중국의 동아시아 안보질서 전략의 기본 방향

중국의 부상은 동아시아 질서의 구성에서 중국의 더 적극적이고 건설적인 역할과 관련하여 점차로 인정받고 받아들여질 것이다. 어떤 의미에서 "과거 20여 년 동안 중국이 해온 것은 현실주의 이론에 대한 도전이다."[72] 중국의 부상과 중국과 동아시아 질서 사이의 상호작용에 대한 동아시아 국가(또는 전 세계)의 인식에 변화가 발생하고 있다. 그 기본적인 추세는 '중국붕괴론' 및 '중국위협론'에서 '중국기회론' 및 '중국책임론'으로 전환해가고 있으며, 중국의 부상이 야기할 불가피한 충돌에서 중국의 포용을 내재하는 동아시아 질서의 달성으로 이동하고 있다. 또한 중국의 역할을 반대하고 저지하는 것에서 중국의 건설적이고 적극적인 역할을 인정하고 바라는 방향으로 흘러가고 있다.

중국은 명확히 동아시아가 중국 부상의 전략적 의존지대임을 의식하고 있다. "중국은 반드시 먼저 동아시아 신질서의 구성에 적극적으로 참여해야 하며, 그래야만 세계질서의 변화를 향한 조건을 구비할 수 있게 된다."[73] 현재 중국은 동아시아 협력과정에 적극적으로 참여하면서 동아시아 공동체 건설에 대하여 개방적인 태도를 유지하고 있다. 또한 중국은 동아시아 국가들과의 더 나은 경제협력을 촉진하고 정치안보 대화와 협력을 확대하면서도 동아시아 협력의 주도권을 추구하는 것으로 비춰는 것을 피하고 있다.

동아시아 안보질서의 구성에서 중국은 다음과 같은 기본적인 전략방향을 드러낼 것이다.

첫 번째, 새로운 안보관의 견지, 공동이익의 추구, 안보협력의 촉진

중국은 새로운 안보관을 견지하는 동시에 공동이익을 추구하고 안보협력과 새로운 안보관의 결합을 추구하여 적극적으로 동아시아의 안보협력을 촉

---

72) David Kang, "Getting Asia Wrong: The Need for New Analytical Frameworks," pp.57-85.
73) 朱云汉, "中国人与21世纪世界秩序," 『世界经济与政治』, 2001年 10期, pp.54-59.

진할 것이다. 황런웨이(黃仁伟)는 공동이익은 새로운 안보관의 핵심이라고 지적했다. 중국이 제창한 새로운 안보관은 주로 다음과 같은 몇 가지 함의를 포괄한다. 공동이익에 기초하여 각국의 상호신뢰 메커니즘을 건립하고, 전략협력 메커니즘을 통하여 공동안보를 얻어내며, 우호협상을 통하여 분쟁의 실마리를 해결한다. 공동이익에 기초하여 세계의 다양성을 인정하고 다른 문명과 문화를 배경으로 하는 국가와 민족 사이에 화목한 관계를 유지한다. 모든 국가는 일률적으로 평등하여 같음을 추구하되 다름을 인정하며, 국제 정치 민주화의 방법을 통하여 세계와 지역 평화의 중대한 문제를 해결한다. 이를 개괄하자면 "공동이익, 공존, 공동발전, 공동안보"로 귀납할 수 있다.[74] 중국의 새로운 안보관의 본질은 바로 안보협력을 추구하는 것이다. 안보협력의 주제는 광범위하여 전통적 안보영역과 정치, 경제, 환경 등 비전통적인 안보영역을 포괄한다. 안보협력 추구의 전제조건은 대결을 피하고 지역의 안정과 평화를 유지하려는 각 참여자들의 정치적인 염원이다. 안보협력은 각 국가들의 염원과 동아시아의 현실에도 부합하며 중국의 전략적 이익에도 부합한다. 동아시아 안보에서의 중국의 실천은 다음과 같은 사항을 포괄한다. 중국-아세안 관계의 심화, 아세안 지역안보포럼에의 적극참여, 동아시아 협력의 주요틀로서 '아세안+3'에 대한 지지, 6자회담의 주관 등 안보협력을 통한 동아시아 안보문제의 완화, 동아시아 안보질서의 바람직한 변화를 촉진하는 전략적 사고 등이 그것이다.

두 번째, 동아시아의 공동이익에 기반한 전략틀의 구성

지금까지 동아시아는 이미 하부지역, 지역과 초지역(Super-Regional)적인 차원에서 아세안, '아세안+1', '아세안+3', 아세안 지역안보포럼, 동아시아 정상회담 등 상당히 효과적인 제도적 틀을 건설하였고 이것들은 모두 공동이익의 취합과 제도화(혹은 제도화의 과정에 있는)의 결과이다. 동아시아 국가들은 개방정신을 견지하며 협력을 촉진하였고 공동이득과 '윈-윈'의 결과를

---

74) 黃仁伟, "新安全观与东亚地区合作机制,"『世界经济研究』, 2002年, pp.24-29.

〈표 8〉 동아시아의 공동이익에 기반한 전략틀

	국가영역	양자간 영역	지역적 영역	세계적 영역
정치 차원	동아시아 국가들의 "하나의 중국" 정책 견지	고위급 회담, 상호 방문의 정례화	정치 대화 및 협력 강화; 개방적 지역주의 견지	협상 강화, 세계적 사업의 처리에서 공동의 건설적 역할 발휘
안보 차원	중국과 일본의 평화적 발전노선 견지	전략적 대화의 유지 및 강화; 군사교류 강화, 상호간 안보신뢰 형성	한반도 핵위기 등 지역핫이슈의 해결을 위한 공동노력, 지역충돌 예방	각종 비전통적인 안보문제에 대응
경제 차원		경제무역관계의 양성발전, 경제적 공동이익 확대	지역 거시경제번영과 금융안정 추구	세계경제의 안정적 추세 유지
문화 차원		문화·학술교류 강화, 문화적 다양성 존중	문화·학술교류 강화, 문화적 다양성 존중	문화·학술교류 강화, 세계의 문화적 번영 촉진
사회 차원		여행 등 민간교류와 청년 교류의 활성화	민간교류와 청년 교류의 활성화	민간교류와 청년 교류의 활성화

추구하였다. 동아시아가 제도건설과 정체성을 추구하는 시대로 접어들면서 공동이익은 지역국가의 사고의 기초이자 출발점이 되었다. 공동이익을 기초로 하기만 하면 강대국이 그 개별이익을 다수국가들에게 배치하는 것을 방지하고 저지할 수 있다. 어떤 의미에서 동아시아 질서의 핵심적인 발전동력은 지역이 직면한 공동이익, 공동의 위협과 도전에서 나온다. 또한 그것은 각국의 전략적 이익의 사고에 기반하여 편협한 국가이익을 넘어 공동이익과 공동의 도전과 위협에 대응하는 수단을 추구한다. 우리는 동아시아 각국이 공동이익에 기초한 기본 전략틀을 확립해야 하고, 그것을 단계적으로 풍부하게 하여 동아시아 질서 구성의 주춧돌을 세워야 한다고 인식한다.

　<표 8>과 같은 동아시아의 공동이익에 기반한 전략틀에서 국내영역과 양자간 영역은 전략틀의 기초이며, 양자간 호혜의 함의를 더욱 더 많이 드러내고 있다. 지역적 영역은 전략틀의 중심으로 동아시아 공동이익이 현재의 상호이익에서 드러날 뿐만 아니라, 공동의 위협과 잠재적인 위협에 대응하는 가운데 드러난다는 것이 더 중요하다. 세계적 영역은 세계 3대 경제권의 하나로서 동아시아 국가들이 전략적 시야를 동아시아에 국한시키지 않고 세계적 이익을 전략적으로 사고해야 함을 드러낸다. 이상의 동아시아 공동이익의 전략틀은 일종의 이념형(Ideal Type)으로 지역관계의 심화에 따라 조정하고 확장시킬 필요가 있다. 또 그 총체적인 목표는 동아시아 이해공동체를 건설하는 것이고 동아시아 국가들의 공동의 이해관계에 대한 인식을 제도화해야 한다.

　공동이익의 취합과 그 제도화를 통해 어떻게 하나의 안정적이고 건설적인 지역질서를 구성하고 지역안보질서의 바람직한 변화를 실현할 것인가는 동아시아 모든 국가들 앞에 놓여진 중대한 전략적 주제이다. 중국의 건설적인 부상과 동아시아 각국들의 전략 최적화는 이에 기본적인 조건을 제공하며, 각국의 협력은 미래 협력의 총체적인 목표와 기본틀이 확립한다. 미래를 전망하자면, 중국은 지속적으로 동아시아 안보질서의 변화를 견인하는 역량이 될 것이며, 동아시아 안보질서의 건립도 중국 부상의 예측에 대하여 한층 더 안정될 것이며, 양자간의 상호작용은 동아시아와 세계질서의 건설에 영향을 미치는 핵심적인 요소가 될 것이다.

참고문헌

郭清水. "中国参与东盟主导的地区机制的利益分析." 『世界经济与政治』. 2004年 9期.

唐世平·张蕴岭. "中国的地区战略." 『世界经济与政治』. 2004年 6期.

代帆·周聿峨. "走向统一的东亚秩序?" 『太平洋学报』. 2005年 12期.

李寿成. "希望形成东亚多边安全合作体制." 『日本学刊』. 2004年 6期.

毛里和子. "东亚地区的安全保障与非东亚要素." 『世界经济与政治』. 2003年 8期.

芮效俭. "中国和平崛起和东亚合作: 中国和美国的视角." 『外交评论』. 2005年 6期.

王良. "东亚安全与复合安全体制." 『国际观察』. 1999年 5期.

王玲. "世界各国参与国际组织的比较研究." 『世界经济与政治』. 2006年 11期.

王毅. "全球化进程中的亚洲地区合作." 『外交学院学报』. 2004年 2期.

牛军·王东. "中美日安全关系与东亚安全环境." 『国际经济评论』. 2005年 11-12期.

章百家, "改变自己 影响世界—20世纪中国外交基本线索刍议." 『中国社会科学』. 2002年 1期.

周茂清. "不同类型国家对外开放政策的比较." 『中国工业经济』. 2003年 10期.

朱云汉. "中国人与21世纪世界秩序." 『世界经济与政治』. 2001年 10期.

亚历山大·温特. 『国际政治的社会理论』. 上海: 上海人民出版社, 2000年.

秦亚青. "国家身份、战略文化和安全利益—关于中国与国际社会关系的三个基本假设." 『世界经济与政治』. 2003年 1期.

秦亚青·魏玲. "结构、进程与权力的社会化—中国与东亚地区合作." 『世界经济与政治』. 2007年 3期.

秦亚青·朱立群. "新国际主义与中国外交." 『外交评论』. 2005年 5期.

俞正梁·阙天舒. "体系转型和中国的战略空间." 『世界经济与政治』. 2006年 10期.

冯昭奎. "日美关系: 从战后到冷战后." 『美国研究』. 1996年 3期.

吴金平. "东亚多边安全合作机制建设与美国因素." 『东南亚研究』. 2004年 4期.

布热津斯基. 『大失控与大混乱』. 北京: 中国社会科学出版社, 1995年.

胡鞍钢·门洪华 主编.『中国: 东亚一体化新战略』. 杭州: 浙江人民出版社, 2005年.

杨光海. "美国的东亚同盟体系: 态势、趋向及意图."『国际论坛』. 2004年 4期.

赵英·李海舰. "大开放背景下的中国经济安全."『中国与世界观察』. 2006年 3期.

门洪华. "美国霸权与国际秩序: 一项历史分析."『远景基金会季刊』. 2006年 3期.

_____. "中国崛起与国际秩序."『太平洋学报』. 2004年 2期.

_____. "中国国际战略思想的创新."『外交评论』. 2006年 1期.

_____. "中国观念变革的战略路径."『世界经济与政治』. 2007年 7期.

_____. "聚焦东亚: 中美的冲突与合作."『毛泽东邓小平理论研究』. 2005年 6期.

_____.『构建中国大战略的框架: 国家实力、战略观念与国际制度』. 北京: 北京大学
出版社, 2005年.

_____ 主编.『中国: 大国崛起』. 杭州: 浙江人民出版社, 2004年.

阎学通. "东亚和平的基础."『世界经济与政治』. 2004年 3期.

陈虹. "共享增长: 东亚区域经济合作的现实与思考."『国际经济评论』. 2003年 9-10期.

黄仁伟. "新安全观与东亚地区合作机制."『世界经济研究』. 2002年增刊.

Acharya, Amitav, and Richard Stubbs, eds. *New Challenge for ASEAN-Emerging Policy Issues.* Vancouver: UBC Press, 1995.

_____. "How Ideas Spread: Whose Norms Matter? Norm Localization and Institutional Change in Asian Regionalism." *International Organization,* Vol.58, No.2(Spring). 2004.

_____. "Ideas, Identity, and Institution-Building: From the 'ASEAN Way' to the 'Asia-Pacific Way'?" *The Pacific Review,* Vol.10, No.3. 1997.

_____. "Will Asia's Past Be Its Future." *International Security,* Vol.28, No.3 (Winter 2003/2004).

Ball, Desmond. "Strategic Culture in the Asia-Pacific Region." *Security Studies,* Vol.3, No.1(Autumn). 1993.

Blair, Dennis C., and John T. Hanley, Jr. "From Wheels to Webs: Reconstructing Asia-Pacific Security Arrangements." *The Washington Quarterly,* Vol.24, No.1(Winter). 2001.

Busse, Nikolas. "Constructivism and South East Asia Security." *Pacific Review,* Vol.12, No.1. 1999.

Christensen, Thomas. "China, the U.S.-Japan Alliance, and the Security Dilemma in East Asia." *International Security,* Vol.23, No.4(Spring). 1999.

_____. "Fostering Stability or Creating a Monster? The Rise of China and U.S. Policy toward East Asia." *International Security,* Vol.31, No.1(Summer). 2006.

Evans, Gareth. "Cooperative Security and Intrastate Conflict." *Foreign Policy,* No.96(Fall). 1994.

Fawcett, Louse, and Andrew Hurrell, eds. *Regionalism in World Politics: Regional Organization and International Order.* London: Oxford University Press, 1995.

Friedberg, Aaron L. "Ripe for Rivalry: Prospects for Peace in a Multipolar Asia." *International Security,* Vol.18, No.3(Winter 1993/94).

Huntington, Samuel. "Japan's Role in Global Politics." *International Relations of the Asia-Pacific,* Vol.1, No.1. 2001.

Ikenberry, G. John. "American hegemony and East Asian order." *Australian Journal of International Affairs,* Vol.58, No.3(September). 2004.

_____, and Jitsuo Tsuchiyama. "Between Balance of Power and Community: the Future of Multilateral Security Co-operation in the Asia-Pacific." *International Relations of the Asia-Pacific,* Vol.2, No.1. 2002.

Johnston, Alastair Iain. "Is China a Status Quo Power?" *International Security,* Vol.27, No.4(Spring). 2003.

Kang, David C. "Getting Asia Wrong: The Need for New Analytical Frameworks." *International Security,* Vol.27, No.4(Spring). 2003.

_____. "Hierarchy, Balancing, and Empirical Puzzles in Asian International Relations." *International Security,* Vol.28, No.3(Winter). 2004.

Khoo, Nicholas, Michael L.R. Smith, and David Shambaugh. "China Engages Asia? A Caveat Lector." *International Security,* Vol.30, No.1(Summer). 2005.

Kupchan, Charles A. "After Pax Americana: Benign Power, Regional Integration, and the Sources of Stable Multipolarity." *International Security,* Vol.23, No.2(Fall). 1998.

Lampton, David M. "China's Growing Power and Influence in Asia: Implications for U.S. Policy." http://www.nixoncenter.org/index.cfm?action=publications

(March 28). 2004.

Mattern, Janice Bially. "The Power Politics of Identity." *European Journal of International Relations,* Vol.7, No.3. 2001.

Rana, Pradumna B. *Economic Integration in East Asia: Trends, Prospects, and a Possible Roadmap.* ADB Working Paper, July. 2006.

Ross, Robert. "The Geography of the Peace: East Asia in the Twenty-First Century." *International Security,* Vol.23, No.4(Spring). 2004.

Segal, Gerald, China Changes Shape. *Adelphi Paper,* No.287. London: IISS/ Oxford University Press(March), 1994.

_____. "Tying China into the International System." *Survival,* Vol.37, No.1. 1995.

Self, Benjamin. "China and Japan: A Façade of Friendship." *The Washington Quarterly,* Vol.26, No.1. 2003.

Shambaugh, David. "China Engages Asia: Reshaping the Regional Order." *International Security,* Vol.29, No.3(Winter 2004/2005).

_____. "China or America: Which is the Revisionist Power." *Survival,* Vol.43, No.3(Autumn). 2001.

_____, ed. *Power Shift: China and Asia's New Dynamics.* Berkley: University of California Press, 2005.

Shibusawa, Masahide. *Pacific Asia in the 1990s.* London: Routeledge, 1991.

Swaine, Michael D., and Ashley J. Tellis. *Interpreting China's Grand Strategy: Past, Present, and Future.* Ithaca: RAND, 2000.

Urata, Shujiro. "Japan's FTA Strategy and a Free Trade Area of Asia Pacific." In Takatoshi Ito, Hugh Patrick and D. E. Weinstein, eds. *Reviving Japan's Economy.* Cambridge: the MIT Press, 2005.

Yahuda, Michael. "The Evolving Asian Order." In David Shambaugh, ed. *Power Shift: China and Asia's New Dynamics.* Berkley: University of California Press, 2005.

Yee, Albert S. "The Causal Effects of Ideas on Policies." *International Organization,* Vol.50, No.1(Winter). 1996.

Zoellick, Robert B., "Whether China from Membership to Responsibility." Speech at National Committee on U.S.-China Relations, September 21, http:// www.state.gov/former/zoellick/tem/53682.htm, 2005.

제4장

중국의 고도성장과 세계경제체제의 진화*

은종학(殷鍾鶴)

I. 서론

중국은 1978년 개혁개방정책 시행 이래 근 30년 동안 연평균 10%에 약간 못 미치는 고도성장을 지속해 왔다. 더욱이 몇 해 전부터는 그 성장속도가 더욱 빨라져 2003년 이른바 두 자릿수 성장이 시작됐으며 2006년과 2007년에는 각각 11.1%, 11.4%의 놀라운 성장률을 기록해 과열의 우려마저 키웠다. 이와 같은 고도성장 속에서 중국의 1인당 GDP는 2001년 1천 달러를 갓 넘어선 뒤 단 5년 만에 2천 달러를 돌파함으로써 짧은 시간 내에 최빈국 대열에서 중위 개발도상국 반열로 올라섰다.

중국의 고도성장은 이른바 '아시아 네 마리 용(한국, 대만, 홍콩, 싱가포르)'에 이은 세계적으로 성공적인 경제추격(economic catch-up) 사례로 학계의 주

---

* 본고의 초고에 대한 대외경제정책연구원의 지만수 박사, 산업연구원의 김석진 박사, 중국과학원의 류하이보 박사의 비판적, 건설적 논평에 감사드린다. 본고는 2008년도 국민대학교 CHINDIA 우수연구센터사업비를 지원받아 수행된 연구임.

목을 받고 있을 뿐 아니라, 각국은 중국의 부상이 자국에 미칠 영향에 촉각을 곤두세우고 있다. 특히 우리나라는 현재 중국을 국제무역 및 해외투자에 있어 최대 상대국으로 삼고 있으며 지리적 인접성 등으로 인해 연간 약 400만 명이 중국을 방문하는 등 경제사회적 연계가 긴밀하여, 있을지 모를 중국발 충격에 상당히 민감할 수밖에 없는 것이 현실이다.

이와 같은 상황에서 중국의 고도성장을 바라보는 국내 경제계의 시각은 크게 '중국위협론'과 '중국기회론'으로 나뉜다. 중국위협론은 중국의 산업, 기술경쟁력 강화로 중국기업이 우리 기업을 대체하거나 우리 기업의 시장을 잠식하리라는 우려 위에 서 있다. 이 같은 시각은 무역통계 속에서 한중 양국 간 수출품목의 유사성 증대(즉, 경합도 증가)를 확인하는 연구와 부문별 기술경쟁력 격차의 축소를 관찰하는 연구 등에 의해 뒷받침되고 있다.[1] 더욱이 이러한 중국위협론은 한국 정부와 기업의 각성을 촉구하는 차원의 언론보도를 통해 매우 광범위하게 재생산되고 있다.

반면, 중국기회론은 중국의 고도성장이 우리 경제에 제공한 기회에 보다 주목하는 시각이다. 이 같은 시각은 1980년대 후반 이래 국내 한계기업의 중국 이전과 함께 한국의 산업구조 고도화가 성공적으로 진행되었으며 1990년대 말 동아시아 금융위기를 극복하는 과정에서도 중국발 수요가 국내 경기회복에 도움을 주었다는 데 기반하고 있다. 또한 무역 및 기술경쟁력 통계에서 경쟁력 강화가 드러나는 '중국기업' 속에는 중국에 진출한 외자기업까지 포함돼 있어 중국위협론의 주장이 과장되었을 가능성에 주목한다.[2]

---

1) 산업연구원 외, 『중국경제의 부상과 한국의 정책대응』(서울: 대한상공회의소, 2004); 신현수·이원복, 『한중일 제조업 경쟁력의 비교 분석과 정책적 시사점』(서울: 산업연구원, 2003); 양평섭, 『무역특화지수로 본 중국의 산업발전단계 변화와 시사점』(서울: 대외경제정책연구원, 2007); 산업은행, 『한중일 주요산업의 기술경쟁력 분석』(서울: 산업은행 산업기술부, 2004); 한국산업기술재단, 『중국의 산업·기술 경쟁력 분석』(서울: 한국산업기술재단, 2006) 등을 참고할 것.
2) 은종학, "중국 과학기술역량의 재고: 新슘페터리안 관점," 『중소연구』, 통권 114호, 제31권 제2호(2007), pp.83-116; 지만수 외, 『중국의 산업고도화 및 기업성장의 현황과 시사점』(서울: 대외경제정책연구원, 2005) 등을 참고할 것.

그러나 위에 언급한 중국위협론과 중국기회론은 엄밀한 학술적 연구의 상반되는 결론이라기보다는, 다양한 연구결과를 부분적, 선택적으로 수용하는 사회 일반의 정서적 판단에 가깝다. 실제로 위에 언급한 두 부류의 학술적 연구들도 중국이 갖는 위협과 기회의 측면을 (비록 그 강조의 정도는 다를지라도) 함께 인정하고 있다. 하지만, 두 부류의 학술적 연구도 (1)주목하는 경제지표의 성격, (2)세계 경제 판도에 대한 인식, (3)국내 진입 외자기업과 국민경제 간 일체화 정도에 대한 판단 등 세 가지 측면에서 여전히 구별된다. 중국위협론에 자주 인용되는 연구는, (1)'산업' 수준의 총량(aggregate) 지표를 주로 활용하며, (2)중국의 막대한 무역흑자가 한 축을 담당하는 이른바 '글로벌 경제 불균형(Global Imbalance)'에 주목하며, (3)중국에 진입한 외자기업을 그대로 중국경제의 한 부분으로 인식하려는 경향이 강하다. 반면 중국기회론에 자주 인용되는 연구는 (1)'기업' 수준의 세분(disaggregate) 지표를 활용하며, (2)다국적 기업이 주축이 된 이른바 '글로벌 생산 네트워크(Global Production Network)'에 주목하며, (3)중국 내 외자기업의 중국경제에 대한 기여도를 비판적으로 평가하고자 하는 경향이 강하다.

이상과 같은 두 부류의 연구 조류는 어느 한쪽이 더 우월하다고 쉽게 판단할 수 없으며, 보다 올바른 접근을 위해서는 아직도 더 많은 이론적 논쟁과 실증의 노력을 필요로 한다. 따라서 지금 남겨진 숙제는 본고의 논의만으로 모두 풀 수는 없는 것이다. 다만 본고는 기존 연구에 다음과 같은 두드러진 문제점이 있음을 지적하고 그를 극복함으로써 중국과 세계경제 간의 상호관계에 관한 보다 온전한 논의의 기반을 마련하는 것을 목표로 한다.

우선 본고는, '국경'으로 구분되는 일개 국민경제를 '내적으로 일체화돼 있고 외적으로 배타적인 것'으로 가정하는 것은 현재 진전된 세계화 정도에 비해 과도하게 단순한 설정이라고 본다(중국위협론에 인용되는 연구에 대한 비판). 또한 본고는, 다국적 기업의 주도적 역할 속에 구축된 글로벌 생산 네트워크를 기반으로 하는 기존 연구는 아직까지 그 네트워크의 동태적 변화 가능성에 충분히 주의를 기울이지 않은 정태적 연구가 대부분이라고 본다(중국기회론에 인용되는 연구에 대한 비판). 이 같은 비판 위에서 본고는 중국과 세계경제 간의 쌍방향 영향과 공동 진화(co-evolution)에 주목하고자 한다. 다만 본고는 현재 진행 중인 변화를 논의의 대상으로 할 뿐 아니라 그 논의의 범주 또한 매우 넓어, 아직 엄밀한 실증연구에 의해 뒷받침되지 않은 가설적 주장들을 포함함을 미리 밝힌다. 따라서 본고의 주장은 논의의 끝이 아니라 향후 논의의 진척을 위한 디딤돌로 사용되어야 할 것이다.

본 절 이하 글의 구성은 다음과 같다. 2절에서는 중국경제 부상(浮上)의 특징과 구조를 동아시아 다른 나라와의 비교 및 세계경제체제라는 배경 위에서 살핀다. 3절에서는 중국경제의 부상을 역사적 관점에서 회고하고 그것이 세계경제에 미치는 영향을 분석한다. 이어 4절에서는 세계경제체제 속에서 중국이 맡고 있는 역할 및 성격, 그 변화의 가능성을 짚어 본다. 마지막 5절에서는 본문의 논의를 요약하고 함의를 도출한다.

II. 중국 고도성장의 특징과 구조

최근 중국의 가파른 경제성장이 세계 각국의 이목을 집중시킨 것은 사실이지만 개발도상국의 고도성장 자체가 이례적인 것은 아니다. 실제로 현재 중국이 경험하고 있는 (준)장기에 걸친 고도성장은 20세기 후반 아시아 '4마리 용(龍)'이라 일컬어지는 한국, 대만, 홍콩, 싱가포르 역시 경험했던 것이다. 이들은 모두 사반세기 동안 연평균 8% 이상의 경제성장률을 유지했으며 그보다 앞선 일본의 경험에 비춰볼 때도 새로운 것은 아니다. 그러나 중국은 그 규모만으로도 아시아 4마리 용과 그 선발주자인 일본과는 다른 성장 메커니즘에 기반하고 있고[3] 그 대내외적 함의 또한 다를 가능성이 있

---

3) 물론, 국가의 규모를 인구규모 등 단일지표로 가늠하는 것은 정확하지 않다. 논의를 경제적 차원으로 한정하더라도, 국가의 규모는 '인구규모' 뿐 아니라, 인구의 소득별, 연령별, 지역별 분포 등 '인구구조'와 해당국 국민의 구매력 등에 의해 결정된다. '시장'의 크기가 위의 다양한 요인에 의해 상당히 좌우되기 때문이다. 중국은 인구규모에 있어서는 이론의 여지없이 대국(大國)이라 할 수 있는 반면, 인구구조와 구매력 등에서

다.4) 이에 본 절에서는, 개혁개방 이후 세계경제로의 편입이 점증하는 과정 속에서 고도성장을 이룩한 중국의 독특한 성장 메커니즘을 살펴보고자 한다.

동아시아 소형국가와 구별되는 중국의 '대규모성'에 주목하는 학자들은 중국을 소형 개발도상국의 고도성장 경험과 비교하기보다는 미국 등 대규모 국가 혹은 현재 선진국이거나 과거 선진국 대열에 올랐던 국가의 부상과정에 견주어 보려는 시도를 하고 있다.5) 그러나 본고는 경제적인 차원에 초점을 맞춰, 1980년대 정점에 달했던 일본경제의 부상과 중국경제의 부상을 비교하는 것이 중국 고도성장의 독특한 메커니즘을 드러내는 데 효과적인 것으로 판단하여 이를 중심으로 논의하고자 한다.

중국은 GDP, 수출, 외국인직접투자(FDI) 유치, 외환보유고, 연구개발(R&D) 지출 등 다양한 경제지표에서 공히 가파른 성장곡선을 보여주고 있다. 전(全)방위적 성장과 개선을 암시하는 중국의 이 같은 변화는 전 세계에 걸쳐 '중국위협론'을 만들어 내기도 한다. 서구의 입장에서 특정 국가의 성장이 위협으로 받아들여졌던 가장 가까운 경험은 1980년대 일본의 부상이었을 것이다. 따라서 현재의 중국을 1980년대 일본에 등치시켜 생각하는 것은 적어도 정서적인 차원에서는 자연스럽다. 특히 대중 무역 적자폭을 계속 키워가고 있는 미국의 입장에서는 더욱이 그렇다. 그러나 중국의 부상은 다음과 같은 차원에서 일본과 크게 구별된다.6)

는 상대적으로 그 규모를 평가 절하해야 하는 측면이 존재한다. 그러나 이 같은 사정을 고려하더라도 20세기 후반 이래 여타 개발도상국과의 비교에서 중국경제의 대규모성은 두드러지며, 이러한 특성을 중국경제의 성장과 그 세계적 파급효과를 분석하는 데 고려하는 것은 필수적이라 할 수 있다.

4) 일본을 정점으로 한 아시아 국가들의 단계적 성장은 '안행형(雁行型, flying geese)' 모델이라 하여 자주 언급돼 왔다. 그러나 중국의 성장 메커니즘이 아시아 선발 국가들의 그것과 질적으로 다른 것이라면 안행형 모델이 중국에 부합하지 않음을 의미한다.

5) 학계뿐 아니라 중국 방송언론에서도 이와 같은 접근을 시도하고 있는데 대표적인 것인 최근 중국 CCTV가 제작 방영하고, 우리나라에서도 EBS가 소개한, '대국굴기(大國崛起)'이다.

6) 중국경제와 일본경제 부상의 차이점에 관한 보다 자세한 논의는 다음을 참고할 것. O. Shenkar, *The Chinese Century: The Rising Chinese Economy and Its Impact on the Global Economy, the Balance of Power, and Your Job* (New Jersey: Wharton

무엇보다, 1980년대 일본의 추격은 일본 토종기업들의 혁신적인 경영능력 및 기술역량을 바탕으로 한 것이었던데 비해, 최근 중국의 부상 속에서 이른바 중국 토종기업들의 약진은 크게 두드러지지 않는다.[7] 오히려 공업생산과 수출 등에 있어 외자기업의 역할이 중국 토종기업의 성과를 압도하는 것이 사실이다. 이를 두고 재미 중국학자 황야성은, 민영기업의 발전을 저해하는 중국의 제도적 환경이, 중국에서 생겨나는 다양한 비즈니스 기회를 국내기업이 포착·활용하지 못하게 하고 그것을 외자기업에게 넘기고 마는 일이 벌어졌다고 비판한 바 있다.[8]

또한, 과거 일본의 고도성장 과정에서는 외국자본의 역할이 미미했던 데 반해, 중국의 고도성장에는 외국(기업)의 자본과 기술이 중요한 역할을 담당했다는 점은 중요한 차이점이다. 일본과 한국 등 동아시아 국가들은 자국의 고도성장기에 외국인직접투자(FDI)가 GDP에서 차지하는 비중이 1% 미만이었고, 1990년대 말 동아시아 금융위기 이후 대외개방폭이 커지며 GDP 대비 FDI 비중이 크게 높아졌지만 2%를 넘지는 않았다. 그러나 중국의 경우 1994년도에 GDP 대비 FDI 비중이 6%에 달할 정도로 외자에 대한 의존도가 높았다. 특히 중국경제의 주요 성장축인 광동성, 강소성, 복건성, 상해시, 북경시의 GDP 대비 FDI의 비중은 각각 13%, 7%, 11%, 9%, 7%에 달했다.[9]

이는, 일본의 고도성장은 단일 국가의 내적 역량 축적에 크게 기인했던데 반해, 중국의 고도성장은 (비록 내적 역량의 축적이 없지 않았다 하더라도) 중국과 세계의 만남 속에서 일종의 화학작용이 일어남으로 인해 발생한 현상이라는 점을 시사한다. 즉, 중국의 값싼 '노동력'과 '토지'가 해외의 '자본' 및

School Publishing, 2006).

7) Lieberthal and Lieberthal, *Harvard Business Review on Doing Business in China* (Harvard Business School Press, 2004).

8) Y. Huang, *Selling China: Foreign Direct Investment during the Reform Era* (Cambridge University Press, 2005).

9) Barry Naughton, *The Chinese Economy: Transitions and Growth* (Cambridge: The MIT Press, 2007).

'기술'과 결합함으로써 중국이라는 공간 위에서 가위 폭발적인 생산증대가 일어나고, 그것이 대량 수출됨으로써 중국이 전 세계에 위협으로 인식되고 있는 것이다. 물론, 해외의 자본과 기술을 전례 없는 규모로 끌어들일 수 있었던 것은 중국의 일본과는 다른 내적 역량, 즉 양질의 저가 노동력과 토지, 그리고 방대한 잠재시장이 갖는 레버리지 효과였다는 점에서 중국의 고도성장을 외부요인으로만 보는 것은 옳지 않다. 하지만, 중국의 고도성장은 중국을 둘러싼 환경, 다시 말해 세계경제체제와 밀접한 연계 속에서 일어난 것이란 점은 분명히 인식할 필요가 있다.

한편, 보다 개방되고 세계화된 세계경제체제는 고도성장기 일본에게는 없던 새로운 '한계'와 '기회'를 중국에게 부여하고 있다. 1995년 출범한 WTO체제는, TRIMs(Trade-related Investment Measures), TRIPs(Trade-related Intellectual Property Rights)와 같은 부속규정을 통해, 개발도상국들이 선진국으로부터 수입한 제품을 해체해 제작원리를 이해한 뒤 이를 모방·생산하는 이른바 '역공정(reverse engineering)'을 제한하고, 지식재산권의 보다 강력한 보호를 요구함으로써 종전 성공적인 개발도상국들의 전형적인 추격(catch-up)방식을 따르기 어렵게 하였다. 또한 시장에 대한 정부의 자의적 개입을 더욱 어렵게 함으로써, 안 그래도 중국의 체제적 특성(지방 이기주의 등)으로 인해 추진이 지지부진하던 '산업정책(industrial policy)'의 유효성을 더욱 감소시켰다.[10]

반면, 새로운 세계경제체제가 중국에게 제공한 '기회'는, 중국과 경쟁하는 다른 개발도상국들 역시 위와 같은 제한에 걸려 있는 상황에서, 중국은 방대한 규모의 노동력과 토지 뿐 아니라 전 세계에 퍼져있는 해외화교(Chinese diaspora)의 네트워크를 갖고 있다는 점에서 상당한 '경쟁우위(competitive advantage)'를 실현할 수 있게 되었다는 점이다.

위의 논의는 중국 고도성장의 또 하나의 주인공이 다국적 기업임을 시사한다.[11] 중국으로의 제조업 기지 이전은, 본국에서 '한계기업화'한 기업들

---

10) 중국에서 산업정책이 어려움을 겪은 까닭에 관한 보다 자세한 내용은 다음을 참조할 것. J.-H. Eun and Keun Lee, "Is an Industrial Policy Possible in China?" *Journal of International and Area Studies,* Vol.9, No.2(2002), pp.1-21.

이 기업 전체를 이전하는 경우도 많았으나, 최근에는 성공적인 기업들 역시 중국을 글로벌 소싱(global sourcing) 기지로 활용하기 시작하였으며, 특히 중국의 WTO 가입 이후에는 이와 같은 추세가 더욱 보편화하였다. 한국의 경우, 1980년대 후반부터 한계기업 위주의 중국진출이 시작되었으며, 1990년대 이후에는 대형 기업들이 일부 생산공정을 중국에 이전하여 한-중 간에 '산업 내 수직적 분업구조'를 형성하는 경우가 늘어나기 시작했다. 한국뿐 아니라 대만, 일본 등 동아시아 역내에서 상대적으로 발전수준이 높은 나라들이 동일 산업(특히 전자 및 IT산업) 내의 노동집약적 저부가가치 생산부문을 중국에 우선 이전하고, 전체 생산공정은 본국과 중국에 걸쳐 완성하는 이른바 '동아시아 역내 분업체제'를 구축하기에 이르렀다.

이로써 동아시아 지역의 경제발전을 설명하는 전통적 인식 틀인 '안행형 (雁行型) 모델'이 '동아시아 역내 분업체제'에 자리를 내어주거나 적어도 종전의 모델로부터 부분적인 변형이 일어났다고 판단된다. 전통적인 안행형 모델은, 선발국이 종전에 활용했던 성장엔진을 후발국에 물려주는 '단방향 이전'을 기초로 '산업 간(inter-industry) 분업'을 전제로 삼는데 반해, 동아시아 역내 분업체제는 선발국과 후발국 간의 '쌍방향 네트워크'와 '협업체제'를 기초로 '산업 내(intra-industry) 협업'을 전제로 삼고 있기 때문이다. 물론, 상대적으로 저부가가치 부문의 단계적 이전이 동아시아 국가들 사이에서 발생한다는 점에서 안행형 모델은 아직 유효하다고 할 수도 있으나, 적어도 기러기들이 나는 모습(雁行)이 과거에 비해 달라졌음은 분명하다.

중국을 생산기지로 하여 국제간 분업체제가 구축된 것은 비단 동아시아 지역에 국한된 것은 아니다. 중국의 WTO 가입을 전후하여 서구 국가의 기업들도 중국을 생산기지로 활용, 다시 말해 중국의 생산요소를 활용하는 정도가 높아졌다. 동아시아 지역이 역내 분업체제가 보다 두드러진 것은 사실

---

11) 본고에서 다국적기업이란, 세계적 규모의 대형 다국적기업뿐 아니라, 규모는 중소형이나 가치사슬이 2개 이상의 나라에 걸쳐 있는 기업까지 포괄한다. 실제로 최근에는 대형기업뿐 아니라 중소기업, 심지어 창업초기의 기업들도 다국적 경영을 적극적으로 추진하고 있다. 이른바 'Born-Global SMEs'이란 표현이 이를 잘 대변한다.

〈그림 1〉 중국의 첨단산업 수출입 비중

(a) 수입

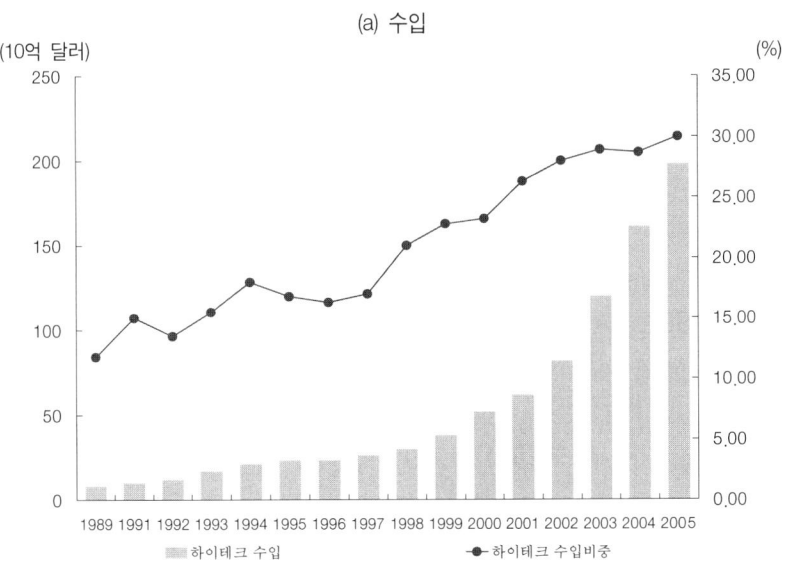

(b) 수출

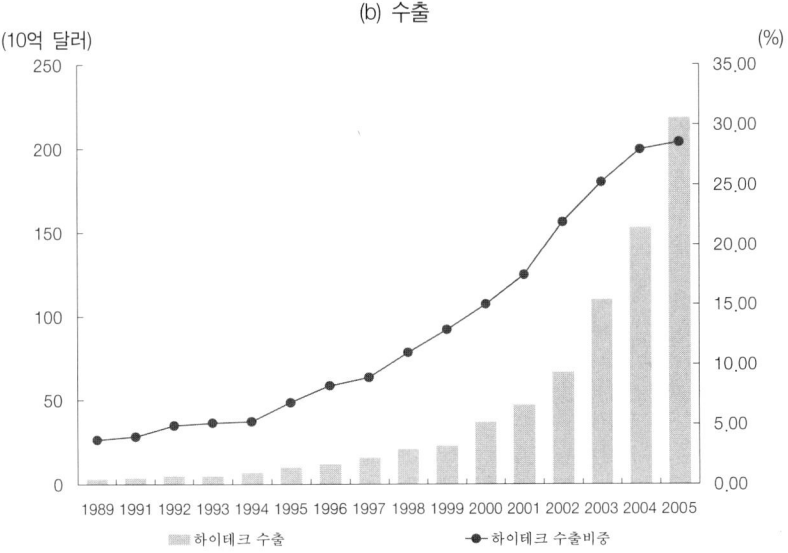

자료: 중국과기부(www.sts.org.cn), 한국무역협회 자료를 바탕으로 저자 계산

이지만, 세계적으로도 이른바 '글로벌 생산 네트워크(Global Production Network)' 속에 중국은 중요한 구성인자로 포함되게 되었다.12)

다국적 기업들이 이처럼 중국을 생산기지로 활용할 수 있게 된 한 가지 요인은, 앞서 언급한 바와 같이, 저렴한 노동력과 토지를 갖고 있는 중국이 1978년 이후 단계적, 가속적으로 세계경제에 편입하는 개혁개방정책이었다. 하지만, 중국 외적 요인도 중국에게 '세계의 공장'이 될 수 있도록 도왔는데, 그것은 '생산공정의 분할(fragmentation of production process)'을 가능케 한 산업기술 레짐(regime)의 변화였다. 일부 주요 산업들(특히 전자 및 IT산업)의 생산공정이 모듈화, 자동화하고, 교통 및 통신비용이 낮아지면서, 세계 유수 기업들은 종전 자국 내에서 수행하던 전체 생산공정을 여러 개의 모듈(module)로 분할하고 그중 노동집약적이고 부가가치가 낮은 모듈을 해외 개발도상국으로 이전, 수행하는 국제 분업을 통해 기업행위를 보다 최적화할 수 있게 되었다.13) 이른바 '비즈니스 혁명(business revolution)'이라고도 불리는 이 같은 과정에서 중국은 다국적기업의 생산공정 일부를 대규모로 유치하면서 '세계의 공장'으로 자리매김할 수 있게 된 것이다.14)

이상과 같은 과정에서 중국은 노동집약적 전통산업뿐 아니라 '하이테크 산업'으로 분류되는 산업의 일부 공정을 국제 분업체제 속에서 수행하기도 하였다. 실제로 중국 산업생산 및 무역에서 차지하는 하이테크 산업의 비중은 매우 빠른 속도로 늘어왔다(<그림 1> 참조). 이는 무엇보다 중국의 매우 급속한 기술역량 강화를 반영하는 것이다.15) 하지만 보다 정확한 해석을 위

12) D. Ernst, "Pathways to Innovation in the Global Network Economy: Asian Upgrading Strategies in the Electronics Industry," *East-West Center Working Papers* (2003).

13) 자세한 내용은 다음을 참조할 것. 은종학, "중국 내 환경변화와 외자기업의 전략: 산업고도화에 대한 대응," 박월라 외, 『중국의 비즈니스환경 변화와 외자기업의 대응전략』(서울: 대외경제정책연구원, 2006) pp.129-165; 은종학, "중국 과학기술역량의 재고: 新슘페터리안 관점," pp.83-116.

14) P. Nolan, "China and the Global Business Revolution," *Cambridge Journal of Economics,* 26 (2002), pp.119-137.

15) 자세한 내용은 다음을 참조할 것. D. Rodrik, "What's So Special about China's

해서는 다음과 같은 한 가지 추가적인 고려가 필요하다.

중국을 포함한 개발도상국에서도 일반적으로 '하이테크 산업'은 OECD 의 정의를 따르고 있는데, 현재 OECD는 '주요 회원국 12개국이 1991~ 1999년 기간 동안 각 산업에서 얼마만큼의 R & D를 수행했는가'를 판단 기준으로 전체 산업을 고위기술 산업(하이테크 산업), 중고위기술 산업, 중저 위기술 산업, 저위기술 산업 등 4부류의 산업으로 분류하고 있다.16) 이와 같은 정의 혹은 분류법은 선진국에서 사용하는 데는 큰 무리가 없으나, 중국 과 같은 개발도상국에서는 인식상의 오류를 발생시킬 가능성을 내포하고 있 다. 앞서 언급한 바와 같이 다국적기업이 해당 단일 산업 내에서 생산공정을 분할하여 기술수준 혹은 부가가치 창출수준에 따라 본국과 중국에 걸친 수 직적 국제 분업체제를 구축한 경우, 해당 산업이 OECD 분류상 하이테크 산업이면 본국과 중국 공히 하이테크 산업을 갖고 있는 것으로 명목상 집계 되지만, 실제에 있어 중국이 갖고 있는 부분은 노동집약적 단순 공정일 가능 성이 크기 때문이다.17)

개념적으로, 중국이 국제 분업구조 위에서 수행하는 이른바 하이테크 산 업은 '기술집약적' 혹은 '지식집약적' 하이테크 산업이 아닌 '노동집약적' (명목상으로만) 하이테크 산업일 수 있다는 것이다. 이는 '개방된 중국'과 '기 술 레짐의 진화'가 전통적인 '기술집약적-하이테크 산업'이라는 수식관계를

Exports?" *NBER Working Paper,* No.11947(2006); P. Schott, "The Relative Sophis-tication of Chinese Exports," *NBER Working Paper,* No.12173(2006).

16) OECD, Science, *Technology and Industry Scoreboard 2005* (Paris: OECD, 2005).
17) 통칭 '하이테크 산업'으로 일컬어지는 산업도 글로벌 생산 네트워크 속에 편입된 일 부 개발도상국에서는 '기술집약적'이지 않고 오히려 '노동집약적'인 경우가 적지 않 다. 한국산업기술재단의 한-중 기술격차 조사에서 이른바 하이테크 산업으로 분류되 는 IT산업에서 한-중 기술격차가 1~3년 정도로 작고, 흔히 전통산업으로 일컬어지는 조선산업에서는 기술격차가 오히려 10년 이상인 것은, 중국 내 각 산업별로 '외자의 진출정도'와 그들의 '모듈화 생산 정도'와 밀접한 관련이 있는 것으로 판단된다. 즉, IT분야는 외자기업들이 생산공정을 분할하여 그 중 중저기술 모듈을 중국에 아웃소 싱하는 경우가 많은 반면, 조선산업의 경우는 아직 모듈화를 바탕으로 중국에 아웃소 싱하는 외자기업이 많지 않다는 점에서 위와 같은 기술격차가 보고된 것으로 보인다.

해체하여 경우에 따라서는 '노동집약적(혹은 非기술집약적)-하이테크 산업'이
라는 말을 가능하게 한 것이다. 또한 국제무역에서 각국이 특화하는 것이
'특정 산업'이라는 전통적인 인식에 대한 재조정도 요구하고 있다. 중국의
경우 '특정 산업(industry)'에 특화하고 있기보다는 여러 산업(예컨대, 전자,
IT, 자동차 등)의 '특정 공정(process)' (예컨대, 조립생산)에 특화하고 있는 측
면도 강하기 때문이다.18)

　이상에서 우리는 중국 고도성장의 독특한 특징과 구조를 살펴보았다. 본
절의 논의는 중국의 부상이라는 거시적 현상 이면에 중국의 내적 역량 강화
라는 미시적 현상 외에 다국적 기업이 글로벌 생산 네트워크를 구축하는
과정에서 중국에 대거 진입하는 또 다른 미시적 현상이 있음을 확인하였다.
그리고 이것은, 중국의 부상을 (중국위협론자의 인식처럼) 단일 국가의 추격으
로 보는 것이 부정확할 수 있음을 보여주는 것이다.19) 중국 고도성장의 이
면에 다국적 기업이라는 외래 경제주체의 역할과 보다 개방된 세계경제 환
경이 있었다는 점은 현대 세계경제체제의 독특한 특성이 중국의 고도성장을
가능케 한 측면이 있음을 시사하는 것이다. 이제 다음 절에서는 중국의 고도

---

18) S. Kuwahara, "Empirical Analysis of the Trade Structure Changes in East Asia
　　under Modularization of Product Architecture," *RIETI 2006/11 Research & Review*
　　(2006), www.rieti.go.jp

19) 비록 다국적 기업의 중국 내 투자로 인해 경영기법과 기술이 중국으로 이전되기도
　　하지만, 글로벌 생산 네트워크 혹은 국제 분업체제의 한 부분인 중국 내 다국적 기업
　　의 지사를 온전히 중국 국민경제의 한 부분으로 해석하기 위해서는 그 공헌에 대한
　　적어도 면밀한 검토를 필요로 한다. 외국인직접투자자의 경제적 공헌에 관해서는 많은
　　실증연구들이 긍정적 결론을 내놓고 있지만, 그 공헌이 매우 제한적이었다는 실증연
　　구도 나오고 있어 최종적인 판단을 하기에는 아직 이르다. 그러한 실증연구로 다음을
　　참고할 수 있다. D. Fuller, "Adversaries and Partners: The Impact of the Cross-Strait
　　Economic Relationship on the Development of the Taiwanese and Chinese Eco-
　　nomies," (Stanford University: Shorenstein APARC Research Seminar, 2006), http://
　　iis-db.standford.edu/evnts/4426/Adversaries_and_Partners.pdf. 특히 중국 정부가 외
　　국인직접투자 유치로 인한 중국의 내적 역량 강화의 성과가 제한적이었다는 자성의
　　목소리를 높이고 있으며 그것이 최근 외자기업 정책 변화를 촉발하는 계기가 되었음
　　을 보면, 외래 경제주체를 대거 포함하는 중국 경제를 내적으로 일체화되고 외적으로
　　배타적인 단일체로 보는 시각은 재고될 필요가 있다.

성장이 거꾸로 세계경제에 어떠한 영향을 끼쳤는지를 살펴보고자 한다.

III. '대국경제' 중국의 재(再)부상과 세계경제에 대한 영향

개혁개방 이후 중국의 눈부신 성장은 최근 세계 각국에게 중국의 존재감을 새로이 인식시키는 계기가 되었지만, 긴 역사 속에서 중국은 상당기간에 걸쳐 경제적으로 세계적인 선진국이었다. 매디슨의 추정에 따르면 중국은, 구매력 평가기준으로 본 GDP 규모에서, 매우 긴 기간 동안 세계 최대의 경제대국으로 자리매김하고 있었다. 서기 1세기 한나라는 전 세계 GDP의 26%(인도에 이어 세계 2위)를 차지했었고, 11세기 초 송나라는 23%(인도에 이어 세계 2위), 16~17세기 명나라는 25%(세계 1위), 19세기 초 청나라는 세계경제의 근 1/3을 차지하는 세계 최대의 경제대국이었다.[20] 그러나 이후 서구의 성공적인 산업혁명과, 중국에 대한 제국주의 열강의 침략, 중국의 내정 불안 등으로 인해 중국의 경제규모는 상대적·절대적으로 위축되었다(<그림 2> 참조).[21] 또한 1949년 중화인민공화국 성립 이래 사회주의 체제를 고수하는 기간 동안 중국은 세계 시장경제체제로부터 유리되어 있어, 중국이 차지하는 비중은 이미 작아진 경제규모보다도 더 작게 인식되곤 하였다.

이상과 같은 배경에서 볼 때, 개혁개방 이후 중국의 고도성장과 세계경제에서 차지하는 비중 증대는 중국의 '재(再)부상'이라고 하는 것이 더욱 적절할 것이다. 그리고 개혁개방기 중국경제의 재부상은 대체로 3단계의 국면을 거친 것으로 보인다. 1단계는 농업부문에서 개혁이 시작돼 공업부문으로 파

---

20) A. Maddison, *The World Economy: Historical Statistics* (Paris: OECD, 2003).

21) 1850년경 대영제국(영국, 인도, 아일랜드, 캐나다, 호주, 뉴질랜드, 홍콩, 실론, 싱가포르, 남아프리카 포함)은 산업혁명에 힘입어 러시아, 프랑스, 인도를 차례로 추월하며 중국에 이은 세계 2위 경제대국이 되며, 1870년경에는 중국(당시 전 세계 GDP에서 차지하는 중국의 경제비중: 17.2%)을 추월하며 세계 1위(24.1%)의 경제대국으로 올라선다(Maddison, *The World Economy: Historical Statistics*).

〈그림 2〉 중국과 주요 국가의 부침

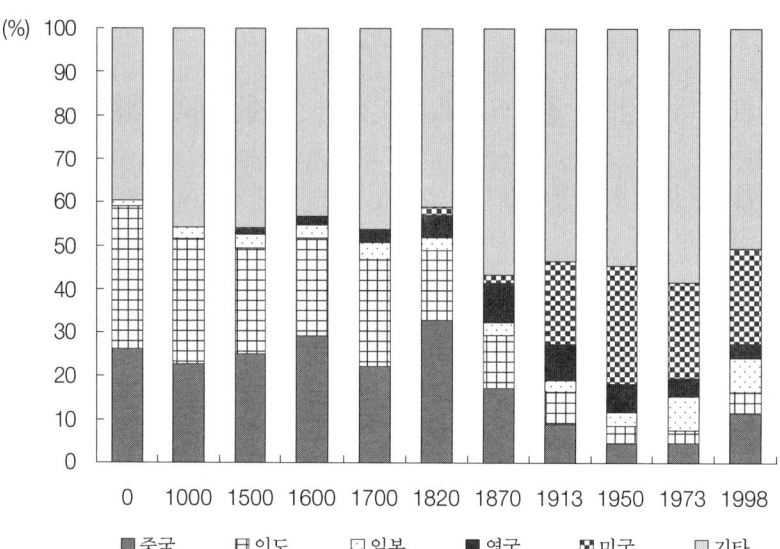

자료: Maddison(2003), http://en.wikipedia.org/wiki/List_of_regions_by_past_GDP_(PPP)

급, 확장되면서 경제규모와 생활수준이 향상되지만 경제운용상의 문제 등으로 경제적, 사회적 불안이 고조되다가 급기야 천안문 사태로 인해 개혁개방이 일시나마 후퇴하는 시점까지이다. 2단계는 천안문 사태 이후 주춤해진 개혁개방의 기조가 덩샤오핑의 이른바 남순강화(南巡講話) 이후 오히려 종전보다 더 확대, 가속화된 시기이다. 이 시기에는 시장화된 영역으로의 경제활동 참여가 위장실업상태의 잉여 노동력에 그치지 않고 지식인 등 사회주류까지 폭넓게 확산되면서 경제성장 속도도 가속화하였다. 3단계는 중국의 WTO가입으로 세계경제편입이 전면적으로 일어나며 성장의 속도가 가일층 빨라진 시기이다(<그림 3> 참조).

위와 같은 중국의 '재부상' 과정에서 주목할 만한 한 가지 사실은, 과거 '사회주의 계획경제'를 고수하며 이른바 '죽(竹)의 장막'에 가려졌던 중국이 시장화 개혁을 추진하면서 다시 등장한 모습이 예전 그대로의 것은 아니라

〈그림 3〉 중국의 GDP 성장

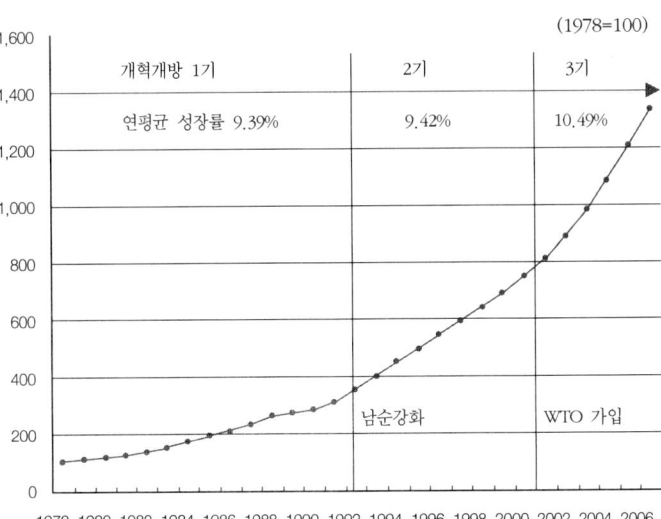

자료: 中国统计摘要 2007

는 점이다. 무엇보다 과거에 비해 훨씬 거대해진 인구규모다. 중화인민공화
국 성립과 함께 세계 시장경제체제로부터의 유리가 시작된 1949년, 중국의
인구는 5억 명대였으나, 개혁개방으로 다시 서서히 문이 열리던 1978년에는
9억 명이 넘었고, 82년에는 10억을 돌파해 현재 13억 명대에 이르고 있는
것이다. 비록 긴 역사 속에서 중국은 인구규모에서 대국이었지만, 20세기에
급팽창한 중국의 인구규모는 중국이 세계무대, 다시 말해 시장경제를 바탕
으로 한 세계경제체제에 재진입하는 과정에서 세계경제에 상당한 영향을 주
는 한 가지 요인이 된다.22)

   비록 사회주의 권역 내에서의 부분적인 경제교류가 있었지만 기본적으로

---

22) 한나라에서 명나라 초에 이르는 약 1400년의 기간 동안 중국의 인구는 약 6천 5백만
   명에서 약 8천만 명으로 늘었을 정도로 그 증가율이 높지 않았다.

<그림 4> 중국의 인구와 경제활동인구

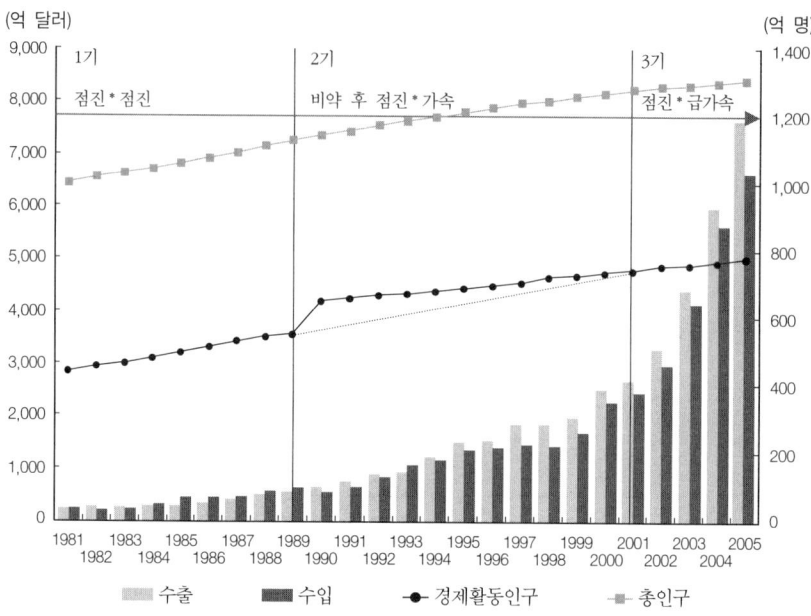

자료: CEIC 자료를 바탕으로 저자 작성

폐쇄경제체제를 유지했던 중국이, 개혁개방과 함께 과거보다 훨씬 더 방대한 규모의 인구를 이끌고 세계경제에 편입함으로써 세계경제가 경험하는 한 가지 중요한 현상은 노동력 공급 증가이다. 즉, 중국이 개방된 세계 시장경제체제의 일부로 편입함으로써 세계 시장경제체제 속의 경제활동인구가 크게 증가한 것이다.

    <그림 4>는 중국의 단계적 개혁개방이 세계경제에 끼친 (역시 단계적인) 노동력 공급 증가를 가늠케 한다. 1기에서 중국은 폐쇄경제체제를 거둬내고 점진적으로 개혁개방을 추진함으로써 세계경제체제 속에 종전에 없던 경제활동인구를 더하기 시작했다. 중국발(發) 노동력 증가의 요인이 (1)중국 내 경제활동인구의 증가와 (2)중국의 세계경제 편입 진전이라고 볼 때, 1기에서는 두 가지 요인이 모두 점진적으로 방식으로 진행되었음을 알 수 있다(중

국의 세계경제 편입 진전은 중국의 대외무역 증가를 대리변수로 삼아 논한다). 2기 초반에는, 중국 내 경제 활동인구가 한 단계 비약하였고[23] 그 후 점진적 증가세를 유지했다. 한편 2기 동안 대외무역을 통해 살펴본 중국의 세계경제 편입은 전기에 비해 가속화하였음을 알 수 있다. 3기에서는, 중국 내 경제활동인구가 점진적 증가세를 유지하는 가운데, WTO 가입을 계기로 중국의 세계경제체제 편입이 매우 빠르게 진행됨으로써 세계경제는 보다 급격한 노동력 공급의 증가, 이른바 '노동력 공급 쇼크(labor supply shock)'를 경험하게 된다. 특히 3기에 해당하는 기간 동안 세계경제가 경험한 노동력 공급 쇼크는 중국뿐 아니라 인도, 러시아와 같은 대형 개발도상국이 세계경제에 보다 깊숙이 편입하는 시기와 겹치면서 더욱 증폭되었다.[24]

세계 시장경제체제 속에 노동력이라는 생산요소가 급팽창한 결과는 밝은 면과 어두운 면을 동시에 갖는 것이었다. 세계 유수 기업들은 중국의 값싼 노동력을 활용함으로써 생산성 증대를 꾀할 수 있게 되었다. 실제로 중국발(혹은 신규편입 대형 개발도상국발) 노동력 공급 쇼크가 발생한 지난 5~6년 동안 전 세계는 가까운전례를 찾을 수 없을 정도의 가파른 경제성장을 달성하였다.[25] 2000년부터 5년간 세계의 1인당 GDP는 연평균 3.2% 상승했는데, 이는 제2차 세계대전 이후 유럽과 일본 재건기(1950~1973년)의 2.9%, 산업

---

23) 1982~1989년 인구 및 노동력 통계는 1982년과 1990년에 실시된 전국인구센서스, 1990년 이후 통계는 2000년에 실시된 전국인구센서스 결과에 의해 보정되었다. 1989년에서 1990년 사이에 경제활동인구가 비약적으로 늘어난 것은 이와 같은 통계 수집 및 처리의 단절로 인한 것으로도 볼 수 있다. 이같이 볼 때, <그림 4>의 2기에서 경제활동인구의 증가는 비약이 아니라 대체로 1기와 같은 정도의 점진적 증가이다. 하지만, 1990년은 문화대혁명 기간 중 베이비붐이 발생했던 1970년 전후 출생자들이 노동시장에 진입(경제활동인구는 16세 이상 노동의욕과 능력이 있는 자를 뜻하지만, (고등)학교에 재학중인 학생은 제외되므로 고졸 기준으로 볼 때 1990년은 1971년생이 노동시장이 진입하는 시기임)하는 시기임을 감안할 때, <그림 3>에서 2기 초반 경제활동인구의 비약적 증가는 위 두 가지 요소가 동시에 작용한 것으로 보인다.

24) *The Economist*, "A Survey of the World Economy" (2006.9.16).

25) 물론, 이 시기 세계경제의 성장이 중국의 노동력 공급 증대에 의해 완전히 설명될 수 있다는 뜻은 아니다. 이 시기 세계는 정보통신 기술혁명의 혜택도 함께 입었으며 금융기법의 발전도 세계경제의 성장을 뒷받침한 것으로 평가된다.

〈그림 5〉 전 세계 GDP 변화(1980~2008)

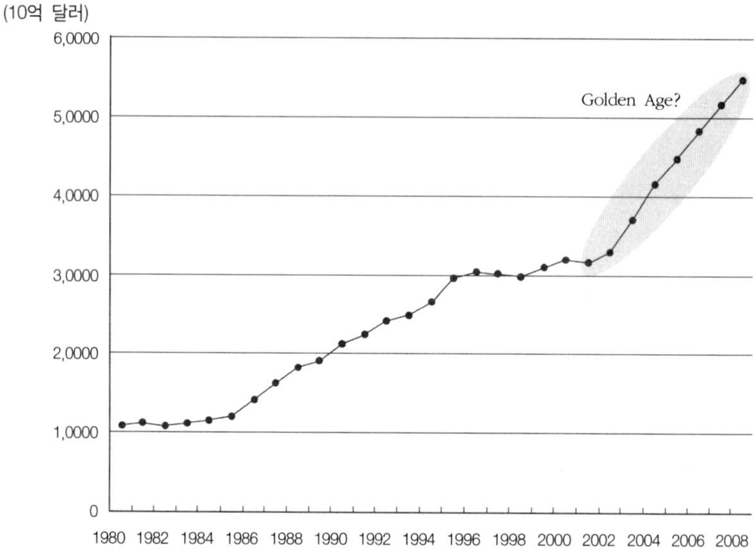

참고: IMF가 제공하는 180개 국가의 명목 GDP를 당해연도 대미달러 환율로 환산하여 합한
    값. 동구 러시아 체제전환국들의 전환 이전(주로 1980년대) GDP통계가 누락되어 있
    어, 이들의 체제전환 이전인 1980년대의 전 세계 GDP는 위 그림보다 일정 정도 상향
    조정될 필요가 있음(단, 중국자료는 누락 없음). 2007, 2008년의 값은 추정치
자료: IMF World Economic Outlook Database 2007(www.imf.org)를 바탕으로 저자 계산

혁명기(1870~1913년)의 1.3%보다도 높은 것이었다.26) <그림 5>는 최근 전
세계 GDP의 가파른 성장을 보여준다.27)

   그러나 세계적 호경기가 각국의 각 계층에 공히 긍정적으로 작용한 것은
아니었다. 중국보다 앞선 국가의 노동집약적인 전통산업들은 중국발 경쟁압
력 속에서 구조조정과 생산기지 해외이전 등을 경험해야 했다. 또한 중국의
대규모 노동인력이 세계 시장경제체제 안으로 편입되는 이른바 노동력 공급

---

26) *The Economist*, "A Survey of the World Economy."
27) 단, 최근 미국달러의 약세가 달러표시 전 세계 GDP를 보다 크게 보이도록 했을 수
    있으므로 이에 대한 주의가 필요하다.

쇼크 속에서 세계 여러 나라의 단순 노무직에 대한 보수는 하방 조정 압력을 받게 되었다.28) 그 결과 세계경제 호경기 속에서도 여러 나라 중하위 노동계층들의 소득은 정체되는 현상이 빚어졌다. 이와 같이 볼 때, 최근 여러 나라에서 관찰되는 빈부격차의 심화에 '중국효과(China effect)'도 일정정도 작용하고 있음을 추론할 수 있다.

세계 시장경제체제에 편입과 함께 고도성장하는 중국이 세계경제에 미치는 영향은 이뿐만이 아니었다. 널리 알려진 바와 같이, 중국의 에너지 고소비형 중화학공업 성장은 전 세계의 에너지와 원부자재에 대한 막대한 수요를 창출해 이들의 가격상승을 촉발하였다. 일례로 2001년~2005년 중 전 세계 석유수요 증가의 약40%는 중국에 의한 것이었다.29)

반면, 중국의 값싼 노동력과 토지가 국내외 자본과 결합하여 만들어 내고, 중국을 넘어 전 세계에 수출되고 있는 중국산(Made in China) 제품들은 소비재 부문의 가격안정을 이뤄내는 공헌도 하였다. <그림 6>은 21세기 들어 주요 선진국들의 소비자물가 상승률이 낮은 수준에서 안정되었음을 보여준다. 실제로 중국이 미국으로 수출한 제품의 수출량을 고려한 가중 평균 가격지수는 1997년을 기준(1.00)으로 할 때, 2005년에는 0.87로, 13%나 낮아진 것으로 나타난다.30) 중국이 미국으로 수출한 제품이 하이테크화하였음을 감안하면 가격지수의 하락은 더욱 극적이다.31)

요컨대 중국은 생산재 분야의 물가 상승과 소비재 분야의 물가 하락을 촉진한 요인으로 작용하였다. 경제학적으로 '대형국가(large economy)'는 '해

---

28) 중국발 노동력 공급 쇼크는 생산요소 부존에서 노동-자본의 균형을 깨뜨려 상대적으로 희소해진 자본의 보수가 더욱 커지게 하는 효과가 있었을 것으로 추정된다. 그러나 같은 시기 자본량이 증가하거나 (정보통신 기술혁명 등의 힘을 입어) 자본의 회전속도가 빨라졌다면 실제 노동-자본 간의 상대적 희소성 변화는 크지 않았을 수도 있다.

29) S. Eslake, "The rising price of oil and its economic consequences," *Presentation to Premier of Victoria Business Advisory Network* (Melbourne: ANZ Bank, 2005).

30) M. Amiti and C. Freund, "China's Export Boom," *Finance & Development*, Vol.44, No.3(2007), www.imf.org/external/pubs/ft/fandd/2007/09/amiti.htm

31) 중국 수출의 하이테크화에 관해서는 다음을 참조할 것. 은종학, "중국 내 환경변화와 외자기업의 전략: 산업고도화에 대한 대응," pp.129-165.

〈그림 6〉 주요국의 소비자물가 상승률(1980~2006)

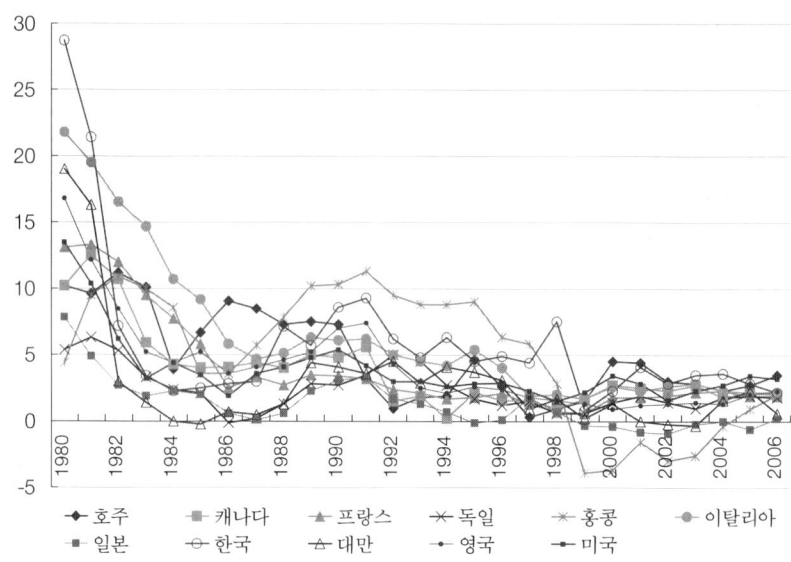

자료: IMF World Economic Outlook Database 2007(www.imf.org)

당국의 행위가 세계 물가에 영향을 미치는 국가'로 정의할 수 있는데, 생산
재와 소비재 물가에 영향을 미친 중국은 분명히 대형국가로서, 종전 동아시
아 4마리 용 등 소형국가와는 확연히 구별됨을 알 수 있다. 물론 상반되는
두 가지 가격효과는 서로 상쇄되어 최근 수년간 세계물가는 대체로 안정세
를 이루는데 그쳤지만,32) 대형국가로서 중국의 행위는 중동, 러시아, 라틴아

---

32) "중국으로 인해 전세계에 '건전한' 정도의 디플레 압력이 발생하였는데 이를 고려하
지 못한 미국 등 여러 국가의 중앙은행이 1990년대 말 이후 경기침체를 과장되게
인식, 이자율을 이상적인 수준보다 더욱 낮춤(주로 2004년 이전)으로 인해 전세계적
유동성 과잉이 심해지고 자산 버블이 형성되었다"는 주장이, 최근까지 미국 연방준비
제도이사회 의장을 맡았던 그린스펀에 대한 비판으로 제기되고 있다. *The Economist*,
"Economics focus: Tangled reins" (2007.9.8) 참조할 것. 비판론자들은 세계 각국의
부동산 등 자산 버블의 이면에 중국효과, 더 정확하게는 중국효과를 인식하지 못한
정책 담당자들의 실정이 있었다고 보고 있다.

메리카, 캐나다 등 자원부국의 상승을 뒷받침거나 이들 국가의 산업 비중을 변화(예컨대 캐나다의 경우, 축소되던 1차 산업비중이 다시 높아짐)시키는 한 가지 힘으로 작용하기도 하였다. 더 나아가 에너지·자원에 대한 대규모 수요가 중국과 같은 대형국가에서 신규 발생함으로 인해, 기존 에너지·자원의 국제가격이 상승할 뿐 아니라, 향후 기존 에너지·자원의 '절대적' 부족에 대한 우려가 현실화함에 따라, 대체 에너지원으로의 이행과 그에 필요한 기술혁신도 촉진되고 있는 것으로 보인다.[33]

앞서 2절에서 우리는 중국의 부상이 다국적 기업이 상당한 역할을 수행하는 세계경제체제 틀 속에서 촉진된 것임을 확인하였고 본 절에서는 중국의 부상이 세계경제에 상당한 영향을 미치고 있음을 보았다. 이를 종합하면, 중국과 세계경제는 '공동 진화(co-evolution)'의 과정을 겪고 있음을 알 수 있다.

그런데 그 '진화'는 본질적으로 지속적 변화의 가능성을 내포한다. 실제로, 최근 중국은 저부가가치, 노동집약적 공정에만 머물지 않고 가치사슬을 따라 상향 이동하기 위해 노력하고 있으며, 그와 같은 변화가 보고되고 있다.[34] 일례로, 현재 동아시아 역내 분업체제에서 중국과 일본/한국/대만의 관계는 대체로 중국이 가치사슬과 기술수준에서 하위를 차지하는 수직적 분업이라 할 수 있으나, 최근 들어서는 기업들이 중국에 보다 고기술·고부가

---

33) 중국의 에너지 및 자원 수요는 종전 선진국에서 갖고 있던 일부 산업이 중국으로 이전되면서 증가한 것이므로, 중국의 수요를 세계적 수준에서 모두 신규수요로 보는 것은 정확하지 않다. 하지만 중국이 세계경제체제에 편입됨으로써 세계 유수 기업들은 그들의 생산을 세계적 차원에서 보다 최적화할 수 있게 되었고 이것이 중국의 부상과 함께 세계경제 전반의 성장을 촉진하는 과정에서 벌어진 것이므로 완전한 '수요의 이전'으로 보는 것은 더더욱 적절치 않다. 중국 수요로 인한 에너지·자원 절대적 부족에 대한 우려는 비록 인식상의 과장이 있을 수 있다하더라도, 그것이 새로운 에너지원 개발 및 관련 기술혁신을 촉진시키는 실질적 힘으로 작용하는 것으로 판단된다. 체르노빌 사태 이후 정체됐던 원자력 에너지에 대한 관심이 최근 다시 고조되고 있는 것은 원자력 관련 기술의 개선과 함께, 중국과 같은 대형 개발도상국의 막대한 에너지 수요가 가하는 압력에 의한 것이라 해석할 수 있다. *The Economist*, "Nuclear Dawn," (The Economist Technology Quarterly)(2007.9.8)를 참조할 것.
34) 중국의 기술혁신 전략에 관해서는 은종학, 『중국의 기술추격전략 변화: 배경과 시사점』(서울: 대외경제정책연구원: 2006)을 참조할 것.

가치 공정을 배치하는 경우도 생겨나고 있다. 이는 다국적 기업 본국(예컨대 한국)에서의 생산공정이 복잡한 이해관계와 관행 및 제도에 의해 고착(lock-in)돼 있어 기업이 필요한 혁신을 도입하지 못하는데 반해, 압력집단과 기존 관행 및 제도에 의한 구속이 상대적으로 적은 중국에 혁신을 도입하는 것이 오히려 더 쉬울 수 있다는 것이 그 한 가지 원인으로 지적된다. 그리고 이러한 현상은 구축된 지 얼마 되지 않았다 하더라도 동아시아 역내 분업체제 및 국제 분업체제가 머잖아 또 한 번의 질적 변화를 겪을 수 있음을 보여주는 것이다.

IV. 세계경제체제 속 중국의 역할과 그 진화

2절과 3절에서 우리는 '중국의 고도성장을 촉진하고 또한 한계 지우는 세계경제체제'와 '중국이 세계경제에 미치는 영향'에 대해 각각 살펴보았다. 이상의 논의를 바탕으로, 본 절에서는 세계경제체제 속에서 중국이 수행하고 있는 역할을 평가하고, 그 역할 자체의 진화에 대한 전망을 추가하고자 한다.

종전 중국은 선발국들의 한계기업을 받아들였고, 최근에는 해외에서 중간재 및 핵심부품을 수입해 이를 가공, 조립, 완성하여 다시 해외에 수출하는 역할, 다시 말해 세계 제조업의 중계 고리 역할을 담당하고 있다. 그 덕택에 2007년 중국은 수입과 수출에서 각각 세계 3위와 세계 2위의 무역대국의 자리에 올랐으며, 80%가 넘는 매우 높은 무역의존도(GDP 대비 수출입총액)를 기록하였다. 이 같은 무역의존도는 미국, EU, 인도 등 여타 대형국가들에 비해 매우 높은 수준이다(2005년 미국의 무역의존도는 21.2%). 물론 최근 세계화의 진척에 따라 전 세계적으로 무역의존도가 높아진 게 사실이지만, 중국의 무역의존도 증가는 타국에 비해 크게 두드러진다(<그림 7> 참조).

이처럼 중국은 제조업 혹은 실물부문에서 세계적 중계 역할을 수행하고 있다고 해도 과언이 아니다. 그런데 중국의 중계역할은 실물부문에만 국한

〈그림 7〉 중국과 전 세계의 무역의존도

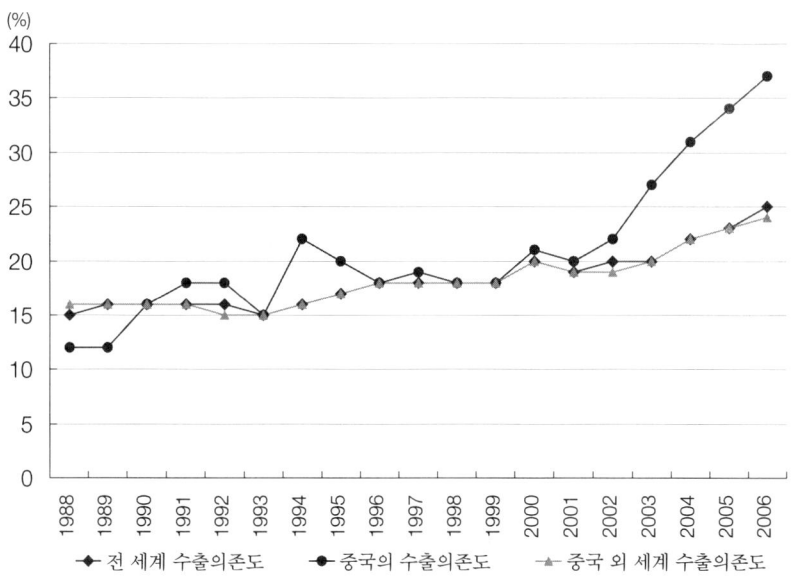

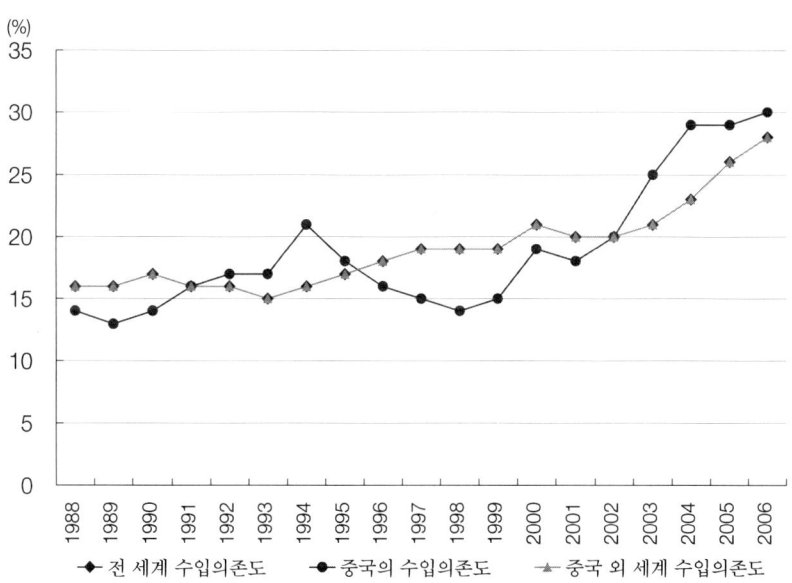

〈그림 8〉 자본 유입: 외국인직접투자와 외환보유고

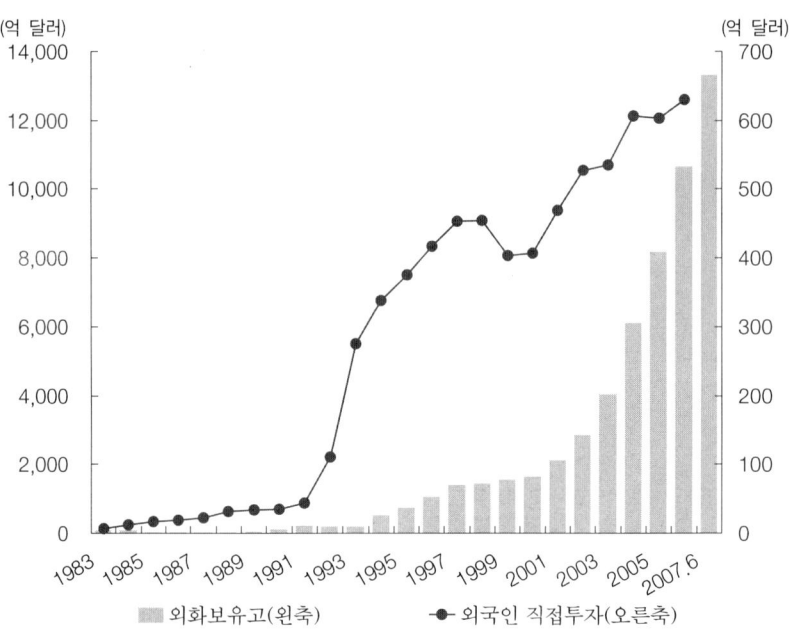

자료: 한국무역협회

되는 것이 아니다. 중국은 세계 자본흐름에 있어서도 점점 중요한 중계역할을 맡고 있다. 중국은 대규모 무역흑자뿐 아니라 세계 최고 수준의 해외 직접투자 및 포트폴리오 투자유치를 통해 현재 외환보유고가 1조 5천억 달러(세계 1위)를 넘어섰다(〈그림 8〉 참조). 한편 중국은 막대한 외환보유고를 미국 재무성 채권에 투자함으로써 아이러니하게도 세계 최대의 자본 부국에 자본을 공급하는 역할을 담당하고 있다. 또한 중국 정부는 국내 유동성 관리 차원에서 기업과 기관, 개인의 해외투자를 확대하는 정책을 펴가고 있다. 다시 말해, 세계 자본흐름에 있어서 중국은 주요 자본유입국이자 자본유출국으로서 세계 자본흐름의 점차 중요한 중계지가 되고 있다.

요컨대 중국은 세계경제의 '실물생산'뿐 아니라 '자본흐름'에 있어서까지 중요한 중계 기능을 담당하고 있다. 다시 말해 중국은 세계경제에서 '다중적 (多重的) 의미의 중계지'로 기능하고 있는 것이다. 그런데 세계경제체제 속에서 중국이 담당하는 중요한 다중적 중계기능은 아이러니컬하게도 중국경제의 '불완전성'과 '미성숙'을 기반으로 하고 있다.

수출액과 수입액이 동조적으로 크게 늘어나는 것 중 중요한 한 가지 이유는 동아시아 역내 분업체제 혹은 글로벌 생산 네트워크 속에서 선진 외국과 중국 간에 산업 내 수직적 무역구조가 형성돼 있기 때문인데, 앞서 언급한 바와 같이, 중국이 역내 혹은 세계 생산체제 속에서 현재 맡고 있는 부분은 부가가치 생산의 말단 고리인 경우가 많다. 이는, 제조업 생산에 있어 중국이 세계적 중계기능을 맡고 있는 이면의 사정은 중국의 기술수준이 낮아 핵심부품과 설비 등을 해외에 크게 의존하고 있음을 보여주는 것이기도 하다. 물론 이와 같은 사정은 최근 중국 내 기업들이 부품과 설비를 중국 내에서 조달하는 비중을 높여감에 따라 점차 희석되고 있으며, 중국이 현재의 발전단계에서 비록 부가가치가 낮은 공정을 떠맡더라도 세계적 분업체제에 적극 참여하는 것이 기술역량의 점진적 축적에 도움이 되리란 점에서 긍정적인 측면이 크다. 하지만, 적어도 현재 중국의 제조업 생산 혹은 실물부문의 세계적 중계 역할은 중국의 불완전성과 미성숙을 반영하는 것이다.[35]

무역이 중국경제에서 차지하는 중요성을 보여주는 높은 무역의존도(<그림 7> 참조) 역시 일정 부분 중국의 불완전성에서 기인한다. 높은 무역의존도는, 부분적으로, 중국 정부가 의외로 크지 않은 내수시장을 보완하고 고용을 창출하기 위해 수출지향형 정책을 추구하면서 생겨난 것이다. 그런 만큼, 중국의 높은 무역의존도 특히 수출의존도(수출이 GDP에서 차지하는 비중)는 국내 소비시장의 미성숙을 보여주는 것이기도 하다. 실제로 중국 내수시장은 방대한 인구규모에도 불구하고, 소득계층 구조상 (특히 과거 동아시아 국가들에 비해) 중산층이 취약하며, 개혁과정에서 교육·의료·주택과 같은 핵심적 서비

---

35) 같은 맥락에서, 중국이 추후 더 높은 기술역량을 확보해 부품과 설비에 대한 대외 의존도를 줄인다면 제조업 생산 부문에 있어 중국이 맡고 있는 중계 기능은 오히려 약화될 수 있음을 시사한다.

스가 민영화되고 인구 노령화가 진행되면서 '미래대비형' 저축이 크게 늘어 소비가 상대적으로 제한적으로 늘어나고 있다. 다시 말해 중국의 높은 대외 의존도, 상대적으로 작은 내수시장은 중국경제가 '불완전한' 대국경제임을 의미하는 것이기도 하다. 실제로 많은 다국적 기업들은 중국을 '방대한 내수 시장'으로 개척하기보다는 '저렴한 생산요소시장'으로 활용하고 있다.36)

중국의 자본흐름 중계 역할 역시 부분적으로 중국 내수소비의 미성숙을 바탕으로 하고 있다. 우선 자본의 유입(capital inflow) 측면에서, 막대한 무역 흑자는 근본적으로 중국의 저축이 과도하게 많은데서(혹은 소비가 과도하게 적은데서) 기인하는 것이다. 아래 식1은 국민소득 항등식이고, 식2는 저축에 대한 정의식이다. 식1을 식2에 대입해보면, 무역수지 흑자(즉, X-M)는 투자 를 상회하는 과잉저축, 혹은 과소소비에서 기인하는 것임을 알 수 있다.37)

$$Y = C + I + G + (X - M) \qquad - \text{식 } 1$$
$$S = Y - (C + G) \qquad - \text{식 } 2$$
$$S = I + (X - M) \qquad - \text{식 } 3$$

Y: 국민소득, C: 민간소비, I: 투자, G: 정부소비, X: 수출, M: 수입, S: 저축

자본의 유출(capital outflow) 측면에서, 1인당 GDP가 2천 달러 수준인 중 국이 세계 최고의 선진국이라 할 수 있는 미국에 자본을 공급하고 있는 아 이러니는, 내수시장의 미활성화 뿐아니라 중국 투자금융의 미성숙에서 기인 하는 바도 있다. 즉, 중국 국내 투자가 정책적 제약, 제도적 미발달로 인해 제한되어 있고, 투자금융사의 투자기법이 미성숙하여, 연평균 GDP 성장률 이 11%를 넘는 자국 시장을 뒤로 하고, 미국의 재무성 채권과 같은 안전자 산을 선호함으로써, 자본이 미국에 공급되고 있는 것이다. 중국이 보유하고 있는 미 재무성 채권은 4,140억 달러(2007년 4월 기준)로 알려져 있다.38) 이

---

36) 지만수 외, 『중국의 산업고도화 및 기업성장의 현황과 시사점』.
37) 본고에서 '과잉'이란 경상수지 균형을 깨뜨리는 정도의 저축, 혹은 소비를 지칭한다.
38) *China Daily*, 2007.6.19.

밖에 중국은 최근 저위험 저수익의 미 재무성 채권뿐 아니라, 해외 고위험 고수익의 채권이나 기업 지분 인수까지 투자범주를 넓혀가고 있다.39) 이를 두고, 중국의 자본 공급이 미국인의 소비를 뒷받침하고 있다는 평가도 나오고 있는 것이다.40)

미국은 현재 중국과의 교역에서 막대한 무역적자를 기록하고 있으며(<그림 9> 참조), 자본 흐름에 있어서는 중국으로부터 순유입이 일어나고 있다. 이는 앞에서 논의한 바와 같이 근본적으로 중국의 '과잉저축'과 미국의 '과잉소비'가 빚어내고 있는 불균형이다. 그런데 여기서 유념할 필요가 있는 중요한 사실 하나는, 미국의 대 중국 무역역조는 두 나라만의 관계변화라기보다는, 일본, 한국, 대만 등 동아시아 국가들이 제조업 기지를 중국으로 이전해 동아시아 역내분업을 통해 제품을 생산하고 이를 미국으로 수출하는 새로운 패턴에 의해 상당부분 귀결된 것이라는 점이다. 중국의 대미 수출이 급속히 늘었지만, 동아시아 전체의 대미 수출이 미국의 수입에서 차지하는 비중은 상대적으로 안정적이란 바운(Bown)의 지적은 중국과 미국 양국만을 떼어 글로벌 경제 불균형(Global Imbalance)을 논하는 것은 부적절함을 시사하는 것이다.41) 바로 이러한 점이 1절에서 소개한 두 부류의 연구('글로벌 경제 불균형'에 초점을 맞추는 연구 vs. '글로벌 생산 네트워크'에 초점을 맞추는 연

---

39) 최근 미국 내 경제 불안을 촉발한 비우량주택담보대출(sub-prime mortgage loan) 부실 사태와 관련해 중국은행들의 손실 규모가 주목을 받고 있다. 중국은행(Bank of China)은 약 100억 달러에 달하는 해외 투자자산이 미국 비우량주택담보대출과 관련돼 있는 것으로 알려지면서 중국의 해외투자 부실에 대한 우려도 일고 있다. *Financial Times*, 2007.8.24; *The Economist*, 2007.9.1.

40) 단, 중국이 미 재무성 채권에 대규모로 투자함으로써 미국의 이자율을 낮은 수준에서 유지하고 이것이 다시 미국인의 왕성한 소비를 뒷받침한다는 주장의 핵심적 고리인 중국의 대미 채권 투자가 미국의 이자율에 미치는 영향에 관한 일부 실증연구는 그 정도가 크지 않은 것으로 나타나 위와 같은 주장에 과장이 없도록 주의를 기울여야 할 것이다. 위와 같은 실증연구로 다음을 참조할 수 있음. Oxford Economics and the Signal Group, The China Effect: Assessing the Impact on the US Economy of Trade and Investment with China, *The China Business Forum* (2006).

41) C. Bown, et al., "The U.S. trade deficit: Made in China?" *Economic Perspectives* (2005), http://yaleglobal.yale.edu/about/pdfs/UStrade.pdf.

〈그림 9〉 미국의 대중무역(1985~2007)

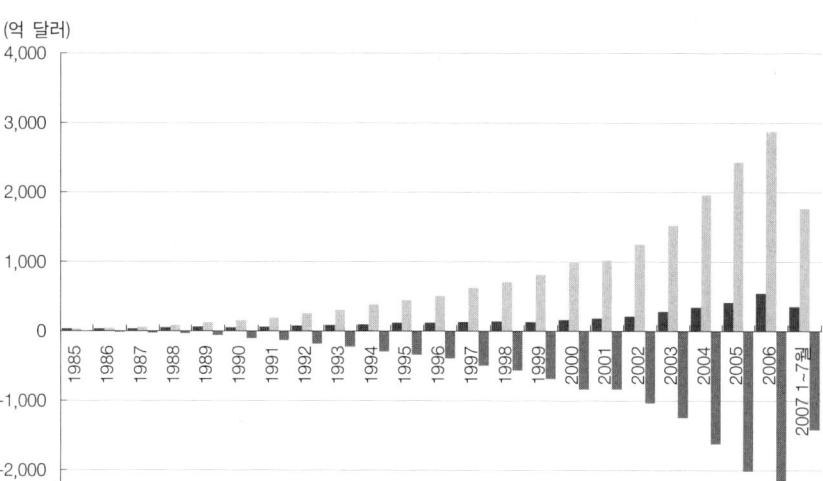

자료: 미 상무부, 센서스국, www.census.gov/foreign-trade/balance/c5700.html

구)가 상호 대립하기보다는 내적으로 긴밀히 연결되어야 함을 일러주는 것
이다. 또한 국경을 기준으로 구분되는 국민경제를 단위로 하는 논의의 유효
성이 적어도 과거에 비해 낮아졌음을 웅변하는 것이기도 하다.

　이상의 논의는, 중국이 담당하고 있는 실물과 자본 흐름의 세계적 중계
역할은 중국경제의 불완전성과 함께 중국경제와 세계경제 간의 상호의존 위
에서 지탱되고 있음을 보여준다. 그리고 중국경제의 불완전성 및 미성숙의
요체는, (1)핵심 부품을 해외에 의존하는 중국의 기술역량 부족, (2)내수시
장의 미(未)활성화, (3)국내 투자금융시장 및 관련 기관의 미성숙이다. 그리
고 이로부터 도출 가능한 중요한 시사점은, 중국경제가 그러한 불완전성과
미성숙을 점진적으로 보완해 가는 과정에서 중국의 역할과 중국-세계경제
간의 상호의존 패턴이 바뀔 수 있다는 점이다. 중국이 담당하고 있는 다중적

중계 기능은 그 자체가 고정된 것이 아니라 지속적으로 변화, 진화하고 있는 것이기 때문이다.

첫째, 중국의 기술수준이 향상되면, 중국이 부가가치 사슬 말단에서 단순 조립을 맡고 여타 선진국이 부가가치 사슬 상위에서 하이테크 공정을 맡는 수직적 분업체제는 재편될 가능성이 있다. 종전 국내 경제계의 중국기회론이 부분적으로 국내 유수 기업이 중국 내 지사 혹은 중국기업과 수직적 분업체제를 구축함으로써 전체적으로 기업 효율성을 높일 수 있었던 데 착안한 것임을 감안하면, 중국의 진화는 중국기회론의 유효성 역시 변화시킬 수 있는 것이다. 물론 이와 같은 사정은 한국에만 해당하는 것이 아니고 중국의 진화 과정에 상당한 시간이 소요될 수 있지만, 미국, 일본 등 선진국에 비해 한국은 중국과의 기술격차가 상대적으로 작다는 점에서 중국의 진화에 따른 기회의 소멸은 더욱 빠르고 직접적으로 다가올 가능성이 크다.42)

둘째, 중국의 내수시장이 본격적으로 활성화되면 그것은 새로운 기회일 수 있다. 중국은 인구고령화 추세 속에서도 1990년대 후반 이래 주택, 교육, 의료, 양로 등 사회보장부문을 시장화 개혁함으로써 개인은 미래대비형 저축을 늘려왔다. 이와 같은 이유로 내수부문의 (해외 수요에 비해) 상대적 위축이 있었는데, 미국 등 선진국의 경기후퇴로 해외 수요가 위축될 경우 중국의 수출 증가세는 둔화될 것이며 중국 정부가 내수를 부양하는 정책을 쓸 경우 내수 소비의 증가폭은 커질 수 있다. 비록 그와 같은 정책이 아니더라도 최근 중국 내 사회보장체제의 개혁 진전과 소득증대로 중국의 내수 소비 증가폭이 커지고 있어, 장차 중국이 해외수요에 의존하던 기존의 성장모델을 부분적으로나마 수정해 내수를 기반으로 성장할 가능성도 열리고 있다.

셋째, 중국 내 투자금융시장과 관련 기관이 보다 선진화되고 내수시장이 활성화되면 중국으로 흘러든 자본이 미국의 재무성 채권 투자로 재유출돼

---

42) Li는 중국의 추가적 실력배양과 동아시아 역내의 생산 네트워크의 진화에 따라 이 지역 내 무역 연계(trade link)는 향후 감소할 수도 있을 것이라고 주장한다. C. Li, "China's Growing External Dependence," *Finance and Development,* Vol.44, No.3 (2007).

미국의 과잉소비를 뒷받침하는 정도는 줄어들 수 있다. 한편 중국의 단계적 해외투자 규제 완화 속에서 '차이나 머니'가 해외에 흘러 나와 각국 자산시장에서 중요한 역할을 할 가능성 또한 높다.43) 이 경우, 지리적으로 인접해 있으며 제도·문화적으로 가까운 동아시아 국가가 받게 될 영향은 다른 어느 지역보다 클 것으로 전망된다.

사실 중국이 현재의 불완전성과 미성숙을 얼마만한 기간에 걸쳐 어떤 방식으로 극복하느냐에 따라 각국이 경험할 내용은 크게 다를 수 있으며, 현재로서 그를 정확히 예측하는 것은 불가능해 보인다.44) 다만 분명한 것은, 멈춰 서 있지 않은 중국의 동태적 진화 속에서 과거 중국이 세계경제에 제공했던 기회와 공헌, 그리고 세계경제와 함께 호흡했던 패턴은 향후 달라질 수 있다는 점이다. 또한 중국위협론이든 중국기회론이든 정태적(靜態的) 시각은 유효하지 않음을 의미하는 것이다.

한편 중국의 고도성장이 세계경제체제와의 공동 진화(co-evolution) 속에서 이뤄졌던 것을 상기하면, 향후 중국의 진화는 각국에 변화를 강제할 가능성이 있으며 그 과정이 비록 '세계경제의 불균형'이 완화되는 방향일지라도 순조로운 '균형 상태로의 회복'이 아닌 버거운 경쟁압력 증대와 또 한 번의 힘겨운 구조조정이 될 가능성도 있다. 요컨대 중국의 진화는 앞서 3절에서 살펴봤던 종래의 중국효과(China effect)와 다른 성격의 새로운 중국효과, 즉 '신 중국효과(New China effect)'를 세계경제에 가져올 수 있을 것이다. 일례로 2007년 하반기 이래 중국의 소비자 물가상승률이 크게 높아졌는데, 비록 다소 우발적 요인에 의해 증폭된 것이라 하더라도, 종전에 중국이 세계 물가안정, 심지어 일정 수준의 디플레이션을 유발해 오던 효과는 향후 반전될 가능성이 있음을 시사하는 것으로 판단된다.45) 최근 들어 중국제품의 세계

---

43) 2007년 9월 중국은 자본금 2천억 달러의 중국투자공사(CIC)를 출범시켰다.
44) 현재 중국경제가 안고 있는 불완전하고 미성숙한 부문 중 단기-중기-장기에 걸쳐 어떻게 개선될 것이며, 그에 따라 어떠한 진화과정을 거쳐 갈 지는 향후 중요한 관찰대상이다.
45) 최근 중국에 청이병이 돌아 돼지고기 공급이 크게 줄어들었고 2007년 8월 돼지고기

시장 포화 정도가 높아지고[46] 중국을 뒤이을 제조업 생산 중심국가의 부상이 잘 이뤄지지 않는 가운데 중국의 식료품과 노동 임금 상승에 따라, 중국발 인플레이션이 발생할 가능성마저 있기 때문이다.[47]

V. 요약 및 결론

본고는 '중국위협론'이나 '중국기회론'과 같은 단순하고 정서적인 평가를 넘어, 중국의 고도성장을 가능케 했던 세계경제체제를 분석하는 한편, 중국이 세계경제에 미친 영향을 분석하였다. 이를 통해 중국경제의 고도성장과 세계경제체제가 쌍방향의 영향을 주고받았을 뿐 아니라 상호의존 속에서 공동 진화하고 있음을 논증하였다.

특히 과거 일본이나 동아시아 소형경제 국가와 구별되는 중국경제 성장의 특성과 구조로, 중국 고도성장에 외래 경제주체가 상당한 역할을 수행하였음과, 중국을 둘러싼 동아시아 지역에 수직적 역내 분업체제가, 더 넓게 세계 공간에는 글로벌 생산 네트워크가 형성되어 있음에 주목하였다. 그리고 글로벌 생산 네트워크의 형성은 중국이 개혁개방과 함께 대규모 노동력을 세계 시장경제체제 속에 편입시킴에 따라 가속화되었고 이를 통해 각국의 많은

가격이 49.0%나 올라 소비자 물가상승을 주도했다. 『한국경제신문』, 2007년 9월 12일.

46) 중국산 제품의 전 세계 시장 포화와 관련 상승추세에 대해서는 이견이 없으나, 그 정도에 대해서는 이견이 많다. 즉, '중국산 제품이 침투할 수 있는 전 세계 시장은 이미 중국산 제품이 점령하였기 때문에 중국 내 요인에 의해 중국산 제품의 가격이 오르면 전 세계적 인플레이션이 불가피하다'는 시각과, '단순 조립 제품 외에 고기술·고부가 가치 제품시장에서 중국산 제품의 침투 정도는 아직 낮기 때문에, 중국이 기술수준 향상을 바탕으로 고기술·고부가가치 제품시장에서 선진국에서 만들어진 값비싼 제품을 중국산으로 대체하기 시작하면, 이로 인해 국제물가는 더욱 하방압력을 받을 수 있다'는 시각이 대립하고 있다.

47) 물론 철강 등 중간재 시장에서 중국의 과잉설비가 국제시장 가격에 하방압력을 가하는 분야도 있어 중국발 인플레이션의 발생을 단언하기는 어려워 보인다. *International Herald Tribune* 2007.6.10; *Financial Times* 2007.9.28.

기업들이 효율성을 제고할 수 있었음을 지적하였다. 21세기 초반 세계경제의 가파른 성장은 적어도 일정 부분 중국효과에 의한 것임을 주장하였다.

본고는 또 세계경제 속에서 중국이 실물흐름과 자본흐름 면에서 중요한 중계역할을 하고 있음을 지적하였으며, 특히 그러한 중계역할이 사실은 중국의 기술, 내수시장, 투자금융 부문에 있어서의 불완전성과 미성숙에 기인하는 바가 큼을 논증하였다. 또한, 중국이 이러한 불완전성과 미성숙을 향후 점진적으로 극복하는 과정에서 세계경제는 새로운 중국효과를 경험하게 될 것이며 그것이 비록 교과서적인 '균형'상태에 근접하는 것이라 하더라도 그 과정은 반드시 순조롭기보다는 힘겨운 구조조정일 수 있음을 지적하였다.

본고는 중국의 고도성장을 단일 국가의 부상(浮上)이라기보다는 세계경제 체제와 '공동 진화(co-evolution)'하는 과정에서 나타난 현상으로 이해하였다. 그리고 동아시아 역내 분업체제 혹은 글로벌 생산 네트워크라는 관점에서 중국경제를 이해하는 경우에도, 중국과 한국, 중국과 세계의 관계가 고정적이지 않고 지속적으로 진화하기 때문에, 현재 한측(예컨대 부가가치 사슬 상위를 차지하는 선진국)에게 유리한 구도가 형성돼 있다하더라도 그것이 새로이 재편될 수 있음에 주목할 필요가 있다고 지적하였다. 이는 동아시아 지역 특히 중국 경제의 매우 역동적인 변화에서 기인하는 것이며 동태적 변화를 수용하지 못하는 인식의 틀은 진부함을 웅변한다. 그리고 이와 같은 상황에서 한국 정부와 기업의 정책적·전략적 대응은 '동태적 경쟁우위' 구축에 초점을 맞추어야 할 것이다.

참고문헌

〈국문자료〉

산업연구원 외.『중국경제의 부상과 한국의 정책대응』. 서울: 대한상공회의소, 2004.

산업은행.『한중일 주요산업의 기술경쟁력 분석』. 서울: 산업은행 산업기술부, 2004.

신현수·이원복.『한중일 제조업 경쟁력의 비교 분석과 정책적 시사점』. 서울: 산업연구원, 2003.

양평섭.『무역특화지수로 본 중국의 산업발전단계 변화와 시사점』. 서울: 대외경제정책연구원, 2007.

은종학. "중국 과학기술역량의 재고: 新슘페터리안 관점."『중소연구』, 통권 114호, 제31권 제2호, pp.83-116. 2007.

_____. "중국 내 환경변화와 외자기업의 전략: 산업고도화에 대한 대응." 박월라 외.『중국의 비즈니스환경 변화와 외자기업의 대응전략』. 서울: 대외경제정책연구원, 2006. pp.129-165.

_____.『중국의 기술추격전략 변화: 배경과 시사점』. 서울: 대외경제정책연구원, 2006.

지만수 외.『중국의 산업고도화 및 기업성장의 현황과 시사점』. 서울: 대외경제정책연구원, 2005.

한국산업기술재단.『중국의 산업·기술 경쟁력 분석』. 서울: 한국산업기술재단, 2006.

〈영문자료〉

Amiti, M., and C. Freund. "China's Export Boom." *Finance & Development*, Vol.44, No.3, www.imf.org/external/pubs/ft/fandd/2007/09/amiti.htm, 2007.

Bown, C. et al. "The U.S. trade deficit: Made in China?" *Economic Perspectives,* http://yaleglobal.yale.edu/about/pdfs/UStrade.pdf, 2005.

Ernst, D. "Pathways to Innovation in the Global Network Economy: Asian Upgrading Strategies in the Electronics Industry." *East-West Center Working Papers.* 2003.

Eslake, S. "The rising price of oil and its economic consequences." *Presentation to Premier of Victoria Business Advisory Network.* Melbourne: ANZ Bank, 2005.

Eun, J.-H., and Keun Lee. "Is an Industrial Policy Possible in China?" *Journal of International and Area Studies,* Vol.9, No.2, pp.1-21. 2002.

Fuller, D. "Adversaries and Partners: The Impact of the Cross-Strait Economic Relationship on the Development of the Taiwanese and Chinese Economies." Stanford University: Shorenstein APARC Research Seminar, http://iis-db.standford.edu/evnts/4426/Adversaries_and_Partners.pdf, 2006.

Huang, Y. *Selling China: Foreign Direct Investment during the Reform Era.* Cambridge University Press, 2005.

Kuwahara, S. "Empirical Analysis of the Trade Structure Changes in East Asia under Modularization of Product Architecture." *RIETI 2006/11 Research & Review,* www.rieti.go.jp, 2006.

Li, C. "China's Growing External Dependence." *Finance and Development,* Vol. 44, No.3. 2007.

Lieberthal, and Lieberthal. *Harvard Business Review on Doing Business in China.* Harvard Business School Press, 2004.

Maddison, A. *The World Economy: Historical Statistics.* Paris: OECD, 2003.

Naughton, Barry. *The Chinese Economy: Transitions and Growth.* Cambridge: The MIT Press, 2007.

Nolan, P. "China and the global business revolution." *Cambridge Journal of Economics* 26, pp.119-137. 2002.

OECD, Science. *Technology and Industry Scoreboard 2005.* Paris: OECD, 2005.

Oxford Economics and the Signal Group. The China Effect: Assessing the Impact on the US Economy of Trade and Investment with China, *The China Business Forum.* 2006.

Rodrik, D. "What's So Special about China's Exports?" *NBER Working Paper*

No.11947. 2006.

Schott, P. "The Relative Sophistication of Chinese Exports." *NBER Working Paper,* No.12173. 2006.

Shenkar, O. *The Chinese Century: The Rising Chinese Economy and Its Impact on the Global Economy, the Balance of Power, and Your Job.* New Jersey: Wharton School Publishing, 2006.

〈언론보도〉

『한국경제신문』, 2007.9.12.

China Daily, 2007.6.19.

Financial Times, 2007.8.24, 2007.9.28.

International Herald Tribune, 2007.6.10.

The Economist, 2006.9.16, 2007.9.1, 2007.9.8.

제5장

대만문제와 동아시아 평화

문흥호(文興鎬)

I. 서론

19세기 말 이후 현재에 이르기까지 대만문제의 생성, 변화 과정은 거의 예외 없이 중국대륙 정권의 흥망성쇠와 밀접하게 연계되어 있다. 즉 청조로부터 국민당, 공산당에 이르는 각 정권의 부침과 그로 인한 중국의 대내외적 영향력 변화는 대만문제의 성격과 대만의 정치적 지위에 직접적인 영향을 미쳤다. 중국대륙 정권의 대내외적 역량이 대만문제의 변화에 결정적 요인이었던 이유는 대만문제의 시발점이 청조의 패전에 따른 대만의 일본 할양이었고, 그 이후의 변화 역시 중국대륙 정권이 대만문제와 직결된 동아시아의 역학관계 변화 과정에서 얼마만큼 주도적인 역할을 할 수 있었는가에 달려 있었기 때문이다.

한편 1971년 중화인민공화국이 중화민국을 대신하여 중국을 대표하는 유일 합법정부로서의 지위를 획득하고 대만은 중국의 불가분한 일부분이라는 '하나의 중국'이 국제사회의 보편적인 원칙으로 승인된 이후에도 대만문제가 동아시아의 민감한 사안으로 잔존해 온 이유는 무엇보다도 대만문제가 중국과 국제사회, 특히 중국과 미국의 불완전한 정치적 타협의 산물이라는 점 때문이다. 즉 중국과 미국은 문제의 본질과 해결방안에 대한 근본적인 인식 차이를 유보한 채 형식적 합의를 이루었기 때문에 각자의 전략적 의도와 능력, 역학관계 변화에 따라 불완전하게 봉합된 대만문제가 갈등, 대립요인으로 작용할 수밖에 없었다.

최근 대만문제가 동아시아 안보의 불안정 요인으로 부각되고 있는 것도 대만문제가 안고 있는 이러한 불완전성, 가변성에 기인한다. 다만 과거의 변화 양상과 다른 것이 있다면 중국의 부상이 주요 변수로 등장하면서 대만문제를 둘러싼 이해당사국의 역학관계와 전략적 의도가 보다 역동적으로 변화하고 있다는 점이다. 이를 보다 구체적으로 살펴보면 첫째, 중국이 '종합국력'의 대대적인 증강을 바탕으로 대만문제에 대한 정치·경제·군사적 영향력을 강화하고 '일국양제(一國兩制)'에 의한 양안의 통일을 적극 도모하고 있다. 즉 중국은 구호로서의 통일에서 점차 실천으로서의 통일 가능성을 다각적으로 검토하고 있다. 둘째, 미국이 중국의 부상을 견제하기 위한 효과적 대응 수단으로 대만문제에 보다 적극적으로 개입할 움직임을 보이고 있다. 물론 미국은 과거에도 '전략적 모호성'에 기초하여 중국식의 통일과 대만식의 독립을 모두 부정하는 이중정책을 고수함으로써 대만문제에 대한 실질적 통제력을 유지하여 왔지만 최근에는 자유 대만의 보호 그 자체보다는 중국의 팽창 제어라는 차원에서 대만문제를 보다 전략적으로 접근하고자 한다. 셋째, 일본이 정치·군사 대국화, 특히 중국과의 지역 패권경쟁 과정에서 대만문제를 이용하고자 한다. 보수 우경화된 일본 정치권의 입장에서 대만은 단지 잊혀진 과거의 식민지가 아니라 동아시아 패권국으로 재도약하기 위해 새로운 관계를 시작해야 할 대상이다.

이처럼 대만문제에 대한 각국의 전략적 변화와 그에 따른 주변 국제정세의 변화는 향후 동아시아의 전쟁과 평화의 중요한 변수로 작용할 것이다. 특히 대만문제의 핵심 당사자인 중국의 전방위적 부상과 이를 견제하기 위해 대만의 전략적 가치에 집착하는 미국, 일본의 정치·안보적 고려가 보다 구체화될수록 동아시아 안보 요인으로서 대만문제의 파급 효과는 더욱 증대될 가능성이 높다. 이러한 상황에서 미국, 일본은 대만문제가 '중국의 내정'이라는 형식적 논리와 함께 자신들이 유지해 온 내면적인 원칙을 보다 확대 적용하고자 할 것이며 이는 중국의 더욱 강경한 대응을 초래할 것이다.

결국 30년의 개혁개방 성과를 통해 명실 공히 21세기의 강대국으로 '굴기(崛起)'하고 있는 중국과 이를 제어함으로써 탈냉전 이후의 유일 패권적 지위를 고수하려는 미국, 그리고 정치·군사대국으로 거듭나기 위해 과거의 식민지 대만에 집착하는 일본에게 있어 대만문제는 결코 양보할 수 없는 중대한 사안이다. 이는 곧 중국의 부상과 강대국화가 한편으로 대만문제 해결에 대한 중국의 의지와 실질적 능력을 제고시켰음에도 불구하고 다른 한편으로 대만문제에 대한 미국, 일본의 전략적 개입과 간섭을 증대시킴으로써 오히려 대만문제의 중국화에 부정적인 결과를 초래할 수 있다는 것을 의미한다.

본 연구는 바로 이러한 점에 주목하여 중국의 부상과 더불어 동아시아의 최대 안보 요인으로 등장하고 있는 대만문제를 심도있게 분석하고자 한다. 이를 위해 첫째, 중국의 내정이자 국제적 정치·안보사안인 대만문제의 이중성, 규범과 현실의 격차를 검토함으로써 대만문제가 안고 있는 갈등과 대립의 원천을 분석하고자 한다. 둘째, 중국의 부상과 더불어 구체화되고 있는 중·미 패권경쟁과 대만문제의 상관성을 검토하며 이는 곧 중국의 강대국화를 억제하기 위한 수단으로 대만문제를 카드화하려는 미국과 이를 최소화하려는 중국의 전략적 경쟁에 대한 분석이다. 셋째, 대만문제의 생성에 원초적 동기를 부여했고 최근 중국의 부상을 의식한 정치·군사 대국화 추진 과정에서 대만문제의 유용성에 집착하는 일본 요인을 분석하고자 한다.

II. 대만문제의 이중성: 규범과 현실

대만문제의 생성은 넓은 의미에서 보면 대만이 일본으로 할양된 시점으로까지 거슬러 올라갈 수 있지만 소위 주요 이해 당사국 간의 민감한 현안이자 동아시아 국제질서의 부정적인 요인으로서의 대만문제는 1971년 대만의 유엔 퇴출과 1979년 중·미 수교, 미·대만 단교 이후에 부각되었다. 즉 일본의 식민지배를 포함한 역사적 연원에도 불구하고 중화민국 대만이 중국을 대표하는 유일한 합법정부로서 유엔 안보리 상임이사국으로 잔존한 시기까지는 소위 진정한 의미의 대만문제는 존재하지 않았다고 할 수 있다.[1]

국제사회의 민감한 현안으로서의 대만문제는 중화민국이 중국의 유일 합법정부로서의 지위를 상실하면서부터 본격적으로 등장하였다. 중국과 미국은 1972년 2월 닉슨의 중국방문과 상해 공동성명 발표 이후 국교수립을 위한 협상 과정에서 대만문제로 인한 첨예한 대립이 불가피했으며 이에 대한 타협점의 도출 없이는 정식수교가 불가능했다. 1979년 중·미수교 이후에도 소위 대만문제는 중국, 대만과 관련된 최대의 국제적 현안이자 중·미관계의 잠재적 충돌 요인으로 존재하여 왔다. 이는 대만문제와 양안관계에 대한 중국과 미국의 기본 인식과 전략적 의도가 상이한 상태에서 현실적 이해관계의 필요 때문에 대만문제를 애매모호하고 불안정한 상태로 봉합한 데 따른 것이다. 즉 수교 과정에서 중국은 하나의 중국 원칙을 공인받는 선에서 대만문제에 대한 미국의 전략적 의도를 일단 문제 삼지 않았고 미국은 '대만관계법'과 대만에 대한 안보 공약을 유지하는 선에서 대만에 대한 중국의 형식적 주권을 인정했다.

물론 미국을 중심으로 한 국제사회와 중국의 현실적 타협에도 불구하고 대만문제에 대한 중국과 대만의 기본인식은 근본적인 차이를 보인다. 예를 들어, 중국은 기본적으로 대만의 정치적 지위, 통일문제 등 양안의 주요 정치적 현안을 '대만문제'로 인식하고 있다. 따라서 중국이 생각하는 대만문제

---

[1] 물론 중국은 1949년 내전의 종식과 중화인민공화국의 수립에도 불구하고 미국이 계속해서 국민당정부를 지원하면서 대만문제가 생겨났다고 인식하고 있다. 특히 중국은 한국전쟁 발발 이후 해군 및 공군의 대만 파견, 1954년 대만과의 상호방위조약 체결 등 미국이 중국의 내정에 노골적으로 간섭하면서 대만문제가 중·미 간의 주요 갈등 요인으로 작용했다는 점을 강조한다. John F. Copper, *Words Across the Taiwan Strait* (Maryland: University Press of America, 1995), pp.78-79.

의 궁극적인 해결은 대만의 통일 즉, 대만이 홍콩·마카오처럼 조국으로 회
귀하는 것을 의미한다. 또한 중국은 자신들이 중국을 대표하는 유일한 합법
정부로서 국제사회의 공인을 받은 이후 대만문제는 중국의 고유한 내정이라
는 확고한 신념을 갖고 있다. 실제로 중국은 대만문제를 지칭하는 데 있어서
도 대만을 독립적인 정치실체 혹은 정부로 오인할 여지가 있는 표현을 철저
하게 배제하고 있다.

반면에 과거 대만의 국민당 정부는 중국이 통일문제를 포함한 양안의 정
치적 문제를 '대만문제'라고 지칭하는 것에 대해서조차 심한 거부감을 갖고
있었다. 즉 대만은 중국의 미래에 관한 문제, 중국을 어떻게 민주·자유국가
로 건설할 것인가의 문제만 존재할 뿐 대만문제는 근본적으로 존재하지 않
는다는 입장을 보였다.[2] 이는 국민당 정부 입장에서 중국공산당 정권이 중
국문제를 대만문제로 격하시켜 중화민국의 존재 자체를 부정하려 한다는 인
식을 갖고 있었기 때문이다. 물론 2000년 이후 집권한 민진당정부가 중국,
중화에 대한 집착에서 점차 벗어나 대만(Taiwan), 대만인(Taiwanese)으로서
의 정체성을 확립하려는 상황에서 대만은 대만문제라는 표현 자체에 대한
거부감을 갖고 있지는 않다.[3] 실제로 대만정부는 대만문제와 관련된 용어
(terminology)나 정치적 수사(political rhetoric)에 의미를 부여하기보다는 양안
관계에서 자신들의 정치적 지위를 강화하고 궁극적으로 독립된 주권국가로
변신하는 데 역점을 두어 왔다. 그리하여 대만의 민진당정부는 오히려 자신
들의 정치적 지위와 관련된 제반문제를 중국문제보다는 대만문제로 인식하

---

2) Martin L. Laster, *The Taiwan Conundrum in U. S. China Policy* (Colorado: Westside Press, 2000), p.184.

3) 중국인보다는 대만인으로서의 의식이 강한 신세대 대만인들은 자신들에게 식민지배의 불행과 초법적 국민당 독재의 억압을 초래한 중국 대륙의 굴레에서 벗어나 대만·대만 인으로서 살아가고자 하는 강한 욕구를 갖고 있다. 민진당정부는 '중화우정(中華郵政)', '중화항공(中華航空)', '중화전신(中華電信)', '중국강철(中國鋼鐵)', '중국조선(中國造船)', '중국석유(中國石油)' 등 주요 국영기업 명칭에서 중화·중국을 대만으로 일괄 변경하는 소위 '정명운동(正名運動)'을 추진하기도 했던바, 이 역시 대만의 정체성 강화 움직임과 연계되어 있다. 『人民日報』, 2007年 2月 14日; 『中國時報』, 2007年 2月 15日.

기도 하였다.

중화민국의 유엔 퇴출 이후 국제사회의 민감한 현안으로 등장한 대만문제는 미국 등 주요 국가가 중국과의 새로운 외교관계 수립을 위해 중국이 요구하는 수교조건에 부응하고 다른 한편으로 대만이라는 정치적 실체를 존속시키기 위한 타협의 산물이다. 즉, 중화인민공화국에 유일 합법적 지위를 부여하고 하나의 중국 원칙을 공인함으로써 형식적으로 중화민국은 하나의 중국에 속한 주권없는 지방정권으로 전락했으나 대만을 통합하기 위한 실질적 권한을 중국에게 부여하지 않은 상태에서 하나의 중국과 두개의 중국 사이의 모호한 형태로서 대만문제를 존속시켰다. 그 결과 대만문제의 이중성 즉, 규범과 현실간의 크나큰 격차를 초래하였는데 이는 곧 하나의 중국 원칙을 핵심으로 한 규범적 정의를 통해 중국 내정으로서의 대만문제에 대한 주도권을 장악하고 소위 대만문제의 국제화를 차단하려는 중국과 대만문제가 안고 있는 모호성과 불완전성을 계속 유보함으로써 개입·간섭 여지를 확대하고 중국에 대한 압력수단으로 이용하려는 미국, 일본 등 국제사회의 대립과 인식 차이를 의미한다.

III. 대만문제와 중·미 패권 경쟁

대만문제의 이중성에 기인하는 이해 당사국 간의 안보적 갈등과 대립의 핵심은 미국 요인이다. 미국은 1945년 이후 대만문제에 대한 유권 해석을 주도했으며 미국의 정책 변화에 따라 양안관계 및 대만문제의 성격과 국제 정치적 파급 효과가 큰 차이를 보였다. 현재도 대만문제에 대한 미국의 역할은 절대적이며 과거와 차이가 있다면 중국의 부상으로 인해 미국의 주도적 영역이 다소 축소되었다는 점이다. 이는 대만문제에 대한 중국과 미국의 영향력이 과거에 비해 균형을 이루어 가고 있다는 해석을 가능하게 하지만 다른 한편으로 양국 간의 정치·안보적 갈등이 더욱 첨예하게 나타날 수 있음을 의미한다. 즉, 대만문제에 대한 실질적 영향력을 배가하고 있는 중국과 기존의 영향력을 고수하려는 미국 간의 갈등이 더욱 고조될 수 있으며 특히 중·미 간의 패권경쟁이 대만해협과 동북아에 국한되지 않고 전 세계적 차원으로 확대되고 있는 상황에서는 그 가능성이 높다.

1. 미국의 이중전략과 대만 카드

대만문제를 둘러싼 중·미 간 군사·안보적 갈등의 핵심은 자국의 패권적 지위에 도전할 가능성이 있는 중국에 대한 견제수단으로 대만문제를 카드화 하려는 미국과, 이를 최소화 내지는 무력화하려는 중국의 양보할 수 없는 전략적 경쟁이다. 또한 미국의 이중전략에 편승하는 것만이 자신들의 안보를 수호하는 유일한 방안이라고 인식하는 대만이 문제의 복잡성을 더하고 있다. 우선 미국은 대만문제 있어서 대만은 중국의 불가분한 일부분이라는 '하나의 중국' 원칙을 승인하면서도 실제로는 대만에 대한 중국의 지배를 용인할 마음이 전혀 없다. 즉, 미국은 형식적으로는 중국의 입장을 지지하지만 실질적으로는 대만의 입장에 동조함으로써 미국·중국·대만의 삼각관계를 자국의 이해관계에 따라 편의적으로 조정하고자 한다. 이처럼 미국은 양안의 통일방식과 대만의 정치적 지위에 대한 중국과 대만의 첨예한 대립이 근본적으로 해소될 수 없는 상황에서 중국식의 통일과 대만식의 독립을 모두 반대하고 양안의 현상유지를 통해 대 중국 견제에 효과적인 '대만 카드'를 최적화함으로써 중·미관계에서 유리한 입장을 고수하려고 한다.4)

보다 구체적으로 미국은 적어도 중·미수교를 가능하게 했던 기본 원칙과

---

4) 이와 관련하여 미국의 스칼라피노 교수는 "대만문제와 양안관계에 있어서 미국은 대만을 사실상의 독립된 정치실체(a de facto separate political entity)로 인정하고 상호 모순된 두 갈래 길(incongruous paths)을 따라 왔으며 미국의 이러한 이중적인 대 중국, 대 대만정책은 'a policy of concert of powers'와 'a policy of balance of power'를 자국 이익의 관점에서 적절히 결합시키고자 하는 것이기 때문에 문제점과 불확실성을 가질 수밖에 없다"는 점을 지적하고 있다. Robert A. Scalapino, "Cross-Strait Relations and the United States," in Donard S. Zagoria, *Breaking the China-Taiwan Impasse* (Connecticut: Prasers Publishers, 2003), pp.3-9.

3개 공보(communique) 등 양국이 합의한 기본 정신을 부인하지 않으며 중국 정부가 반복적으로 제기하는 대만문제에 대한 입장 확인 요청에 대해서도 하나의 중국 지지 입장을 강조하고 있다.[5] 그러나 분명한 것은 미국이 내부적으로 대만을 사실상의 주권국가로 인정하고 있으며 '일국양제'에 의한 중국식 통합을 원하지 않는다는 것이다. 즉, 미국은 대만문제 자체가 갖고 있는 모호성, 대만과의 정치적 관계와 비정치적 관계의 의도적 혼용, 그리고 절대적인 정치·경제·군사적 영향력을 통해 자국의 이익을 극대화할 수 있다는 전략적 판단에 따라 양안의 통일과 독립의 중간에서 최적의 양안관계를 관리하고자 한다.

한편 양안의 현상유지 수준에 대한 미국의 전략적 판단은 미국의 정권 변동과 국내정치적 상황 변화, 중·미관계의 변화, 사회주의권의 해체와 같은 국제질서의 급격한 변화, 그리고 중국과 대만의 국내정치적 변화에 따라 시기적으로 약간의 차이를 보이기는 했지만 기본적인 정책 기조에는 변화가 없었다. 그러나 최근 미국 내에서는 기존의 대만정책에 대한 비판적 의견과 함께 다음과 같은 두 가지의 상황 인식과 조건을 경계로 한 범주 내에서 대만문제와 관련된 논의가 이루어지고 있다. 하나는 중국의 부상이 객관적인 현실이고, 따라서 하나의 중국 원칙을 수호하기 위한 중국의 의지와 능력이 크게 증대되었을 뿐만 아니라 국제사회 역시 중국과의 이해관계를 고려해 하나의 중국 원칙의 불가역성을 더욱 강하게 인식하고 있다는 것이다.[6]

---

5) 2007년 9월 호주에서 개최된 아태경제협력체(APEC) 정상회의 과정의 후진타오·부시 회담에서도 후 주석은 '타이완' 명의의 유엔 가입 추진 등 대만정부의 분리 독립 움직임을 경고했고, 부시 대통령은 하나의 중국원칙, 3개 공보의 준수 등 대만문제와 관련된 미국의 기본 입장이 불변임을 강조했다. 『人民日報』, 2007年 9月 7日.

6) 중국 역시 미국 내의 정책 논의 과정에서 중국을 'stakeholder'로 규정하고 미·중협력의 불가피성을 강조하는 의견이 다수 존재한다는 점을 잘 인식하고 있으며 장쩌민(江澤民)집권기 중국정부의 대표적인 싱크탱크였던 쩡삐젠(鄭必堅)은 'stakeholder'의 의미를 중국 고사성어를 인용하여 '배를 함께 저어간다(同舟共濟)'는 의미로 해석하기도 했다. 물론 다른 한편으로 중국은 미국 정치권에 여전히 공산당과 사회주의에 대한 '체질적이고 뿌리깊은 적대감'이 존재하며 이들이 중·미 공조를 저해하고 있다는 점을 강조하고 있다. 쩡삐젠(이희옥 역), 『중국 평화부상의 새로운 길』(오산: 한신대학교

그리고 다른 하나는 대만이 이룩한 경제성장과 자유민주주의 체제의 발전은 당연히 보호되어야 하며, 이는 미국이 갖고 있는 대만에 대한 역사적·도덕적 의무일 뿐만 아니라 대만의 전략적 가치를 십분 활용한다는 측면에서도 매우 중요하다는 것이다.

이러한 미국 내 논의는 결국 대만문제에서 미국이 취하고 있는 전략적 모호성을 기본적으로 옹호하고 이해하는 것으로서 실질적인 측면에서 '하나의 중국'과 '하나의 대만'을 모두 부정하는 것이다. 물론 이러한 정책은 스칼라피노의 지적대로 미국의 이익 관점에서 통일과 독립의 상호 모순된 두 입장을 모두 아우르려는 이중정책으로서 본질적으로 불확실성을 가질 수밖에 없다. 또한 래서터(Martin M. Lasater)는 대부분의 미국인들이 현실적인 측면에서 중국을 주요 강대국으로 대우하는 동시에 대만을 자유·민주적 가치를 공유한 전통적 우방으로 지지하기를 원하며 대만문제에 대한 미국 정부의 이중적 접근(dual-track approach)은 기본적으로 미국인들의 이러한 실용주의(pragmatism), 이상주의(idealism) 가치관이 혼합적으로 반영된 것임을 지적한다.[7]

이처럼 기본적으로 대만문제에 대한 미국 정부의 정책과 인식을 함께 하는 논의가 지배적이지만 최근 미국 내에서는 미국 정부가 전략적 모호성에 입각해 중국이 고수하는 '하나의 중국' 원칙을 승인하는 동시에 대만에 대해서는 '방위'를 공약하는 위험한 줄타기정책(tightrope policy)에 안주하기보다는 대만문제의 정치·경제·안보적 상황 변화를 객관적으로 고려해 전략적 충돌(strategic train wreck)을 사전에 예방하기 위한 대만정책의 재조정(restructuring)이 필요하다는 의견들도 제기되고 있다.[8] 이는 현실적으로 전략적 모호성에 입각한 이중정책의 불가피성을 부정하지는 않지만 미국 정부

출판부, 2007), pp.121-126 참조.

7) Martin L. Lasater, "American Values in U.S. China Policy,"(Chapter 1) *The Taiwan Conundrum in U.S. China Policy* (Colorado: Westview Press, 2000), pp.1-20 참조.

8) Ted Galen Carpenter, *America's Coming War with China: A Collision Course over Taiwan* (New York: Palgrave Macmillan, 2005), pp.143-145 참조.

가 지나치게 안이하게 중국에 대한 주권 승인과 대만에 대한 방위 공약을
편의적으로 행하는 것 아니냐 하는 것으로서 미국 정부의 좀 더 철저하고
객관적인 상황판단을 촉구하는 것이다.

결국 미국 내의 대만문제 논의와 정책적 건의는 대부분의 경우 근본적인
차이를 보이기보다는 중국과 대만을 모두 고려할 수밖에 없다는 전제하에
중국의 증강된 힘, 미국의 대 중국 정치·경제적 이해관계를 보다 중시하는
입장과 민주화된 대만과의 전통적인 우호관계 및 중국의 부상을 견제하기
위한 대만의 전략적 가치에 무게를 두는 입장의 차이를 보인다. 즉 전적으로
중국과 대만의 입장을 두둔하고 어느 일방에 경사되기보다는 양자를 모두
취하는 그야말로 모호성에 입각한 주장들이 주종을 이룬다. 심지어 친대만,
친중국을 공공연히 표방하는 집단의 건의에서조차 실질적인 입장 차이를 발
견하기 힘든 경우가 많다. 또한 미국 정치권에서 제기되는 대만문제 관련
주장과 입장들이 확고한 원칙과 신념에 기반하기보다는 현실적인 이해관계
에 좌우되는 경향이 적지 않다.9)

이처럼 대만문제에 대한 미국 내의 다양한 의견과 정책 건의가 존재한다
는 것은 분명하나 이러한 모든 논의는 결국 양안관계의 효율적 관리를 통한
국익의 확대로 귀결되며 또한 대부분의 논의는 중국의 부상에 대한 견제와
관리가 필요하다는 점을 부인하지 않는다. 이는 대만문제가 단순히 대만해
협의 평화적 관리, 대만의 민주·자유적 가치와 성과의 보호라는 차원에서
미국의 대 중국 견제라는 보다 큰 범위의 전략을 뒷받침하기 위한 전략적

---

9) 하나의 예로, 미국 의회 내의 친대만 그룹(a pro-Taiwan group)을 자처하는 'Taiwan
   caucus'는 제2차 세계대전 당시 장제스 국민당 정부와의 항일협력 경험으로부터 최근
   대만이 이룩한 정치발전과 민주주의 체제의 보호에 이르기까지 미국이 대만을 포기해
   서는 안 될 이념적·도덕적 의무를 갖고 있다는 점을 강조하면서도 이들 구성원의 상
   당수는 단지 현실적 이해관계 때문에 대만을 지지하는 경우가 많다. 심지어 이들은
   대만이 주장하는 것만큼 친대만적이지도 않고 중국이 주장하는 것처럼 반중국적이지
   도 않으며, 단지 친금전적(pro-money)일 뿐이라는 매우 부정적인 평가도 존재한다.
   Lynn T. White III, "PRC, ROC, and U.S. Interest: Can They Be Harmonized?" in
   Shiping Hua, *Reflections on the Triangular Relations of Beijing-Taipei-Washington
   since 1995* (New York: Palgrave Macmillan, 2006), pp.206-215 참조.

수단으로 점차 전환되고 있음을 보여주는 것이다.

2. 중국의 전략적 대응

중국은 부시(George W. Bush) 대통령의 표현대로 미국이 비록 중·미관계
를 '복합적인 관계(a complex relationship)'[10]로 인식하고 협력과 갈등의 양
면성을 인정하지만 중장기적으로 중국에 대한 견제를 강화하고 그 과정에서
대만문제를 적극 이용하고자 한다는 점을 우려하고 있다. 이에 대한 중국의
대응은 크게 두 가지 차원에서 이루어지고 있는데 하나는 대만문제와 직결된
미국의 군사·안보적 개입 차단과 유사시 무력 동원을 통한 대만의 분리·독
립 억제 차원에서 군사력을 증강하고, '반분열국가법(反分裂國家法)'[11] 제정
과 같이 국가차원의 단호한 의지를 과시하는 것이다. 실제로 중국은 대만의
이탈을 제어하기 위한 효과적 수단으로 무력사용 가능성을 계속 시사하는
동시에 핵전력 및 해군·공군력 강화 등 국방현대화 과정에서 대만 요인을
철저히 고려하고 있다.[12]

---

10) 시드니 중·미 정상회담에서 후진타오(胡錦濤)주석의 2008년 베이징 올림픽 초청에
   대해 부시 미대통령이 긍정적인 답(I am looking forward to going)을 한 것을 두고
   미국 의회를 중심으로 중국의 인권상황 등을 문제 삼아 베이징 올림픽 불참(boycott)
   등의 의견이 제기되자 부시 대통령은 중·미관계가 '복합적인 관계'라는 점을 강조했
   다. *The New York Times*, September 7, 2007.
11) 중국의 헌법 제62조 14항은 전인대(全人大)가 '전쟁과 평화의 문제에 대한 결정' 권
   한을 갖는다고 규정하고, 제80조는 "국가 주석이 전인대와 전인대상무위원회(全人大
   常務委員會)의 결정에 따라 전쟁 상태를 선포하고 동원령을 발령할 수 있다"라고 규
   정하고 있는 데 반분열국가법은 대만문제와 관련된 긴급사태 발생시 국무원과 중앙
   군사위가 먼저 무력동원을 비롯해 필요한 조치를 취한 뒤 전인대 상무위원회에 사후
   보고하도록 했다. 물론 중국은 반국가분열법의 적용 대상을 '대만 독립세력'으로 한
   정하고 무력동원 대신 비평화적 방식이라는 표현을 썼으며 "비평화적 방식 동원 시
   대만 주민과 대만 내 외국인의 생명과 재산을 보호할 것"이라고 밝힘으로써 대만의
   독립을 추진하는 소위 '대독분자(臺獨分子)'와 대만의 일반 주민, 외부의 독립지원
   세력과 일반 국제사회를 각각 구분하였다. 『中華人民共和國憲法』(北京: 中國民主法
   制出版社, 2004), pp.78-84; 문홍호, 『대만문제와 양안관계』(서울: 폴리테이아, 2007),
   pp.215-217; 문홍호, 『중국의 대외전략과 한반도』(서울: 울력, 2006), pp.73-78 참조.

중국이 취하는 다른 하나의 전략적 대응은 중국의 급속한 부상에 대한 미국의 전방위적 견제에 대응하는 것이다. 이는 미국에 대해 수세적·피동적으로만 대응해서는 대만문제 등에서 소기의 성과를 얻을 수 없다는 중국지도부의 판단에 따라 사안별로 적극적·공세적 대응을 하고자 하는 것이다.13) 실제로 최근 중국은 미국의 전방위적 견제에 대한 대응 차원에서 주요 국가, 지역과의 다각적인 연계를 강화하고 있는 데 이러한 움직임이 미국의 입장에서는 적어도 느슨한 형태의 반미연합으로 비춰질 가능성이 높다. 우선 중국은 1990년대 중반 중국의 장쩌민, 옐친(Boris Yeltsin) 집권기에 공고화된 러시아와의 전략적 협력을 강화하고 있다.14)

---

12) 존스 홉킨스(Johns Hopkins) 대학의 램턴(David M. Lampton) 교수는 중국의 국가전략에 있어서 중국위협론 확산, 국방비 과다 지출 등의 부정적 측면을 고려하여 급속한 군사력 강화는 우선적 고려 사항이 아님에도 불구하고 대만문제에 있어서는 중국이 '하나의 중국' 고수, 대만의 분리 독립 제어, 외부세력의 개입 차단 등을 위해 해군 및 공군력의 대대적 강화, 대만을 겨냥한 700~800기의 미사일 배치 등을 통해 자국의 군사적 역량을 대내외적으로 확신(reassurance)시키기 위해 주력하고 있으며 이러한 정책이 실제로 가시적 성과를 얻고 있다고 지적한다. David M. Lampton, "The Faces of Chinese Power," *Foreign Affairs* (January/February 2007), pp.117-119 참조.

13) 이러한 중국의 전략적 변화와 부상에 대한 미국의 정책 변화가 마찰을 빚은 단적인 예는 2001년 4월 1일 남중국 해상에서 발생한 미국 정찰기(EP-3)와 중국 전투기의 충돌 사건이다. 이 사건에서 미국 정찰기가 중국의 하이난성(海南省)에 불시착했고 중국의 전투기는 해상에 추락했는데, 중국 정부는 이를 계기로 미국의 대중국 압박정책에 대한 대대적인 비난과 함께 소위 국제사회에서 제기되는 '중국위협론'과 '중국견제론'의 실상을 구체적으로 인식하기 시작했다. 당시 미국은 정찰기가 중국 영공이 아닌 배타적 경제수역을 비행했을 뿐이라고 주장했으나, 중국의 요청에 따라 미 국무성이 "중국인 조종사의 사망과 미국 항공기가 비상착륙을 위해 중국 영공에 진입한 것을 유감스럽게 생각한다."는 공식 성명을 발표함으로써 일단락되었다. 사건 직후 미국에서는 '네오콘(Neoconservative)'들을 중심으로 부시 정부의 대응조치가 굴욕적(national humiliation)이고 심약(weakness and fear)했다는 비판과 함께 주중 미국 대사를 본국으로 소환하고 주미 중국 대사를 추방해야 한다는 주장이 제기되기도 했다. 또한 이 사건은 같은 해 4월 24일 미국 정부가 대만에 대한 대규모 무기 판매를 승인하는 데 상당한 영향을 미쳤다. Ted Galen Carpenter, *America's Coming War with China: A Collision Course over Taiwan*, pp.124-127 참조.

14) 물론 러시아 내에 중국에 대한 대규모 첨단 무기 판매 등 중국과의 군사기술협력(military-technological cooperation) 확대를 반대하는 의견들이 존재한다. 예를 들어 이들은 중국과의 지나친 군사협력이 장기적으로 러시아 안보에 위협요인이 될 수 있

중국과 러시아의 긴밀한 전략적 협력관계는 미국의 일방주의에 대한 러시아의 불만이 고조되면서 더욱 강화되는 양상을 보이고 있으며 특히 중앙아시아 4개국이 함께 참여하는 '상하이협력조직(SCO)'은 단순한 경제협력을 넘어 군사·안보 차원으로 확대되고 있다. 일례로, 2007년 2월 독일 뮌헨에서 열린 미국-유럽 '연례안보정책회의'에서 푸틴(Vladimir Putin) 러시아 대통령은 "미국으로 인해 국제사회가 비민주적으로 변모하여 하나의 주인, 하나의 주권, 단극체제를 이루고 있다"고 미국을 노골적으로 비판했다.15)

이처럼 중국과 러시아의 전략적 협력이 점차 심화되면서 미국 내에서는 러시아가 서방궤도(western orbit)를 벗어나 중국, CIS, 인도 등과 함께 자신의 독자적인 세력권을 구축하고 있으며 이는 러시아, 중국과의 불필요한 경쟁을 조장한 미국 정책결정자들의 근시안적이고 우매한 정책의 결과라는 주장들이 제기되고 있다. 또한 중국·러시아 관계에 있어서 러시아가 중국의 성장을 긍정적으로 평가하고 내심 '조심하지만' 크게 우려하지는 않기 때문에 앞으로도 더욱 긴밀한 협력관계를 유지할 것이라는 평가가 지배적이다.16)

한편 중국과 인도의 다각적인 관계 발전 역시 미국이 주시하지 않을 수 없는 부분이다. 사실 중국은 2003년 6월 바지파이(Vajpayee) 인도 총리의 방중 이후 고질적 현안이던 국경문제에 합의했을 뿐만 아니라 인도가 티베트에 대한 중국의 주권을 인정하고 중국이 인도 동북부 시킴(Sikkim)지역에

다는 점, 그리고 러시아가 '중·미·대만의 분쟁'에 불필요하게 휘말릴 수 있다는 점 등을 들어 중국과의 군사협력에 신중을 기해야 한다는 점을 강조하고 있다. 이에 대한 구체적인 논의에 대해서는 Paradorn Rangsimaporn, "Russia's Debate on Military-Technological Cooperation with China from Yeltsin to Putin," *Asian Survey,* Vol.XLVI, No.3(May/June 2006), p.492 참조.

15) 그 밖에 푸틴 대통령은 미국의 이라크전쟁과 MD 개발, NATO의 동진 등을 일일이 거론하며 이를 미국의 무절제한 무력 사용과 핵전력 균형에 의한 '상호확증공멸체제' 와해 시도, 러시아에 대한 전략적 압박이라고 비난했는데 러시아의 이러한 대미 불만은 결국 중국과의 전략적 협력 강화에 중요한 동기요인으로 작용하고 있다. 정은숙, "제43차 '뮌헨 안보정책회의'와 미·러관계,"『세종논평』, No.77(2007년 3월 2일) 참조.

16) Dmitri Trenin, "Russia Leaves the West," *Foreign Affairs,* Vol.85, No.4(July/August 2006), pp.92-93.

대한 인도의 주권을 인정하는 등 협력을 강화하고 있다. 최근에도 중국과 인도는 경제·과학기술·안보적 측면에서 협력을 강화하고 있으며, 심지어 2005년 8월에는 중국과 러시아의 서해 합동군사훈련에 인도가 옵서버로 참여하기도 했다. 따라서 미국으로서는 중국과 러시아의 전략적 협력구도에 인도가 접목되는 상황을 수수방관할 수 없는 입장이다. 이러한 측면에서 미국의 부시 대통령은 2005년 7월 인도와의 '민간 원자력 기술협력 및 무역' 전면 추진조치를 전격 발표했으며, 결국 2006년 3월 「미국·인도 원자력협력협정」을 체결했다. 이는 미국이 중국·러시아의 전략적 협력구도에 인도가 밀착되는 것을 차단하기 위해 인도와의 관계 개선을 추진하는 조치의 일환이다.17)

한편 러시아, 인도 등과의 전략적 협력 이외에 최근 중국이 자원·에너지 분야를 포함한 경제협력을 중심으로 아프리카, 중남미 국가들과의 다각적인 관계 발전을 추진하면서 이들 지역에서 중국의 위상이 급속하게 강화되고 있다. 이는 1950년대 이후 전통적으로 중국이 중점을 두어 온 소위 제3세계 국가들과의 관계를 복원한다는 의미와 함께 최근 중국이 절실히 필요로 하는 안정적인 자원·에너지 공급원을 확보한다는 복합적인 의미를 갖는다. 더욱이 이들 국가가 구체적인 배경과 정도의 차이는 있지만 공통적으로 미국에 대한 불만을 갖고 있다는 점에서 중국으로서는 일석삼조의 효과를 얻을 수 있는 전략적 협력의 대상이다. 특히 중남미지역은 얼마 남지 않은 대만의 국제적 활동 공간을 압박하는 의미가 매우 크다.18) 이에 따라 미국의 일각에서는 최근 미국과 중남미의 관계가 탈냉전 이후 가장 낮은 수준으로 퇴보한 반면 중국이 이 지역에서 미국을 대체할 세력으로 떠오르고 있다는 견해가 제기되고 있다.19) 또한 정치권을 중심으로 중국이 자원·에너지의

---

17) 이와 관련된 미국의 입장과 정책 기조에 대해서는 Dinshaw Mistry, "Diplomacy, Domestic Politics and the U.S.-India Nuclear Agreement," *Asian Survey,* Vol.XLVI, No.5(September·October 2006), pp.675-698 참조.

18) 문흥호·신종호, "중국의 중남미정책과 중·미관계," 『中蘇研究』, 제30권 3호(2006년 가을), pp.134-136 참조.

안정적 확보, 대만문제 등에 대한 전략적 고려하에 중남미지역과의 다각적
인 관계 발전을 적극 추진하고 있고 더욱이 이들 지역국가가 미국에 대한
불만과는 대조적으로 중국을 '신선한 파트너'로 인식하고 있다는 점에서 미
국 정부의 대응을 촉구하고 있다.[20]

　이처럼 중국은 미국의 패권주의와 일방주의가 갖는 결함과 그에 대한 불
만으로 형성된 국제사회의 틈새를 파고드는 전략을 통해 미국의 견제에 대
한 대응, 자원·에너지외교의 확대, 대만문제에 대한 국제사회의 지지 확보
및 대만의 국제적 생존 공간 압박 등을 추구하고 있다. 중국의 이러한 공세
에 맞서서 미국은 중국의 전략적 의도와 실제 능력을 포함한 총체적인 '중
국의 힘'에 대한 객관적 평가를 바탕으로 효율적인 대응 전략을 강구하고자
하며 대만문제는 그러한 중·미 패권경쟁의 향배를 결정하게 될 중요한 변
수로 상존할 것이다.

IV. 대만문제와 중·일관계

　중국과 일본의 정치·군사적 대립의 주된 이유는 비약적인 경제성장을 바
탕으로 대외적 영향력을 강화하고 궁극적으로 21세기 국제질서의 주도국으
로 부상하려는 중국과 탈냉전의 '하위정치' 시대임에도 불구하고 정치·군
사적 뒷받침 없는 경제대국의 분명한 한계를 극복하려는 일본의 공세적 대
외전략이 충돌하기 때문이다. 특히 미국이 중국의 부상을 실재 위협으로 간
주하고 미·일 동맹을 강화·조정함으로써 중국의 반발과 군사력 증강을 야
기하고 이것이 일본의 또 다른 대응을 유발하는 악순환이 계속되고 있다.

---

19) Peter Hakim, "Is Washington Losing Latin America?," *Foreign Affairs* (January/
　　February 2006), pp.39-53 참조.
20) Roger F. Noriega, "China's Influence in the Western Hemisphere," *Statement
　　Before the House Subcommittee on the Western Hemisphere*, Washington, D.C.,
　　April 6, 2005. <http://www.state.gov/p/wha/rls/>(검색일: 2006년 9월 20일).

이처럼 중·일 간의 대립은 양국의 정치·군사적 팽창 의도와 관련되어 있으며 이는 결국 중국의 아킬레스건이라고 할 수 있는 대만문제와 연계될 수밖에 없다. 즉 대만문제를 주권·영토 수호 차원에서 접근하는 중국과 '하나의 중국'의 형식적 승인과 무관하게 중국의 주도권을 원치 않는 일본이 대만문제를 중심으로 갈등할 수밖에 없다. 특히 일본은 식민지배 경험으로 대만문제에 대한 남다른 지분 의식을 갖고 있다. 특히 리덩후이(李鄧輝), 천수이볜(陳水扁)을 비롯한 대만 출신의 독립 지향적 정치지도자들은 국제적 고립 타파를 위한 외교공세의 일환으로 일본과의 관계발전에 매우 적극적이며 일본도 이런 분위기를 대 중국 견제에 적절히 이용하고자 한다.

1. 동아시아 패권 경쟁과 대만문제

중국이 추구하는 21세기 대외전략의 성패는 절대적으로 미국과의 갈등·협력 조절여하에 달려있으나 일본과의 동아시아 패권 경쟁 역시 중요한 변수다. 1972년 관계정상화 이후 중·일 양국은 시기적인 굴곡에도 불구하고 기본적으로 협력 국면을 유지하여 왔으며 여기에는 경제적 이해관계가 주요 매개로 작용하였다. 그러나 갈등과 대립을 조절하기 위한 중국과 일본의 탄력적, 우회적 정책은 이미 한계에 직면했으며 점차 양국 간의 고질적인 현안들이 전면에 노출되고 있다. 이 중에서도 양국의 동아시아 패권경쟁은 대만문제와 직접적인 관련을 갖는다.

1990년대 중반 이후 일본은 미국의 지지하에 미·일 신방위협력 지침, 주변사태법, 유사시법안 등을 확정하는 동시에 이를 보완하기 위한 국내 차원의 법적, 제도적 정비에 주력하여 왔다. 일본의 이러한 움직임은 궁극적으로 '보통국가'를 지향하는 것으로서 결국 중국과의 군사·안보적 대립을 불가피하게 했다. 더욱이 중국은 일본이 군사적 활동 범위를 대만해협으로까지 확대하고 미국과의 군사적 역할과 힘을 분담하는 움직임을 보이자 일본의 이러한 의도가 중국을 견제하고 대만문제에 대한 개입 여지를 확대하기 위한 것이라는 인식을 갖게 되었다.[21] 특히 중국은 미국이 미·일 안보협력에서 대만문제의 비중 확대, 주일 미군의 재배치와 전략적 유연성을 강조, 대만에 대한 무기 판매 확대 등 일련의 비우호적 정책을 구체화하자 대만문제에 대한 심각한 우려를 갖게 되었다.

더욱이 2008년 신헌법 시행을 목표로 구체적 일정을 제시했던 천 총통은 결국 2006년 2월 27일 국가통일위원회 기능과 국가통일강령 적용의 종지(終止)를 전격 선언함으로써 중국의 거센 반발을 야기했다.22) 천 총통의 이러한 움직임은 부시정부 출범 이후 미국의 대 중국정책이 협력보다는 경쟁에 비중을 두고 대만문제에 대한 정책이 변화 조짐을 보이면서 시작되었다. 실제로 천수이볜은 미국과 일본의 안보협력이 질적으로 변화되고 일본의 군사적 활동이 동중국해, 대만해협으로 확대되는 움직임에 편승하여 대만의 안보를 미·일 안보협력체제와 연계시려는 의도를 갖고 있었다.

결국 중국과 일본의 동아시아 패권경쟁에서 대만문제는 지극히 중요한 변수이며 누구도 양보하기 어려운 사안이다. 더욱이 대만문제를 중심으로 한 중·일 갈등은 미국의 동아시아 전략과 불가분의 관계를 갖고 있다는 점에서 중·미, 미·일관계 변화와도 밀접하게 연계되어 있다. 이는 중국과 일본의 동아시아 패권경쟁이 축소될 가능성보다는 확대될 가능성이 농후하다는 점과 여기에 미국의 대 중국 견제정책이 지속되는 한 대만문제를

---

21) 특히 미·일동맹의 전환과 일본의 군사적 역할 확대 조치는 2001년 9·11 테러 이후 더욱 적극적으로 이루어졌다. 즉 일본은 대 테러전이라는 명분을 통해 동아시아 및 주변 지역의 지리적 범위를 넘어서는 상황적 개념을 적용하는 동시에 집단적 자위권(collective self-defense)에 대한 적극적 해석을 통해 동맹국 미국에 대한 도전은 곧 자국에 대한 위협이라는 인식을 하기 시작했다. 결국 일본 자위대의 활동 영역이 일본 본토로부터 국제사회를 포괄하는 개념으로 확대되고 자위권의 범위 역시 개별적 자위권으로부터 점차 집단적 자위권을 긍정적으로 수용하는 방향으로 변화하였다. 박철희, "일본의 안보체제 강화 방향 및 대응 방안," 『국제문제연구』(국제문제조사연구소), 제4권 제3호(2004년 가을), pp.112-113 참조.

22) 2006년 3월 10일 천수이볜의 Washington Post 기자회견에 따르면 천 총통은 원래 '廢除(abolish)'라는 단어를 사용하려고 했으나 미국이 동결(freeze) 혹은 중단(suspend)의 사용을 권유함으로써 결국 국가통일위원회의 기능 종지(cease to function), 통일강령의 적용 종지(cease to apply)라는 표현을 사용한 것으로 알려졌다. 『中國時報』, 2006年 3月 15日 참조.

둘러싼 중·일 간의 대립은 동아시아 패권경쟁의 중요한 부분을 점하게 될 것임을 의미한다.[23]

2. 동중국해 영유권 분쟁과 대만문제

중장기적 차원의 동아시아 패권 경쟁과 함께 동중국해에서의 영유권 분규, 배타적 경제수역(EEZ) 설정 등을 둘러싼 중국과 일본의 대립 역시 대만 문제와 관련을 갖는다. 즉 조어도(釣魚島) 영유권, 동중국해상에서의 석유·가스 개발 등으로 야기된 양국 간 대립은 단순히 특정 도서에 대한 영유권이나 자원개발권 확보에 국한되는 것이 아니라 대만해협을 포함한 동중국해에서의 양국 간 갈등으로 비화되고 결국은 대만문제에 대한 대립을 가중시킬 가능성이 매우 높다.

중·일 간의 동중국해 영유권 분규는 중국의 입장에서 조어도 → 대만 → 남사군도로 이어지는 민감한 영토·주권 문제의 주도권과 관련되며 일본으로서도 경제·안보에 절대적인 영향을 미치는 해로(sea lane)의 안전 확보에 영향을 미칠 수 있는 중요 사안이다. 특히 석유·가스 등 에너지자원의 가격 급등 및 세계적 수급 판도의 불안정이 증대되면서 전통적으로 에너지의 해외 의존도가 높은 일본과 최근 급증하는 에너지 수요에 위기감을 갖고 있는 중국 모두 민감할 수밖에 없는 상황이다. 예를 들어, 최근 중국은 해외 석유 수입 의존도가 50%를 상회하면서 중동, 동남아, 러시아, 중앙아시아, 북아프리카, 중남미를 총망라한 전방위 에너지외교에 총력을 기울이고 있다. 중국의 이러한 에너지 위기의식은 중국이 동중국해상의 자원개발 및 이에 절

---

23) 특히 중국은 2005년 2월 19일 미국의 국무장관, 국방장관과 일본의 외상, 방위청장관이 함께 참여하는 '미·일 안전보장협의위원회(SCC, 2+2)'에서 발표된 '공통전략목표에 관한 공동성명'에서 처음으로 '대만해협의 평화와 관련된 동맹적 이익(the alliance's interests with peace in the Taiwan Strait)'을 명시한 것에 대해 민감하게 반응하고 있다. Eric Heginbotham and Christopher P. Twomey, "America's Bismarckian Asia Policy," *Current History* (September 2005), pp.244-245 참조.

대적인 영향을 미치는 일부 도서의 영유권 및 배타적 경제수역 설정 문제에
강경한 입장을 고수하는 중요한 이유다.

과거 중국과 일본의 영유권 분규는 양국관계의 전반적인 협력·갈등 정도
에 따라 시기적으로 기복을 보여 왔으나 이 지역에 막대한 양의 석유·가스
매장량이 확인되면서 첨예한 대립을 지속하고 있다. 현재 중국과 일본은 현
재 동중국해 해저자원 개발권의 귀속여부를 결정하는 배타적 경제수역 획정
문제에서 대립하고 있으며 특히 중국이 이미 일부 분쟁 해역의 가스전을
개발·생산함으로써 일본의 심한 반발을 야기하고 있다.

1990년대 후반 양국은 200해리의 배타적 경제수역을 앞 다투어 선포했으
나 중국의 동남연안과 오키나와의 거리가 400해리에 못 미치기 때문에 자연
히 중국, 일본이 주장하는 배타적 경제수역이 중복되는 해역이 존재하고 공
교롭게도 이 지역에 대량의 해저 자원이 매장되어 있다. 실제로 중국은
1992년 영해법(領海法) 제정에 이어 1997년에는 중국 대륙에서 오키나와 인
근까지 이어진 대륙붕을 기준으로 배타적 경제수역을 선포했는데 이는 육지
의 '자연연장원칙'에 따라 대륙붕에 대한 '천연자원 개발에 관한 주권적 권
리'를 주장하는 것이다.

반면 일본은 중·일 해안선의 중간선을 기준으로 한 배타적 경제수역의
획정을 주장하는데 이 경우 중국이 개발하는 가스전 대부분이 경계선 유역
에 위치한다. 이는 결국 대륙붕의 외한선(外限線) 기준에 있어 중국이 주장하
는 육지의 '자연연장원칙'과 일본이 주장하는 '중간선획정원칙'이 대립하는
것으로써 양국 주장에 따라 해저 석유·가스 등 부존자원의 개발권이 달라
진다.[24]

---

24) 1998년 6월 발효된 중국의 「배타적 경제수역 및 대륙붕에 관한 법률」 제2조는 "중화
　　인민공화국의 대륙붕은 중화인민공화국 육지영토의 전부가 중국 영해 밖으로 자연
　　연장되어 대륙변계 외연가지 뻗어나간 해저 구역의 해저와 그 하층토"라고 규정하고
　　있으며, 또한 "중화인민공화국과 해안을 서로 인접하고 있거나 마주보고 있는 국가가
　　배타적 경제수역과 대륙붕이 중첩된다고 주장하는 경우에는 국제법 기초 위에서 공
　　평원칙에 따라 협의하여 경계선을 획정한다"고 명시하고 있다. 박춘호, "일본과 중국
　　의 해저유전 분쟁과 우리의 입장," 『해양한국』(2005년 8월), pp.116-117 참조.

이에 따라 일본은 중국에 대해 배타적 경제수역 획정을 위한 우선 협상을 주장하고 있으나 중국은 자연연장선에 근거하여 자국의 가스·유전개발에 문제가 없다고 주장하며 특히 춘샤오(春曉) 가스전은 일본이 주장하는 중간 선에서 중국 측으로 약 5km 지점이어서 아무런 문제가 없다고 주장하고 일본의 공동개발 제의를 거부하고 있다.[25]

이처럼 중국은 일본과의 영유권 분규, 배타적 경제수역 설정과 해저 자원 개발문제에 있어서 양보 불가의 완강한 입장을 고수하고 있는 데 이는 기본 적으로 동중국해에서의 영토분규를 중·일 패권경쟁과 자국의 대외적 영향 력 확대, 미·일의 대중 압박 견제, 에너지자원 확보, 대만문제의 주도권 유 지, 남사군도의 해양 주권 및 해로 보호의 관건적 사안으로 간주하고 있기 때문이다. 특히 중국은 자원 패권주의, 자원 민족주의가 세계적으로 확산되 는 상황에서 미국 주도의 세계 에너지 공급구조에 대응한 독자적 에너지원 확보 여부가 향후 자신들의 국가발전을 좌우할 것이라는 위기의식하에 최고 지도자가 직접 나서서 에너지 확보에 총력을 경주하고 있으며, 중국의 이러한 공세적 에너지 외교는 중·미, 중·일 갈등의 증폭 요인으로 작용하고 있다.[26]

결국 중·일의 동중국해 주권·영토 분쟁은 양자가 만족하는 완전한 합의 가 불가능한 상황에서 쌍방의 입장과 주장이 팽팽하게 대립할 수밖에 없으

---

25) 동중국해 중·일 분쟁지역은 2만 2,000km²의 지역으로 상하이(上海)에서 450km, 오 키나와에서 400km에 위치한다. 2001년 7월 중국정부가 중국해양석유공사(CNOOC) 에 조어도 일대 7천379km² 지역의 개발권 허가한 이후 중국이 춘샤오(春曉), 핑후(平 湖), 뜨완치아오(斷橋), 텐와이텐(天外天) 등의 가스전을 개발하면서 중·일 대립이 심 화되고 있다. 문홍호, "전환기의 중·일관계와 대만문제,"『中蘇硏究』(2006년 4월), pp.32-33.

26) 예를 들어 중국은 국가차원에서 총리를 조장으로 하는 '에너지 영도 소조(能源領導小 組)'를 설립하고 국가발전개혁위원회 산하의 중국석유천연가스집단공사(CNCP), 중 국석유화공집단공사(SINOPEC), 중국해양석유공사(CNOOC) 등 국영석유회사를 총 동원하여 세계의 석유·가스자원 확보에 주력하고 있다. 또한 "권력은 총구에서 나온 다"는 마오쩌둥(毛澤東)의 말을 빗대어 "권력은 유전(油田)에서 나온다"는 말이 나올 정도로 중국은 체제안보 차원에서 에너지 문제를 인식하고 있으며 서부지역 유전개 발, 동중국·남중국해의 해저 자원 개발, 해외에서의 다각적인 에너지 협력 및 개발권 확보라는 삼위일체의 중장기 에너지 확보전략을 추진하고 있다.

나 그 양상은 중·일, 중·미, 미·일관계의 전반적인 상황, 세계의 에너지 수급 판도, 중국의 대내 정치·경제 상황 등과 긴밀히 연계되어 변화할 것이다. 물론 중국은 분쟁지역의 주권·영토에 대한 과도한 집착을 표출하는 것이 제3국에 부정적, 호전적 이미지를 줄 수 있고 결과적으로 남사군도 등 다른 지역의 분쟁 해결에 악영향을 미칠 수 있다는 점을 인식하고 있다. 다만 중국이 우려하는 것은 일본과의 동중국해 영토 분규가 단일 현안이 아니고 미국의 대 중국 견제전략으로부터 이에 편승하여 정치·군사대국화를 지향하는 일본의 공세적 정책, 그리고 이와 직결되어 있는 대만문제와 양안관계에 이르기까지 민감한 군사안보 현안이 복합적으로 연계되어 있다는 것이다. 이러한 점은 동중국해에서의 중·일 영토분규가 양국관계의 민감한 갈등 요인으로 상존할 수밖에 없고 그 과정에서 대만문제는 갈등의 증폭 요인으로 작용할 것임을 시사한다.

V. 결론

중국을 대표하는 유일 합법정부로서 중화민국과 중화인민공화국의 주권적 지위가 교체되고 대만이 중국의 불가분한 일부분으로 공식화되었음에도 불구하고 대만문제가 국제사회의 갈등 요인으로 잔존하는 것은 대만문제의 규범적 정의와 그것이 내포하고 있는 국제정치적 의미가 큰 차이를 보이기 때문이다. 특히 대만문제가 중국과 국제사회의 불완전한 봉합의 결과라는 측면이 강하고 그중에서도 중국과 미국의 정치적 타협의 산물이라는 점은 각 이해 당사국의 '종합국력'과 역학관계, 전략변화에 따라 갈등과 대립을 반복할 수밖에 없었던 이유다.

한편 동아시아 안보의 불안정 요인으로서 대만문제는 시기적으로 잠재와 부상의 반복을 거듭해 왔는데 현 단계에서는 중국과 미국, 중국과 일본의 갈등을 증폭시키는 요인으로 부상하고 있다. 우선 양안의 통일과 대만의 독립을 모두 원치 않는 미국은 그들만의 이중전략을 통해 대만문제와 양안관

계에 절대적인 영향력을 행사하고 있다. 더욱이 미국이 중국의 부상과 예측
가능한 도전을 견제하는 데 있어 대만문제는 더없이 좋은 수단이다. 사실
양안의 통일 혹은 대만의 독립은 중국, 대만이 아닌 미국에 의해 좌우될 수
있다는 것이 크게 과장된 것은 아니다.

　일본의 입장에서도 대만은 정치·군사 대국화를 지향하는 과정의 중요한
대상이다. 대만과의 역사적 연원을 따진다면 일본을 따를 국가가 없으며 보
수 우경화된 일본 정치권은 물론 동아시아의 패권국으로 부활하기를 바라는
일본국민들에게 있어서도 대만문제는 매력적인 자원이다. 일본의 이러한 의
도는 곳곳에서 실제 행동으로 전환되고 있으며 문제는 그 과정 하나하나가
중국과의 대립을 야기한다는 것이다. 특히 대만문제를 둘러싼 중·일 갈등은
중·미 패권 경쟁과 결부되면서 증폭될 가능성이 더욱 높아지고 있다.

　미국과 일본의 이러한 전략적 의도와 정책 변화를 감지하고 있는 중국으
로서는 불만스럽고 때로는 분개하지만, 이는 그들이 추구하는 '굴기'를 위해
서는 반드시 넘어야 할 관문이다. 따라서 중국은 자신들이 선점하고 있는
유리한 고지 즉, 유일 합법정부로서의 지위와 '하나의 중국' 원칙을 대만문
제 해결의 철칙으로 고수하면서 대만의 독립 움직임 혹은 이와 연계된 외세
의 개입이 자신들이 설정한 위험 수위를 넘어설 경우 무력동원을 포함한
초강경 대응을 배제하지 않을 것이다. 즉 중국지도부가 인식하는 대만문제
의 중요성을 고려하면 어느 누구도 무력사용 불가를 단언하기 어려우며 실
제로 대만의 독립 행보가 구체화될 경우 중국의 무력 사용은 비록 사용 범
위의 제약이 있다 하더라도 불가능한 선택만은 아니다.

　바로 이러한 점은 대만문제가 동아시아 안보의 최대 불안 요인으로 잔존
할 수밖에 없는 이유다. 더욱이 최근 미국은 중국과의 협력 필요성을 강조하
면서도 다른 한편으로 중국에 지극히 비우호적인 대만정책을 점차 확대하고
있다. 물론 미국의 이러한 움직임이 대만의 분리 독립 지지를 의미하는 것은
아니지만 중국의 입장에서는 '하나의 중국'에 대한 승인에도 불구하고 미국
이 장기적으로 '다른 하나의 중국', 혹은 '하나의 대만'을 도모하는 것으로
인식될 수 있다. 또한 중국의 이러한 의구심은 일본의 군사력 강화와 미·일

의 전략적 협력이 강화될수록 증폭될 수밖에 없다.

결국 19세기 말 이후 지속되고 있는 동아시아 패권경쟁의 희생물로 생성, 변화해 온 대만문제는 21세기에 들어서도 여전히 역내의 핵심적인 정치·안보적 사안이다. 특히 중국의 강대국화가 보다 현실화되고 이를 제어하기 위한 미국·일본의 전략적 협력과 공세가 강화되면서 대만문제는 또 다시 중국과 미·일 간 패권경쟁의 희생물이 될 가능성이 있다.

▌참고문헌

문홍호. "전환기의 중·일관계와 대만문제." 『中蘇研究』(2006.4).

_____. 『대만문제와 양안관계』. 서울: 폴리테이아, 2007.

_____. 『중국의 대외전략과 한반도』. 서울: 울력, 2006.

문홍호·신종호. "중국의 중남미정책과 중·미관계." 『中蘇研究』, 제30권 3호(2006
년 가을).

박철희. "일본의 안보체제 강화 방향 및 대응 방안." 『국제문제연구』, 제4권 제3호
(2004년 가을). 국제문제조사연구소, 2004.

박춘호. "일본과 중국의 해저유전 분쟁과 우리의 입장." 『해양한국』(2005.8).

정은숙. "제43차 '뮌헨 안보정책회의'와 미·러관계." 『세종논평』, No.77(2007.3.2).

쩡삐젠(이희옥 역). 『중국 평화부상의 새로운 길』. 오산: 한신대학교 출판부, 2007.

"反分裂國家法." 『人民日報』, 2005年 3月 15日.

『人民日報』, 2007年 2月 14日.

『中國時報』, 2007年 2月 15日.

『中華人民共和國憲法』. 北京: 中國民主法制出版社, 2004.

Carpenter, Ted Galen. *America's Coming War with China: A Collision Course over Taiwan.* New York: Palgrave Macmillan, 2005.

Copper, John F. *Words Across the Taiwan Strait.* Maryland: University Press of America, 1995.

Hakim, Peter. "Is Washington Losing Latin America?" *Foreign Affairs* (January/February). 2006.

Heginbotham, Eric, and Twomey, Christopher P. "America's Bismarckian Asia Policy." *Current History* (September). 2005.

Lampton, David M. "The Faces of Chinese Power." *Foreign Affairs* (January/ February). 2007.

Lasater, Martin L. "American Values in U.S. China Policy."(Chapter 1) *The Taiwan Conundrum in U.S. China Policy.* Colorado: Westview Press, 2000.

_____. *The Taiwan Conundrum in U. S. China Policy.* Colorado: Westside Press, 2000.

Lieberthal, Kenneth. "Preventing a War Over Taiwan." *Foreign Affairs,* Vol.84, No.2(March/April 2005). <http://proquest.umi.com/pqdweb>(검색일: 2006. 2.1).

Mistry, Dinshaw. "Diplomacy, Domestic Politics and the U.S.-India Nuclear Agreement." *Asian Survey,* Vol.XLVI, No.5(September · October). 2006.

Noriega, Roger F. "China's Influence in the Western Hemisphere." Statement Before the House Subcommittee on the Western Hemisphere. Washington, D.C. April 6, 2005 <http://www.state.gov/p/wha/rls/>(검색일: 2006.9.20).

Rangsimaporn, Paradorn. "Russia's Debate on Military-Technological Cooperation with China from Yeltsin to Putin." *Asian Survey,* Vol.XLVI, No.3(May/ June). 2006.

Scalapino, Robert A. "Cross-Strait Relations and the United States." Donard S. Zagoria. *Breaking the China-Taiwan Impasse.* Connecticut: Prasers Publishers, 2003.

Trenin, Dmitri. "Russia Leaves the West." *Foreign Affairs,* Vol.85, No.4(July/ August). 2006.

White III, Lynn T. "PRC, ROC, and U.S. Interest: Can They Be Harmonized?" *Shiping Hua, Reflections on the Triangular Relations of Beijing-Taipei-Washington Since 1995.* New York: Palgrave Macmillan, 2006.

The New York Times, September 7, 2007.

제6장

한중 정치관계의 쟁점과 과제

이동률(李東律)

I. 서론

중국의 부상은 동아시아에서 두드러지고 있으며 동아시아에서의 중국의 부상은 9·11 이후 역내에서 미국 영향력의 상대적 위축과 동시에 진행되면서 더욱 부각되고 있다. 특히 동아시아에서도 이러한 중국의 부상과 미국의 상대적 후퇴라는 현상이 가장 극적으로 표출되고 있는 곳이 한반도라는 인식이 있다. 이러한 인식의 배경에는 바로 수교 이후 16년이라는 짧은 기간에 이루어낸 한중관계의 비약적인 발전이 자리하고 있다. 2007년 기준으로 한중 간 교역액 1,450억 달러, 연 580만 명의 인적교류라는 지표는 수교 15년 만에 각각 약 23배와 44배의 폭발적인 증가를 통해 이루어낸 것이다. 과거 40여 년간의 적대와 단절, 그리고 비공식적 교류의 시기를 감안할 때 15년 동안에 이루어낸 이러한 눈부신 성장은 '불가사의'라 하기에 충분하다.

그리고 수교 이후 한중관계의 비약적 발전은 사실상 중국의 부상과 궤를 함께 하고 있다. 중국이 한국과 수교한 1992년 즈음, 천안문사건과 공산권의 몰락이라는 국내외의 위기를 극복하기 위해 덩샤오핑(鄧小平)은 '남순강화(南巡講話)'를 통해 오히려 보다 본격적인 개혁 개방정책을 주창하며 경제발전에 총력을 기울였고 그 결과 고도성장을 지속해 왔으며, 중국의 강대국으로의 부상을 현실화시켜 가고 있다. 특히 한중관계가 동반자관계로 발돋움한 1998년을 전후한 시점에 중국은 그간의 경제성장을 기반으로 이른바 '책임대국(負責任的大國)', 중화민족주의의 부흥 등 공세적 화두를 제시하며 중국의 부상을 공개화·공식화하였다.

중국의 부상은 여전히 진행 중인 동태적 과정이다. 이러한 부상의 동태적 과정에서 한중관계는 어떠한 영향을 받으며 변화할 것인가 하는 것이 이 글의 주된 관심이다. 이 글은 기존의 한중관계 발전이 중국의 부상과 연동되어 있었듯이 앞으로도 한중관계는 순항할 것인지, 그리고 한중관계 발전의 기존 변수들은 무엇이며, 그 변수들이 중국의 부상이 보다 현실화되는 과정에서도 여전히 유사하게 작동될 것인지를 규명하려는 것이다.

한중관계의 괄목할 만한 발전은 기본적으로는 불가분의 역사적, 지정학적 특징으로 형성된 구조적 원인, 경제협력이라는 기능적 동인, 그리고 양국의 환경변수 즉 미국요인과 북한요인이 복합적으로 작용한 결과라고 볼 수 있다. 경제적 동기가 양국관계의 외형적 급성장의 주된 동력이었다면 북한 및 미국요인은 양국 간 '특수한 밀월관계'의 배경이었다. 중국은 1990년대 초반부터 미국과의 제한적 경쟁관계에서 '선린외교(睦隣外交)'를 추진하였고, 그 과정에서 한국과의 관계발전도 적극 모색되어 왔다. 한국 역시 중국의 북한에 대한 긍정적 영향력에 대한 기대, 그리고 2차에 걸친 북핵이라는 위기 공감대가 중국과의 관계를 안정적으로 유지하게 하는 주요한 동인이었다.

요컨대 중국의 부상, 미중관계, 그리고 한중관계는 상호연동 되어 있으며, 이들 삼자의 관계는 최근까지는 큰 틀에서 선순환과정, 즉 중국의 부상, 그에 따른 미중 간의 제한적 경쟁과 협력의 공존, 그리고 한중관계의 비약적 발전으로 연결되어 왔다. 그런데 이러한 선순환 과정이 향후에도 지속될 수 있을 것인가? 아니면 중국의 부상이 지금보다 더욱 구체화되면 미중 간의 세력경쟁이 심화되어 패권경쟁과 충돌의 양상으로 발전할 가능성은 증대하고, 따라서 한반도는 다시 한번 미중 충돌의 장이 되는 최악의 순환과정이 전개되는 것은 아닌가? 이 문제는 중국의 부상이 한반도, 그리고 한중관계에는 어떠한 영향을 미칠 것인가 하는 이 글의 중심 논제와도 긴밀히 연계되어 있다. 요컨대 중국의 부상은 그 자체가 한국과 한중관계에 직접적인 변수이기도 하지만 미중 간의 세력관계 변화를 통한 간접적 영향 또한 매우 중요한 변수이다. 특히 후자는 간접적 변수임에도 우리의 의지와 무관하게 매우 강력한 영향을 미칠 수 있다는 측면에서 직접적 변수보다도 오히려 그 파급력은 더 클 수 있다.

국제사회에서 중국의 부상과 관련하여 상이한 분석과 논의가 제기되고 있는 것과 마찬가지로 중국의 부상이 한중관계에 미치는 영향에 대해서도 논쟁이 있다.[1] 세력전이이론(power-transition theory)의 시각에서는 부상하는 중국이 한반도에서 자국의 영향력을 증대하려 할 것이고 이는 결국 기존 세력인 미국으로부터의 저항에 직면하게 되어, 양국 간의 갈등 및 대립 양상이 한반도에서 현실화될 수 있다는 것이다. 요컨대 세력전이이론의 시각에서 보면 한반도는 중국이 세력 확대를 모색하고 미국은 지역 영향력을 유지하려는 전략적 요충 지역이므로 그 결과는 위험한 대결의 위기를 초래할 수 있다고 예상한다.

반면에 제도주의자(institutionalist)들은 부상하는 중국의 한반도 인식과 정책이 미국에 대한 영향력 경쟁의 일환이 아니라 오히려 한반도 긴장 완화를 위한 다자간 해결을 지지하고 협력으로부터 이득을 증대하려는 것으로 판단하고 있다. 즉 제도주의 시각에서는 중국의 한국과의 경제협력관계의 발전을 미국과의 영향력 경쟁의 측면에서 해석하지 않고 중국의 국제경제체제 통합과정의 일환으로 파악하고 있다.

따라서 이글은 중국의 부상이 한중관계에 어떠한 영향을 미칠 것인가 하는 논제에 대한 분석을 위해 다음과 같은 방법으로 접근하고자 한다. 첫째,

---

1) 이에 대한 자세한 내용은 Avery Goldstein, "Power Transitions, Institutions, and China's Rise in East Asia: Theoretical Expectations and Evidence," *The Journal of Strategic Studies,* Vol.30, No.4-5(August-October 2007), pp.639-682.

수교 이후 한중관계 발전과정을 조망하여 중국의 한반도에 대한 영향력 확대의 의도와 정책이 실재했는지를 검증한다. 그리고 한중관계 발전과정에서 주요 변수들이 어떠한 작용을 하고 있는가를 도출하여 이를 양국관계를 전망하는 분석 도구로 활용할 것이다.

둘째, 중국의 부상이 한중관계에 미치는 직접적인 영향에 대해 살펴본다. 이 문제는 주로 양자 간 관계의 현안과 인식에 대한 분석을 통해 접근할 것이다. 즉 부상하는 중국의 한국 및 한반도에 대한 인식 및 정책의 변화, 그리고 부상하는 중국에 대한 한국의 인식과 대응에 대한 분석에 초점을 맞춘다. 중국의 부상은 중국의 국력과 국제적 지위의 변화를 의미하는 것이다. 이러한 변화는 국제체제, 국제질서, 그리고 외교상대에 대한 중국의 인식의 변화를 불러올 것이며 결국 외교전략의 변화를 초래할 것이다. 이러한 맥락에서 이 글은 부상하는 중국의 한국에 대한 인식이 어떻게 변화하고 있는지 그리고 그러한 중국의 변화를 바라보는 한국의 인식은 어떻게 변화하고 있는지를 분석하려는 것이다. 그리고 인식의 변화가 실제 양국의 현안을 둘러싸고 어떻게 투영되고 있는지를 살펴볼 것이다. 이를 통해 중국의 한반도에 대한 인식과 정책의도가 기본적으로 세력전이이론과 제도주의 이론 가운데 어느 주장에 근접하는지를 규명한다.

셋째, 중국의 부상이 미중관계에 투영되어 한중관계에 미치는 간접적인 영향에 대해 살펴본다. 이 문제는 미중관계의 변화, 특히 한반도를 둘러싼 미중 간 세력경쟁의 가능성을 검증하는 데 초점을 맞출 것이다. 우선 중국의 부상을 상수로 하고 부상하는 중국이 한반도에서의 영향력 확대, 나아가서 미국의 이익과 영향력에 도전하려는 의도가 있는지, 그리고 미국은 중국의 부상과 한반도에 대한 영향력 확대를 패권에 대한 도전으로 인식하고 이에 대해 대응하려는 의도가 있는지를 규명하고자 한다. 결국 세력경쟁 가능성에 대한 검증의 필요충분조건은 중국의 영향력 확대의 의도, 의도를 실현하려는 구체적인 정책과 행위, 그리고 상대인 미국의 인식과 대응에 대한 접근으로 집약된다. 이 과정에서 한미동맹, 주한미군, '미사일 방어(MD: Missile Defense)'계획 등이 중요한 분석의 대상이 될 것이다. 그리고 마지막으로 이상의 분석을 기반으로 한중관계의 과제를 제시할 것이다.

II. 중국의 부상과 한중관계 발전

1. 한중수교와 경제협력관계 발전

한중수교를 전후하여 양국 정치관계에서의 가장 큰 쟁점은 북중관계였다. 한국은 북중관계를 능가하는 한중관계의 실질적 발전을 기대, 요구한 반면에 중국은 북중관계의 '혈맹'적 특수 관계를 유지하려는 줄다리기가 전개되었다. 중국은 1991년 남북한의 유엔 동시가입으로 남북한 스스로가 상호실체를 인정한 만큼 중국이 남북한과 동시에 외교 관계를 유지, 발전시키는 일종의 등거리 외교를 전개하는 것은 문제가 되지 않는다는 입장을 견지했다. 이에 따라 중국은 수교 초기까지도 북한과는 기존의 특수 관계를 유지하고, 한국과는 경제협력에 중점을 두는 한반도외교에 있어서 이른바 '북정남경(北政南經)'의 정경분리의 기조를 유지해 왔다.

그런데 이후 중국외교의 실용주의화 현상이 두드러지고, 한중 간의 경제협력이 심화·구조화되면서 자연스럽게 이를 뒷받침할 수 있는 정치안보영역에서의 협력 필요성도 증가하기 시작했다. 1994년 1차 북한 핵문제가 우여곡절 끝에 중국의 중재를 통해 '평화적으로' 일단락된 직후 이루어진 11월 리펑(李鵬) 총리의 방한과정에서 중국의 실리외교는 구체적으로 표출되기 시작했다. 1992년과 1994년 한국의 노태우, 김영삼 두 대통령의 연이은 중국 방문이 있은 이후, 비로소 성사된 최초의 중국 총리의 한국 방문에서 당시 리펑 총리는 남북한관계에 있어서 자주독립의 원칙을 견지할 것을 강조하면서 남북한에 대한 실리 외교 추진 의지를 암시했다.2)

---

2) 리펑 총리의 방한에 대해 외신과 중국 언론들은 한중관계가 이데올로기의 영향에서 벗어나 실질적 관계로 발전했으며, 특히 중국은 북한의 체면을 살려 주면서, 한국과의

중국의 한반도 실리외교는 기존의 한반도관련 정치, 안보쟁점에서의 북한에 대한 일방적 지지 태도의 변화를 의미하는 것이다. 중국이 한반도 평화체제 전환 문제와 관련하여 공개적으로 북한과는 다른 입장을 표명한 것이 대표적인 사례다. 1994년 11월 리펑 총리는 한국 방문시 기자회견에서 "새로운 평화체제가 수립되기 전까지는 기존의 정전체제가 유효하며, 따라서 정전협정이 준수되어야 한다."고 밝힘에 따라 당시 정전협정 자체를 무력화시키고 미국과 직접 평화협정을 논의하려던 북한과 다른 입장에 있음을 분명히 했다.3)

뿐만 아니라 북한은 기존의 한반도 정전체제에서 평화체제로 전환하는 과정에서 북미 양자회담을 고집하면서 한국을 대화 상대국으로 인정하지 않으려 했던 반면, 1996년 중국의 첸치천(錢其琛) 당시 외교부장은 오히려 한국은 정전협정의 서명국은 아니지만 직접적인 이해당사국임을 분명히 하면서 한국의 '적절한 역할'의 필요성을 공식 표명했다. 이는 사실상 한국이 평화체제 수립의 주체가 되어야 함을 인정한 것으로 비록 완곡하지만 분명하게 다시 한번 북한과는 상이한 입장을 표명한 것이다.4)

이와 관련 중국학자는 중국이 한반도문제와 관련하여 특수한 위치에 있는 국가로서 한반도문제에 적극적인 역할을 해야 하는 당위성이 있음을 강조하면서 실제 주요한 역할을 수행한 사례의 하나로 1997년 4자회담의 참

실질적인 관계를 확대한 확실한 외교적 성과를 거두었다고 평가하여, 중국의 남북한 실리외교 성공을 간접적으로 시사하였다. 1994년 10월 31일~11월 4일 기간 당시 리펑 중국 총리의 한국 방문시의 자세한 활동, 발언 내용 및 평가에 대해서는 劉金質·張敏秋·張小明, 『當代中韓關係』(北京: 中國社會科學出版社, 1998), pp.184-188; 劉金質·楊淮生 (編), 『中國對朝鮮和韓國政策文件匯編 5(1974-1994)』(北京: 中國社會科學出版社, 1994), pp.2663-2674 참조.

3) 리펑 총리의 제주도 기자회견 내용은 劉金質·楊淮生 (編), 『中國對朝鮮和韓國政策文件匯編 5(1974-1994)』, p.2672.

4) 이 내용은 북한이 계속해서 북미 양자간 회담을 통한 정전협정의 평화협정으로의 전환을 고집하고 있던 시점인 1996년 8월 26일에 당시 중국 외교부장이었던 첸지천이 우리 외무부 차관 이기주를 만난 자리에서 언급한 것으로 당시 중국이 이례적으로 북한의 주장과 정면으로 다른 견해를 표명한 것인 동시에 중국이 이전과 달리 한반도문제에 개입 의지가 있음을 보여준 사례이다. 『人民日報』, 1996年 8月 27日.

여를 들고 있다.5) 즉, 중국은 1995년을 전후하여 북한이 극심한 식량난으로 체제위기에 직면하자 그동안 철폐했던 구상무역과 우호가격제를 부활하는 등 최소한의 경제지원을 재개하면서도, 다른 한편 정치적 문제에서는 북한을 전적으로 지지하던 기존 태도에서 벗어나 중국의 실익, 특히 한반도에서 중국의 영향력과 입지 강화를 우선 고려하는 바탕에서 입장을 결정했다.

이러한 중국의 변화된 태도는 1997년 황장엽 망명사건의 처리과정에서도 분명하게 나타났다.6) 중국의 태도 변화의 배경에는 물론 중국이 "남북한 당사자 간의 자주적이며 평화적 해결" 이라는 기존의 원칙을 재확인한다는 대의명분적 의미도 있다. 그러나 보다 중요한 이유는 첫째, 덩샤오핑의 '남순강화'이후 경제발전이 최우선 국가목표로 강조되면서 한국과의 경제협력의 중요성이 부각되었고, 둘째 천안문사건과 냉전종식으로 촉발된 미국과의 갈등관계가 1993년 최혜국 대우 연장문제로 더욱 악화되고 있는 상황에서 한반도에서 미국에 비해 상대적으로 중국의 영향력이 약화되는 것을 막고자 하는 전략적 고려가 내재되어 있었기 때문이다.

2. 한중 동반자관계 발전

한중관계는 1998년 11월 김대중 대통령의 중국방문을 계기로 이른바 '동반자관계'라는 새로운 형태로의 관계 진전이 이루어졌다. 김대통령의 방중 기간 '21세기 협력적 동반자 관계(面向21世紀合作伙伴關係)'로 발전을 공식선

---

5) 그 밖에 중국이 주요한 역할을 한 사례로 1)1991년 남북한 유엔 동시가입에 대한 중국의 지지, 2)1993~1994년의 북핵위기의 평화적 해결, 3)2000년 남북정상회담 개최 지원을 들고 있다. 陳峰君·王傳劍, 『亞太國家與朝鮮半島』(北京: 北京大學出版社, 1998), pp.347-353.

6) 황장엽 망명사건은 중국이 사건 처리과정에서 북한의 충격을 최소화하는 한편 한국의 기대에도 부응함으로써 한반도문제 해결의 책임 있는 중재자로서의 능력을 과시한 사례로 제시되고 있다. Chae-Jin Lee and Stephanie Hsih, "China's Two-Korea Policy at Trial: the Hwang Chang Yop Crisis," *Pacific Affairs,* Vol.74, No.3(Fall 2001), pp. 321-341.

언 한데 이어서 2000년 10월 주룽지(朱鎔基) 총리 방한시 한중 양국은 군사 안보 분야를 포함하는 협력분야의 다변화에도 합의하였다.[7] 동반자관계로 의 발전은 김대통령의 방중이전인 1998년 4월 후진타오(胡錦濤) 중국 국가 부주석의 방한시에 이미 논의되기 시작했다. 즉 기존의 경제협력 위주의 양 국관계를 정치, 안보분야를 포함하는 보다 다양한 영역으로 발전시켜 가는 데 공감대가 형성된 것이다. 이에 따라 1999년, 2000년 한중 국방장관의 상호방문 회담 개최에 이어서 2001년 10월과 2002년 5월에 각각 한국 군함 의 상해기항과 중국 군함의 인천기항, 그리고 2002년과 2003년의 공군수송 기 상호방문으로 확대되었다. 이처럼 한중관계는 그동안 금기시 되었던 군 사안보분야로까지 교류의 영역이 확대되는 진전이 이루어졌다.

이러한 양국관계의 변화, 발전 과정은 결국 중국의 한국과의 협력의 주 동인이 기존의 경제협력 중심에서 한반도 및 동북아지역의 질서 및 안보와 관련된 전략적 영역으로 확대되어 가고 있음을 보여 주는 것이다. 특히 군사 분야의 교류 증대는 중국이 그동안 한중관계 발전의 주된 제약요인으로 작 용했던 '북한요인'으로부터 상당히 자유로워지고 있거나, 아니면 현실적으 로 한중관계의 발전에 더 비중을 두고 있음을 시사하는 것이라 해석할 수 있다.

그러나 다른 한편 한중 정치관계는 이러한 전반적인 외형적 발전추세 속 에서 적지 않은 문제들이 수교 10년을 즈음한 2002년에 이르러 불거지기 시작했다. 예컨대 탈북자문제, 조선족문제, 달라이 라마 방한문제, 어로분쟁, 마늘분쟁 등 기왕에 잠복되어 왔던 현안들이 한중 양국의 특수한 밀월관계 에 미묘한 파장을 불러일으키기 시작했다. 양국관계가 다변화하면서 양국의 국내요인들이 새롭게 변수로 등장하게 된 것이다. 이러한 갈등이 비록 양국 관계 발전의 큰 흐름에 묻혀 걸림돌로 까지 확대되지는 않았지만 그동안 성장일변도의 양국관계에 간과되어 왔던 갈등의 현실성에 대한 각성을 불러 오는 계기를 제공했다.

---

7) '21세기 협력적 동반자 관계'에 대해서는 『人民日報』, 1998年 11月 13日 참조.

이어서 한중 양국은 2003년 7월 노무현 대통령의 중국방문을 통해 2000년 이후 사실상 진행되어온 양국협력 및 교류의 확대를 '전면적 협력 동반자 관계(全面合作伙伴關係)' 합의를 통해 공식화하게 되었다.8) 이후에도 양국은 2005년 11월 후진타오 국가주석의 부산 APEC 회의 참석, 2006년 10월 노무현 대통령 실무 방중, 그리고 2007년 4월 원자바오(溫家寶) 총리의 방한에 이르기까지 정상급 상호방문이 이어지면서 긴밀한 관계를 유지해오고 있다. 특히 원 총리의 방한을 계기로 한중 해상수색구조협정을 체결하고 양국 해공군간 직통통신망을 구축하기로 한 것은 주요한 실질적 진전이라 할 수 있다. 그리고 한중관계의 이러한 주목할 만한 형식상의 관계 발전은 양국 고위지도자간 회담의 빈도수를 통해서도 확인할 수 있다.9) 즉 한중 양국은 지난 15년 간 7회의 상호방문을 포함한 21회의 정상회담과 17회의 준정상회담을 개최하여 50년 한미 동맹관계에서 같은 기간에 진행된 25회의 정상회담에 버금가는 긴밀한 정상 간 대화와 교류를 지속해 왔다.

3. 중국의 부상과 한중관계 발전의 상관성

한중관계는 수교 이후 외형상 크게 4차례에 걸쳐 단계적인 발전을 해왔다. 이러한 단계적 발전과정은 한중관계의 진전과정인 동시에 중국의 강대국으로의 부상과 그에 따른 외교전략의 조정과정이기도 하다. 첫째, 1992년 덩샤오핑의 남순강화 이후 중국은 보다 적극적인 경제발전전략을 추진하면서 경제협력선의 다변화와 평화적인 안보환경의 확보를 위해 인접국에 대한 선린외교를 전개하였고, 이 과정에서 한국과의 수교도 추진되었다.10)

---

8) '전면적 협력 동반자관계'에 대해서는 중국 외교부 홈페이지 참조. http://www.fmprc.
gov.cn/chn/3721.html(검색일: 2002년 8월 30일).

9) 한중 간 고위급 인적교류에 대한 자세한 내용은 이동률, "수교이후 한중 정치관계의 회고와 전망: 중국외교전략의 변화를 중심으로," 『중소연구』, 제26권 제3호(2002), pp. 45-48.

10) 당시 중국의 선린외교는 한중수교를 전후한 시점에 1990년에 싱가포르, 1991년에 부르나이, 1992년 카자흐스탄 등 주변국가들을 중심으로 90년대 초반에 무려 20여개

둘째, 1994년 리펑 총리의 한국방문을 통해 중국이 기존의 '북정남경'의 한반도 정책에서 실리외교로 전환하기 시작한 시기에 중국은 천안문사건 이후 지속된 미국의 봉쇄정책에 대응하기 위해 전방위 외교를 적극 전개하고 있었다.

셋째, 1998년 김대중 대통령의 중국방문을 통해 한중 동반자관계를 공식화한 시기에는 중국이 15차 전국대표대회를 통해 국내적으로 장쩌민(江澤民)체제를 공고화하고, 경제발전과 국제적 지위향상에 대한 자신감을 바탕으로 책임대국론, 신안보관을 제시하며 미일 신안보조약 체결을 통해 강화되고 있었던 중국의 부상에 대한 미국의 견제에 대응하고 있었다. 즉, 당시 중국은 국제적 위상과 영향력을 제고하고 미국의 일방주의를 견제하기 위한 다극화 전략을 제시하면서 다양한 형태의 동반자외교를 적극적으로 전개하였다.

넷째, 노무현 대통령의 중국방문을 통해 한중 전면적 협력동반자관계를 공식화한 2003년에는 후진타오체제가 출범하면서 '평화굴기(和平崛起)', 평화발전론을 통해 중국의 부상을 대내외에 과시하고, 북핵문제 해결을 위한 3자회담 및 6자회담을 적극적으로 주도하는 등 국제사회에서의 '책임대국'으로서의 정체성을 구축하려는 시도가 진행된 시점이기도 하다.

요컨대 중국의 부상과 더불어 진행된 한중관계의 발전은 다음과 같은 특징을 지니고 있다. 첫째, 중국이 강대국으로 부상함에 따라서 중국의 다극화 및 대국화 전략에서 차지하는 한국의 전략적 비중 또한 단계적으로 증대해 왔다. 특히 한중관계의 4단계에 걸친 발전과정은 한국이 미국과의 동맹 체제를 유지하고 있는 전략적 요충지역이라는 측면에서 중국에게 여타의 인접 국가들과는 다른 특별한 전략적 함의를 갖고 있음을 시사하고 있다. 즉, 중국의 부상이 진행됨에 따라 중국 외교전략에 있어서 대미전략의 비중이 증대되는 것에 비례하여 그 종속 변수로서의 한국의 전략적 중요성 또한 증대되어 왔다. 따라서 중국의 부상이 가속도가 더 해질수록 중국의 대한반도

국가와 관계정상화를 하는 전례 없는 적극적인 수교공세를 통해 구체화되었다.

정책과 한중관계는 중국의 대미전략과 미중관계에 점점 더 많은 영향을 받게 될 것으로 보인다.

둘째, 중국이 부상하는 과정에 비례하여 한국의 전략적 가치에 대한 평가도 제고되었다는 것은 중국의 한국에 대한 영향력 확대의 필요성이 커지는 것을 의미하는 것이기도 하다. 실제로 한중관계 발전은 일정정도 중국의 한반도에 대한 영향력 확대 의지가 반영된 결과라 할 수 있다. 즉, 한중관계의 발전과 북중관계의 상대적 후퇴는 중국이 지정학적 중요성이 큰 한반도에 대한 영향력 확보의 주 대상을 북한에서 한국으로 옮겨가고 있음을 시사하는 것이다. 특히 1990년대 이후 한중 간 경제협력이 확대되고 경제적 상호의존성이 증대되는 상황에서 중국외교에서 미국의 비중이 커지고, 중미 간의 협력과 경쟁이 공존하는 관계가 진행되면서 중국에서 한국에 대한 영향력 확보 필요성이 더욱 더 증대되어 왔던 것이다. 그러면서 동시에 중국은 중국의 한반도에 대한 영향력 확대가 미국과의 갈등을 유발하지 않도록 경계하고 있다.

셋째, 한중관계에서 미국요인의 중요성이 갈수록 증대되는 반면에 한중관계의 가장 중요한 전통적 변수였던 북한요인은 그 비중이 상대적으로 감소하는 경향을 보이고 있다. 2003년 북핵문제가 불거지면서 외형상 북한요인이 다시 부각되는 듯 보였지만 그 실상은 전통적인 북한요인과는 다른 차원과 내용으로 한중관계에 작용하고 있다. 즉, 중국은 북핵문제를 전통적인 북중관계 차원에서 인식·접근하고 있기보다는 중국의 주변 안보환경, 중미관계, 그리고 동아시아 안보질서에 영향을 주는 현안으로 인식하고 있다. 중국은 북핵문제를 해결하는 과정에서 일정정도 중국의 영향력 확대를 모색하면서 동시에 북핵문제로 인해 중미관계 또는 한중관계에 부정적 영향을 미치지 않도록 주의하고 있다.

III. 중국 부상의 직접 영향: 한중 양국의 인식과 현안

1. 중국의 부상과 한중 양국의 인식

1) 부상하는 중국의 한국 인식

중국에게 한국은 인접국인 동시에 미국, 일본, 러시아 등 강대국의 이해관계가 교차되는 전략적 요충지이다. 따라서 한반도와 한국은 중국의 인접지역 정책인 선린외교의 대상인 동시에 강대국 외교의 대상이다. 특히 중국이 강대국으로의 부상이 진행될수록 중국은 미국과의 관계가 외교의 핵심으로 자리 잡을 수밖에 없고, 한국에 대한 정책 역시 미국과의 관계라는 강대국외교의 범주에서 보다 많은 영향을 받게 될 가능성이 높다.

중국의 선린외교는 중국위협론을 불식시켜 주변 안보환경을 안정적으로 확보하는 한편, 중국이 강국으로 부상하는 데 있어 미국과 일본의 견제를 최소화하면서 인접 국가들의 협력과 지지를 획득하는 것을 목표로 하고 있다.11) 이러한 맥락에서 부상하고 있고 또 부상하려는 중국의 입장에서 한국과의 선린관계 발전은 단순 외교 수사 이상의 중요성을 지니고 있다. 즉, 중국의 입장에서 지정학적 중요성을 지니고 있고 미군이 주둔하고 있는 한국과의 긴장관계는 바로 중국의 인접 국가들과의 안보딜레마 문제를 확산시킬 가능성이 높다. 반면에 한국과의 관계발전은 안보환경을 개선하고, 미국의 동아시아 영향력을 우회적으로 견제할 수 있는 중요한 전략적 의미를 갖는다.

요컨대 부상하는 중국에게 한반도와 한국은 크게 세 가지 중요한 전략적 의미를 갖고 있다. 첫째, 한국은 중국의 부상을 위한 물질적 교류 및 협력의 대상, 즉 경제발전을 위한 경협대상으로서 중요한 의미가 있다. 한중 간 경제협력은 이미 한일관계는 물론이고 50년 동맹의 한미관계를 능가하고 있

---

11) 중국의 인접지역 외교에 대해서는 이동률, "중국의 주변지역 외교전략 및 목표," 『중국연구』, 38권(2006), pp.279-299.

다. 뿐만 아니라 한중무역액이 수교 14년 만인 2006년에 1,300억 달러를 돌파한 것은 중일무역액이 수교 31년 만인 2003년에, 그리고 중미 간에는 수교 24년 만인 2003년에 1,200억 달러를 달성한 것과도 비교된다.

그리고 중국에게 한국과의 경제협력 강화는 경제적 이해관계 이상의 의미를 갖고 있다. 한중 경제관계의 발전은 물론 경제협력이라는 측면에 한정할 때 중국의 개방정책과 국제경제체제 참여확대의 과정에서 전개되고 있는 것이다. 그런데 한중관계 발전이라는 큰 범주에서 조망해 보면 앞서 살펴본 바와 같이 중국은 외교전략, 특히 대미 전략 차원에서 한국과의 수교 및 관계발전을 모색해 왔다. 즉, 중국은 한국과의 경제적 유대 및 의존성 강화가 중국이 한국에서 확보하고자 하는 전략적 이해관계와 영향력 확대의 중요한 수단이 될 수 있다는 기대를 갖고 있다.

이는 한미 FTA 체결 합의에 대한 중국의 반응에서도 나타나고 있다. 중국은 한국과 동맹관계에 있는 미국이 한미 FTA 체결을 통해 한반도에 지속적으로 영향력을 행사할 수 있는 또 하나의 중요한 수단을 마련한 것으로 평가하고 있다. 이는 한미 FTA 협상 타결직후인 2007년 4월 중국 총리로서는 7년 만에 원자바오 총리가 한국을 방문하고 한국과의 FTA협상을 적극적으로 요구하고 있는 데서도 엿 볼 수 있다.[12] 중국 언론에서도 한미 FTA 체결의 배경에는 중국을 방어하고 견제하기 위한 정치적 의도가 있는 것으로 분석하고 있다.[13]

둘째, 중국이 부상하기 위해서는 일차적으로 인접 국가들과의 우호관계를 유지하여 안정된 안보환경을 확보해야 한다는 지정학적 고려가 있으며 그 대상으로서 한반도는 중요한 의미를 지니고 있다. 한반도 관련 비전통적 안보불안 요인으로는 북한 체제 불안과 난민문제가 있다. 안보딜레마 문제와

---

12) 원 총리는 방한에 앞서 가진 베이징 한국특파원들과 회견 자리에서 이례적으로 "양국이 FTA를 조기에 체결하기 바란다"고 하여 한중FTA에 대한 의지를 피력한 바 있다. 溫家寶, "去韓國訪問是我期待已久的事," 『新華毎日電訊』(2007年 4月 6日), 第4版.
13) 楊立群, "趕在時限前最後一刻達成妥協韓美自貿協定不僅著眼經貿," 『解放日報』(2007年 4月 3日), 第4版; 徐啟生, "自貿協定將提升美韓關系," 『光明日報』(2007年 4月 5일).

관련해서는 한국 내의 중국위협 인식보다는 북핵문제가 있다. 북핵은 그 자체가 안보불안요인이기도 하지만 동시에 미일 동맹 강화와 군사력 증강, 그리고 MD계획 추진의 빌미가 될 수 있으며 이는 동아시아의 군비경쟁을 촉발시킬 수 있고, 특히 미일의 대만에 대한 개입 근거를 제공할 수 있다는 우려를 중국은 하고 있다. 중국의 입장에서 북핵문제의 평화적 해결, 북한체제 및 한반도의 안정화가 중요한 관심사인 까닭이다. 2·13합의 이후 북핵문제가 해결의 실마리를 찾고 남북정상회담이 성사되고, 한반도 평화체제가 논의되는 것은 중국 입장에서 지정학적 안보불안이 완전하지는 않지만 상당 정도 해소되는 징후로 받아 들여 지고 있다. 반면 이러한 지정학적 우려의 해소과정에서 북미수교, 한반도의 통일 등 한반도를 둘러싼 세력관계의 변화 예고는 중국에게 새로운 도전으로 받아들여지고 있다.[14)]

셋째, 중국은 한국을 중국 부상의 기반이자 영향력 확보의 대상으로 인식하고 있다. 중국이 동아시아에서 미국의 중국에 대한 견제에 대응하면서 책임지는 대국으로서 평화적으로 역내 리더십을 확보하는 데 있어서도 미국과 동맹관계에 있는 한국은 중요한 전략적 대상이 되고 있다. 중국은 미국과의 동맹관계를 유지하고 미군을 주둔시키고 있는 한국이 미일의 중국에 대한 견제의 전진기지가 될 수 있다는 우려를 하고 있다. 중국의 부상이 가속도를 더 해 갈수록 중국에게 있어 한국의 전략적 측면의 중요성은 커지고 있다.

요컨대 부상하고 있는 중국에게 한국과 관련하여 주요 현안으로 부각되고 있는 것은 북한과 미국요인으로 집약된다. 그런데 2·13합의 이후에 북핵문제가 예정대로 평화적으로 해결되어 갈 경우에는 두 요인 가운데 중국의 한반도 전략에서 미국요인의 중요성이 상대적으로 더욱 부각될 것이다. 이와 관련 한 중국학자는 한중 전면협력동반자관계 발전의 중요한 전략적 가치의 하나로 미국 동북아전략의 제약을 들고 있다. 즉, 한중 동반자관계로

---

14) 추이즈잉(崔志鷹)은 북미관계개선이 중국에 미치는 부정적 영향으로 6자회담의 기능 축소와 그에 따른 중국의 역할 약화, 그리고 북중관계의 소원 등을 제시하고 있다. 崔志鷹, "美朝關係改善對東北亞局勢的影響," 上海社會科學院世界經濟與政治研究院 (編), 『中國與世界共通利益的互動』(北京: 時事出版社, 2008), p.309.

의 발전은 한국의 안보우려를 크게 완화시킴으로써 한국의 대미 동맹체제에 대한 경사를 약화시켰으며 한국의 전략적 선택의 폭을 확대시켰다고 평가하고 있다.[15]

이러한 맥락에서 2007년 4월 원자바오 총리의 방한을 계기로 중국에서 한중관계를 전면협력동반자관계에서 전략협력동반자관계로 격상시키는 문제에 대한 논의가 제기되어 왔다.[16] 중국에서 제기하고 있는 한중 전략관계 발전의 필요성으로는 첫째, 2·13합의와 남북정상회담 등으로 한반도의 통일과정이 진전되고 있으며, 둘째, 동북아의 경제발전과 협력 활성화로 지역 경제 입지가 상승하는 반면에, 동북아 지역에는 여전히 안보딜레마의 문제가 병존하는 모순이 나타나고 있다는 것이다. 셋째, 동북아지역에서 냉전시대와 달리 테러, 분리주의, 해상운송안보, 생태환경파괴, 질병유행 등 비전통적 안보가 중요한 현안으로 부각되고 있다는 것이다.[17] 즉 이상의 변화된 환경과 과제들을 해결하기 위해서는 한중 간에도 전략적 협력이 필요하다는 것이다.

이와 관련 중국은 파키스탄과의 관계를 하나의 전례로 제시하고 있다. 이는 한중관계가 한 단계 더 발전했다는 외견상의 의미도 있겠지만 보다 중요한 것은 중국의 입장에서 한국과의 관계에서 전략적 요소의 비중이 커지고 있음을 시사하는 것이다. 실제로 최근 한미 FTA체결 합의, 북핵 2·13합의와 이에 따른 북미·북일관계 개선 움직임 등 일련의 한반도를 둘러싼 동아시아 세력관계의 변화 조짐이 나타나고 있고 이에 따라서 한반도 평화체제, 동북아 안보협력 문제 등이 한중관계에서 중요한 현안으로 부각되고 있다. 이는 결국 한중관계의 전략적 관계로의 발전이 단순히 외향적 발전과정으로 한정 지을 사안이기 보다는 중국의 부상이 진행되면서 나타나는 불가피한 현상으로서 한중관계에 새로운 도전이자 기회로 인식할 필요가 있다. 즉 그

---

15) 張玉山, "中韓全面合作夥伴關系的回顧與展望,"『亞非縱橫』, 4期(2007), pp.6-7.

16) 『人民日報(海外版)』, 2007年 4月 10日.

17) 徐文吉, "中韓建交15周年雙邊關系盤點與前景展望,"『東北亞論壇』, 第4期(2007), pp.39-44.

만큼 한중관계 유동성의 변수와 폭이 증대되고 있는 것을 의미하는 것이다.

2) 한국의 부상하는 중국에 대한 인식

한국은 부상하는 중국에 대해 매우 복잡하고 유동적인 인식을 보여주고 있다. 이는 그동안 수차례 여론조사 결과의 큰 진폭에서도 나타나고 있다.[18] 특히 고구려사 왜곡 문제가 불거진 시점을 전후한 여론조사의 내용은 극명한 대조를 이루고 있다. 예를 들어, 역사왜곡 분쟁이 촉발되기 전인 2004년에 초선 국회의원 138명을 대상으로 한 조사에서는 55%가 미국보다 중국을 더 중요한 한국의 외교통상 상대라고 응답했다.[19] 그러나 2005년에 187명의 국회의원을 대상으로 한 조사에서는 반대로 68%가 미국이라고 응답했다.[20] 일반 대중들의 특정 국가에 대한 정서적 반응은 그 속성상 유동성이 클 수 있지만 앞서의 조사 결과처럼 정치엘리트 계층에서 조차도 짧은 기간에 인식상에 큰 편차를 보이는 것은 주목할 만하다.

고구려사 왜곡 논쟁을 전후하여 부상하는 중국에 대해 한국에서 중국기회론, 심지어는 중국대안론에서 중국경계론, 중국위협론으로 무게중심이 옮겨가면서 극단의 인식들이 혼재하는 양상을 보이고 있다. 고구려사 왜곡 논쟁이라는 특수한 사안이 개재되어 있다는 것을 감안하더라도 이렇듯 짧은 시간에 양극단을 오가는 큰 편차의 반응이 나타나고 있는 것은 한국의 중국에 대한 인식 자체가 피상적이고 유동적임을 보여주는 것이다. 즉 중국대안론도 중국위협론도 구체적인 분석, 근거와 내용을 담고 있지 않은 시류와 정서가 반영된 즉흥적인 논의에 불과하다는 것을 반증해주고 있으며, 아울러 한중관계가 외형적 발전에도 불구하고 깊이 있는 이해와 내실이 부족한

---

18) 한국내외에서 이루어진 한국인의 중국에 대한 여론조사에 나타난 인식의 변화에 대해서는 Jae Ho Chung, *Between Ally and Partner: Korea-China Relations and the United States* (New York: Columbia University Press, 2006), pp.100-102; Steven Kull, "Dealing with Dragon: Asian Public Opinion on the Rise of China,"『평화연구』, 제15권 2호(2007 가을), pp.33-38.

19) 『동아일보』, 2004년 4월 19일.

20) 『동아일보』, 2005년 4월 13일.

불안정성이 내재되어 있음을 보여주는 증거라 할 수 있다.

한국의 부상하는 중국에 대한 인식의 특징을 보다 구체적으로 살펴보면 첫째, 수교 이후 한중관계 발전이 경제협력에 의해 추동되었듯이 현재적 의미에서 한국의 대중 인식은 전반적으로 경제적 요인에 의해 영향을 받으며 형성되어 왔으며, 따라서 1997년 금융위기를 전후로 상당한 변화가 나타났다. 소위 중국기회론으로 대표되는 1997년 이전 시기의 중국에 대한 인식은 고도성장을 지속하는 중국경제의 도약과 이에 비례하여 비약적으로 발전한 한중경제협력으로 인해 한국에게 중국의 부상은 시장 및 투자 기회의 확대로 인식되어 왔다.

그런데 이러한 중국의 고도성장에 편승한 추상적 중국기회론은 1997년 금융위기 이후 점진적으로 중국경계론으로 전환되기 시작했다.[21] 국제경제 환경의 변화, 중국의 한국경제의 강력한 경쟁자로서의 부상에 대한 위기감, 그리고 중국경제에 대한 의존도 심화와 중국경제의 미래에 대한 불안감 등이 교차되면서 중국의 부상을 도전으로 인식하는 경향이 나타나게 된 것이다. 예를 들어, 2005년 3월 실시된 여론조사에 의하면 한국경제에 가장 큰 영향을 미치는 국가로 미국(34%)을 제치고 중국(45%)을, 그리고 중국의 경제성장이 자국에 미칠 영향에 대해서 일본은 '좋다(46%)'가 '안 좋다(32%)'보다 많은 반면에 한국은 '안 좋다(57%)'는 응답이 절반 이상이었다.[22]

한국의 중국 경계론은 중국 기업소득세법 개정, 노동정책의 변화 등 중국 투자 환경의 변화로 더욱 강화될 추세에 있고, 이를 근거로 일부에서는 심지어 중국위협론으로까지 논의를 확대하고 있다. 그런데 중국기회론이 중국의 부상에 대한 막연한 기대에 기초하고 있었듯이 중국경계론 역시 중국기회론의 반작용적 성격이 강하기 때문에 중국기회론 못지않은 모호성과 유동성을 지니고 있다. 이와 같이 한국에서 회자되고 있는 중국경계론 또는 중국위협

---

21) 한석희, "중국의 경제적 부상에 대한 한국의 새로운 시각,"『한국정치학회보』, 37집 3호(2003), pp.289-310.
22)『동아일보』, 2005년 4월 26일.

론은 경제적 경쟁 심화와 중국경제의 불안정성에 기초한 미래에 대한 불안
과 위기 심리가 내재된 중국경제 경계론의 내용을 담고 있다.

경제적 중국위협론은 향후 국제경제환경, 한중경제관계, 한국과 중국의
국내경제 상황 등 다양한 변수에 영향을 받으며 변화될 개연성이 있다. 요컨
대 한국에서는 기본적으로 중국의 부상을 거스를 수 없는 대세로 인식하면
서 도전과 기회가 함께 병존하는 것으로 받아들이고 있다. 도전이 충분히
예상되지만 기회를 극대화하기 위해서는 교류와 협력의 확대가 불가피하다
는 경계심과 기대감이 병존하는 '경계적 기회론'이 자리 잡고 있다. 고구려
사 왜곡 문제로 한국 내의 대중정서가 크게 악화되었음에도 불구하고 경제
협력과 교류는 지속적으로 확대되고 있는 현상이 이를 반증해주고 있다.

둘째, 한중관계는 수교한지는 16년밖에 되지 않았지만 한국민 인식 속의
양국관계는 고대사를 포함한 훨씬 긴 연원을 배경으로 하고 있다. 따라서
한국의 중국에 대한 인식의 기저에도 현재의 중국과 더불어 과거 역사상
교류과정에 축적되어 온 집단적 기억이 잠재되어 있으며, 이러한 잠재된 인
식이 현재의 특정 사건 예를 들면, 2002년 월드컵 논란, 2004년 고구려사
왜곡, 그리고 중국 경제의 급성장 등에 자극되어 나타나고 있다.[23] 즉, 중국
의 급속한 경제성장을 바탕으로 한 부상과 중국의 '동북공정(東北工程)'이 중
첩되면서 한국인들이 지니고 있는 과거 중국에 대한 추상적이고 부정적인
집단기억, 즉 중화주의를 재인식 시켜주는 기능을 하면서 반중국정서가 확
산되고 있다. 한중 간의 고대 교류의 경험에 축적된 중화민족주의에 대한
부정적 인식이 중국의 경제성장을 바탕으로 한 부상이 현실로 부각되면서
경제적 경쟁 및 위기인식을 유발했고, 검증되지 않고 모호한 서구의 중국위
협론이 국내의 반중국정서와 결합하는 양상을 보이고 있다.

셋째, 한국에서 중국의 부상에 기초한 중국위협론은 앞서 언급한 것처럼
경제적 측면에서 형성된 것으로, 다른 아시아 국가들에서 나타나고 있는 군

---

23) 한중 양국사이에 내재된 부정적인 집단기억이 반한, 반중의 분위기를 고조시키고 있
다는 주장에 대해서는 이욱연, "한중관계의 미래를 위한 동아시아 정체성," 제1차 한
중미래대화 발표문(2007년 9월 17일~18일), pp.279-289.

사안보 분야에서의 위협인식과는 성격을 달리하고 있다. 일부 한국 언론을 중심으로 고구려사 왜곡, 중국의 북한에 대한 투자 급증,24) 북핵문제 등을 근거로 북한 급변 사태시 중국의 군사행위에 대한 우려가 제기되고 있지만 이 역시 충분한 근거와 설득력을 갖고 있지 못하다.25) 지정학적인 측면에서 볼 때 한국은 중국의 군사적 위협에 가장 직접적으로 노출된 국가 중의 하나 임에 분명하지만 한국 국민들은 물론이고 정부에서조차도 중국의 군사력 증 강에 대한 경계와 부정적 인식은 상대적으로 강하지 않다.26) 예컨대 고구려 사 왜곡 문제가 불거진 이후인 2005년 실시한 여론 조사에 의하면 한국의

---

24) 한국의 일부 언론은 북한의 중국에 대한 경제적 종속을 우려하며 심지어 북한이 중국 의 동북 4성이 될 수 있다고 보도하고 있다. "북, 중국 동북 제4성 되나," 『조선일보』 (2005년 7월 14일~16일). 중국의 대북투자 급증에 주목하여 북한경제의 중국 의존성 심화를 경계하는 글은 남성욱, "중국자본 대북투자 급증의 함의와 전망: 동반성장론 과 동북4성론을 중심으로," 『통일문제연구』, 18권 1호(2006), pp.5-40이 있다. 반면 에 동북4성론을 비판하고 있는 글로는 이희옥, "중국의 대북한정책 변화의 함의: 동 북4성론 논란을 포함하여," 『현대중국연구』, Vol.8, No.1(2006), pp.75-107; 윤덕민, "북한은 중국의 위성국가가 될 것인가," 미래전략연구원(2006년 3월 24일) 등이 있다.

25) 한국의 일부 언론들이 북한에 대한 중국연구자들의 전반적인 인식을 9객 영역에 걸쳐 분석한 26쪽의 미 전략문제연구소(CSIS)와 평화연구소(USIP)의 공동보고서(Bonnie Glaser, Scot Snyder, John S. Park, "Keeping an Eye on an Unruly Neighbor – Chinese Views of Economic Reform and Stability in North Korea," *USIP Working Paper* (January 3, 2008), p.19를 인용해서 중국의 북한에 대한 군사 개입 가능성에 초점을 맞춰 대대적으로 보도하였다. 그런데 실제 보고서의 내용에 북한 급변 사태시 중국의 군사개입 가능성을 상정하고 있기는 하지만 유엔의 승인 등 조건을 함께 제시 하여 한국 언론 기사 제목과는 달리 유보적인 내용도 포함하고 있다. 한국 언론의 보도내용은 "중국, 북한 비상사태시 군 투입해 핵 통제" 『조선일보』(2008년 1월 9 일); "中, 北 격변때 선제적 군사 개입," 『서울신문』(2008년 1월 9일) 등이 있다. 그리 고 보고서의 공동 저자 중 한 명인 미국평화연구소의 존 박 연구원은 '미국의 소리' 방송과의 인터뷰에서 어떤 나라든 비상사태를 상정하고 이에 대한 대책을 세우고 있 다며, 중국 인민해방군의 북한 투입은 비상계획 이상의 의미는 아니라고 부연하였다. <미국의 소리(VOICE OF AMERICA)>기사내용은 http://www.voanews.com/Korean/ archive/2008-01/2008-01-09-voa9.cfm(검색일: 2008년 2월 20일).

26) 이와 관련 정재호 교수는 일본의 국방백서는 66쪽에 걸쳐 중국의 핵무기 등을 상세히 적시하고 있는 반면에 한국은 단지 2~3쪽으로 중국의 국방현대화만을 언급하고 있다는 사실을 지적하고 있다. Jae Ho Chung, "South Korea between Eagle and Dragon," *Asian Survey,* Vol.41, No.5(September-October 2001), p.782.

안보에 가장 위협적인 국가는 북한(46%), 일본(28%), 미국(17%), 그리고 중국(7%) 순으로 나타났다.[27] 오히려 한국정부에서는 중국에 대한 위협인식보다는 군사교류 확대에 더 관심을 보이고 있다. 요컨대 고구려사 왜곡 문제로 인해 한국에서 중국기회론에 대한 반성이 제기되고 있지만, 동시에 중국이 한반도에 대한 영향력 확대 의지가 있다는 것을 인지하고 있음에도 불구하고 이를 바로 안보 위협으로까지 인식하지 않는 특징을 보이고 있다.

2. 한중관계의 주요 현안

1) 북한문제

한중관계에 직접적인 영향을 미치는 포괄적 의미의 북한요인은 상호 유기적인 관계에 있는 세 가지 요인 즉, 북중관계, 한반도 통일, 그리고 현재 최대 현안인 북핵문제로 세분할 수 있다. 첫째, 이른바 한중관계 발전의 직접적인 제약요인으로서의 전통적 의미의 북한요인은 그 기능이 점차적으로 약화, 또는 변화되어 가는 추세를 보이고 있다. 이른바 '혈맹관계', '형제관계'로 묘사되는 전통적 북중관계에 질적인 변화가 나타나고 있다. 이러한 추세는 북한 체제의 점진적 변화, 한국의 대북 포용정책과 남북한 관계 개선, 그리고 가장 중요한 중국의 한반도 정책을 포함, 외교 정책의 실리주의 경향 강화 등이 그 주된 배경이 되고 있다.

따라서 중국에게 있어 북한요인은 이제 한국과의 관계 발전의 걸림돌로서의 의미보다는 다른 역내 강대국과의 관계에서 중국의 한반도에 있어서의 영향력 증대를 모색할 수 있는 일종의 지렛대로서의 유용성이 더욱 부각되고 있다. 과거처럼 한중관계를 북중관계와 제로섬(zero-sum)적인 차원에서 접근하여, 한중관계의 호혜적 발전 양상이 북한요인만으로 인해서 훼손되는 사례는 점점 줄어들고 있다. 오히려 다른 돌발변수들 예컨대 북한체제위기,

---

27) Steven Kull, "Dealing with Dragon: Asian Public Opinion on the Rise of China," p.34.

중미관계의 악화 등이 작용하지 않는 정상적인 상황에서는 중국은 한반도에서 북한과의 관계보다는 실리적 가치가 높은 한국과의 관계를 우선시하는 경향이 나타나고 있다. 따라서 중국에게 있어 북한은 주된 변수로서 보다는 지렛대로서 가치는 상존함으로 향후 중국은 북한체제의 유지와 안정을 위한 차원에서 북한과의 관계를 유지하게 될 것으로 보이며 이러한 중국의 대북한 정책은 큰 틀에서 한국의 대북 포용정책 기조가 유지되는 한 갈등요인이 될 가능성은 크지 않다.

둘째, 현재 최대의 현안인 북핵문제는 그 자체로는 분명 위기의 요인이지만 한중관계에서는 오히려 순기능적 요소로 자리잡아 왔다. 양국은 북한의 핵개발 반대와 대화를 통한 평화적 해결이라는 정책기조가 일치하고 있을 뿐만 아니라 이러한 공통의 입장을 6자회담과 한중 양자 간 협상 등을 통해 긴밀하게 협의를 진행시켜 왔다. 앞으로 북핵문제가 순조롭게 해결되어 갈 경우 한중 양국은 외교 안보사안에 있어서 공조의 중요한 선례를 공유하게 됨으로써 북한의 개혁개방 유도를 포함한 한반도문제, 그리고 더 나아가 동북아 지역 안보문제에 대한 협력의 기반을 구축하는 계기가 될 수 있다.

그런데 다른 한편 북핵문제는 애초부터 중국에게는 예견된 양날의 칼이라는 측면이 있다. 즉, 핵 폐기를 통한 북핵문제의 완전한 해결은 중국의 안보불안의 해소, 북한에 대한 부담 경감, 그리고 해결과정에서의 중국의 위상과 영향력 증대 등의 적지 않은 기대 효과가 있다. 그러나 다른 한편 북핵문제의 해결은 중국의 대미, 대한국 외교에서의 북한이라는 지렛대의 약화를 의미할 수 있다. 아울러 해결과정에서 수반될 수 있는 북미관계 정상화는 한반도를 둘러싼 강대국 간의 세력판도에 새로운 변화를 의미하는 것이며, 중국의 입장에서는 미국과의 영향력 경쟁이라는 새로운 갈등의 출현을 예고하는 것일 수도 있다. 요컨대 2·13합의 이후 최근 북미해빙 분위기를 비롯한 국제환경의 변화 양상은 중국에게 안정된 안보환경 조성의 전조일수 도 있지만 다른 한편 중국의 한반도의 영향력 및 위상 강화를 통한 책임대국의 정체성 확보에는 적신호로 인식될 수도 있다.

특히 2·13합의의 물꼬를 연 북미회담은 기존의 6자회담의 틀에서 의장국인 중국의 중재하에 진행된 것과는 달리 전격적으로 베이징이 아닌 베를린과 뉴욕에서 양자 간 직접 접촉으로 이루어졌기 때문에 중국은 상대적으로 소외된 상황이라고 볼 수도 있다. 따라서 그동안 북핵 6자회담의 의장국으로서의 위상과 지분을 축적해 온 것으로 자부하는 중국이 2·13합의와 그에 따른 한반도의 미묘한 변화에 대해 어떠한 인식과 대응을 할 것인가는 향후 한반도의 평화체제 구축과정, 그리고 세력구도의 변화를 예상하는 데 있어서도 결코 간과할 수 없는 중요한 변수이다.

현시점에서 아직은 북핵문제의 완전한 해결까지 산적한 과제가 남아있고 따라서 여전히 북핵문제의 완전한 해결을 위한 한중 양국의 공조는 지속되어야 하는 상황에 있다. 그리고 북핵문제 해결이 곧바로 미중 간의 역내 세력경쟁을 촉발시키고 이로 인해 한국이 어려운 선택의 기로에 직면하는 최악의 상황을 상정하는 것도 섣부른 예단이 될 수 있다.[28] 왜냐하면 미중관계는 북핵문제 외에도 다른 복잡한 변수들이 개입되어 있으므로 북핵문제 해결 자체가 미중경쟁의 직접적 요인이 될 것 이라고 단정할 수 없기 때문이다. 그럼에도 북핵문제가 한중 양국의 밀월관계의 주요한 배경적 요인이었다면 북핵 이후의 변화와 그에 따라 직면하게 될 상황과 그러한 상황의 변화가 양국관계에 미칠 영향에 대한 사전 대비는 필요해 보인다.

우선 북핵문제라는 위기 공감대를 바탕으로 잠복되고 봉합되어 왔던 한중 간 현실적 이해관계가 가열될 경제 경쟁의 틈바구니를 비집고 하나 둘 본격적인 갈등과 충돌로 분출될 개연성이 있다. 특히 최근 6자회담의 사례에서 나타났듯이 중국이 한반도에서 보다 적극적인 역할 수행의지를 보이고

---

28) 예를 들어, 추이즈잉은 북미관계 개선이 중국에 부정적 영향을 주는 측면이 없지는 않지만 베트남, 몽골이 미국과 관계개선한 선례를 제시하면서 비록 북미관계 개선이 이루어지더라도 북한이 인접한 대국인 중국과의 관계를 중시할 수밖에 없을 것이라고 주장하고 있다. 그리고 북미관계는 여전히 많은 장애요인이 있어 관계발전에 한계가 있을 것으로 예상하고 있다. 崔志鷹, "美朝關係改善對東北亞局勢的影響," p.309. 이러한 논의는 중국이 북미관계 발전을 경계하거나 반대하려는 의사가 없음을 시사하려는 의도를 담고 있는 것으로 보인다. 그렇지만, 다른 한편 중국이 내심 북미관계 발전을 우려하고 있음을 암시하는 것으로 해석해 볼 수 있다.

있으며 이는 한반도에서의 영향력 확대라는 목표가 중요시 되고 있음을 반
증해 주는 것이다.29) 예컨대, 스인홍(時殷弘)은 중국이 북핵 위기를 평화적
으로 해결하는 과정에서 건설적인 역할을 수행함으로써 중국이 동아시아 국
제체제에서 주도국으로 등장하는데 기여할 뿐만 아니라 나아가 동아시아에
서의 미국과의 영향력 경쟁에서도 유리한 국면을 이끌어 낼 수 있을 것으로
예상하고 있다.30) 요컨대 중국도 미국 못지않게 한반도에서의 세력구도의
변화에 민감하게 반응하고 있는 것이다.

셋째, 한중관계에서 향후 북한요인이 보다 중요한 변수로 대두될 수 있는
것은 한반도 통일과 관련된 사안이다. 김대중 정부 이후 한중 양국의 대북한
정책에서 수렴화 경향이 진행되면서 한중관계 발전에 긍정적 작용을 하고
있을 뿐만 아니라, 한중관계와 북중관계의 제로섬적 특성도 상당정도 완화
추세를 보이고 있다. 특히 한국정부의 '햇볕정책'은 기본적으로 한반도의 평
화와 안정을 최우선시하면서 무력도발의 불용, 흡수통일의 포기, 그리고 남
북 간의 화해와 협력을 주 내용으로 하고 있다는 측면에서 중국의 대북 정
책기조인 북한의 체제유지, 남북 당사자 간의 평화적 해결, 그리고 한반도의
안정과 평화 지향과는 원론적인 일치를 보이고 있다.

그러나 이러한 원론적인 정책방향의 일치에도 불구하고 한국은 궁극적으
로는 한반도의 통일을 지향하고 있는 반면에 중국은 통일을 포함한 한반도
의 현상변화 자체를 지역 불안 요소로 인식하며, 현시점에서 북한의 체제유
지에 우선순위를 두고 있다는 측면에서 장기적으로는 갈등의 소지를 안고

---

29) 중국의 한반도에서의 적극적 역할의지를 보여준 대표적인 사례가 1차(1993-1994) 북
   핵 위기때와 명확하게 대비되는 2차(2002-2003) 북핵 위기에서의 중국의 대응태도이
   다. 즉 1차 북핵 위기시에 중국은 수동적이고 주변적인 역할을 했다고 한다면 2차에
   서는 적극적이고 중심적인 역할을 자임했다. 중국의 적극적 역할에 대해서는 Avery
   Goldstein, "Power Transitions, Institutions, and China's Rise in East Asia: Theoretical
   Expectations and Evidence," pp.662-663; 이동률, "중국 신지도부의 등장과 북중관
   계: 현황과 전망," 『북한조사연구』, 제7권 1호(2003), pp.144-152.
30) 時殷弘, "危險和希望–伊拉克戰爭背景下的朝鮮核問題," 『教學與研究』, 第5期(2003),
   p.53.

있다. 따라서 이러한 한반도 통일에 대한 입장의 차이는 앞으로 남북한 간의 통일논의가 본격적으로 진행되어 갈수록 부각될 것이며, 이는 한중관계에서 해결해야 할 중요한 과제가 될 가능성이 높다.

그런데 중국의 한반도 현상유지 선호라는 선택의 보다 핵심적인 내용은 무조건적인 한반도 통일의 반대라기보다는 한반도 통일로 인해 야기될 수 있는 중국 주변 정세의 불안정성 증대와 중국의 한반도에 대한 영향력 약화 또는 상실에 대한 우려에 있다.[31] 이러한 맥락에서 중국이 공식적으로 일관되게 주장하고 있는 "남북 당사자 간의 자주적이고 평화적인 통일을 지지한다"는 한반도 통일에 대한 원칙론은 단순히 수사에 불과한 것만은 아니다. 즉, 중국의 이러한 원칙론을 통해 주장하고자 하는 것은 통일이라는 결과보다는 "당사자 간의 자주적, 평화적"이라는 통일의 과정과 방법이다. 중국은 "당사자 간의 자주적 통일"원칙을 통해 통일과정에서 중국의 영향력을 훼손시킬 수 있는 미국 등 외세의 개입이 없어야 한다는 점을 강조하는 것이며, 아울러 '평화적'이라는 수사를 통해 한반도의 통일과정이라는 현상변경과정에 수반될 수 있는 불안정 요인이 중국에 미칠 영향을 사전에 차단하고자 하는 의지를 드러내고 있다.

따라서 통일이 분명한 하나의 추세로 등장할 경우, 양국 간의 최대공약수를 찾는 절충이 전혀 불가능한 것은 아니다. 즉 우선 통일과정이 가능한 한 안정적이고 점진적으로 완만하게 진행되고, 그리고 통일한국이 최소한 중국에 적대적인 세력이 되거나 또는 적대적인 세력의 배타적인 영향권에 들어가지 않을 것 이라는 상호간의 이해와 신뢰를 형성하려는 양측의 노력이 전제된다면 이 또한 갈등을 최소화 할 수 있을 것으로 기대된다. 이와 관련

---

31) 중국학자들은 중국은 한반도 통일의 실현 여부보다는 오히려 통일의 방식과 과정에 더욱 관심을 가지고 있다는 점을 역설하면서 중국이 무조건 한반도의 통일을 반대할 것이라는 한국 내의 지배적인 논조에 반론을 제기하고 있다. Xiaoming Zhang, "China's Relations with the Koran Peninsula: A Chinese View," *Korea Observer,* Vol.32, No.4(Winter 2001), p.496; 장원링, "한반도 평화와 중국의 역할," 『평화논총』, 제5권 1호(2001), p.67.

중국 내에서는 한반도의 통일이 진행된다면 그 주도권은 한국이 가질 가능성이 높다고 인식하고 있으며, 결국 한국 주도의 한반도 통일 실현 가능성을 가상해서 무조건적인 한반도 통일의 반대라는 선택보다는 오히려 통일 후 한국과의 관계설정과 한반도에 대한 영향력 확보를 고려한 전략적 선택을 할 가능성이 있다. 실제로 중국은 한반도 통일이 중국에게 부정적인 측면만 있지 않다는 논의도 활발하게 개진되고 있다.32)

2) 한중 양국의 국내 현안

수교 이후 한중관계는 외부적 요인, 즉 북한요인과 미중관계의 영향을 받으면서 비정상적인 밀월관계를 유지해 왔다. 그런데 최근 이러한 외부요인의 작용이 축소 또는 변화하고 있는 반면에 양국관계가 다변화되면서 양국의 국내정치 사회문제들이 새로운 변수로 등장하고 있다. 즉, 지금까지 관계발전 초기의 탐색, 그리고 북한이라는 특수한 변수의 작용으로 그동안 잠복 또는 봉합되어 왔던 갈등요소들이 현안으로 부상하게 될 가능성이 높아지고 있으며, 때마침 북핵문제가 위기의 고비를 넘기면서 실제 그러한 조짐이 나타날 환경이 조성되고 있다. 아울러 양국관계는 지난 16년의 모색과 발전과정을 거치면서 특수한 밀월관계에서 탈피, 호혜를 기반으로 하면서도 동시에 양국의 이해가 보다 적극적으로 모색되는 관계로 전이해가는 과정에 진입하면서 국내변수들의 영향이 확대될 수 있는 상황에 있다.

양국관계가 다변화되면서 정부간 공식적 관계뿐만 아니라, 다양한 민간 영역에서의 교류와 협력 또한 자연스럽게 확대, 심화되고 있다. 이는 관계의

---

32) 중국에서는 한반도 통일이 첫째, 중국과 동아시아의 경제발전에 유리하고, 둘째, 주한미군의 철군 논의가 진행되는 등 중국과 동아시아의 평화와 안정에 유리한 국제관계의 재편이 촉진될 것이며, 셋째, 양안 통일에도 긍정적인 영향을 미칠 것으로 예상하고 있다는 것을 강조하고 있다. 이러한 주장을 통해 중국은 한반도 통일에 반대하고 있지 않다는 것을 입증하려는 의도를 내재하고 있지만 동시에 통일 이후 한국에 대한 중국의 전략적 기대의 일면을 엿 볼 수 있다. 李敦球, "冷戰後中韓關系的發展與東北亞格局—中韓建交15年來雙邊關系的回顧與展望,"『當代韓國』, 2期(2007), p.6; 张琏瑰, "朝鮮半島的統一與中國,"『當代亞太』, 第5期(2004), pp.35-36.

다양성이라는 측면에서 기본적으로 바람직한 현상이지만 동시에 양국관계 구조가 보다 복잡해지고 그만큼 양국 국내의 다양한 이해관계가 양국관계의 새로운 현안으로 대두될 가능성이 높아질 수 있음을 의미한다. 특히 중국은 부상하는 과정에서 고도성장 위주의 불균형 발전전략이 전개되면서 후진타오체제에 들어와 개혁 후기의 후유증으로 다양한 형태의 집단시위가 빈발하면서 외부 안보위협보다는 국내 체제안정이 최우선 과제로 등장하고 있다. 이에 따라 중화주의와 애국주의에 대한 호소를 통해 국내 통합과 체제 안정을 확보하려는 노력을 기울이고 있다.33) 한국 또한 과거 어느 시기보다도 각 이해집단의 이익표출이 강렬한데다가 민족주의 정서도 확산되고 있다. 따라서 어느 국가보다도 활발한 교류가 진행되고 있는 한중 양국 간에는 이러한 양국 내에 확산되고 있는 민족주의 정서와 이익 분출이 충돌될 개연성도 높을 수밖에 없다.

최근 한중관계의 갈등요인으로 대두되었던 2002년 월드컵 경기 논란, 조선족문제, 마늘분쟁, 역사왜곡 논쟁 등이 바로 사건 자체의 본질 외의 문제로 격화되고 해결에 어려움을 겪고 있는 이면에는 양국의 국내적 정서와 상황의 반영과 상대에 대한 이해 부족이라는 문제가 있다. 예컨대 탈북자문제는 일반적인 인식과는 달리 중국은 중국대로 '북한요인' 보다는 오히려 중국 국내요인, 즉 중국 체제 안정 및 대외적 이미지와 관련하여 경직되고 민감하게 반응하고 있고, 한국은 한국대로 국내여론과 탈북자 관리차원에서 어려움을 겪으면서 한중관계의 현안으로 대두되고 양국이 합리적인 해결책을 모색하는데 어려움을 겪고 있다.34)

조선족문제 또한 다민족국가인 중국의 소수민족 문제에 대한 과도한 민

---

33) 중국 애국주의 운동의 정치적 의도에 대해서는 이동률, "90년대 중국 애국주의 운동의 정치적 함의," 『중국학연구』, 제21집(2001), pp.321-344.

34) 물론 탈북자문제가 북한체제의 생존에 위협을 줄 정도로 심각하게 악화되고 있다고 중국 정부가 판단할 경우에는 중국의 한반도 정책에서 북한 체제 유지 문제가 우선순위를 차지하게 되어 전통적 의미의 '북한요인'이 문제 해결의 주된 고려사항이 될 수 있다.

감성, 한국의 순혈주의적 특성, 그리고 조선족사회의 맹목적 코리안 드림 등 부정적 요소들이 중첩되고 이러한 부정적 요인들에 대해서 상호간에 중화패권주의, 조선족사회의 해체 및 영토회복 의도, 조선족에 대한 차별의식 등으로 오해에 의한 확대 해석으로 갈등이 심화되는 상황으로 발전한 측면이 있다. 따라서 탈북자와 조선족문제는 앞으로 양국의 국내 상황에 따라 한중관계에 작용하는 부하의 강도가 다르게 나타날 수 있으며 그러한 전제 하에서 이들 문제에 접근하는 신중함이 필요하다.

그리고 마늘분쟁 역시 또 다른 차원에서 국내요인이 작용한 사례이다. 마늘분쟁은 외형상 전형적인 무역분쟁의 양상을 띠고 있고, 실제로 지난 10년 간 지속된 한중 무역불균형이 근본적인 문제의 발단이기도 하다. 그러나 마늘분쟁의 내면을 들여다보면 예상외로 양국의 국내 정치 게임과 정황이 작용하면서 문제가 보다 복잡하고 미묘하게 얽히게 되었음을 발견할 수 있다.[35]

중국의 '동북공정'으로 촉발된 고구려사 문제 역시 양국 간의 충분한 의견 교환을 통한 이해가 전제되었거나 또는 이러한 이견과 갈등을 해결할 수 있는 다양한 통로가 확보되었다면 현재와 같이 격앙된 여론에 의해 문제가 격화되는 상황까지는 가지 않을 수 있었을 것이다. 즉, 중국이 개혁 후기의 사회적 과제인 다민족국가의 국가통합을 추구하는 과정에서 인접국가에 대한 배려가 간과되었고, 한국은 한국대로 역사문제에 대한 감성적 대응이 앞서면서 역사문제를 바로 영토문제로 비약시키는 사회적 배경이 작용되었

---

35) 한국은 1999년 마늘 가격이 폭락하자 그 원인을 전적으로 중국산 수입 마늘의 탓으로 돌리고 이례적으로 대단히 높은 300%이상의 특별 관세를 부과하는 세이프가드를 발동한 것 역시 국내정치적 작용이 배경에 있었다. 그렇지만 중국 역시 일반적인 무역관행에 벗어나는 금수라는 극단적인 보복을 실시한 것은 중국 내 주요 마늘 수출지역인 산둥성(山東省)에서 이 문제로 농민 6명이 자살한 사건이 발생하고 이 사실이 유포되자, 이미 소위 삼농문제(농민, 농촌, 농업)로 고조되고 있는 농촌의 불만 확산을 신속히 진정시키기 위한 극약처방의 성격도 지니고 있었다. Jae ho Chung, "From a 'Special Relationship' to Normal Partnership: Interpreting the 'Garlic Battle' in Sino-South Korean Relations," *Pacific Affairs*, Vol.76, No.4(Winter 2003-4), pp. 549-568.

다. 이와 관련 국내 일부 국회의원들은 '간도특별법' 제정을 주장하고 외통부에 중국에 대한 간도 반환요구를 제의하는 등 전략적이지도 현실적이지도 않은 시류에 편승한 주장이 서로의 왜곡을 확대 재생산하는 부정적 결과만을 초래하기도 했다.

그리고 이러한 국내적 요인의 작용에 의해 외교적 갈등이 심화되는 과정에는 한중 양국이 지리적 근접성, 인종적 유사성, 공통의 역사적 경험 등으로 인해 서로에 대한 이해가 깊다는 대중적인 착시현상이 존재하고 있고, 이로 인해 변화하고 있는 상대에 대해 알려는 노력이 부족하고, 상대에 대한 오해와 왜곡이 팽배하고 있다. 더욱이 이러한 오해와 왜곡을 시정해주어야 할 주된 책무가 있는 언론들마저 그 역할을 충실히 하지 못하는 악순환이 자리 잡고 있다.

특히 양국의 이해를 심화하고, 사회적 갈등을 조정하는 역할을 해야 하는 언론매체에 대해서조차 양국의 이해가 부족한 현실이 더욱 양국관계의 갈등 해소를 어렵게 하고 있다. 즉, 한국에서는 중국 언론 자체를 여전히 과거 혁명기의 관제언론으로만 인식하고 있고, 중국은 중국대로 한국 언론의 상업주의에 따른 과장성과 선정성 문제에 대한 이해가 부족하여 언론을 통한 이해 증대와 갈등 해소가 아닌 오해와 갈등의 증폭을 우려해야 하는 상황에 있다. 향후 이러한 국내적 요인들은 중국과 한국의 국내정세의 변화에 따라 더욱 많은 영향을 받게 될 것이다. 이와 관련하여 2008년 올림픽개최 이후의 중국사회 내적 모순이 심화될 가능성, 그리고 한국 신정부의 대외노선의 변화 가능성 등이 새로운 변수로 등장할 수 있으며 이러한 변화에 대해 양국 모두 세심한 주의와 관찰이 필요하다.

IV. 중국 부상의 간접 영향: 중미관계와 한중관계

1. 중국의 부상과 중미관계

지난 1990년대 중미의 제한적 경쟁관계는 한중수교와 그 이후의 한중관계 발전에 오히려 순기능적으로 작용해 왔다. 우선 1992년의 한중 양국의 수교와 경제협력 활성화는 1989년 천안문사건, 미국의 경제제재, 그리고 사회주의권의 몰락이라는 위기에 직면하여 중국이 국제사회에서의 고립으로부터 탈피하고 새로운 도약의 계기를 마련하기 위해 전개한 외교 및 경제협력 대상의 다변화 노력, 특히 인접국에 대한 적극적인 선린외교의 추진이 당시 한국의 북방외교와 시기적으로 조우하면서 현실화된 것이다. 이후 1990년대 중반까지 중미 간의 갈등 관계가 지속적으로 심화되고, 미국의 중국에 대한 압력과 일방주의 기조가 강화되면서 중국은 보다 적극적으로 세계 다극화 전략을 추진하게 되었다. 다극화 전략 추진으로 인해 중국의 선린외교 또한 경제협력 대상의 다변화와 주변정세 안정이라는 기존의 목표 외에 미국의 중국에 대한 압력과 견제에 대항할 수 있는 지역 기반의 확보, 그리고 다극화의 지역연대 모색이라는 보다 적극적이고 전략적 차원의 목표가 추가되었다.

이러한 맥락에서 중국이 다극화 전략과 전방위 외교를 위한 구체적인 방법론으로 다양한 형식의 '동반자(伙伴)외교'를 전개하게 되었고, 1998년 이후부터 한중 간에 이루어진 이른바 '협력적 동반자관계'나 '전면적 협력 동반자 관계'의 설정도 그 연장선상에 있었다. 중국은 동반자관계가 냉전시기의 동맹관계를 대체할 수 있는 탈냉전기의 이상적 양자간 협력관계인 점을 강조하고 있다.[36] 이는 아시아지역에서 미국이 5개 국가(일본, 한국, 호주, 태

---

36) 중국에서의 동반자외교에 대한 논의는 蘇浩, "中國外交的 '伙伴關係' 框架," 『世界知識』, 第5期(2000), pp.11-12; 金正昆, "中國 '伙伴' 外交戰略初探," 『中國外交(人民大復印復刊資料)』, 第4期(2000), pp.20-25; 孫寶珊, "試論冷戰後國際關係中的伙伴關係," 『太平洋學報』, 第2期(1999), pp.84-90; 寧騷, "選擇伙伴戰略 營造伙伴關係–跨入

국, 필리핀)와의 양자간 동맹관계를 바탕으로 '패권적 지위'를 유지하려는 것
에 대한 암묵적, 우회적 견제의 의미를 담고 있다.

최근 미중관계는 여전히 협력, 갈등 그리고 경쟁의 요인들이 상존하고 있어
기본적으로는 기복이 예상되지만 1990년대와 비교할 때 상대적으로 더 안정
적이며 협력적인 기조를 유지해 가고 있다. 9·11 이후 개선되기 시작한 양국
관계는 2005년 미국은 중국을 '책임지는 이해상관자(responsible stakeholder)'
로, 중국도 이에 화답하며 미국을 '건설적 협력자(建性合作者)'로 지칭하며
"양국이 수교 후 가장 우호적 관계에 있다"는 평가가 나올 정도로 안정적인
관계를 유지시켜 오고 있다. 이는 과거 어느 시기보다 빈번한 양국 고위층
간의 대화와 접촉이 지속되고 있는 사실에서도 확인된다.[37] 이러한 양국관
계의 안정 기조의 배경에는 중미 양국의 현실적 고려가 자리하고 있다. 즉
중국은 강대국을 지향하는 과정에서 미국의 협조 내지 묵인이 필요하고, 미
국은 9·11 이후 아프가니스탄 및 이라크 전쟁에 매몰되면서 상대적으로 동
아시아에서의 힘의 약화를 초래하고 이러한 약세를 오히려 약진하고 있는
중국과의 협력을 통해 상쇄·보완할 필요가 있기 때문이다. 특히 중국이 지
향하고 있는 평화굴기가 담고 있는 핵심적 내용 역시 중국이 국제체제내
(intrasystem)의 부상을 추구하고 있다는 것이다.

중국은 미국이 주도하고 있는 기존 국제체제 내에서 미국의 패권적 지위
를 인정하면서 부상하려는 것이고 그렇게 하는 것이 평화적이고 안정적으로
부상을 성취할 수 있는 현실적 방안이라고 판단하고 있다. 왜냐하면 중국이
지향하는 책임대국으로서의 사실상의 능력과 지위를 확보하는 데 있어서 가
장 주된 외부적 장애는 안보딜레마와 미국의 견제라고 인식하고 있기 때문
이다. 따라서 중국은 한편으로는 대국으로서 국제적 지위를 확보하면서 동
시에 이러한 중국의 노력이 결코 미국의 세계 초강대국으로서의 지위, 특히

21世紀的中國外交," 『中國外交(人民大復印復刊資料)』, 第6期(2000), pp.2-7.
37) 파월 전 미국무장관과 켈리차관보는 공개적으로 미중관계는 1972년 닉슨의 중국 방
문이후 31년의 역사중 이 보다 더 좋을 수 없을 정도라고 언급한바 있다. 『연합뉴스』,
2003년 9월 6일.

동아시아 지역에서의 지위에 도전하거나 이익을 훼손시키지는 않을 것이라는 점을 부각시키고 있다.[38] 이와 관련 중국은 미국의 역내 안보 우산으로서의 존재가 지역국가들이 중국과의 관계에서 가질 수 있는 안보 불안감을 줄여주는 나름의 유용한 역할도 있다는 판단을 하고 있다.

그런데 중국의 미국 패권인정에는 단서가 있다. 중국은 미국이 중국의 핵심이익을 위협하지 않는다면 미국이라는 패권국가와 공존할 수 있다는 입장이다. 즉, 중국은 비록 미국의 패권적 지위자체는 인정하지만 '패권적 행태(hegemonic behavior)'에 대해서는 다른 국가와 협력하여 견제한다는 것이다.[39] 여기서 패권적 행태는 다름 아닌 중국의 부상에 대한 견제를 의미하는 것이며, 따라서 중국의 부상에 장애가 되지 않는 한 미국의 패권을 인정하겠다는 입장을 표명하는 것이다. 그리고 현재의 중미관계의 안정 기조 역시 구조적인 변화에 의한 것이기 보다는 양국의 동상이몽의 전략적 고려의 조합인 만큼 역시 기복의 가능성은 잠재되어 있다. 실제로 중미관계 안정기조의 이면에는 여전히 해결되지 않은 적지 않은 갈등 요소, 예컨대 대만문제, 무역불균형, 위안화 평가절상 문제와 같은 양자간 현안뿐만 아니라 최근에는 지역적, 지구적 현안들 예컨대 북핵, 이란 핵, 에너지, 기후변화협약, MD, 핵 확산 방지구상(PSI), 유엔개혁 등이 새롭게 부각되고 있는 상황이기 때문이다.

특히 2007년 9월 APEC회의에서 미국, 일본, 호주 3국 정상회담이 이루어지고 이 자리에서 인도의 아태 지역에서의 지정학적 중요성에 대해 집중

---

38) 샴보(Shambaugh) 교수는 그의 논문에서 중미 회담시 중국관리가 동아시아에서의 미국의 이익을 존중할 것이라는 얘기를 했었다고 기술하고 있다. David Shambaugh, "Sino-American Relations since September 11: Can the New Stability Last?" *Current History,* Vol.101, No.656(2002), p.249. 아울러 2004년 중국 외교관과의 인터뷰에서도 아시아에서의 미국의 역할 필요성을 재차 확인했다고 한다. David Shambaugh, "China Engages Asia," *International Security,* Vol.29, No.3(2004/05), p.91.

39) Zhang Yunling and Tang Shiping, "China's Regional Strategy," in David Shambaugh (ed.), *Power Shift: China and Asia's New Dynamics* (Berkeley: University of California Press, 2005), pp.52-53.

논의한 것으로 알려지면서 중국을 견제하기 위한 '3자 동맹' 내지 '4자 동
맹'의 등장을 예고하는 것은 아닌가 하는 중국의 의구심이 고조되고 있다.
이와 관련 중국 외교부 대변인은 "지역 안보는 아시아태평양의 모든 회원국
이 참여한 가운데 논의돼야한다"며 3국 정상 회담을 중국에 대한 포위 전략
의 일환으로 인식, 경계하고 있음을 간접적으로 시사하고 있다.40)

요컨대 중국은 탈냉전시기 미국의 일방주의가 중국의 발전을 위한 안보
환경을 불안하게 하는 요인이라고 인식하고 있다. 일본과의 동맹 강화, MD
체제의 구축 시도, 9·11사태 이후 중앙아시아와 서남아시아 지역에 대한
군사적 영향력 증대, 북한에 대한 압박, 대만에 대한 전략적 모호성의 견지
등 일련의 조치들이 중국의 주변 정세를 불안정하게 할뿐만 아니라 궁극적
으로는 중국에 대한 포위 전략을 통해 중국의 부상을 견제하려는 의도가
있다는 전략적 불신을 떨쳐버리지 못하고 있다.

따라서 중국은 미국의 일방주의와 중국에 대한 견제를 약화시켜야 하는
외교적 과제를 상정하고 있다. 이러한 맥락에서 중국은 미국과의 관계에서
미일동맹의 강화와 일본의 한반도 영향력 증대에 대해서도 강한 우려를 지
니고 있다. 이처럼 미중관계는 중국의 미국 패권지위 수용과 미국의 중국
부상에 대한 묵인이라는 상호 실리지향에 기초하여 과거 어느 시기보다 안
정적이고 협력적인 외형을 유지하고 있지만, 그 이면에 여전히 뿌리 깊은
전략적 불신이 자리 잡고 있고, 포위와 반포위의 줄다리기도 수면하에서 진
행되고 있다.41)

---

40) 중국 외교부 대변인의 기자회견 내용은 http://www.fmprc.gov.cn/chn/xwfw/fyrth/t35
9430.htm(검색일: 2007년 9월 22일).
41) 미국도 중국을 이해상관자로 지칭하면서도 다른 한편으로는 여전히 패권 도전국으로
상정하고 경계하는 이중적 인식을 지니고 있다. 예컨대 미 국방부가 펴낸 2006년의
4개년 방위검토(QDR)에서 부상하는 강대국들 가운데 미국과 군사적으로 경쟁할 수
있는 가장 큰 잠재력을 갖고 있는 국가로 중국을 지목하고 있다. Department of
Defense, *Quadrennial Defense Review Report 2006* (February 6, 2006).

2. 중국의 부상과 한미동맹

1) 한미동맹에 대한 중국의 시각

부상하고 있는 중국은 국제사회에서의 세력판도의 변화에 민감하다. 중국의 부상을 견제하려는 세력관계의 변화가 일어나고 이것이 중국의 부상에 장애가 될 수 있다는 우려를 하고 있다. 따라서 중국은 한반도를 포함한 동북아의 세력관계의 변화, 예컨대 북한체제 변화, 한반도 통일, 그리고 한미 동맹관계의 성격 변화에 촉각을 집중하고 있다.

중국 내 일부에서는 한국 일각의 반미정서에 대해 '소미친중(疎美親中)', '탈미친화(脫美親華)'라는 표현을 사용하며 과장하는 경향이 없지 않다.[42] 이러한 일부 중국학자들의 논의는 객관적인 분석에 근거하고 있기 보다는 오히려 희망적 예단의 성격을 지니고 있다. 이는 주로 미국학자들이 중국의 아시아에서의 영향력을 과대평가하고, 미국의 영향력 약화를 과장하는 경향을 보이면서 한국이 중국에 편승하고 있다고 주장하고 있는 것과 비견된다.[43] 즉, 양측 모두 현상에 대한 객관적 분석이라기보다는 중국학자들은 희망을, 미국학자들은 우려를 표현하고 있는 것이다. 이는 아이러니 하게도 다른 중국 학자의 분석내용을 통해 엿 볼 수 있다. 예를 들어, 현대국제관계 연구소 소장인 추이리루(崔立如)는 한중관계 발전은 한국외교의 독립성을 보여주는 것이며 특히 노무현 정부에서 제시한 균형자 역할의 구체적 표현이며 이를 중국도 환영한다고 애써 희망을 표현하고 있다. 그러면서 동시에 한중관계가 불가사의할 정도의 발전이 있었지만 그럼에도 중국은 한국이 한중관계를 한미관계에 우선할 것이라는 환상을 갖지는 않고 있다는 점을 강조하고 있다.[44]

---

42) 王生, "韓國疎美親中現象剖析,"『東北亞論壇』, 第2期(2006), pp.87-92; 石源華, 汪偉民, "美日、美韓同盟比較研究—兼論美日韓安全互動與東北亞安全,"『國際觀察』, 第1期(2006), p.68.

43) 미국의 아시아에서의 영향력 약화를 강조하고 있는 글은 Jason T. Shaplen and James Laney, "Washington's Eastern Sunset-The Decline of U.S. Power in Northeast Asia," *Foreign Affairs,* Vol.86, No.6(November/December 2007).

  중국은 한중관계가 한미관계에 미치지 못할 것이라는 현실인식을 지니고
있으면서 한국이 미국중심의 동맹체제의 한 축을 형성하고 있기 때문에 중
국에게 한국과의 관계발전은 분명 중요한 전략적 의미가 있다고 인식하고
있는 것이다. 중국은 한미동맹관계의 현실을 인정하면서도 '대등한 동맹관
계'로의 발전에 대한 기대를 숨기지는 않고 있다. 예컨대 한미동맹관계의
평등구조로의 전환은 첫째, 부시행정부의 대북강경 정책을 견제하여 한반도
안정에 도움이 될 것이며, 둘째, 주한미군의 동북아지역 분쟁 개입에 반대함
으로써 지역안정에도 기여할 것이고, 셋째, 일본의 우경화를 억제하는데도
도움이 된다고 주장하고 있다.45)

  또한 중국 군사 전문가인 왕이성(王宜胜)은 기본적으로 한중관계 발전, 특
히 한중 군사안보 분야의 교류와 협력이 다른 영역에 비해 지체되고 있는
주요한 원인으로 한미 동맹구조와 한국 군사력의 대미 의존을 제기하고 있
다.46) 한국에 미군 약 3만 명이 주둔하고 있고, 2012년까지는 미국이 한국
의 작전통제권을 유지하고 있으므로 미국과의 관계가 한국외교의 핵심이며
한국이 중국과의 관계를 발전시키는데 있어 미국요인의 제약을 받고 있다고
보는 것이다. 이론적으로나 현실적으로 중미 간 대결이 발생했을 때 한국은
미국 편에 설 수밖에 없을 것으로 보고 있다. 이것이 바로 한중 간의 군사안
보영역에서의 협력이 지체되고 있는 원인이고 경제협력과 군사협력이 비대
칭적으로 발전한 이유라는 것이다.47) 2005년 윤광웅 국방장관이 중국방문
시 한중 국방장관회담의 정례화 필요성을 언급하면서 한중군사협력이 한일
간 협력수준으로 제고되어야 한다는 의견을 제시한 바 있지만 한국 국내의
반발과 미일의 압력에 직면한 사건이 단적인 예라고 중국은 보고 있다.48)

---

44) 崔立如, "朝鮮半島安全问题: 中国的作用," 『現代國際關系』, 第9期(2006), pp.44-45.
45) 郭憲綱, "韓美同盟尋求新定位," 『国际問題研究』, 第3期(2006), pp.28-32; 楊紅梅, "韓
    美同盟調整的動力, 現狀與前景," 『現代國際關系』, 第8期(2005), pp.20-45.
46) 王宜胜, "中韓安全關系的現狀及前景展望," 『東北亞論壇』, 4期(2007), pp.50-53.
47) 李敦球, "冷戰後中韓關系的發展與東北亞格局─中韓建交15年來雙邊關系的回顧與展望,"
    pp.1-7
48) 『경향신문』, 2005년 4월 4일; 『한국일보』, 2005년 4월 5일.

　요컨대 중국은 한중관계의 비약적 발전에도 불구하고 한미동맹관계를 가까운 장래에 능가할 수 없다는 현실을 직시하고 있을 뿐만 아니라, 한중관계가 한미관계를 능가하는 정책목표를 설정하고 있다고 보기도 어렵다. 중국의 한미동맹에 대한 태도는 기본적으로 미중관계의 영향을 받을 수밖에 없을 것이다. 즉, 미중관계가 최악의 상황으로 치닫지 않는 한, 특히 대만문제가 연계되지 않는다면 중국이 한미동맹관계에 대해 노골적이고 적극적으로 반발을 할 가능성은 낮다. 왜냐하면 이러한 행동은 미국과 미국에 동조적인 중국의 인접국들을 자극하여 오히려 중국이 회피하고자 하는 안보딜레마와 미중관계 악화를 초래할 수 도 있다는 우려가 있기 때문이다. 따라서 중국은 중미관계의 안정기조가 유지되는 현시점에서는 한미동맹관계의 파열도 강화도 아닌 현상유지가 중국의 이해관계에 부합하는 것으로 판단하고 있다.

　주한미군에 대한 중국의 입장도 기본적으로 한미동맹에 대한 인식의 연장선상에 있다. 중국은 주한미군에 대해 공식적으로는 주권 존중 및 내정불간섭이라는 기본 원칙론에 근거해 동의할 수 없다는 입장이다. 그럼에도 주한미군에 대해 지금까지 노골적이고 적극적인 반대 의사를 표명하고 있지는 않다. 주한미군의 불가피한 역할을 일정정도 묵인하고 있는 것으로 보인다. 과거에는 주한미군이 한반도의 불안정과 일본의 군사대국화를 제어하는 역할에 암묵적 동의를 하고 있었다면 최근에는 인접 국가들의 부상하는 중국에 대한 불안 심리를 완화시켜주는 기능을 하여 안보딜레마 문제를 해소하는데 도움이 된다는 판단을 하고 있는 것으로 보인다.

　따라서 주한미군의 철군 문제를 중국이 제기하기 보다는 당사국인 한국 스스로 제기하는 것이 안보딜레마를 초래하지 않는 효과적인 해법이라고 판단하고 있다.[49] 즉, 한반도에 안정기조가 확보되면 자연스럽게 한국 국내에

---

49) 중국은 남북한의 대치와 한반도의 긴장상황이 지속되는 것이 미국이 주한미군을 유지하고, 한반도에서 전통적인 영향력을 행사할 수 있는 근거라고 판단하고 있다. 따라서 중국에게 남북한 관계개선은 그 자체가 안정된 주변환경을 확보하는 것이기도 하지만 미국의 한반도에서의 영향력을 약화시키는데도 도움이 된다고 주장하고 있다. 黃鳳志·高科·肖晞, 『東北亞地域安全戰略硏究』(長春: 吉林人民出版社, 2006), p.127;

서 철군 논의가 제기되고 이 과정에서 동아시아에 새로운 세력 판도가 형성
되는 것이 이상적이므로 중국은 주한미군의 역할이 무의미해지는 국제환경
을 만드는데 더 큰 관심을 보이고 있다.

그럼에도 최근 미국이 주한미군의 전략재배치를 전개하고 있는 것에 대
해서는 예민해 있다.[50] 주한미군의 재배치와 전시작전통제권 이전 합의가
미국의 세계전략의 연장선상에서 진행되고 있고, 이에 따라 미국이 한미동
맹의 성격을 양자동맹에서 지역동맹으로 확대시키려는 의도가 있으며, 주한
미군 또한 한반도뿐만 아니라 지역문제에 개입할 수 있는 여지를 확보하려
는 것으로 중국은 평가하고 있다.[51] 특히 중국은 전략적 유연성 추구가 한
미 간의 쌍무적 틀에 한정되어야 하지 제3자, 즉 대만문제에 개입되어서는
안 된다는 점을 분명히 하고 있다.[52] 주한미군의 역할이 중국, 특히 대만문
제로 까지 확대될 가능성에 대해서 중국은 매우 민감하게 반응하고 있다.

2) 한미동맹과 한중 동반자관계에 대한 한국의 논의

중국의 부상과 더불어 한국에 대한 중국의 영향력이 증대되고 있는 것이
현실이다. 특히 무역과 투자 등 경제분야에서 차지하는 비중은 이미 미국을
능가하고 있다. 이러한 상황에서 북핵문제를 둘러싸고 한미 간에 이견이 노
정되었던 반면에 한중 간에는 정책적 수렴이 진행되었다. 전체적으로 한중
관계의 비약적 발전이 이루어지는 동안 한미동맹관계는 조정을 위한 긴장관

張琏瑰, "朝鮮半島的統一與中國," pp.35-36.

50) 중국학자들은 주한미군의 전략재배치가 역내 세력관계와 질서에 변화를 초래함으로
써 군비경쟁을 촉발할 수 있다며 부정적 입장을 공통적으로 개진하고 있다. 이러한
주장의 배경에는 주한미군의 전략재배치가 중국을 겨냥한 것이라는 우려가 있는 것
으로 보인다. 李華, "冷戰後駐韓美軍調整評述,"『國際觀察』, 第1期(2004), pp.56-63;
仝克林, "駐韓美軍調整及其影響,"『現代國際關係』, 第7期(2003), pp.7-12.

51) 王宜勝, "韓美同盟關係轉變的背後,"『人民日報』, 2007年 3月 2日.

52) 닝푸쿠이(寧賦魁) 주한 중국대사는 한국국방연구원(KIDA) 초청 국방포럼에서 한미
양국이 2006년 1월 합의한 주한미군의 전략적 유연성 문제에 대해 "제3국을 대상으
로 행동하게 되면 우리는 관심을 돌리지 않을 수 없다"며 주한미군이 양안 문제에
개입해선 안 된다고 주장한 바 있다.『중앙일보』, 2006년 3월 23일.

계기 조성되어 왔다. 이런 배경에서 미국학자들을 중심으로 한국이 미중 사이에서 위험분산전략(hedging strategy)을 추구하거나 심지어 중국에 편승전략(bandwagoning)을 전개하고 있다는 주장이 등장하고 있다.53) 현상적으로 보면 이러한 주장이 일면 설득력이 있어 보이기도 하지만 한국 내의 주류 논의와 구체적인 정책방향은 여전히 한미동맹에 치우쳐 있다. 따라서 이들 주장은 한중관계의 비약적 발전을 지켜보고 있는 미국의 우려와 경계의식이 강조된 측면이 있어 보인다.

물론 한국에서 중국의 부상에 직면하여 한미동맹 강화론과 한미동맹 유연화론 사이에 논쟁이 있다. 한미동맹 강화론은 부상하는 중국으로부터의 안보 불안과 경제적 의존의 문제에 적절하게 대응하고, 중국에 대한 협상력을 제고하기 위해서는 미국과의 동맹관계를 강화할 필요가 있다는 주장이다. 그런데 한미동맹의 강화는 자연스럽게 한미일 동맹 구도의 강화로 연결되고 이는 중국에게 위기의식을 조성하여 러시아와의 동맹 강화를 촉발시킬 수 있기 때문에 한반도 주변 안보환경을 오히려 악화시킬 수 있다는 우려도 제기되고 있다.

이에 반해 한미동맹 유연화론은 안보딜레마를 초래하지 않으면서 북핵문제의 평화적 해결, 한반도 평화체제의 구축, 동북아 다자안보협의체의 구성을 위해서는 한미동맹을 상징적 수준 정도로만 유지해야 한다는 주장이다.54) 그러나 한미동맹 유연화는 자칫 한미동맹의 균열과 이로 인한 안보불안, 그리고 동아시아에서의 미국중심의 체제에서 소외될 수 있다는 우려의

---

53) 한국을 포함한 아시아 국가들이 위험분산전략을 전개하고 있다고 보는 시각은 Robert G. Sutter, *China's Rise in Asia: Promises and Perils* (Lanham: Rowman & Littlefield, 2005). 반면에 중국에 대한 편승전략을 추구하고 있다고 보는 시각은 David Shambaugh, "Return to the Middle Kingdom? China and Asia in the Early Twenty-First Century," in David Shambaugh (ed.), *Power Shift: China and Asia's New Dynamics*, pp.23-48; David M. Lampton, "China's Rise in Asia Need Not Be at America's Expense," in David Shambaugh (ed.), pp.306-326.

54) 이삼성, "주한미군 전략의 변화와 한·미동맹 양식의 전략적 재검토," 『통일정책연구』, 제13권 2호(2004), p.74.

목소리가 있다. 그런데 이러한 국내의 논쟁에도 불구하고 논의자체가 결코 한중동반자관계가 한미동맹관계를 대체하거나 우선해야 한다는 주장과는 분명한 질적 차이가 있다.

그 이유는 첫째, 중국의 부상과 한중관계의 비약적 발전에도 불구하고 안보전략적 측면에서 중국의 한국에 대한 영향력은 미국에 크게 못 미치고 있다. 국내여론의 반대에도 불구하고 진보성향의 노무현 정부가 미국과의 관계를 고려하여 미국의 요청에 따라 3천 명의 병력을 이라크에 파병하고 또 파병 연장까지 강행한 것이 그 대표적인 예이다. 뿐만 아니라 약 3만 명의 주한미군을 근간으로 하는 동맹체제가 여전히 유지되고 있으며, 적어도 2012년까지는 전시작전통제권을 미국이 유지하는 데 합의했다. 뿐만 아니라 이명박 정부 등장 이후 전작권 이양 연기를 위한 재협상 의견도 개진되고 한미동맹관계의 전략동맹, 글로벌 동맹으로의 격상이 추진되고 있다. 중국은 아직 한국정부에 이러한 정도의 영향력을 지니고 있지는 않다. 요컨대 한중관계의 발전에도 불구하고 한미 동맹구조에서 차지하는 미국의 한국에 대한 영향력은 여전히 강력하며 이는 이명박 정부의 등장으로 더욱 강화되는 추세에 있다.

둘째, 한국 내 일정시점의 친중국적인 분위기에도 불구하고 한국 정부는 여전히 미국과의 동맹관계에 우선순위를 두고 있다. 적지 않은 수의 한국 관료와 전문가들이 중국이 한국의 이익에 대해 수용적인 태도를 취하는 배경에는 한국이 미국과의 동맹관계에 있기 때문이라고 인식하고 있다. 이러한 맥락에서 중국과의 관계를 안정적으로 유지하는 것은 미국이 한국에 대해 좀 더 수용적이고 한국의 현안과 쟁점에 대해 우선 고려하도록 하는 수단이 될 수 있다는 인식을 지니고 있다.[55] 즉, 한국에서는 미국과의 관계를 안정적으로 유지하기 위한 방편으로서 중국과의 관계가 필요하다는 인식이 자리 잡고 있다.

---

55) 이는 서터(Sutter)가 20여명의 한국 관료, 전문가와의 인터뷰를 통해 분석한 내용이다. Robert G. Sutter, *China's Rise; Implications for U.S. Leadership in Asia* (Washington: East-West Center, 2006), pp.50-51.

물론 일부 사안의 경우 한국이 미국과 의견의 차이를 보이는 경우가 있다. 예컨대 북핵문제, 주한미군의 역할 확대, MD, 그리고 중국의 인권문제에 대한 압력 등이 대표적인 사례들이다. 그런데 미국이 유화적인 입장으로 선회함으로써 한국과의 견해차이가 축소된 북핵문제를 제외하고 주한미군의 역할 확대와 MD는 대만문제와 관련되어 있어, 중국 인권문제와 더불어 중국이 내정간섭이라며 매우 민감하게 반응하고 있는 사안들이다.56) 따라서 한국정부는 중국을 직접적으로 자극할 수 있는 사안에 대해서는 오히려 동맹관계에 있는 미국을 외교적으로 설득하는 것이 합리적이라는 판단에 따라 문제 해결에 접근하고 있는 상황이지, 한국이 미국에 반대하면서 중국과 전략적 협력을 추진하는 것이라는 해석은 적절치 않다.

셋째, 한국은 중국과 관계발전을 추진하면서 동시에 다른 강대국들과의 관계 발전을 병행 모색하여 유리한 균형(advantageous balance)을 유지하기 위한 외교적 노력을 전개하고 있다. 즉, 한국은 적지 않은 갈등요인이 존재함에도 불구하고 일본과 경제적 관계를 유지시키려 노력하고 있으며, 러시아, EU 등과도 독자적인 외교 접근을 통해 국익을 추구하고 있다. 요컨대 한국은 전방위외교를 통해 국제적 지위와 역할 제고를 모색하고 있기 때문에 부상하는 인접한 중국에 편승하고 있다는 주장 역시 균형적인 것은 아니다.57)

요컨대 한국에서 기존의 미국과의 동맹관계의 합리적 조정 필요성에 대해서 일정정도 공감대를 형성하고 있지만 이러한 인식이 바로 중국과의 안보협력 강화를 지향하는 것을 의미하지 않는다. 비록 한국에서 일시적으로 미국보다 중국에 대해 긍정적 이미지를 표출하기도 했지만, 이것이 중국을 미국과의 동맹관계를 대체하는 '중국대안론' 수준으로 인식하고 있다는 평

---

56) 중국이 최근 미국과의 관계를 의식해 미국에 대한 노골적인 비난을 자제하는 상황에서도 미국의 MD계획에 대해서는 관영언론들이 세계평화를 위협하는 불장난, 또는 미국의 세계지배전략이라고 강도 높게 비난하고 있어 중국의 MD에 대한 민감도를 가늠케 한다. 『人民日報』, 2007年 5月 22日.

57) Victor Cha, "South Korea in 2004," *Asian Survey*, Vol.45, No.1(2005), p.38; Baker Richard and Charles Morrison eds. *Asia Pacific Security Outlook 2005* (Tokyo: Japan Center for International Exchange, 2005), pp.105-109.

가는 과장된 측면이 있다. 한국은 미국과의 동맹관계를 유지하면서도 중국과의 경제협력과 북한문제에서의 협력을 병행할 수 있기를 희망하고 이에 따른 외교전략을 전개하고 있는 것이다.

3. 미중관계의 변화와 한중관계

한중관계의 발전 패턴에서도 확인되었듯이 한중관계는 미중관계에 의해 영향을 받아 왔다. 중국의 입장에서 한국은 경제적 측면에서는 주요한 경협 상대이지만 정치안보관계에서는 대미 관계의 종속변수인 것이다.

중국의 부상에 따른 미중관계의 유동성을 감안할 때, 두 가지 다른 각도에서 미중관계의 변화가 한중관계에 미칠 영향을 예상해 볼 필요가 있다. 첫째 미중 간의 현재와 같은 협력기조속의 제한적 경쟁구도가 지속될 경우이다. 중국이 책임대국으로의 부상을 실현하기까지는 유지될 가능성이 높은 시나리오이다. 이 경우 한국은 중국에게 일정한 전략적 가치를 유지할 수 있으며 따라서 미중관계변수만을 고려할 경우 한중관계는 기존의 안정적인 발전을 지속할 가능성이 높다. 중국의 입장에서 전략적 측면에서 한국과의 관계발전은 한국 주도의 한반도 통일 이후에 대한 대비, 그리고 한미동맹, 나아가서는 미일 동맹으로부터의 위협을 약화 또는 상쇄할 수 있는 중요한 의미를 갖는다.

그러면서 동시에 중국은 아시아에서의 미국의 지위와 영향력에 도전할 의사가 없다는 점을 미국에 인식시키려는 노력을 하고 있으며, 한중관계의 급속한 발전은 미국에게 도전으로 인식될 수 있다는 점을 중국도 경계하고 있다. 즉 50년 동맹관계를 유지해 온 미국의 입장에서 볼 때 16년 한중관계의 급성장은 한국에서의 미국 영향력의 상대적 약화를 의미하는 것으로 받아들여지고 있다.[58] 미국이 최근 일본, 호주와의 동맹관계 강화에 주력하는 배경에도 이러한 한국, 동남아에서의 미국의 영향력 쇠퇴를 만회하려는 의

---

58) Shambaugh, "China Engages Asia," p.90.

지가 표현된 것으로 중국은 판단하고 있다. 요컨대 중국의 한국외교와 한중
관계는 기본적으로 중국의 대미전략과 중미관계의 종속적 성격을 지니고 있
다. 중미관계가 제한적 경쟁관계를 지속하는 현 상황이 지속되는 한 한국은
중국에게 전략적 가치를 갖고 있지만 이 경우에도 한국과의 관계발전이 자
칫 미국과의 관계악화의 원인이 되는 것은 경계하고 있다.

　둘째, 현시점에서 미중 양국이 공유하고 있는 전략적 이해관계가 적지 않
기 때문에 양국관계의 안정세 또한 상당기간 지속될 것으로 예상된다. 그럼
에도 양국 간에는 협력기조에서도 여전히 전략적 불신과 경계는 병존하고
있다. 따라서 전략적 조합에 균열이 생길 경우 언제든지 이러한 현안들이
양국관계의 실제 주요한 갈등 요소로 작용할 개연성은 배제할 수 없다. 세력
전이이론가들의 주장에 의하면 9·11 이후 한반도를 포함한 동아시아지역
에서 중국의 영향력과 위상이 크게 제고되고 있는 것이 현실이고 미국은
이러한 중국의 약진을 제어해야 한다는 의지를 갖지 않을 수 없다.59)

　한반도 내에서 중미의 갈등이 촉발될 수 있는 현안으로는 주한미군 문제
와 MD계획, 그리고 북핵문제가 있고, 한반도 외부의 현안이지만 직간접적
영향을 줄 수 있는 사안으로 대만문제가 있다. 그리고 이들 네 가지 사안들
은 어떤 의미에서 상호 연동되어 있다. 주한 미군의 경우 중국은 기존에 한
반도의 전쟁억지 및 일본의 군사대국화 방지, 그리고 역내 군비경쟁의 억지
역할로 그 존재를 일정정도 묵인해 왔다. 그러나 사실상 중국을 겨냥한 미일
동맹체제의 강화, 주한미군의 전략 재배치 등을 통해 미국의 대중 견제와
봉쇄에 대한 우려가 지속적으로 제기되는 상황에서는 그 역할에 대한 의구
심이 증폭될 수 있다.

　앞으로 미중 간의 세력경쟁이 가열되든지, 또는 한반도의 통일논의가 구
체화될 경우 주한미군의 지위와 역할에 대한 문제가 양국 간의 주된 외교현
안으로 대두될 가능성이 있다. 특히 미국의 MD계획이 한반도와 대만을 포

---

59) Avery Goldstein, "Power Transitions, Institutions, and China's Rise in East Asia,"
　　pp.639-682.

괄하여 현실화될 경우에 중국은 미국으로부터의 포위인식이 최고조에 달하게 될 것이며, 더욱이 대만문제가 이슈가 될 경우에는 중국의 정책적 융통성이 제한되면서 비합리적 태도가 나타나 최악의 시나리오로 발전할 개연성이 커질 수 있다.

제한적 중미경쟁이 본격적인 세력경쟁 구도로 진행될 경우에 결과적으로 한국은 중미 양국으로부터 불가피한 선택을 강요받는 어려운 위치에 처할 수 있다. 더욱이 이러한 최악의 시나리오가 한국의 통제 밖에서 진행될 수 있기 때문에 그 가능성이 높지 않다 할지라도 사전 대비만이 최선의 대책이다. 한미 동맹관계의 강화와 복원만이 유일한 대안이라고 단선적으로 인식하기에는 이미 중국의 비중은 너무 커졌으며, 한반도 주변 국제관계 또한 복잡 미묘해진 것이다. 강대국 간 세력경쟁을 제어하거나 회피할 수 있는 적절한 수단을 갖지 못한 우리 입장에서는 어설픈 양다리도 위험하지만, 일방적 편승 역시 무모한 선택이 될 수 있다. 앞으로 미중 경쟁이 심화될 경우에 한중 동반자관계와 한미 동맹관계의 이중 구조가 유지되는 것이 어려운 상황을 맞게 될 가능성에 대한 구조적 대비가 필요한 것이 현실이다. 즉, 장기적으로는 동아시아에서 상충적인 양자 간 관계의 갈등문제를 해소하기 위한 구조적인 개편 노력, 예컨대 다자간 안보협력 체제 구성을 위한 준비와 노력을 중국·미국과 함께 진행시켜갈 필요가 있다. 최근의 일련의 변화는 동북아의 다자안보협력 구상의 실현 가능성에 새로운 기대를 불러오고 있다. 그동안 반대 입장에 있던 미중 양국이 다자안보협력에 대한 태도에 주목할 만한 변화가 나타나고 있다.

우선 중국은 1990년대 초반까지만 해도 어떠한 다자주의 구도도 자신을 견제·봉쇄하기 위한 미국 중심의 대중국 포위망으로 간주하여, 다자주의에 소극적·부정적 입장을 견지해 왔다. 그러나 1990년대 중반 이후부터는 다자주의, 특히 역내 다자주의에 적극적이며 심지어는 주도적인 면모를 보이고 있다. 중국은 탈냉전시대에 직면한 안보 위협 요인으로 서방국가 특히 미국과의 대결 및 봉쇄의 악순환, 인접지역의 반중국 동맹구도 강화, 그리고 인접지역 갈등과 분쟁의 중국에의 영향 등을 상정하고 있다.[60] 따라서 이러한 안보위협을 안보딜레마를 초래하지 않으면서 효과적으로 차단할 수 있는 대안으로서 역내 다자안보협력을 구상하고 있는 것이다. 아울러 중국은 증대된 국력을 바탕으로 다자주의를 적극 활용함으로써, 자신의 역내 영향력을 제고하려는 전략적 고려도 갖고 있다.

미국도 양자간 동맹체제중심의 기존의 동아시아정책에 변화의 기류가 나타나고 있다. 2006년 5월의 젤리코 보고서(Zellikow Report)와 2007년 4월 미국 대서양위원회 북한 실무그룹이 발표한 보고서에서는 북핵문제의 해결을 위해 대증적 처방이 아니라 한반도 평화체제와 동북아 다자안보라는 지역안보틀의 전면개조를 제시하고 있으며, 실제 2·13합의 이후에 미국의 동북아 정책에 반영되고 있다.61)

동북아 다자안보협력의 열쇠를 지고 있는 미중 양국의 태도 변화는 그 자체가 가능성을 제시하는 것이라 할 수 있지만 그렇다고 낙관만 할 수 있는 상황은 아니다. 미중 양국이 다자안보협력에 긍정적, 또는 적극적 입장을 취하고 있는 이면에는 서로 다른 셈법이 자리 잡고 있다. 이 또한 동상이몽의 미묘한 조합이다. 중국은 중국 주도의 역내 다자안보협력이 궁극적으로 이 지역에서 미국의 영향력을 견제할 수 있다는 기대를 갖고 있다. 반면에 미국은 중국의 아시아에서의 약진을 견제하기 위해 미국의 양자간 동맹체제를 보완, 강화할 수 있는 보조수단으로서의 다자안보협력을 상정하고 있다. 이처럼 서로 다른 전략적 고려하에 진행되고 있는 다자안보협력의 현실화는 산적한 과제를 안고 있음에 틀림없다.

따라서 동북아지역의 강대국 간의 세력경쟁적 구조와 군비경쟁의 현실을 완화하는 이상적 대안은 동북아 다자안보협력체제의 형성에 있지만 이러한

---

60) 陳東曉, "聯合國集體安全機制與中國安全環境,"『現代國際關係』, 第9期(2004), pp.8-15.

61) '젤리코 보고서' 내용은 David E. Sanger, "U.S. Said to Weigh a New Approach on North Korea," *The New York Times*, May 18, 2006. 미국 대서양위원회 북한 실무그룹의 보고서는 The Atlantic Council of the United States, "A Framework for Peace and Security in Korea and Northeast Asia,"(April 2007). http://www.acus.org/docs/070413-North_Korea_Working_Group_Report.pdf.(검색일: 2007년 9월 20일) 참조.

구조적 개편이 이루어지기 까지는 여전히 상당한 시간과 과정이 필요해 보이므로 장기적인 접근이 필요하다. 다행히도 가장 최악의 시나리오인 중미간의 본격적인 세력경쟁이 가까운 장래에 현실화될 가능성은 크지 않다. 미중 양국 모두 각자의 이해관계로 일단은 일정정도 한반도에서의 견제와 균형을 지향하고 있다. 특히 중국은 최소한 중국의 국가 목표인 강대국화가 현실화될 때 까지는 이러한 미국과의 전략적 협력기조를 지속해야 하는 것이 현실이다.62) 2·13합의 이후에 6자회담의 틀에서 '동북아 평화안보체제 실무그룹'이 만들어져 동북아 평화안보체제의 형성이 모색되고 있는 것은 분명 희망적 징조이며, 한반도 평화체제 구축을 위한 노력과 병행하여 장기적으로 그 추진 동력을 유지해가야 할 것이다.

V. 결론: 한중관계의 과제

부상하는 중국은 세력전이이론에서 주장하는 바와 같이 한국과 한반도를 영향력 확대의 대상으로 인식하고 있다. 특히 중국이 미국과의 영향력 경쟁에서 한국의 전략적 가치를 인식하고, 한국과의 관계 발전을 모색해 왔다는 사실에서 더욱 분명하게 나타나고 있다. 그러면서 동시에 실제 중국의 한국에 대한 전략과 정책은 제도주의자들의 주장처럼 안보딜레마를 해소하면서 안정적인 한반도 환경을 구축하기 위한 협력안보를 지향하고 있다. 중국의 이러한 인식과 실제 정책 사이의 괴리는 산적한 국내외적 제약과 과제를 해결하면서 여전히 강대국으로의 부상을 지향하고 있는 중국이 안고 있는

---

62) 미국은 중국의 2대 교역국이고 최대 무역 흑자국인 동시에 특히 중국의 지속발전의 동력원인 원유 공급에 영향력을 행사할 수 있는 수단을 보유하고 있다. 즉 중국은 미국에 이어 세계 2위 원유수입국으로 수요의 2/3를 수입하고 있으며 수입의 대부분을 미국이 주도권을 장악하고 있는 중동지역에 의존하고 있다. Stuart Harris, "China's regional policies: how much hegemony?" *Australian Journal of International Affairs*, Vol.59, No.4(December 2005), p.483.

딜레마의 현주소이기도 하다.

중국의 입장에서 대미 관계의 안정적 관리여부가 중국 부상의 핵심적인 과제인 동시에 한중관계 미래의 관건적인 요소이다. 이러한 현실과 과제를 직시하고 있는 중국지도자들은 대미외교에 최우선순위를 설정하고 외교적 노력을 경주하고 있다. 미국 역시 중국의 영향력 확대 의지를 인지하고 있지만 아직은 중국과의 대결보다는 협력을 유지하는 것이 이해관계에 부합한다고 판단하고 있다. 따라서 가까운 장래에 한중관계와 한국에 최악의 시나리오가 될 수도 있는 미중 간의 패권경쟁 가능성은 높지 않다. 미중관계가 안정적인 기조를 유지하는 한 한중관계는 최소한 미중관계로 인해 악화되는 상황은 회피할 수 있다.

그럼에도 최악의 시나리오마저도 상정하고 준비해야 하는 것이 한국이 직면한 현실이다. 다행히 최악의 시나리오에 대비할 수 있는 시간은 주어져 있다. 이 시기 한국외교의 과제는 바로 강대국의 세력관계 변화의 영향을 최소화하는 노력을 경주하는 것이다. 우선 긴 안목에서 인류 공동의 보편적 가치와 원칙에 충실한 국가 이미지와 위상을 구축하는 것이다. 확고한 위상의 구축은 우리의 외교가 대승적 원칙론에 입각하고 있다는 신호를 주변 강대국들에게 장기간 일관되게 전달함으로써 실현될 수 있다. 이러한 노력은 '친미는 반중, 반미는 친중'이라는 이분법적 국가 이미지와 국내의 소모적 논쟁을 완화하는데도 긍정적으로 작용할 것으로 기대된다.

둘째, 미중의 세력경쟁이 한반도를 둘러싸고 촉발될 수 있는 빌미를 최소화하려는 노력이 필요하다. 상대적 약소국인 한국의 입장에서는 주변 강대국들의 세력관계와 국가이익 변화에 대해 정확하게 인식하고 이를 기초로 남북한 관계개선과 한반도 평화체제 구축을 주도하여 강대국이 개입할 수 있는 환경과 조건을 줄여가는 노력이 필요하다.

그리고 동북아에서 다자안보협력을 구체화하는 지난한 과정에서 보다 현실적이고 중단기적인 과제는 한중 동반자관계, 한미 동맹관계, 그리고 중미 관계가 한반도를 포함한 동아시아에서 일정기간 공존해야 하는 상황이 불가피하며 따라서 상충될 개연성이 있는 양자간 관계에 대해 한중 양국 상호간의 이해와 신뢰를 형성하려는 노력이 전제될 필요가 있다. 마치 이제 더 이상 북중관계와 한중관계가 제로섬적인 관계에 있지 않듯이 앞으로 동아시아에서 다자안보협력이 구체화될 때까지는 한미동맹과 한중동반자관계의 공존이 현실임을 한중 양국이 인정하고 양해하는 것이 필요하다. 그리고 이러한 이중구조에 대해 한중 양국 간의 이해와 신뢰가 강화된다면 한국이 미중 사이에서 외교적 운신의 폭이 커지고 동북아 다자안보협력 체제 형성에도 추진력을 확보해 갈 수 있다.

중국의 입장에서 미국과의 동맹관계, 일본과의 협력관계를 유지하고 있는 한국의 전략적 가치를 높게 평가할 수는 있다. 이러한 맥락에서 한국은 중국과의 관계발전을 위해서도 미국과 동맹관계를 유지하는 것이 필요해 보인다. 그렇지만 이 경우에 전제가 필요하다. 우선 지금까지도 그러했듯이 중미관계가 주요변수이다. 중미관계가 지금처럼 경쟁과 협력이 균형적으로 유지되는 경우에 이러한 논리가 부합한다. 그러나 중미관계가 지나치게 밀착되거나 아니면 갈등관계가 심각해 질 경우에는 유효한 접근 방식이 될 수 없다. 따라서 중미관계의 유동성을 감안할 때 중국에 대한 협상력을 높이기 위해서 섣불리 한미관계를 활용하려는 의지를 보이는 것 보다는 한미관계와 한중관계가 개별적으로 안정적인 관계가 구조화될 수 있도록 하는 것이 장기적으로는 현명한 선택이다. 한중관계가 안정적으로 확보되었을 때 비로소 한미관계와 한중관계의 순기능적인 상호작용도 기대할 수 있게 된다.

따라서 한중수교 16년에 이뤄낸 눈부신 양적 성장의 성과를 내실화, 구조화시키는 것이 일차적 과제다. 첫째, 한중 양국의 위기관리 메커니즘과 통로를 구축하는 것이다. 앞에서의 몇몇 사례처럼 한중관계는 앞으로 교류의 영역과 내용이 다양화될수록 보다 다양한 의제와 다양한 이해집단의 이해관계가 교차될 것이며 일상적, 또는 예기치 않은 갈등요인들이 이전과 같이 적정선에서 봉합되지 않은 채 양국관계 발전의 저해 변수로 등장하게 될 가능성이 커지고 있다. 따라서 한중관계가 지난 16년간 외형적인 급속한 성장기조 속에서 묻혀왔거나 간과되어 왔던 미시적 차원의 현안들을 합리적으로 관리하고 해결할 수 있는 소통 구조와 시스템을 마련해야 하는 필요성이 커지고 있다.

요컨대 지난 16년 간의 외형적 성장과 특수한 밀월관계는 갈등관리의 경험과 노하우 결핍이라는 문제를 잉태했다. 그러므로 다양한 지역·계층·영역에서의 소통의 채널을 형성하는 데 보다 적극적이어야 한다. 갈등과 위기관리 체제의 구축은 공존의 메커니즘을 만드는 출발점이다.

둘째, 공존을 위한 메커니즘 구축의 필요충분조건은 상호 이해 증진에 있다. 이해 증진은 신뢰 구축의 출발점이기도 하다. 한중 양국은 외형적 성장만큼이나 상호 이해에 대한 대중적 착시현상을 지니고 있다. 이러한 착시현상은 예기치 않은 갈등이 도출되었을 때 심각한 오해와 왜곡을 초래한다. 우선 양국이 각기 국내정치와 사회가 격동적인 변화를 겪고 있고, 또한 양국 관계가 짧은 시간에 급속한 양적 팽창을 해오는 과정에서 상대를 깊이 있게 이해하려는 노력이 소홀했던 점을 자각하고 앞으로 양국 모두가 상대가 직면한 상황과 입장에 대한 객관적 이해의 폭을 넓히려는 노력에서부터 새롭게 시작할 필요가 있다.

▎참고문헌

남성욱. "중국자본 대북투자 급증의 함의와 전망: 동반성장론과 동북4성론을 중심
　　으로."『통일문제연구』, 18권 1호. 2006.

윤덕민. "북한은 중국의 위성국가가 될 것인가." 미래전략연구원(2006.3.24).

이동률. "수교이후 한중 정치관계의 회고와 전망: 중국외교전략의 변화를 중심으
　　로."『중소연구』, 26권 3호. 2002.

_____. "90년대 중국 애국주의 운동의 정치적 함의."『중국학연구』, 21집. 2001.

_____. "중국 신지도부의 등장과 북중관계: 현황과 전망."『북한조사연구』, 7권 1
　　호. 2003.

_____. "중국의 주변지역 외교전략 및 목표."『중국연구』, 38권. 2006.

이삼성. "주한미군 전략의 변화와 한·미동맹 양식의 전략적 재검토."『통일정책연
　　구』, 13권 2호.

이욱연. "한중관계의 미래를 위한 동아시아 정체성." 제1차 한중미래대화 발표문
　　(2007.9.17-18).

이희옥. "중국의 대북한정책 변화의 함의: 동북4성론 논란을 포함하여."『현대중국
　　연구』, Vol.8, No.1. 2006.

장원링. "한반도 평화와 중국의 역할."『평화논총』, 5권 1호, p.67. 2001.

한석희. "중국의 경제적 부상에 대한 한국의 새로운 시각."『한국정치학회보』, 37집
　　3호. 2003.

"북, 중국 동북 제4성 되나."『조선일보』(2005.07.14-16).

"중국, 북한 비상사태시 군 투입해 핵 통제."『조선일보』(2008.1.9).

"中, 北 격변때 선제적 군사 개입."『서울신문』(2008.1.9).

『경향신문』, 2005년 4월 4일.

『동아일보』, 2004년 4월 19일.

『동아일보』, 2005년 4월 13일.

『동아일보』, 2005년 4월 26일.
『중앙일보』, 2006년 3월 23일.
『연합뉴스』, 2003년 9월 6일.
『한국일보』, 2005년 4월 5일.

郭憲綱. "韓美同盟尋求新定位." 『国际問題研究』, 第3期. 2006.
金正昆. "中國 '伙伴' 外交戰略初探." 『中國外交(人民大復印復刊資料)』, 第4期. 2000.
寧騷. "選擇伙伴戰略 營造伙伴關係–跨入21世紀的中國外交." 『中國外交(人民大復印復刊資料)』, 第6期. 2000.
劉金質·楊淮生 (編). 『中國對朝鮮和韓國政策文件匯編 5(1974-1994)』. 北京: 中國社會科學出版社, 1994.
劉金質·張敏秋·張小明. 『當代中韓關係』. 北京: 中國社會科學出版社, 1998.
李敦球. "冷戰後中韓關系的發展與東北亞格局—中韓建交15年來雙邊關系的回顧與展望." 『當代韓國』, 2期. 2007.
李華. "冷戰後駐韓美軍調整評述." 『國際觀察』, 第1期. 2004.
徐文吉. "中韩建交15周年双边关系盘点与前景展望." 『东北亚论坛』, 第4期. 2007.
徐启生. "自贸协定将提升美韩关系." 『光明日报』(2007.4.5).
石源华·汪伟民. "美日、美韩同盟比较研究—兼论美日韩安全互动与东北亚安全." 『国际观察』, 第1期. 2006.
蘇浩. "中國外交的 '伙伴關係' 框架." 『世界知識』, 第5期. 2000.
孫寶珊. "試論冷戰後國際關係中的伙伴關係." 『太平洋學報』, 第2期. 1999.
時殷弘. "危險和希望–伊拉克戰爭背景下的朝鮮核問題." 『教學與研究』, 第5期. 2003.
楊立群. "趕在時限前最後一刻達成妥協韓美自貿協定不僅著眼經貿." 『解放日報』(2007.4.3).
楊紅梅. "韓美同盟調整的動力, 現狀與前景." 『現代国际关系』, 第8期. 2005.
温家宝. "去韩国访问是我期待已久的事." 『新华每日电讯』(2007年 4月 6日).
王生. "韩国疏美亲中现象剖析." 『东北亚论坛』, 第2期. 2006.
王宜胜. "中韩安全关系的现状及前景展望." 『东北亚论坛』, 4期. 2007.
張璉瑰. "朝鮮半島的統一與中國." 『當代亞太』, 第5期. 2004.
張玉山. "中韓全面合作夥伴關系的回顧與展望." 『亞非縱橫』, 4期. 2007.
全克林. "駐韓美軍調整及其影響." 『現代國際關係』, 第7期. 2003.
陳東曉. "聯合國集體安全機制與中國安全環境." 『現代國際關係』, 第9期. 2004.

陳峰君·王傳劍. 『亞太國家與朝鮮半島』. 北京: 北京大學出版社, 1998.

崔立如. "朝鮮半島安全问题: 中国的作用." 『现代国际关系』, 第9期. 2006.

崔志鷹. "美朝關係改善對東北亞局勢的影響." 上海社會科學院世界經濟與政治研究院 (編). 『中國與世界共通利益的互動』. 北京: 時事出版社, 2008.

黃鳳志·高科·肖晞. 『東北亞地域安全戰略研究』. 長春: 吉林人民出版社, 2006.

『人民日報』(1996.8.27).

『人民日報』(1998.11.13).

『人民日報』(2007.5.22).

Cha, Victor. "South Korea in 2004." *Asian Survey*, vol.45, no.1. 2005.

Chung, Jae ho. *Between Ally and Partner: Korea-China Relations and the United States.* New York: Columbia University Press, 2006.

_____. "From a 'Special Relationship' to Normal Partnership: Interpreting the 'Garlic Battle' in Sino-South Korean Relations." *Pacific Affairs,* Vol.76, No.4(Winter 2003-4).

_____. "South Korea between Eagle and Dragon." *Asian Survey,* Vol.41, No.5 (September-October 2001).

Department of Defense. *Quadrennial Defense Review Report 2006* (February 6. 2006).

Glaser, Bonnie, Scot Snyder, and John S. Park. *Keeping an Eye on an Unruly Neighbor – Chinese Views of Economic Reform and Stability in North Korea.* USIP Working Paper(January 3. 2008).

Goldstein, Avery. "Power Transitions, Institutions, and China's Rise in East Asia: Theoretical Expectations and Evidence." *The Journal of Strategic Studies,* Vol.30, No.4-5(August-October 2007).

Harris, Stuart. "China's Regional Policies: How Much Hegemony?" *Australian Journal of International Affairs,* Vol.59, No.4(December 2005).

Kull, Steven. "Dealing with Dragon: Asian Public Opinion on the Rise of China." 『평화연구』, 제15권 2호(2007년 가을).

Lampton, David M. "China's Rise in Asia Need Not Be at America's Expense." In David Shambaugh, ed. *Power Shift: China and Asia's New Dynamics.* Berkeley: University of California Press, 2005.

Lee, Chae-Jin, and Stephanie Hsih. "China's Two-Korea Policy at Trial: the Hwang Chang Yop Crisis." *Pacific Affairs,* Vol.74, No.3(fall 2001).

Richard, Baker, and Charles Morrison, eds. *Asia Pacific Security Outlook 2005.* Tokyo: Japan Center for International Exchange, 2005.

Sanger, David E. "U.S. Said to Weigh a New Approach on North Korea." *The New York Times,* May 18, 2006.

Shambaugh, David. "China Engages Asia." *International Security,* Vol.29, No.3 (2004/05).

_____. "Return to the Middle Kingdom? China and Asia in the Early Twenty-First Century." In David Shambaugh, ed. *Power Shift: China and Asia's New Dynamics.*

_____. "Sino-American Relations since September 11: Can the New Stability Last?" *Current History,* Vol.101, No.656(2002).

Shaplen, Jason T., and James Laney. "Washington's Eastern Sunset-The Decline of U.S. Power in Northeast Asia." *Foreign Affairs,* Vol.86, No.6(November/December 2007).

Sutter, Robert G. *China's Rise in Asia: Promises and Perils.* Lanham: Rowman & Littlefield, 2005.

_____. *China's Rise; Implications for U.S. Leadership in Asia.* Washington: East-West Center, 2006.

The Atlantic Council of the United States. "A Framework for Peace and Security in Korea and Northeast Asia"(April 2007).

Zhang, Yunling, and Tang Shiping. "China's Regional Strategy." In David Shambaugh, ed. *Power Shift: China and Asia's New Dynamics.*

Zhang, Xiaoming. "China's Relations with the Koran Peninsula: A Chinese View." *Korea Observer,* 32:4(Winter 2001).

http://www.acus.org/docs/070413-North_Korea_Working_Group_Report.pdf (검색일: 2007.9.20).

http://www.fmprc.gov.cn/chn/3721.html (검색일: 2002.8.30).

http://www.voanews.com/Korean/archive/2008-01/2008-01-09-voa9.cfm (검색일: 2008.2.20).

http://www.fmprc.gov.cn/chn/xwfw/fyrth/t359430.htm (검색일: 2007.9.22).

제7장

한중 경제관계의 변화와 새로운 국제 분업

지만수(池晚洙)

I. 새로운 국제 분업과 한중 경제관계

　1992년 한중수교 이후 15년간 이루어진 한중 경제관계의 변화를 이해하기 위해서는 같은 기간 동북아시아에 형성된 새로운 국제 분업구조를 함께 이해해야 한다. 즉 한국과 중국 사이의 교역과 투자, 경쟁과 협력 등 경제적 관계는 양국이 세계와 맺는 관계 속에서 더 넓게 파악할 때 정확히 이해할 수 있다.

　한국과 중국이 수교한 1992년은 덩샤오핑의 남순강화(南巡講話)를 계기로 중국이 본격적으로 시장경제로 전환되기 시작한 해이다. 한중 사이의 교역과 투자가 양적으로 크게 늘어나는 동안, 중국은 세계 자본주의 경제질서에 깊이 편입되었다. 동시에 중국을 하나의 축으로 하는 새로운 국제 분업구조가 이 지역에 형성되었다. 한중 경제교류의 변화를 이해한다는 것은 양국 경제협력의 양적 성장 뒤에 놓인 구조를 이해하는 것이다.[1]

---

1) 중국의 부상과 함께 등장한 동북아 역내 분업구조에 관해서는 고일동 외, 『동아시아

　　한국과 중국은 모두 세계화에 적극적으로 참여해 왔고, 이를 통해 경제발전의 동력을 만들어 왔다. 한국은 1960년대 이후 적극적으로 수출주도형 산업화를 추진하면서 세계경제에 통합되어 왔다. 중국 역시 1978년 개혁개방, 1992년 남순강화, 2001년 WTO 가입을 거치면서 세계경제의 중요한 구성원이 되었다. 특히 최근에 중국은 거대한 경제규모를 바탕으로 세계화를 수용하는 단계를 넘어 세계경제질서를 변화시키는 중요한 변수가 되고 있다. 이 과정에서 양국의 경제는 국제 분업체제에 더 긴밀하게 결합했다. 때문에 양국 경제관계 역시 양국이 세계경제와 맺고 있는 관계와 분리할 수 없다.

　　예를 들어, 교역 규모의 빠른 증가나 무역수지나 투자 면에서 불균형의 지속이 지금까지 15년간 한중 간의 경제교류가 보이는 대표적인 특징이다. 이러한 특징은 특히 동북아에서의 새로운 국제 분업구조의 형성이라는 시각에서 이해할 때 잘 설명될 수 있다. 한국과 중국 사이의 교역과 투자에서의 불균형은 순수한 양국관계에서 발생한 문제라기보다는 동북아의 새로운 국제 분업구조가 초래한 결과이기 때문이다.2) 한중 경제관계의 미래를 가늠하기 위해서도 이 새로운 국제 분업구조를 잘 이해해야 한다.

　　또한 최근 한국에서는 중국의 산업성장이 한국 경제의 발전을 위협한다고 보는 이른바 중국위협론이 유행하고 있다. 이 중국위협론도 중국의 성장과 함께 형성된 동북아의 새로운 국제 분업구조의 내용과 그 변화가능성을 살펴봄으로써 더욱 정확하게 평가될 수 있다.

분업구조 분석과 한중일 FTA에 대한 시사점』(서울; 한국개발연구원, 2003), pp.54-82. 국제 분업구조에서 중국의 역할에 관해서는 한국은행 조사국 해외조사실, "중국 수출입 구조변화와 시사점 – 세계교역에서 중국의 역할 변화 가능성," (서울: 한국은행, 2007), pp.8, 9, 29-32.

2) 한국은행 조사국 해외조사실, "중국 수출입 구조변화와 시사점 – 세계교역에서 중국의 역할 변화 가능성," p.9. 한편 한국과 중국 모두 양국 간의 무역수지 불균형이 국제 분업구조의 결과라는 사실을 인식하고 있다. 때문에 한중 FTA 추진을 비롯한 양국 간의 경제협력 논의에서 이 무역수지 불균형 문제는 교역 확대를 통해 장기적으로 해결해야 할 문제라는 데 인식을 함께 하고 있다.

II. 한중 경제관계의 확대와 불균형의 누적

한중 경제관계의 변화를 보면, 규모가 매우 빠르게 커졌다. 그런데 그 과정에서 교역과 투자 면에서 양국 간 불균형이 지속되고 있다. 한국의 무역수지 흑자가 장기간 지속될 뿐 아니라 최근까지 확대되고 있다. 투자 면에서도 한국의 대중투자가 양국 간 투자의 중심이다. 또한 이러한 불균형은 완화되기보다는 더욱 심화되는 양상이다.

1. 교역과 투자의 확대

1992년 수교 이후 양국 간 교역과 투자의 규모는 빠르게 늘어났다. 1992년 60억 달러 수준이었던 교역 규모는 2000년에 300억 달러를 넘어선 데 이어, 2007년 1,450억 달러에 달했다. 양국은 2012년 이전에 교역 규모가 2,000억 달러를 넘어설 것으로 전망하고 있다.

그 결과 2007년 중국은 한국 수출의 22.1%, 수입의 19.3%를 차지함으로써 수출과 수입 모두에서 가장 큰 교역상대국이 되었다. 특히 2007년부터 중국은 전통적인 한국의 수출 대상국이던 미국과 일본을 합한 것보다 더

〈표 1〉한국의 교역 및 비중

(단위: 억 달러, %)

	2002년	2003년	2004년	2005년	2006년	2007년
한국대중수출액	238	351	498	619	695	820
대중수출의 비중	14.6	18.1	19.6	21.8	21.3	22.1
한국대중수입액	174	219	296	386	486	630
대중수입의 비중	18.7	20.0	20.1	19.7	19.9	19.3

자료: KITA

〈표 2〉 한국의 주요 수출시장과 비중

(단위: 백만 달러)

구분	2003년	2004년	2005년	2006년	2007년	구성비(%) 2007년
총계	193,817	253,845	284,419	325,465	371,539	100.0%
중국	35,110	49,763	61,915	69,459	81,988	22.1%
미국	34,219	42,849	41,343	43,184	45,770	12.3%
일본	17,276	21,701	24,027	26,534	26,411	7.1%
홍콩	14,654	18,127	15,531	18,979	18,662	5.0%

자료: 관세청, "최대 수출액은 반도체, 최대 무역수지 흑자는 자동차가 기록," 관세청 보도
자료 2008년 1월 21일. www.customs.go.kr

〈표 3〉 한국의 주요 수입국가와 비중

(단위: 백만 달러)

구분	2003년	2004년	2005년	2006년	2007년	구성비(%) 2007년
총계	178,827	224,463	261,238	309,383	356,814	100.0%
중국	21,909	29,585	38,648	48,557	63,043	17.7%
일본	36,313	46,144	48,403	51,926	56,255	15.8%
미국	24,814	28,782	30,586	33,654	37,248	10.4%

자료: 관세청, 상기 자료

큰 수출시장을 제공하고 있다. 또한 수입 면에서도 2007년 중국으로부터의
수입액이 630억 달러에 달했다. 즉 전통적인 수입 대상국이던 일본(562억
달러)을 제치고 가장 큰 수입 대상국으로 등장했다.

〈그림 1〉한국 대중투자의 주요 특징

특징	비교
① 제조업비중 83.9%	• 한국의 중국 외 지역에 대한 투자 중 제조업 비중: 42.4% • 93년 95% → 06년 81%로 감소 추세 • 제조업 내에서 다양하게 분산
② 중소기업비중 43.7%	• 한국의 중국 외 지역에 대한 투자 중 제조업 비중: 21.3% • 98년까지 감소 → 2003년까지 증가 → 2003년 이후 감소
③ 투자규모 건당 140만 달러 (2006년)	• 한국의 중국 외 지역에 대한 투자의 평균규모: 260만 달러 • 증가 → 감소 → 증가 • 2003년 이후 타국의 대중투자 평균규모의 약 1/3
④ 장강, 산동, 북경 80.4%	• 외국의 투자: 주강 지역 31.1%, 장강지역 29.7% 　　　　(1994~2005 누계기준) • 최근 장강(강소성)지역 투자가 증가 추세

(별도로 명시하지 않은 경우 2007년 3월 누계 기준)

자료: 지만수,『한국기업의 대중투자: 변화, 전략, 성과』(서울: 폴리테이아, 2007), 제3장에서 정리

한국의 대중투자도 크게 늘어났다.[3] 1992년 170건 1억 4천 만 달러에 불과했던 한국기업의 대중투자는 2006년 2,300건 33억 달러에 이르렀다. 전체 투자 누계 기준으로도 2007년 3월까지 한국기업의 대중투자 누계는 178억 달러에 달한다. 투자 유치국 입장에서 투자기업의 현지 재투자, 소규모 투자까지 집계하고 있는 중국 상무부에 따르면 수교 이후 2006년까지 한국기업의 투자 누계는 349억 달러에 이른다. 중국에 대한 각국의 투자 중에서도 한국은 일본과 사실상 1, 2위를 다투고 있다.[4] 또 중국은 2007년

---

3) 한국기업의 대중투자에 관해서는 지만수,『한국기업의 대중투자: 변화, 전략, 성과』(서울: 폴리테이아, 2007)을 참고할 수 있다.

4) 최근 수년간 중국에 대한 외국인직접투자의 1위 및 2위 국가는 홍콩과 버진 아일랜드

부터 미국을 제치고 한국기업의 투자 누계가 가장 많은 나라가 되었다.

한국의 대중투자는 산업별로는 제조업 투자의 비중이 높고, 투자의 주체 면에서는 중소기업의 비중이 높으며, 건당 투자의 규모가 비교적 작고, 한국 과 인접한 산동성, 강소성, 북경, 천진 지역 등에 투자가 집중되어 있는 등의 특징이 있다.

한편 한중 경제관계는 광범한 인적, 문화적 교류를 동반하고 있다. 2006 년 양국 간에는 연인원 480만 명이 넘는 인적 교류가 이루어졌다. 연 392만 명에 달하는 한국인이 중국을 방문하였으며, 89만 명이 넘는 중국인이 한국 을 방문하였다. 한국인에게 중국은 가장 빈번히 방문하는 외국이며, 중국에 게 한국인은 가장 빈번히 찾아오는 외국인이다.[5]

이는 상주인구에도 반영된다. 중국 내에 상주하는 한국인은 2007년 약 80만에 달하는 것으로 평가된다. 한국은 6개의 총영사관을 중국 각지에 설 치하고 있는데, 이는 중국 내의 각국 총영사관 중 가장 많은 것이다.[6] 한국 에도 2007년 현재 35만 6천 명에 달하는 중국인들이 상주하고 있다. 이는 약 100만 명에 달하는 한국 내 외국인 상주인구 중 1위이다.[7]

동시에 양국은 가장 많은 유학생을 상호 교류하고 있다. 2006년 중국에 있는 외국 유학생 중에 한국인은 57,504명으로 전체 외국인 유학생의 약 40%를 차지한다. 한국에 와 있는 중국 유학생 역시 2006년 20,080명으로 전체 외국인 유학생의 61.7%를 점한다.[8]

이다. 이들은 중국에 대한 투자의 통로 역할을 한다고 판단된다. 이들을 제외하면 2004 년 한국, 2005년과 2006년 일본, 2007년에는 다시 한국이 중국에 가장 많이 투자한 국가이다. 『中國統計年鑑』, 각 연도.

5) 国家旅游局政策法规司, "2006年中国旅游业统计公报(一)," (北京: 国家旅游局, 2007年 9月), 2006년의 경우 중국에 입국한 외국인은 한국인이 392만 명, 일본인이 374만 명, 러시아인이 240만 명, 미국인이 171만 명 순이다.

6) 한국 총영사관은 상해, 광주, 청도, 심양, 성도, 서안 등 6개 도시에 소재하고 있으며, 북경까지 포함하여 7군데이다. 총영사관의 수는 5개인 미국이나 4개인 일본보다도 많 다. 中國外交部 政策研究司 編, 『中國外交 2007年版』(北京: 世界知識出版社, 2007).

7) 법무부 홈페이지, 보도자료 2007년 8월 24일.

8) 中國外交部 政策研究司 編(2007), 한국 교육인적자원부 홈페이지, 보도자료 2006년 10

2. 불균형의 확대

그런데 교역과 투자가 크게 늘어나는 과정에서 양국 사이에는 불균형이 확대 및 유지되고 있다. 먼저 교역 면에서 한국은 1993년 이래 계속해서 중국에 대해 무역수지 흑자를 기록하고 있다. 그 흑자 규모 또한 커지고 있다. 즉 1993년 12억 달러의 무역수지 흑자를 기록한 이래, 그 흑자 규모가 계속 커져서 1998년에는 54억 달러, 2003년에는 132억 달러, 2005년에는 233억 달러를 기록하였다. 2006년부터는 중국으로부터의 수입 급증으로 무역수지 흑자 규모가 줄어드는 추세이나 여전히 200억 달러 선을 유지하고 있다.[9] 중국 입장에서도 한국은 가장 큰 무역수지 적자를 기록하고 있는 나라이다. 2006년 중국 측의 통계에 따른 한국에 대한 무역수지 적자액은 452억 달러에 달한다. 이는 특수 관계에 있는 대만에 대한 무역수지 적자 663억 달러를 제외하고는 가장 큰 것이다.

투자에서도 유사한 현상이 나타난다. 한국의 대중투자가 매우 활발했음에도 불구하고, 중국의 한국에 대한 투자 규모는 매우 작았다. 중국기업의 해외투자는 2003년 28.5억 달러에 불과했으나 2006년에는 163억 달러 규모로 크게 늘어났다. 중국기업들은 이미 한국보다 더 많은 해외투자를 하고 있다. 그러나 2005년 말까지도 그중 한국에 대한 투자의 누계는 8.82억 달러 수준에 불과했다.[10]

따라서 한국과 중국 사이의 경제교류의 성격을 이해하는 데 있어서는 양국 간 경제관계가 이처럼 빠르게 확대되는 속에서 왜 무역과 투자에서의 불균형이 지속되는가를 설명하는 것이 필요하다. 이러한 불균형이 지속되는

월 24일 등. 양국의 외국인 유학생 중 공히 2위를 차지하는 일본 유학생은 중국에 18,363명, 한국에는 3,712명 재학하고 있다.

9) 중국 측의 통계는 불균형의 폭이 더 크다. 중국의 대한 무역수지 적자는 이미 2000년 119억 달러에 달했으며, 2003년 230억 달러, 2004년 343억 달러, 2005년 417억 달러, 2006년 452억 달러로 계속해서 늘어나고 있다.

10) 李桂芳 主編,『中國企業對外直接投資分析報告』(北京: 中國經濟出版社, 2007), p.25, 36.

〈그림 2〉 한중 교역규모와 무역수지의 동향

(단위: 억 달러)

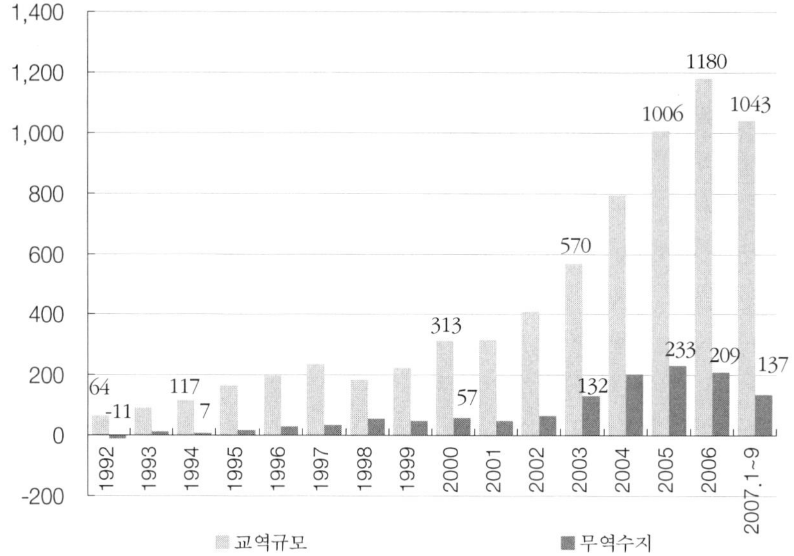

자료: 무역협회

이유는 중국이 1992년의 남순강화나 2001년 WTO 가입을 거치면서 세계시장에 본격적으로 편입되기 시작한 이후 동북아 지역에서 형성된 새로운 분업구조를 통해서 가장 잘 설명될 수 있다.

Ⅲ. 새로운 국제 분업과 한중 경제관계

개혁개방 이전 계획경제 시기의 중국은 일종의 자급자족적 산업구조를 추구하였다. 특히 사회주의 공업화 전략의 일환으로 집중적으로 건설된 중화학공업과 소비재를 생산하는 경공업이 나름대로 긴밀한 산업연관을 형성하고 있었다. 그렇지만 무역 규모는 크지 않았고, 국제 분업에도 참여하지 않고 있었다.

개혁개방 이후 중국은 세계시장에 빠른 속도로 편입되었다. 특히 80년대와 90년대에 걸쳐 연해 지역에 대한 외국기업의 투자를 허용하면서, 많은 외자기업들이 중국에 진출하였다. 이들은 중국의 저렴한 노동력과 토지를 활용하여 제품을 생산하여 세계 시장에 수출하였다. 중국의 수출액은 1978년 206억 달러에서 2006년 9,690억 달러로 50배 가까이 늘어났고 중국의 무역의존도는 9.7%에서 66.5%로 높아졌다.

그 결과 중국의 연해지역에서는 노동집약적인 경공업 및 조립산업이 빠르게 성장하였다. 중국은 경공업 및 조립산업에서 이른바 세계의 공장으로 부상하였다. 현재 중국은 섬유, 의류, 신발 등 경공업 제품뿐 아니라, 사무기기, 컴퓨터, 시청각기기, 가전제품 등 조립산업 분야에서도 세계 1위의 생산국이자 수출국이다.[11]

그런데 이 과정에서 개혁개방 이전에 건설된 중화학 장치산업과 개혁개방 이후 발전한 경공업 및 조립산업 사이의 산업연관이 해체된다. 원래 중국의 중화학 장치산업은 1950년대 후반부터 1970년대 말까지 집중적으로 건설되었다. 이들은 개혁개방 이후에 빠른 경제성장 과정에서 필요했던 자본재의 상당 부분을 공급하였다. 그렇지만 수출용 경공업 및 조립산업에 사용되는 국제수준의 품질을 갖춘 원자재와 부품을 공급하는 데는 실패했다. 설비와 기술수준이 낙후했기 때문이다.

나아가 이 분야의 중국기업들은 대부분 국유기업으로 이루어졌다. 그런데 중국의 이른바 점진주의적(gradualist) 체제전환 과정에서 사유화를 포함한 국유기업의 지배구조에 대한 개혁은 1990년대 후반까지도 지체되었다. 이 분야에 대한 외국인 투자도 제한적이었다. 따라서 이 분야는 개혁개방이 시작된 이후에도 한참 동안 국제적인 경쟁력을 확보하는 데 필요한 구조조정과 설비개선을 이루지 못했다.

---

11) 한국무역협회 국제무역연구원, 『208개 경제, 무역, 사회 지표로 본 대한민국 2007』(서울: 한국무역협회, 2007).

그 결과 중국은 경공업 및 조립산업이 필요로 하는 원자재와 부품을 외국
으로부터 공급받지 않을 수 없었다. 특히 발전한 중화학공업을 갖추고 있는
한국, 일본, 대만 등으로부터 원자재와 부품을 수입하여 중국 내에서 조립
및 가공 단계를 거친 다음 다시 세계시장으로 수출하는 국제 분업구조가
형성되었다.12)

이러한 분업구조는 중국의 무역통계에서도 드러난다. 우선 중국의 수출

〈그림 3〉 중국의 수출 중 가공무역 및 외자기업의 비중

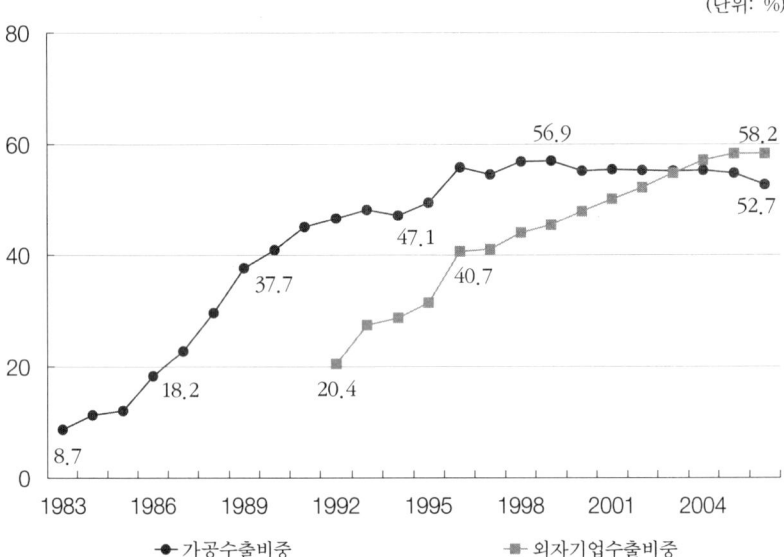

(단위: %)

자료: 『中國統計年鑑』, 각 연도

---

12) 이에 관해서는 최의현, "제품공정의 국제 분업구조와 중국의 중간재 교역 특징," 『동
북아경제연구』, 제17권 제1호(2005), pp.69-102; 최의현, "한국 무역의 대중국 의존도
심화의 원인과 한국경제에 미친 영향," 『현대중국연구』, 제7집 1호(2005), pp.7-43;
지만수 외, 『중국의 산업고화와 기업성장의 현황과 시사점: 중국 위협의 재평가』(서
울: 대외경제정책연구원, 2005) 등을 참고. 특히 최의현의 경우 한중 간의 교역구조의
특징을 제품공정의 국제분업화 과정을 통해 설명하고 있다.

중에서 가공무역이 차지하는 비중이 매우 크다. 수출 중에서 가공무역이 차지하는 비중은 1983년의 8.7%에서 1999년 56.9%까지 늘어났고, 2006년에는 52.7%를 기록하고 있다. 생산에 필요한 원료를 면세로 수입하여 이를 가공하여 곧바로 수출하는 가공무역은 중국의 저렴한 노동력을 활용하는 국제 분업의 가장 직접적이고 단순한 형태이다. 또한 주체 면에서도 수출 중에서 외자기업에 의한 수출의 비중이 1992년 20.4%, 2000년 47.9%, 2006년 58.2%로 계속해서 커지고 있다. 이 역시 개혁개방 이후 특히 경공업 및 조립산업에 대한 외국기업의 참여에 의한 국제 분업의 형성을 잘 보여준다.

중국의 국가별 무역수지의 구조에서도 이러한 분업구조가 잘 드러난다. 2006년 중국이 전 세계에 9,690억 달러의 제품을 수출하여 1,774억 달러의 무역수지 흑자를 기록하는 동안, 중국에 원자재와 부품을 공급하는 한국, 일본, 대만 등 동북아의 산업국들은 합계 2,824억 달러 어치의 제품을 수출했다. 이는 중국 전체 수입액의 35.7%를 차지한다. 이들은 2006년 각각 중국에서 452억 달러(한), 240억 달러(일), 663억 달러(대만) 등 총 1,355억 달러의 무역수지 흑자를 기록하였다.13) 이들이 중국에 수출하는 제품의 대부분은 원자재와 부품이다. 그중 한국의 경우 2006년 대중수출품의 79.2%가 부품과 반제품 등 중간재이고, 16.7%가 자본재이며, 소비재 및 1차 산품의 비중은 4%에 불과하다.14)

결국 한국과 중국 사이의 오랜 무역수지 불균형은 중국 개혁개방의 특수성과 그 결과 형성된 국제 분업구조를 가지고 설명할 수 있다. 즉, 중국의 개혁개방 과정의 특수성 때문에 중국의 중화학공업과 수출산업 사이에는 밀접한 산업연관이 형성되지 못했다. 때문에 중국은 개혁개방 이후 급성장한 가공형 수출산업에 필요한 원자재와 부품을 동북아 다른 제조업 국가로부터 수입하였다. 중국은 이를 다시 조립, 가공하여 전 세계를 대상으로 경공업

13) 이상 『中國統計年鑑』, 각 연도.
14) 한국의 대중 수출품의 구성에 관해서는, 이승신, "한중 무역 회고 및 향후 전망," 한중 수교 15주년 기념 국제 심포지엄, "The Future of China and Korea-China Relations," 서울대중국연구소, 한국무역협회, 2007년 8월 31일, p.117.

및 조립산업 제품을 수출하였다. 그 속에서 한국을 포함한 동북아 각국은 중국에 대해 무역수지 흑자를 누적시켜 왔다.

IV. 글로벌 생산 네트워크와 한국의 대중투자

새로운 국제 분업구조의 형성은 국가 및 지역 단위에서 나타나는 거시적인 현상이다. 개별 기업 단위에서는 이는 글로벌 생산 네트워크의 구축과 글로벌 가치사슬에 대한 참여라는 좀 더 미시적인 경영 전략으로 나타난다. 한국기업의 대중투자 역시 기업의 글로벌 생산 네트워크 활동의 확대 현상과 관계가 있다.

개혁개방을 통해 중국은 세계경제질서에 편입되었다. 중국의 연해지역을 중심으로 동아시아와 전 세계를 연결하는 국제적 분업구조가 형성되었다. 이 과정에서 외국기업의 대중투자는 중국과 세계를 연결시키는 고리 역할을 했다. 2006년 말까지 각국 기업은 중국에 7,000억 달러가 넘는 자본을 투자하면서 중국이 가진 시장과 생산능력을 세계시장 및 국제 분업구조에 연결시켰다.

이는 세계 각국의 많은 기업들이 중국이 제공하는 유리한 생산요소를 자신의 경쟁력 향상에 활용하는 글로벌 생산 네트워크(GPN, global production network) 구축 활동을15) 중국에서 활발하게 진행하였음을 의미한다. 한국기

---

15) 1990년대 이후 냉전 해체와 함께 세계경제가 가일층 통합되고 IT 혁명으로 정보 유통이 빨라지면서 기업은 전 세계 차원에서 생산을 배치하고 조직하는 능력을 갖추기 시작했다. 기술 발전과 무역 및 투자의 자유화가 생산과정의 모든 가치사슬 안의 활동을 세분하였다. 이렇게 세분화된 각각의 생산활동들은 그 활동에 필요한 생산요소의 비교우위를 갖춘 곳을 찾아 전 세계 다양한 지역으로 재배치될 수 있다. 특히 다국적 기업의 해외투자로 이러한 활동이 이루어진다. 이것이 바로 글로벌 생산 네트워크이다. 특히 동아시아에서는 한국, 일본, 타이완, 홍콩, 싱가포르 등이 이른바 '삼각생산(triangle manufacturing)'의 중요한 주체가 되었다. 그들은 전 세계 구매자들에게 주문을 받아 중국에서 저렴한 생산 네트워크를 구축하기 시작한 것이다(UNIDO, "Inserting Local Industries into Global Value Chains and Global Production Networks:

업들의 대중투자 역시 중국 연해지역에서 진행된 세계적인 글로벌 생산 네트워크의 구축 움직임의 한 부분이다. 실제로 2001년 중국의 WTO 가입 이후 세계 각국 기업의 중국에 대한 투자는 연 400억 달러 수준에서 600억 달러 수준으로 크게 늘어났다. 이 기간 동안 한국기업의 대중투자도 2001년 6.4억 달러에서 2006년 33.1억 달러로 크게 늘어났다.

한편 세계 각국 기업들이 중국을 글로벌 생산 네트워크를 구축하는 데 활용하기 시작함에 따라, 중국에는 풍부한 노동력과 토지라는 비용절감 요소 말고도, 새로운 투자환경이 창출된다. 우선 외자기업의 투자가 어느 수준을 넘어서면 집적(clustering)에 따른 이익이 형성된다. 즉, 시장정보의 유통, 부품의 원활한 공급, 바이어들의 이동과 같은 변화가 생긴다. 투자가 늘수록 점점 더 유리한 투자환경이 형성되는 것이다.

또한 대기업의 진출은 동반투자를 강제한다. 이미 2004년에 중국에는 포춘 500대 기업 중 261개 사가 중국에 투자한 것으로 알려졌다.16) 세계적 대기업의 투자는 이들에게 원래부터 제품과 서비스를 제공하던 연관기업의 투자를 동반하게 된다. 특히 자동차나 전자제품 같이 많은 기업들이 생산에 관련되는 조립형 산업의 경우 이러한 효과가 매우 크다. 그리고 이러한 변화의 결과 특정 산업의 가치사슬 중에서 중국에서 수행되는 부분은 점점 더 길어지게 된다.

한국기업의 대중투자가 노동비용 절감이나 중국 시장진출 같은 전통적인 투자 목적을 넘어서, 이러한 글로벌 생산 네트워크의 확산과도 관련이 있다는 사실은 다음 몇 가지 점에서 잘 드러난다.

첫째, 중국의 빠른 임금 상승에도 불구하고 한국기업의 대중투자가 크게 늘었다. 2002년 이후 2006년까지 중국의 평균임금은 매년 13.0%~14.6% 인상되었다. 그 결과 평균임금은 5년 사이에 거의 2배가 되었다.17) 그렇지만

Opportunities and Challenges for Upgrading with a Focus on Asia," (UNIDO, 2004), pp.1-11).

16) 中國證券報, 2005年 5月 19日.

17) 2001년 중국 노동자 평균임금은 연 10,870위안 수준이었으나, 2006년에는 21,001위

〈그림 4〉 중국의 외자유치 총액과 한국기업의 대중투자

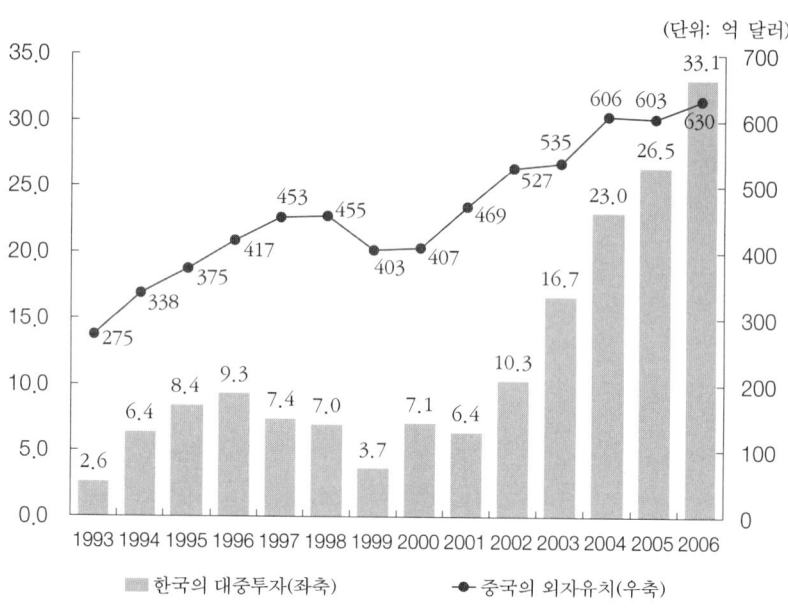

자료: 지만수, 『한국기업의 대중투자: 변화, 전략, 성과』 제3장

한국기업의 대중투자 규모는 같은 기간 3배 이상 커졌다. 이는 한국기업들이 단지 저임금의 매력 때문에 중국에 투자하는 것은 아니라는 점을 보여준다. 중국보다 더 싼 임금을 제공하는 베트남에 대한 투자는 2006년 5.8억 달러에 머물렀다.

둘째, 중국의 내수시장에 대한 매출이 최근에는 정체하고 있다. 한국기업의 매출에서 중국 내수시장 매출이 차지하는 비율은 1990년대 이후 꾸준하게 높아졌다. 그러나 2004년 이후에는 50% 선에서 정체되어 있다.[18] 시장지향형 투자로의 전환이 분명하게 나타나지 않는 것이다. 나아가 중국에 투자한 외자기업의 전체 매출구조를 보면 2001년 이후 내수시장보다는 해외

안으로 늘어났다. 『中國統計年鑑』(2007) p.165.
18) 지만수, 『한국기업의 대중투자: 변화, 전략, 성과』, p.91.

시장에 대한 매출이 뚜렷하게 늘어나고 있다. 외자기업 매출 중에서 수출이 차지하는 비중은 1999년 38.7%까지 낮아졌다가, 다시 높아져 2005년에는 47.1%에 달한다.[19] 이는 중국 내수시장에 대한 관심이 커지고 있다는 관측과는 반대되는 현상이다.

셋째, 한국기업을 포함한 외자기업들의 투자지역이 내륙으로 확산되지 않고 연해지역에 집중되고 있다. 즉, 임금이 낮은 내륙 지역으로 투자가 이동하거나, 내수시장을 개척하기 위해 전반적으로 투자 지역이 분산되는 경향이 별로 나타나지 않는다. 다만 같은 연해 지역 내에서 좀 더 산업이 밀집한 지역으로의 중심 이동만이 발견될 뿐이다.[20]

다시 말해 한국기업의 대중투자는 임금의 빠른 상승에도 불구하고 늘어나고 있다. 또 중국의 소득증가에도 불구하고 내수시장 매출의 비중은 크게 늘어나지 않는다. 연해지역의 수출기지를 떠나 시장을 찾아 지역적으로 분산되는 경향도 나타나지 않는다. 이는 많은 한국기업들이 중국에서 이루어지고 있는 글로벌 생산 네트워크의 확산에 주목하고 있음을 의미한다.

가령 한국기업들은 임금 상승에도 불구하고 제조업 기지가 집중된 연해지역에 대한 투자를 계속 늘리고 있다. 저임금에만 의존하기보다는 중국에서 새롭게 형성된 제조업 클러스터가 주는 다양한 비용절감 요소들을 활용하고 있는 것이다. 또한 중국의 내수시장 중에서도 소비자 내수시장보다는, 생산자 내수시장을 중심으로 중국 시장을 개척하고 있다. 생산자 내수시장이란 결국 중국에 형성된 글로벌 가치사슬에 제품을 공급하는 시장이다. 의류, 가죽, 신발 같은 단순한 가공수출 산업보다는 전자, 자동차, 철강 등 관련된 가치사슬이 비교적 긴 산업의 대중투자가 늘어나고 있는 것은 이러한 변화를 반영한다.

---

19) 『中國統計年鑑』, 각 연도; 『中國統計摘要』(2007).
20) 연해지역은 임금 면에서 전체 평균보다 30~100% 정도 임금이 높다. 외자기업의 지역 분포에서 나타나는 가장 뚜렷한 변화는 산업 중심지인 주강 및 장강 삼각주 지역으로 투자가 집중되는 경향이 나타난다는 것이다. 지만수, 『한국기업의 대중투자: 변화, 전략, 성과』, pp.64-66.

V. 글로벌 경제질서와 중국 위협론

지금까지 살펴본 것처럼 한중 사이의 경제관계는 양국 및 동북아 지역이 세계와 맺고 있는 분업구조에 큰 영향을 받는다. 또 세계 각국의 기업들의 글로벌 경영 전략에도 영향을 받는다.

2000년대 이후 한국에서 유행하고 있는 이른바 '중국 위협론'을 평가하는 데도 이러한 관점을 적용할 수 있다.[21] 일반적으로 얘기되는 것과는 달리, 중국 위협의 진짜 내용은 중국의 고도성장, 낮은 생산비용, 혹은 높은 수출시장 점유율이 아니다. 오히려 이러한 요소들은 그동안 동북아 각국이 중국특수(特需)를 향유할 수 있는 원천이었다.[22] 그렇지만 중국의 산업고도화와 기업성장에 의해 지금까지 동북아 지역에 형성되어 왔던 분업구조가 급속하게 변화한다면 이는 한국, 일본, 대만 등 동북아 산업국들에게 큰 위협이 될 수도 있다. 즉 중국 위협의 실제 내용은 동북아 분업구조의 변화 가능성이다.

2000년대 들어 중국에서는 그동안 발전이 정체되어 있던 중화학산업이 빠르게 성장하고 있다. 또한 중화학 장치산업의 대부분을 차지하고 있는 국유기업의 구조조정도 방향을 잡아가고 있다. 만일 중국의 중화학 장치 산업이 순조롭게 구조조정을 완료한다면, 개혁개방 이후 한동안 단절되었던 국내 노동집약형 수출산업과의 산업연관을 새롭게 구축할 수 있을 것이다. 그렇게 되면 중국은 원자재와 부품산업에서 수입대체를 이룰 수 있게 된다. 한국, 일본, 대만 등의 입장에서는 지금까지 누려온 중국특수(特需)가 소멸하는 것이다.[23]

---

21) 중국 위협론의 대표적인 형태는 한국이 일본과 중국 사이에 끼어서 활로를 찾기 어렵다는 이른바 '샌드위치론'이다.

22) 중국의 고도성장은 중국의 시장기회를 제공했고, 낮은 생산비용은 기업들에게 투자기회를 제공했으며, 중국의 높은 세계 수출시장 점유율은 사실상(58%가) 중국에 투자한 외자기업에 의한 것이다.

23) 중국의 산업 고도화에 따른 한중 교역의 변화 전망에 관해서는 양평섭·최의현·남수중, "중국의 중단기 경제발전 전망과 한중 교역구조 변화 추정," 『현대중국연구』, 제8

나아가 수입대체를 기반으로 중국의 중화학산업이 수출산업으로 성장하면,24) 원래 중화학 제품에 특화하고 있는 한국 등 동북아 각국은 세계시장에서 중국 제품과 치열하게 경쟁하게 된다. 실제로 2006년 한국의 수출 중에서 중화학공업 제품이 차지하는 비율은 90.7%에 달한다. 결국 중국 산업의 수입대체와 수출고도화가 빠르게 진행되면, 개혁개방을 계기로 동북아에 형성되었던 분업과 경쟁의 구조가 다시 한번 크게 변화하게 되는 것이다.

사실 중국의 경제발전에 따라 산업고도화와 기업성장은 필연적인 것이다. 그렇지만 그것이 중국의 위협이 필연적이라는 뜻은 아니다. 왜냐하면 최소한 지금까지는 중국의 산업과 기업이 꾸준히 성장하는 동안에도 동북아 각국이 중국에서 얻는 경제적 기회가 더 커져왔기 때문이다.

따라서 문제는 중국의 산업고도화와 기업성장 자체라기보다는 그 형태와 속도에 있다. 만일 중국의 산업고도화와 기업성장이 폐쇄적인 조건 아래서 지나치게 빠르게 진행될 경우에는 동북아 각국에 대한 중국의 위협이 현실화된다. 그렇지만 개방적인 환경 속에서 적정한 속도로 진행된다면 지금까지와 같은 상생적(win-win) 협력관계가 유지될 것이다.

개방과 폐쇄를 가름하는 것은 외국기업의 참여에 대한 보장이다. 개혁개방 이후 중국은 빠르게 성장하는 수출산업에 외자기업의 참여를 보장했다. 중국 수출의 58%가 외자기업에 의해 수행되고 있다는 사실이 이를 증명한다. 만일 국유기업 개혁과정이나 중화학산업의 구조 고도화과정에 대해서도 외자기업들이 참여할 수 있도록 공정하고 개방적인 정책을 실시한다면, 중국 위협에 대한 우려는 완화될 것이다.25)

산업고도화와 기업성장의 속도를 결정하는 것은 산업정책의 방향이다. 만

집 1호(2006), pp.109-140.

24) 2002년 매출액 500만 위안 이상의 국유 및 비국유기업의 수출 중에서 중공업 제품은 9,113억 위안으로 전체의 45%를 점했으나, 2006년에는 36,315억 위안으로 양적으로 4배 증가했고 비율도 60.9%를 차지했다. 『中國統計摘要』(2007), p.140.

25) 다만 국유기업 개혁이나 일부 중화학산업에서 중국은 아직까지 외국기업들에게 충분하고 자유로운 참여기회를 보장하지 않고 있다.

일 중국이 1970년대 한국이 중화학공업을 육성할 때 그랬던 것처럼, 산업고
도화를 위해 인위적으로 자원배분을 왜곡시키는 산업정책 및 시장 보호정책
을 사용한다면 산업고도화의 속도는 빨라질 수도 있다.[26] 그렇지만 이는 시
장이 수용할 수 없는 속도로 역내 산업고도화를 진행시키게 된다. 결국 한국
과 중국을 포함한 모든 시장참여자가 생산과잉에 직면하게 될 것이다. 또한
이는 상대적으로 고용창출 효과가 적은 분야에 자원을 집중시킴으로써 중국
내의 고용창출에도 부정적으로 작용할 것이다.

그렇지만 21세기의 세계경제 환경 속에서 중국의 위협이 현실화될 가능
성은 높지 않다. 즉 세계경제는 WTO 체제를 기반으로 자유무역과 공정무
역을 추구하고 있다. 중국의 경제성장 역시 앞으로 그 틀 안에서 개방적이고
공정한 규범에 따라 이루어질 가능성이 크다.

특히 중국은 이미 세계 3위의 경제규모와 무역규모를 가진 국가이다. 중
국과 같은 대규모 개방경제(large open economy)의 성장은 세계경제의 주요
변수에 영향을 준다. 2000년대 들어 중국의 산업고도화가 진행되면서 국제
원자재와 에너지 가격이 크게 높아진 것이 그 예이다. 나아가 지구온난화나
환경오염 문제와 같은 글로벌 이슈에서 중국은 중요한 책임 주체(responsible
stakeholder)이기도 하다. 따라서 중국은 세계경제질서를 존중하고, 중국의
발전과 세계경제를 조화시켜야하는 책임을 갖고 있다. 세계 각국도 중국에
게 그러한 책임을 요구하고 있다.

중국의 위협에 대한 각국의 우려를 잠재울 수 있는 가장 근본적인 변화는
중국의 소비시장의 성장이다. 이미 지난 수년간 중국 정부는 내수 소비시장
을 확대하기 위해 적극적인 노력을 기울여 왔다. 즉 수출과 투자에 지나치게

---

26) 중국의 환율 정책은 자원배분 왜곡의 한 사례이다. 최근까지 중국은 막대한 무역 및
자본수지 흑자에도 불구하고 인민폐의 절상 속도를 높이지 않고 있다. 이는 수입품의
가격을 높게 유지하게 함으로써 원자재나 부품 산업 분야의 중국기업들을 보호하는
작용을 한다. 나아가 중국 내 인플레이션을 초래하는 원인이 되고 있다. 유연한 환율
정책은 중국의 자원배분을 합리화하고 중국 위협에 대한 우려를 잠재우는데 도움이
될 것이다.

의존하고 있는 경제성장의 문제점을 인식하고, 내수 소비시장 확대에 의존한 건전한 경제성장을 이루고자 노력해오고 있다. 그 결과 2003년 35.8%까지 떨어졌던 소비의 성장에 대한 기여도는 2006년 38.9%로 커졌다.[27] 이러한 노력이 성공을 거둔다면, 중국은 '세계의 공장'에서 '세계의 시장'으로 변모할 수 있을 것이다.

중국이 성공적으로 세계의 시장으로 변모한다면, 한국을 비롯한 세계 각국에게 커다란 경제적 기회를 제공할 것이다. 중국 위협에 대한 우려도 사라지게 될 것이다.[28]

VI. 한중 경제관계의 미래

지금까지 한중 경제관계는 순수한 양국관계 안에서 이해하기보다는 양국이 포함된 국제 분업구조, 세계 각국 기업들의 글로벌 생산 네트워크 전략 속에서 이해할 필요가 있음을 보았다. 따라서 향후 양국 경제관계의 미래를 전망하는 데 있어서도 양국 사이의 여러 현안을 통해 접근하기보다는, 세계경제질서의 변화나 세계경제 속에서 양국이 차지하는 위상의 변화와 연결하여 접근할 필요가 있다. 가장 큰 변화는 한국의 선진국화와 중국의 대국화이다.

---

27) 『中國統計摘要』(2007), p.36.

28) 이렇게 볼 때, 한국이 현재 중국의 산업고도화와 기업성장이 주는 위협에 직면해 있다고 보기는 어렵다. 즉 중국의 수입대체와 수출고도화가 아직까지는 현실화되지 않았을 뿐 아니라, 그러한 위협이 새로운 기회를 동반하고 있기 때문이다. 가령 2005년 중국의 수출 100대 기업 중 10개가 한국기업이다. 한국기업이 중국 산업고도화 및 수출고도화의 한 부분을 구성하고 있는 것이다. 오히려 현재 진행형인 위협은 다국적 기업의 글로벌 생산 네트워크 활동의 결과 중국 시장에서 글로벌 기업들 사이의 치열한 요소(input) 활용 경쟁이 벌어지고 있다는 사실이다. 중국의 저렴한 생산요소를 활용하여 성공적인 글로벌 생산 네트워크를 구축하지 못하면 앞으로 제조업의 많은 분야에서 글로벌 경쟁력을 구축하기 어려울 것이다. 즉 글로벌 기업들 사이에 벌어지는 중국의 요소활용 경쟁이 한국 기업들이 당면하고 있는 현재진행형 위협이다. 이상에 관해서는 지만수 외, 『중국의 산업고도화와 기업성장의 현황과 시사점: 중국 위협의 재평가』, pp.231-242.

한국은 선진국 대열에 진입했다. 1996년 OECD에 가입하였으며, 일인당 소득 20,000 달러 수준에 도달하고 있다. 또한 1990년대 말 경제위기를 겪으면서 발전도상국형 경제 시스템에서 대체로 탈피한 것으로 평가된다.

한국의 선진국화에 따라 한국은 앞으로 산업 및 수출 경쟁력의 육성을 중심으로 하는 경제 및 통상 정책에서 점차 탈피할 것이다. 즉, 여러 선진국들처럼 지식사회의 건설, 교육 시스템의 강화, 사회적 자본 구축 등이 한국 경제정책의 중심이 될 것이다. 이러한 분위기 속에서 교역관계의 외양에만 집착하는 중국 위협론은 약화될 가능성이 있다. 반면 지적재산권, 공정무역, 환경협력, 개발협력, 에너지 협력 등 새로운 경제협력 이슈에서는 선진국과 입장을 같이하게 된다. 이를 위한 국제적인 노력에도 적극적으로 참여할 것이다.

중국은 이 기간 동안 경제대국으로 성장하였다. 2001년 WTO에 가입함으로써 세계시장 참여를 완료하였다. 또한 세계 3위 수준의 경제규모를 갖게 되었을 뿐 아니라, 수년 안에 세계 1위의 무역국으로도 부상할 전망이다. 이제 세계는 중국을 포함한 BRICs로 대표되는 대규모 개방경제의 고도성장을 경험하고 있다. 이는 소규모 개방 경제들로 구성되었던 1970~80년대 NICs의 성장과는 다른 차원의 문제들을 야기하고 있다. 최근의 세계적 불균형(global imbalance) 문제, 국제 에너지/원자재 가격의 상승, 동아시아 지역주의의 모색 등 새로운 이슈들에서 이제 중국은 중요한 당사자이거나 책임자이다.

이러한 변화 속에서 한중 간에는 FTA 논의 등 활발한 양자 경제협력 논의가 계속될 것이다. 한중 FTA는 동아시아 경제통합이라는 더 큰 추세와도 연결되어 있다. 그러나 앞으로 한국과 중국은 양자 관계에서보다는 다자간 대화의 틀 안에서 더 자주 대면하게 될 것이다.

특히 중국 등 대규모 개방경제를 추구하는 발전도상국들의 장기적 부상은 세계경제 운영 질서의 조정을 필요로 한다. 세계적 불균형, 지구 온난화, 대체 에너지 등 분야에서는 선진국과 발전도상국을 포함하는 여러 나라 사이에 긴급한 조정(coordinate)이 필요한 상황이다. 따라서 이를 논의하는 다양한 다자간 대화가 본격화될 것이다. 이런 자리에서 양국은 각기 자신의 이익을 바탕으로 서로 협력하거나 대립하게 된다. 양국이 모두 개방적이고 공정한 경제발전을 추구하고, 여러 글로벌 경제 이슈에 대해서 책임감 있는 자세로 임한다면 한국과 중국은 앞으로도 밀접하게 협력할 수 있을 것이다.

┃참고문헌

고일동 외. 『동아시아 분업구조 분석과 한중일 FTA에 대한 시사점』. 서울: 한국개
　　발연구원, 2003.

관세청. "최대 수출액은 반도체, 최대 무역수지 흑자는 자동차가 기록." 관세청 보도
　　자료 2008.1.21. www.customs.go.kr

양평섭·최의현·남수중. "중국의 중단기 경제발전 전망과 한중 교역구조 변화 추
　　정." 『현대중국연구』, 제8집 1호. 2006.

이승신. "한중 무역 회고 및 향후 전망." 한중수교 15주년 기념 국제 심포지엄. "The
　　Future of China and Korea-China Relations." 서울대중국연구소, 한국무역
　　협회, 2007.8.31.

지만수. 『한국기업의 대중투자: 변화, 전략, 성과』. 서울: 폴리테이아, 2007.

지만수·최의현·이남주·김석진·백권호. 『중국의 산업고도화 및 기업성장의 현황
　　과 시사점: 중국 위협의 재평가』. 서울: 대외경제정책연구원, 2005.

최의현. "제품공정의 국제 분업구조와 중국의 중간재 교역 특징." 『동북아경제연구』,
　　제17권 제1호. 2005.

＿＿＿. "한국 무역의 대중국 의존도 심화의 원인과 한국경제에 미친 영향." 『현대
　　중국연구』, 제7집 1호. 2005.

한국무역협회 국제무역연구원. 『208개 경제, 무역, 사회 지표로 본 대한민국 2007』.
　　서울: 한국무역협회, 2007.

한국은행 조사국 해외조사실. "중국 수출입 구조변화와 시사점-세계교역에서 중국
　　의 역할 변화 가능성." 서울: 한국은행, 2007.

國家統計局. 『中國統計年鑑』. 북경: 中國統計出版社, 각년도.

國家統計局. 『中國統計摘要』. 북경: 中國統計出版社, 각년도.

李桂芳 主編. 『中國企業對外直接投資分析報告』. 북경: 中國經濟出版社, 2007.

中國外交部 政策研究司 編.『中國外交 2007年版』. 북경: 世界知識出版社, 2007.
国家旅游局政策法规司. "2006年中国旅游业统计公报(一)." 북경: 国家旅游局, 2007
年 9月.

UNIDO. "Inserting Local Industries into Global Value Chains and Global Production
Networks: Opportunities and Challenges for Upgrading with a focus on
Asia," p.1, p.11 (UNIDO, 2004).

제8장

역사문제와 한중관계: 동북공정을 중심으로

이희옥(李熙玉)

I. 한국판 중국위협론?

중국이 세계의 중심으로 떠오르면서 '중국의 세기'가 오고 있다는 것은 더 이상 새로운 사실이 아니다.[1] 중국의 부상을 둘러싸고 중국위협론과 중국기회론을 둘러싼 국제적 논쟁이 오랫동안 전개되어 왔고 지금도 계속되고 있다. 특히 이 과정에서 한반도의 지정학적 위치와 한중 간 경제적 상호의존이 심화되는 가운데 한국 내의 논쟁으로 옮아 왔다. 이것은 한국의 대중국인식이 '낙후된 중국(Humble China)'에서 벗어났다는 것이며, 중국도 한국을 더 이상 '한강의 기적'을 이룬 모범국가로 보지 않는다는 것을 의미한다.

일반적으로 중국위협론은 군비증강, 경제발전, 중화주의의 복귀를 중심으로 정치군사적, 경제적, 문화적 차원에서 논의되어 왔다.[2] 이러한 요소를

---

1) Oded Shenkar, *The Chinese Century* (New Jersey: Wharton School Publishing, 2005).
2) 서진영, 『21세기 중국외교정책론』(서울: 후마니타스, 2007), pp.30-48.

한국적 상황에 다음과 같이 적용할 수 있다. 우선 중국의 군비증강은 객관적 사실이고 한중 간 군사력을 평가할 때 비대칭성이 뚜렷하게 존재한다는 점이다. 그러나 이것이 한국의 국방력 증강과 그대로 연동할 수 없다는 점에서 군사적 중국위협론은 더 이상 새로운 변수가 아니라 상수라고 할 수 있다. 그리고 세계의 시장이자 세계의 공장으로 등장한 중국경제의 발전은 한국의 대중국 경제의존을 심화하고 있지만, 한국경제 발전에서 중국요인의 비중이 증가하고 있다는 점에서 이를 위협으로만 간주할 수 없다. 오히려 한중 FTA 의 체결이 한국과 중국 모두에게 경제적 이익을 가져줄 수 있다는 전망3)이 나 한국의 산업경쟁력 강화가 중국의 추격에 대한 대응에서 비롯되었다는 점을 동시에 고려할 필요가 있다.

문제는 중화주의 확산의 결과가 한반도 전체에 영향을 미칠 것이라는 우려가 강력하게 나타나고 있다는 점이다. 어느 국가의 위협을 구성하는 요소는 의도(intend)와 능력(capability)의 곱셈식으로 구성할 수 있다. 즉 의도와 능력 중에서 어느 하나가 없다면 위협이 구성되지 않는 것이다. 그러나 위협을 구성하는 요소에 상대국이 느끼는 인식(perception)을 함께 고려할 필요가 있다. 2002년부터 시작하여 2007년 2월에 종료된 중국의 동북공정4)은 그 정치적 의도에 대한 다양한 해석에도 불구하고 한국에서는 '문화적 위협'으로 인식하는 것도 이러한 맥락이다. 이러한 요소는 특히 중국의 정치군사적 영향력 강화와 경제성장과 맞물리면서 더욱더 증폭시키고 있다.

이런 점에서 동북공정에 대한 양국의 인식을 조정하는 문제와 외교적 처리방식은 한중관계의 현재와 미래를 가늠할 수 있는 바로미터의 하나라고 할 수 있다. 왜냐하면 역사문제를 학술 영역에서 해결하지 못하고 정치외교

---

3) 『중앙일보』, 2008년 3월 1일.
4) 동북공정의 논리와 추진체계, 경과에 대한 자세한 개괄은 이희옥, "중국의 동북공정의 논리와 추진체계," 이개석 외, 『동북공정과 중화주의』(서울: 고구려연구재단, 2005). 동북공정이 한중외교관계에 미치는 영향에 대해서는 다음을 참고할 것. 이희옥, "중국의 동북공정의 논리와 추진체계," pp.239-264; 이희옥, "중국의 대북한 정책의 함의: 동북4성론 논란을 포함하여," 『현대중국연구』, Vol.8, No.1(2006), pp.82-100.

적 쟁점으로 비화되었던 실례가 있었고, 앞으로도 한중 양국의 외교관계가
불편할 때마다 돌출할 가능성이 충분하기 때문이다.

한국에서 동북공정이 뜨거운 정치쟁점으로 등장한 것은 2004년 언론의
문제제기를 통해서였다.5) 당시 한국 내 민족주의의 열기와 '우리 것'에 대
한 관심이 고조되었고 노무현정부도 이러한 여론을 적극적으로 수렴하면서
동북공정은 쉽게 외교문제로 비화되었다. 그러나 양국의 외교적 노력으로
2004년 '구두합의'를 통해 적절한 타협점을 찾았고 이후 북핵위기가 고조되
는 시점에서 수면 아래로 잠복하였다. 그러나 2006년 중국의 동북공정의
연구결과가 출판되면서 다시 문제가 불거지게 되었으나, 북한핵실험의 여파
로 정책의 우선순위에서 밀려나게 되었다.

이처럼 동북공정은 한국언론의 보도 → 한국 내 민족주의 여론의 환기 →
한국정치권의 자의적 해석과 정치쟁점화 → 외교문제화 → 협상을 통한 문
제해결이라는 경로를 반복하고 있다. 이러한 과정은 중국(중앙이나 지방, 또는
정부나 학계를 막론하고)이 동북지역에 존재한 고대역사에 대한 인식을 거두
지 않는 한6) 앞으로도 다시 나타날 가능성이 크고 이에 따라 양국 관계도
흔들릴 수밖에 없다는 것을 말해준다. 문제는 역사분쟁이 중국의 군사대국
화, 북한 급변사태와 맞물리면서 중국의 한반도 북부경영에 대한 우려,7) 영

---

5) 중앙일보의 첫 보도는 고구려사 유적이 분포된 지역의 유적관리비용과 건설비용을 포
 함하여 5년간 약 200억 위안(3조원) 이라고 보도하면서 고구려사 왜곡에 천문학적인
 돈을 쓰는 것으로 과대해석하기도 했다. 『중앙일보』, 2003년 7월 14일.

6) 이와 관련하여 일부 연구자들은 중앙에서의 동북공정이 종료되면서 지방 수준에서 본
 격적으로 동북공정의 결과물을 출판하면서 역사왜곡을 지속하고 있다고 평가하고 있
 다. 실제로 동북지역, 특히 지린성 사회과학원에서 발행하는 고려사를 포함한 중국지
 방사의 연구성과를 담은 『東北史地』를 통해 이 문제를 이어가고 있다고 본다. 그러나
 이 지역에서 출간된 고대사 관련 서적이 '통일적 다민족국가론'이라는 데에서 출발하
 여 '동북지역의 고대사가 중국사'라는 문제의식을 담고 있는 것은 사실이지만, 과거
 중앙에서의 '학술기획'과는 달리 상당히 주변화 되었고 하나의 동일한 역사인식에 기
 초하여 질서 있게 역사를 수정하고 있는 것도 아니다. 동북사지 관련 역사연구자와
 동북공정 참여자 Z 연구원 인터뷰, 서울(2007년 7월 1일).

7) 북중관계의 변화와 북한급변사태에 대한 중국의 태도 등을 다룬 르포성(Reportage)
 보고서로 다음을 참조. International Crisis Group, "China and North Korea: Comrades

토문제에 대한 역사적 해석권의 확보[8] 등의 해석과 맞물리면서 상승작용을
했다. 실제로 동북공정으로 인해 두나라 국민의 호감도는 동시에 감소하였
고[9] 중국의 '혐(嫌)한류현상'도 이러한 영향을 받고 있다.

요컨대 한중 간 정치외교적 협력, 연간 1천억 달러를 넘어선 한중교역규
모 그리고 폭발적인 민간교류의 확대에도 불구하고 한중관계의 역사적·문
화적 신뢰기반은 여전히 취약할 뿐 아니라, 한중관계의 기저를 흔들 수 있는
걸림돌이라는 것을 상징적으로 보여주었다.[10] 심지어 이러한 '중국위협'에
대처하기 위해 한미동맹과 한-미-일의 가치동맹(value alliance)을 강화하여
중국을 견제해야 한다는 위험분산전략(hedging strategy)을 제기하기도 하고,
남북관계를 획기적으로 발전시켜 남북문제의 중심성(centrality)을 회복해야

---

forever?" *International Crisis Group Asian Report,* No.112(2006).

8) 윤명철, 『역사전쟁』(파주: 안그라픽스, 2004).

9) KBS와 미디어 리서치 공동조사(조사시점 2004년 9월 8일)에 의하면 중국에 대한
호감도(40%)가 비호감도(58.2%) 보다 낮다. 전국민 여론조사(미디어 리서치 2004년
12월; 민주평화통일 자문회의의 조사결과(조사시점 2004년 9월 16일~18일)도 한국
정부의 대중국외교에 대해 '미흡한 부분이 광범위하며 전반적으로 부적절한 외교
(38.3%)' 또는 '실리 없이 중국에 끌려가는 저자세 외교(32.6%)' 등 '부적절하다'는
부정적인 응답이 70.9%로 높은 반면 '실리 위주의 매우 적절한 외교(3.2%)' 또는
'일부 미흡하나, 전반적으로 적절한 외교(23.2%)' 등을 합친 '적절하다'는 긍정적인
응답은 26.4%에 머무르고 있다. 2006년 2차 동북공정 파동이후에도 유사한 결과를
보이고 있다. 동아시아연구원(EAI) 여론조사(『중앙일보』, 2006년 12월 13일)에서는
한국인의 89% 이상이 중국의 군사대국화에 대해 위협을 느끼는 것으로 조사되었다.
이것은 퓨 리서치 센터가 2002~2007년 47개국 4만 5,000여 명을 대상으로 조사한
미국위협 66%, 일본위협 80%보다 월등히 높은 수치이다(『중앙일보』, 2007년 6월
29일). 중국에서도 인터넷여론조사를 통해 선호하지 않은 국가 1위로 한국(40%)으로
선정하고 이 그 이유를 알면 알수록 곤혹스러운 나라로 보고 있다. 또한 좋아하는
이웃국가의 순위에서도 파키스탄, 러시아, 일본(13.2%)에 비해 한국은 순위에 없었
다. 신화통신이 운영하는 <國際先驅導報> http://www.xinhuanet.com/herald(검색일:
2007년 12월 31일).

10) 2006년 말 기준 한중교역규모는 한국 측 1,180억 달러(중국 측 1,343억 달러), 연간
방문인원은 480만 명을 넘어섰다. 이 수치는 각각 한국 관세청, 중국해관, 중국국가여
유국 통계에 기초한 것이다. 이에 대해서는 Heeok Lee, "Korea-China Relations:
Present Condition and Future Prospects," in Su-Hoon Lee, *Security and Foreign
Policy of the ROK Government* (Seoul: Happyreading, 2007), pp.223-254.

한다는 주장도 나타나고 있다. 따라서 이러한 역사문제를 슬기롭게 처리하지 않는 한, '동아시아 공동의 집'은 물론이고 한중관계의 관계격상의 논의에도 걸림돌이 될 수 있을 뿐 아니라, 역사와 영토문제가 발생할 때마다 과거의 기억이 양국 국민에게 내면화되면서 쉽게 정치화될 수 있는 구조를 반복할 가능성이 크다는 점이다.11)

따라서 중국의 동북공정을 둘러싼 정치적 논란을 바로잡기 위해서는 무엇보다 역사문제에 있어 사실과 해석을 구분하는 한편 과도한 일반화(hasty generalization)나 희망적 예단(wishful thinking)을 경계할 필요가 있다. 실제로 양국에서 민족주의적 열기, '원조논쟁'에 골몰하는 동안 사려 깊은 분석을 통해 역사의식을 고양하고 정확한 정보를 추구하면서 세련된 공론의 장을 구축하지는 못했다. 중국은 중국대로 한국고대사를 해석하는 데 있어 역사인식의 빈곤을 결정적으로 드러내었고, 한국은 한국대로 '중국의 부상'을 이미지를 동북공정에 일방적으로 투사하는 경향이 있었다. 이것은 자의적 해석에 따라 오해가 오판을 낳는 구조를 반복하게 되었던 결정적인 이유가 되었다.

이 글은 중국의 부상이라는 맥락 속에서 동북공정의 성격을 해석하는 하나의 시각을 제공하는 데 있다. 2절은 우리사회에서 발생한 두 차례의 동북공정 파동의 '정치적' 성격을 분석하였다. 3절은 동북공정을 추진했던 논리와 의도를 분석했다. 4절은 동북공정을 바라보는 한국 내의 인식과 분석의 한계를 드러내고자 했다. 마지막으로 동북공정을 합리적으로 해석하는 인식과 외교적 과제에 대해 정책적 함의를 제공하고자 했다. 그러나 이 글은 동북공정의 정치적 논란과 이에 대한 과도하게 정치화된 해석을 지양하는 것을 목표로 했기 때문에 역사적 사실에 대한 실체적 진실을 밝히려는 논의는 필자의 능력 밖의 일이었다. 또한 한중 양국, 특히 중국의 동북공정에 대한 정책결정과정(policy making process)을 다루지 않아 여기에 개입된 변수를

---

11) 이희옥, "동북아 시민사회 교류와 공동체적 지역통합," 한국동북아지식인연대 편, 『동북아공동체를 향하여』(서울: 동아일보사, 2004), pp.341-366; 李熙玉, "東北亞歷史問題與和平合作的議題," 『當代韓國』(2006年 秋季號), pp.6-10.

통해 이 결과를 도출하는 데까지는 나아가지 못했다.

II. '동북공정'의 도전과 응전

2002년 시작한 '동북공정' 사업이 2007년 2월에 종료되면서 중국사회과학원 산하 변강사지(borderland history and geography)연구소가 수행했던 고구려사, 발해사를 비롯한 한국고대사 연구 성과물들이 출간되었다.12) 이러한 동북공정을 둘러싸고 한중 간에는 두 차례의 외교적 갈등이 있었다. 동북공정의 성격이 구체적으로 알려지면서 나타난 2004년의 파동을 편의상 '제1차 동북공정'이라 한다면, 2006년 중국 내에서 동북공정의 역사결과물이 일부 출간되면서 나타난 사건을 '제2차 동북공정'으로 부를 수 있다.13)

제1차 동북공정은 2002년 중국에서 한국고대사 왜곡을 위한 프로젝트의 내용 중에서 "고구려사는 중국사의 일부이고 고구려는 중국의 지방정권"14)이라는 역사인식이 전해지면서 한국의 역사학계와 시민사회의 반발을 초래하였다. 이것은 2003년 7월 이후 동북공정에 대한 현황이 보도된 이후 사태 발전을 주목하고 있던 일반 여론을 크게 동요시켰다. 문제는 이것이 학술의 영역에서 정치의 영역으로 옮겨왔다는 점이었다. 당시 노무현 정부는 역사

---

12) 연구결과의 출판물은, 역사관계 보고서는 공개 및 비공개 형태로 출판될 예정이지만, 한반도 정세와 관련한 보고서는 비공개로 출판하거나 출판자체를 보류할 가능성이 있다. 동북공정 참여자 Z 연구원 인터뷰(2007년 7월 1일) 이미 그가 참여한 번역보고서는 2005년 내부자료, 비밀유의(注意保密) 형태로 출간된 바 있다.

13) 2006년 11월 중국사회과학원의 변강사지연구소가 펴낸 5권의 연구 성과물에는 한국학계가 인정하지 않는 기자 조선을 등장시켰고, 발해에 대해선 중국 지방정권의 하나라고 분석했으며, 한강 유역까지 고대 중국의 영토였다는 연구도 있었다. 이에 대해 고조선에서 발해에 이르는 한국 고대사 전체를 중국의 역사에 포함시키려는 의도로 해석하였다. 중국 측에서는 외교부 성명을 통해 "중국 사회과학원은 학술기구이다. 학자들이 학술문제에 대해 어떤 관점을 발표했는지는 잘 모른다"고 비켜갔다. SBS 8시뉴스(2006년 9월 5일).

14) 『光明日報』, 2004年 6月 24日; *China Daily*, June 24, 2004.

문제에 대해서는 양보할 수 없다는 강경한 원칙론과 북핵문제를 푸는 데
있어 중국과의 협력을 고려한 '조용한 외교' 사이에서 고민하였다. 그러나
민족주의세력과 시민사회세력이 주요한 지지기반이었던 노무현 정부는 결
국 원칙론을 택했고 그 결과 이 문제는 첨예한 외교문제로 비화되었다.

이러한 배경 속에서 2004년 3월에는 특정한 역사문제를 연구하기 위해
정부가 재원을 출연한 「고구려연구재단」이 출범하면서 역사연구의 필요성
을 환기했고, 이미 외교문제로 비화된 한중 간 입장차이는 중국의 고위급
인사(중국정치협상회의 주석 자칭린, 우다웨이 외교부 부부장 등)의 방문을 계기
로 2004년 8월 23일, 5개항의 구두합의에 이르렀다. 즉 "①고구려사 문제에
대해 양국 간 중대현안 문제로 대두된 것에 대해 중국이 유념하겠다는 의사
를 표시한다. ②양국은 역사문제로 인해 한중 간 우호협력관계 손상방지를
위해 노력한다. 1992년 8월 한중수교성명, 2003년 7월 양국정상간 공동성
명에 따라 전면적 협력 동반자관계 발전을 위해 노력한다. ③양측은 한중협
력 관계라는 큰 틀 안에서 고구려사 문제의 공정한 해결을 도모하고 필요한
조처를 위해 고구려사 문제가 '정치화되는 것을 방지'한다는 데 인식을 같
이했다. ④중국 측은 중앙정부 및 지방정부 차원의 고구려사 관련 기술에
대한 한국 측의 관심에 이해를 표명하고 필요한 조처를 취해나감으로써 문
제가 복잡해지는 것을 방지한다. ⑤양측은 학술교류의 조속 개최를 위해 노
력하며, 학술교류가 양국 국민의 우애와 이해증진에 도움이 되는 방향으로
노력한다"15)는 것이다.

이러한 합의는 '구두합의'라는 모호성만큼이나 양국의 실리와 명분을 동
시에 고려했지만, 양국 간 역사문제를 근본적으로 해결할 수 있는 것은 아니
었다. 왜냐하면 양국 간 역사인식의 차이, 역사서술체계의 차이, 동북공정의
정치적 의도에 대한 해석의 차이 등이 뚜렷하게 나타났기 때문이었다.16) 당

---

15) 『한겨레신문』, 2004년 8월 25일.
16) 장웨이웨이는 군부의 한국연구자를 양성하는 뤄양외국어대학 교원이다. 특히 한국학
   계의 조공-책봉의 이해부족, 동북공정의 의도에 대한 오해, 역사에 대한 과도한 현대
   적 해석을 비판하였다. 張威威, "韓國高句麗史問題評論綜述," 『國際資料信息』, 2004

시 중국은 공식적으로 밝히지는 않았으나 한국 측의 강경한 대응을 북핵문제와 탈북자문제 그리고 김선일씨 피살사건 등과 같은 국내문제를 대외적 민족주의 열기로 돌리려는 의도 등 정치적 배경이 있다고 보았다. 한국정부도 동북공정의 의도가 북핵 이후의 미래한국에 대한 정교한 구상이라고 보지는 않았으나, 한국 시민사회의 과도한 민족주의적 열기에 부담을 느끼면서 이를 활용하려는 정치적 요인이 있었다.

이처럼 동북공정을 둘러싼 인식차이는 민족주의 사관과 '통일적 다민족국가론'에 입각한 역사인식이나 역사서술 방식이 달랐기 때문에 문제를 근본적으로 해결할 수 있는 것은 아니었다. 따라서 중국정부도 부분적으로 한국의 요구를 수용하면서도 역사해석에 정치적 개입을 최대한 자제하는 내부의 절충안을 마련함으로써 동북공정사업 자체는 유지하고자 했다. 당시 중국당정은 '동북공정' 자체를 중단하거나 진행하고 있는 한국고대사 관련 해석을 전면적으로 수정하라는 지침을 내리지 않았고 이럴 의도와 가능성도 없었다. 따라서 한국 고대사를 둘러싼 역사갈등이 다시 나타날 것이라는 것은 이미 예견된 것이었다.

두 번째 갈등은 2006년에 나타났다. 이 시기는 형식적으로 초기 동북공정의 책임자들이 바뀌었고[17] 동북공정의 일환으로 수행했던 고구려사와 발해사를 비롯한 한국 고대사의 연구결과들이 중국사회과학원 변강사지 인터넷 홈페이지와 결과보고서를 통해 소개된 시기이다. 이에 대해 한국언론과 역사연구단체 그리고 시민사회는 이러한 변화를 2004년의 한중 간 구두합의를 무시하고 역사왜곡을 지속하고 있는 근거로 해석하였다. 더구나 중국이 '민족의 영산' 백두산에서 아시안게임의 성화를 채화한다거나 스키장을 건설하고 심지어 백두산 인삼개발까지 개발한다는 보도를 내보내기도 했다.[18]

年 9月 27-31日.

17) 동북공정의 영도소조의 조장을 형식적으로 담당하고 있는 사회과학원 부원장이 왕루어린에서 추안쟈꾸이(傳佳貴)로 변경되었으며, 일부 전문가위원회도 보충되고 교체되었다.

18) 엄밀한 의미에서 2004년에 전개된 역사분쟁이 새로운 형태로 확산되고 있는 것이

여기에 공교롭게도 한국고대사를 다룬 드라마들이 한꺼번에 한국의 방송에 등장하면서 중국도 한국의 고구려 열풍에 우려를 제기하는 등 역사갈등은 새로운 국면에 접어들게 되었다. 일부에서는 2005년 10월 연변교육출판사의 『세계역사』 9학년 책에서 삼국시대부터 조선시대까지의 내용이 삭제되었다고 보도하기도 했고[19] 한국고대사를 중고등학교 역사교과서에서 아예 삭제하고 있다는 주장을 내보내기도 했다.

이에 따라 한국의 역사단체와 국학단체들을 중심으로 중국의 패권주의를 비판하는 시위를 벌이면서 중국에 대해 잘못된 역사인식의 교정을 촉구하였다. 정치권에서도 여야 합의로 「고구려사 왜곡 및 역사 편입시도 중단촉구 결의안」을 채택하였고 나아가 특별위원회를 구성하기도 했다. 그 결과 2006년 8월 여야의 첨예한 정치적 대립 속에서도 고구려연구재단을 흡수하여 발전시킨 「동북아역사재단」을 출범시켰다.[20] 이러한 환경 속에서 일부 한국의 역사학계에서는 동북공정이 종료된 것이 아니라 중국사회과학원 변강사지연구중심에서 지린성사회과학원으로 연구주체를 옮겨 더욱 강화하고 있으며, "껍데기뿐인 동북공정이 끝난다고 해서 역사왜곡이 중단되는 것은 아니다"라고 주장했다.[21]

아니다. 일부 신문과 방송의 특종경쟁 과정에서 자극적이고 검증되지 않은 사실을 증폭하거나 유추하기도 했다. 예컨대 인삼공정의 경우 '공정'이라는 말이 없을 뿐 아니라, 지린성 정부가 백두산 일대에서 생산되는 인삼을 '창바이산 인삼'이라는 품질 증명 상표로 등록시키고 인삼 재배 및 생산의 규격화와 표준화를 꾀하면서 "창바이산 인삼을 3~5년 안에 세계 최고급 브랜드로 육성하는 동시에 인삼재배를 지린 성의 핵심 산업으로 삼을 계획"에 대한 한국 언론의 비판이었다. 『동아일보』, 2006년 8월 1일.

19) 그러나 이것은 새로운 내용이 아니라, 실제로 2003년에 이미 한국관련 내용이 삭제된 인민교육출판사의 『세계역사』를 한국어로 번역한 것에 불과하다.

20) 동북아 역사재단의 연구범위는 중국사뿐 아니라, 일본사를 망라하고 있으며, 연구의 범위도 고대에서 현대에 이르고 있다. 과거 고구려사재단에서 다루었던 주제는 주로 제2연구실로 옮겨 왔다. 예산규모도 늘어났고, 연구범위와 활동영역은 보다 포괄적인 동북아시아 맥락에서 다루고 있다. 이에 대해서는 동북아역사재단의 홈페이지(www.historyfoundation.or.kr) 참조.

21) 『연합뉴스』, 2007년 1월 26일.

이러한 비등한 한국의 여론에 따라 2006년 9월 10일 핀란드의 아셈회의에 참석 중이던 노무현 대통령은 원자바오(溫家寶) 중국 총리와 만나 동북공정의 결과물 출판에 따른 새로운 역사갈등의 양상에 대해 유감을 표시하였다. 그리고 10월 13일 베이징에서 열린 한중정상회담에서 비록 북한핵실험에 가려 이 문제가 본격적으로 논의되지는 못했으나 고구려사 문제를 의제에 올려 논의하기도 했다.[22]

그러나 한국의 격렬한 반응과는 달리 중국은 이 문제에 대해 냉정할 정도로 신중하게 접근해 왔다. 원자바오 총리가 "필요한 조치를 취하겠다"고 약속했음에도 불구하고 중국언론에서는 이러한 사실 자체를 보도하지 않았으며, 2007년 한중정상회담에서도 이 문제에 대한 뚜렷한 해법이 제시되지도 않았다. 이것은 2004년 구두합의사항을 넘어서는 새로운 역사적 해법에 합의하기 어렵다는 것과 동북공정에 대한 합의가 근본적 해결이 아니라 일시적이고 미봉적인 성격이라는 점을 반증해 주고 있다. 실제로 중국은 "역사문제를 정치화하는 것은 바람직하지 않다"는 기본인식 속에서 "조용하게 처리하고 문제를 확대하지 않는다(冷處理, 不要抄熱)"는 소극적인 대책을 취해왔을 뿐이었다.

그러나 동북공정과 고구려사 문제에 대한 한국정부의 지속적인 문제제기가 중국의 인식과 정책을 부분적으로 변화시킨 것은 사실이다. 중국은 동북공정의 정치적 민감성을 크게 주목하지 못했으나 적어도 한중 간에는 역사갈등이 정치관계를 악화시킬 수 있다는 정치적 학습을 하게 되었다. 실제로 중국정부는 한국이 시정을 요구한 몇 가지 역사왜곡 사례에 대해 몇 가지 성의 있는 조치를 취하면서 정치적인 배려를 하기도 했다.[23] 그리고 2006년

---

22) 『한겨레신문』, 2006년 10월 13일.

23) 이른바 제1차 동북공정 파동을 계기로 한국 측의 요청에 따라 이루어진 중국의 시정조치는 다음과 같다. 즉, 중국 외교부 홈페이지 왜곡기술 전면삭제(2004년 8월), 중국의 역사교과서를 제작하는 중국 인민교육출판사 홈페이지 왜곡기술 전면삭제(2004년 9월), 신화사 홈페이지 '중국의 문화유산'란 소개부분 삭제(2005년 1월), 신화사 인터넷판 게재 왜곡기사 삭제(2005년 7월), 환인시 소재 홀본성(오녀산성) 관련 중국언론(대련일보, 강서TV) 인터넷 왜곡삭제(2005년 8월), 신화사 홈페이지 '중국의 문화유

역사문제가 재발하자 2004년 당시의 태도와는 달리 중국당정은 신속하게 한국정부와 시민사회의 논리를 다각도로 수집하고 이에 대한 합리적 대응을 준비하기도 했다.24) 중국으로서는 미래의 한중관계를 고려할 때, 역사 갈등이 중국위협론을 확산시키면서 중국의 국가이익에 도움이 되지 않을 것이라고 판단했기 때문이었다.

그 결과 내부적으로는 '쟁점이 되는 것은 남겨놓고 공동으로 연구하자(擱置爭議 共同硏究)'는 주장이 강력하게 대두되었다. 이것은 중앙정부 차원에서 지방정부나 학계의 연구를 추인하거나 반영하지 않겠다는 의사표시임과 동시에 학술문제를 정치문제로 확대하지 않는다는 원칙을 동시에 강조한 것이다.

이러한 두 차례의 동북공정 파동은 한중관계 저변을 흔들 수 있는 휘발성이 강한 이슈라는 것을 확인했으나, 그 관계의 기반을 흔들고 있는 문제에 대한 세심한 분석이 수반된 것은 아니었다. 실제로 동북공정에 대한 시민사회의 비판은 과도한 민족주의적 정서에 기대고 있었고, 중국의 복잡하고 타산적(calculative) 의도를 지나치게 단순한 잣대로 재단하는 오류를 범했다. 무엇보다 동북공정과 고구려사 문제를 '의도적으로' 구분하지 않고 있다는 점이다. 즉, 동북공정이 고구려사 문제를 중요한 과제로 포함하고 있고 이를 통해 고구려사를 중국사로 보는 입장이 전면적으로 등장했으나, 이것은 1980년대 말 이후 중국에서 이루어진 고구려사를 중국사로 보는 관점이 동북공정을 통해 전면적으로 드러났던 측면이 있다. 또한 통일적 다민족국가

산'란 왜곡 삭제(2005년 8월)', 용담산성 왜곡 안내간판 일부 철거(2005년 8월) 등을 들 수 있다. 그리고 2005년 11월 후진타오의 국빈방문을 앞두고 소개한 신화통신과 인민일보의 '한국개황'란에는 과거와는 달리 고구려사가 다음과 같이 기술되어 있다. 즉 "서기 1세기 이후 한반도는 고구려, 신라, 백제 세 개의 고대국가를 형성하였다. 서기 7세기 중엽 신라가 반도에서 통치지위를 차지했고, 10세기 초 고려가 신라를 대체했다"는 것이다. 이 밖에 중국의 고구려사 왜곡에 대응하는 성과의 하나는 고구려연구재단과 중국 사회과학원 변강센터와의 학술교류창구를 개설하여 역사문제를 토론할 수 있는 제도적 틀을 갖춘 것이다.
24) 중앙당교 등에서는 한국 측의 논리를 다각도로 수집하고 국내외 전문가회의를 소집하는 등의 활동을 벌였다. 그러나 북한핵실험으로 소강상태에 접어들자 이 논의도 수면 아래로 가라앉았다. 중앙당교 관련당사자 W 인터뷰, 베이징(2007년 9월 20일).

론(中華民族多元一體)이 역사패권주의나 대(大)한족주의의 측면을 가지고 있으며, 동북공정도 이로부터 자유롭지 못하다. 그러나 다른 한편 접경지역에 모국을 지니고 있는 소수민족(조선족)이 집중적으로 분포하고 있고 한반도 북부를 경영해 본 적이 없는 한족의 역사적 경험 때문에 동북변경에서 예견되는 위기를 방지하기 위한 수동적 측면도 동시에 존재하고 있는 것 또한 사실이다.

III. 동북공정의 의도와 배경[25)]

1. 국가대전략의 목표

동북공정을 추진한 정치적 배경을 분석할 때, 일반적으로 동북공정의 연구목적으로 설정한 이른바 '다섯 가지의 의식강화'에서 찾고 있다. 즉, 중국의 장기적 전략과 관련하여 동북공정의 직접적인 목표로 국가의 안전을 강조하고 있는 점, 국가통일·민족단결·변경안정의 목표에서 출발하는 정치의식이라고 강조한 점, 동북변경이 중국 변경의 일부이며 통일된 다민족국가에서 분리될 수 없다는 것이다.[26)] 이럼 점에 기초하여 동북공정이 세계전략과 동북아 전략과 무관하지 않은 것이라고 주장한다. 또한 동북공정이 고도로 기획된 정치프로젝트라는 해석은 중앙정부의 조직적 비준과 막대한 예산지원, 조직적이고 체계적인 역사해석의 관점통일이라는 점을 들고 있다.

물론 동북공정은 동북아의 상황변화와 밀접하게 관련되어 있다는 것을 부인할 수 없으나, 이것을 곧바로 중화패권을 추구하려는 장기적 포석의 일

---

25) 제3장의 문제의식은 이희옥, "중국의 동북공정의 논리와 추진체계," pp.97-110의 문제의식을 축소, 보완한 것임. 이 과정에서 쟁점의 차이를 보다 명료하게 드러낼 수 있도록 재구성했다.

26) 全哲洙, "開展東北邊疆問題研究的幾個問題," 馬大正 主編, 『中國東北邊疆研究』(北京: 中國社會科學出版社, 2003), pp.8-9.

환으로 간주하는 논리 사이에는 일반화의 수준이 높다. 중국은 급속한 경제
성장에도 불구하고 에너지 부족과 식량위기, 사회경제적 모순, 2020년 1인
당 GDP 목표가 3000달러에 불과한 국력의 한계를 가지고 있다.[27] 이것은
중국의 국가목표는 정치안정과 경제발전에 두고 있고, 무엇보다 글로벌 수
준에서의 군사투사력의 한계(global military reach)를 고려하여 안정적인 외
부환경을 확보하는 데 주력하였다. 이런 점에서 중국의 외교는 장기적인 다
극질서를 선호하지만, 현실적으로는 '힘을 감추고 때를 기다린다'는 의미의
도광양회(韜光養晦)전략을 추구하고 있으며 국제사회에서의 협력과 연성권
력을 강화하는 데 주력하고 있다.[28]

그럼에도 불구하고 중국이 동아시아에서도 이러한 방어적 현실주의를 적
용할 수 있는 것은 아니다. 지역수준에서 중국은 영향력의 확대를 위해 외교
력을 집중하고 있는 것은 사실이고 이것이 주변국가의 우려를 발생시키는
것은 자연스러운 현상이다. 그러나 중국이 동북아에서 영향력의 확대를 추
구하기 위해 동북공정을 전략적으로 추진했다는 것은 논리적 비약이 강하
다. 더구나 한반도에서도 북한체제의 안정과 현상유지가 가장 핵심적인 중
국의 한반도 정책이라는 점에서 정교한 역사왜곡을 통해 한반도에서의 영향
력 강화와 통일한국 이후 영토와 역사분쟁에 대비한 정지작업이라는 도식은
지나치게 단순하다.[29]

다만 국제화와 정보화가 진행된 상태에서 자신의 전략적 목표를 숨길 수
없게 되었고, 중국정부도 비공식적·불완전한 정보나 의도가 비공식적 전달
경로를 통해 전파되는 것을 통제할 수 없기 때문에 실제상황을 은폐하기는
어려웠다. 따라서 중국의 부상을 있는 그대로 인정하면서 평화적 수단을 강

---

27) 이희옥, "중국의 국가전략: 전면적 소강사회 건설을 중심으로,"『한국과 국제정치』, 통
    권 21호(2005); 이희옥,『중국의 국가대전략 연구』(서울: 후마니타스, 2007), pp.44-71.
28) Yuan Peng, "U.S-China Relations: Two Possibilities, One Option," *Brookings
    Northeast Asia Survey 2003-2004* (Washington, D.C.: Brookings Institute, 2004),
    p.64.
29) Heeok Lee, "China's Northeast Project: Political Backgrounds and Implications,"
    East Asian Review, Vol.18, No.4(2006).

조한 '평화부상론(peaceful rise)'[30]과 대국의 책임을 강조하는 '책임대국론
(responsible great state)'[31]을 통해 이를 수정하였다. '평화부상론'은 중국의
기존질서를 타파하지 않으면서 주변국가의 평화와 경제적 이익을 보장하고
국제사회의 공동이익을 확보하면서 '부상'한다는 것이다. 한편 중국은 동북
아 지역강대국으로 인정받는 것이 선행적인 목표라는 인식에 기초하여 책임
지역 안보협력과 다자간 틀의 형성에도 적극적으로 참여하고 있다.

특히 제4세대 지도부는 정책결정과정에서 사회경제적 과제를 해결하면서
조화를 강조하는 한편 국제문제에서도 조화를 추구하고 있다.[32] 이런 맥락
에서 중국의 강국화 전략은 팽창적, 패권적 의도를 담고 있기 보다는 제2차
대전 이후 완결된 영토를 존중하는 국제사회의 행위준칙을 수용하는 한편
방어적 현실주의 입장을 불가피하게 견지한다고 볼 수 있다.[33] 이것은 중국
이 다른 국가와 함께 미국의 행동의 자유를 제약하는 한편 중국 자신도 일
종의 행동의 제약을 받아야 한다는 것을 의미한다. 더구나 후진타오시기의
발전전략은 자본주의적 근대기획이 돌이킬 수 없는 지점을 넘어서면서 사회
주의 정체성의 위기를 심화시키고 있다고 인식하고 이를 위해 과학발전관을

---

30) 이후 평화부상론은 평화발전론으로 변화되었다. 이 변화는 중국이 국제사회의 중국위
협론을 우려한 측면이 강하다. Robert G. Shutter, *China's Rise in Asia: Promises,
Prospects, and Implications for the United States* (Honolulu; Asia-Pacific Center for
Security Studies, 2005), pp.268-271, 이 양자관계에 대해서는 평화부상의 새로운 길
이라고 할 수 있다. 쩡삐젠(이희옥 역), 『중국 평화부상의 새로운 길』(오산: 한신대
출판부, 2007).
31) Medeiros S. Evan and Taylor M. Fravel, "China's New Diplomacy," *Foreign
Affairs*, Vol.82, No.6(Nov-Dec., 2003) pp.22-35.
32) Samuel S. Kim, and Tai hwan Lee, "Chinese-North Korean Relations: Managing
Asymmetrical Interdependence," in Samuel S. Kim and Tai hwan Lee, eds., *North
Korea and Northeast Asia* (New York: Rowmam & Littlefield Publishers, 2003),
p.110. 서구에서는 이러한 후진타오의 노선을 제국주의적 특성을 지닌 '새로운 독트
린'이라고 평가하면서 중국위협론의 불씨를 되살리려고 한다는 시각도 있다. *Christian
Science Monitor*, February 24, 2004.
33) March W. Zacher, "The Territorial Integrity Norm: International Boundaries and
the Use of Force," *International Organization*, Vol.55, No.2(Spring. 2001), pp.215-
250.

강조하고 있다. 이러한 과정에서 신보수주의 사조와 애국주의 운동이 본격적으로 결합하기 시작했고 여기에 대중의 민족주의가 결합하면서 애국민족주의라는 틀을 통해 사회주의의 공백을 메우는 한편 체제통합의 기제로 등장하였다.[34] 따라서 단기적으로는 2008년 베이징 올림픽과 2010년 상하이 박람회를 앞두고 '중국위협론'을 불식하는 한편 과도한 민족주의 열기를 관리하면서 미국과의 협력체제(concert system)에 기초한 국가전략을 추진하는 것은 불가피할 것이다.[35]

이처럼 중국은 변경현상을 타파하기 보다는 변경지역의 안정적 관리가 중국의 국가이익에 부합한다고 판단해 왔다. 실제로 1990년대 초, 중국이 변경문제에 관심을 가지게 된 계기도 소련의 붕괴에 따른 중앙아시아에서 대이슬람주의가 확대되고 이것이 신장-위구르지역에 영향을 주는 상황 때문이었다. 당시 중국은 천안문사건의 여파로 외부환경에 매우 취약한 구조를 가지고 있었기 때문에 국내안정은 가장 중요한 정책목표였다. 이후 남서부 윈난지역에 관심을 가지게 된 것도 베트남과의 국경분쟁은 물론이고 마약의 국제유통과 낙후지역에 살고 있는 소수민족의 사회문제로 인해 사회적 안정에 대한 정책적 개입이 필요했기 때문이었다.

중국의 전통적인 민족정책은 자치에 기반한 자율성의 부여와 동화정책이다. 이것은 인구성장률에 따라 소수민족이 자연적으로 한족에 동화될 수 있는 구조에 따른 느슨한 정책이었고, 실제로 청을 지배했던 만주족 등은 이미 자신의 문화와 언어를 잃고 한족에 동화되었다.[36] 그러나 소수민족문제는

---

34) Maria Hsia Chang, *Return of the Dragon: China's Wounded Nationalism* (Boulder: Westview Press, 2002), p.179.

35) 쌤보(Shambaugh)에 의하면, 동아시아 지역질서 미래모델을 제시하면서 과거 조공체제와 같은 중국패권의 가능성은 없을 뿐 아니라, 강대국협력모델도 한계가 있다고 보고 미국이 축을 형성하고 미일동맹과 한미동맹이 부채살을 형성하는 체제(hub and spoke)모델이나 규범적 공동체모델(normative community), 복합적 상호의존(complex inter-dependence) 등이 보다 적실성 있는 것이라고 주장하기도 했다. David Shambaugh, ed., *Power Shift: China and Asia's New Dynamics* (Berkely and London: University of California Press, 2006).

36) "동북 각 민족의 흐름과 방향은 그 상황이 얼마나 복잡하건 결국은 최종적으로 하나

국경의 안정과 관련하여 매우 중요한 의미를 지닌다. 비록 전인구의 8% 수준에 불과하지만 전 국토의 60%를 차지하는 지역에 분포되어 있으며, 대부분 변경지역에 밀집해 있다. 그 과정에서 조직적 치안사건의 발생빈도가 높고 이것은 중국의 체제정체성과 지역안정을 위협하는 주요한 변수가 되었다. 더구나 중국의 동남연해 중심의 개발전략은 도시와 농촌 간의 차이, 지역 간 차이, 계층 간 차이라는 3대격차를 확대하였다. 이러한 불균형 성장에 기초한 중국의 발전전략은 상대적으로 변경과 내륙지역의 낙후문제를 더욱더 악화시켰고 이에 따른 사회적 불만도 확대되었으며 동북지역도 예외는 아니었다. 이러한 소수민족 거주지의 불안정성은 '안정이 모든 것을 압도한다'는 중국의 정책목표에 대한 중대한 도전이었고 보다 적극적으로 소수민족의 중국정체성을 부여하는 방식을 찾고자 하였다.

2. 동북지역개발과 역사문제

'계획경제의 마지막 보루'로 불리는 중국의 동북지역은 사회주의 경제의 모순을 그대로 안고 있다. 역사적으로도 당과 흉노, 송과 요·금, 원의 지배, 명과 여진, 청의 지배 등 항상 전쟁의 소용돌이에 휘말리는 등 전통적으로 북방은 민감한 지역이었다. 더구나 이민족(移民族)의 본토화 문제는 동북지역의 오랜 문제였다.[37] 이런 점 때문에 사회주의 국가건설 이후 동북지역은 서부지역이나 남서부지역에 비해 상대적으로 변경이 안정되어 있었고 따라서 변경문제에 관한 한, 중앙의 정책적 관심을 끌지는 못했다. 따라서 동북지역에 대한 역사연구는 정치적 의미의 변강 연구보다는[38] 주로 동북 지방

로 모여들어 하나의 통일된 중화민족을 형성한다. 이러한 발전추세로 볼 때, 장래에는 결국은 하나의 통일된 중화민족이 될 것이다"는 견해가 이를 대변한다. 孫進己(임동석 역), 『동북민족원류』(서울: 동문선, 1992).

[37] 郂正, "當代社會發展與中國東北社會結構的變遷," 馬大正 主編, 『中國東北邊疆研究』 (北京: 中國社會科學出版社, 2003), pp.142-146.

[38] 중국에서 변강은 정치·지리적 개념으로 사용된다. 변강은 육지 국경과 해양 국경 내부의 일정한 지역, 다시 말해 다른 나라와 국경을 접하고 있는 지역을 가리키는 데

사 또는 역사의 차원에서 전개되었다. 실제로 1980년대 이후 중국 학술계에서 고구려사 편입시도가 있었으나,[39] 당시 연구주제는 19세기 이후 조선인의 이민, 국경 변화, 고구려사, 발해사 등이었다. 뿐만 아니라 지방수준에서 제한적으로 연구가 이루어져 왔기 때문에 갈등이 크게 부각되지는 않았다. 중국정부가 동북공정이 순수한 학술문제라고 주장하는 이유도 동북지역 역사연구의 이러한 과정을 반영하고 추인한 과정에서 나타난 것이라고 주장하기 때문이다.

그러나 북방에서 국경을 맞대고 있는 지역 중 러시아나 내몽골과의 국경선에 대한 민감성이 하락한 반면 고국을 가진 조선족이 집단적으로 거주하는 한반도 변경이 새로운 민감지역으로 대두하였다. 즉 "한반도 통일이 진행되는 과정에서 대고려민족주의(大高麗民族主義)사조가 출현하고 있으며, 한국이 무역, 선교, 역사유적지 고찰 등의 교류방식을 통해 중국 동북지역의 조선족 지역에 침투하여 영향을 미치고 있다"[40]는 인식이 그것이다.

따라서 중국정부로서는 이러한 동북지역의 새로운 변화를 타개하기 위해서는 새로운 정책조치가 필요했다. 하나는 새롭게 등장하게 될 동북지역 국경에 대한 예방적 연구이고 또 하나는 '동북진흥'을 통해 낙후된 동북경제를 재건함으로써 국토의 균형개발과 지역 간 격차를 해소함으로써 지역안정을 도모하는 것이었다.[41] 그리고 이러한 두 가지 정책의도는 서로 맞물려

중국에서의 육지 변강은 헤이룽장(黑龍江), 지린(吉林), 랴오닝(遼寧), 간수(甘肅), 윈난(雲南), 네이멍구(內蒙古), 신장(新疆),시짱(西藏),광시(廣西) 등이다. 그러나 변강 연구는 단순히 변강 지역의 제 문제에 대한 연구가 아니라, 대외관계 혹은 내부의 정치적 문제와 모종의 관련성을 지닌다는 것을 의미한다.

39) 예컨대 『東北歷代疆域史』, 『東北地方史研究』, 『東北民族源流』, 『東北民族史新編』, 『東北歷史地理』등이다. 1985년에는 북한의 『조선전사』가 번역되어 중국 측 입장을 정리하였다. 이러한 성과를 바탕으로 1990년대에 보다 빠른 속도로 고구려사를 중국사에 편입하고자 하는 시도와 흐름들이 나타났다. 신형식, "중국의 동북공정의 허실," 『백산학보』, 67(2003), pp.1-3.

40) 中國社會科學院學術委員會編, 『21世紀初中國面臨的重大理論和對策問題』(北京: 中國社會科學文獻出版社, 2003), p.166.

41) 동북지역 발전여건과 동북진흥정책의 의도에도 불구하고 한계를 드러내고 있다. 동북진흥정책의 중간평가에 대해서는 정환우, "동북3성 지역의 발전여건과 '동북진흥정

있었다. 즉, 장쩌민 시기 서부 대개발을 추진하면서 서북 변경에 대한 연구를 수행했듯이 동북진흥정책을 추진하는 과정에서도 사전 정비사업의 일환으로 역사연구를 진행하고자 했다. 2003년 국가발전계획위원회는 동북지역에 약 100여 개의 개발프로젝트에 610억 위안(한화 약 9조원)을 투입하는 한편 국무원 내에 동북개발 사무실을 설치하였다.[42] 특히 동북지역은 제4세대 지도부인 후진타오 정부의 야심적인 정책으로 동북아경제권의 새로운 핵심지역으로 등장했다. 이미 국경을 따라 연결된 1,380km에 이르는 동부변경철도를 건설하고 있는 데, 이곳은 시베리아 횡단철도의 길목일 뿐 아니라, 신의주에 접해있는 단둥(丹東)지역을 랴오닝성의 핵심거점의 하나로 개발하고 있는 것과 무관하지 않다.[43]

이 과정에서 동북지역에 대한 영토적 안정성을 확보하고 조선족의 중국 정체성을 부여하고 관리하는 일은 시급하고 중요한 과제였다. 특히 동북진흥계획은 근본적으로 한반도와 국경을 맞대고 있는 경제협력 사업이고, 한국의 대중국 투자가 늘어나고 동북3성의 경제거점이 공고화될수록 동북지역에 집중적으로 편재되어 있는 조선족의 정체성 문제가 나타나게 될 것은 충분히 예견할 수 있다. 이것은 중국으로서는 견고해 보이던 동북지역의 국경을 약화시키게 될 뿐 아니라, 영토분쟁이 나타날 개연성도 배제할 수 없다는 인식을 불러일으키는 배경으로 작용했다.[44]

이를 위해 중국정부는 전력부족에 직면한 동부 연안지역의 산업을 동북지역으로 유인하는 한편 동북3성 지역에 한족의 이주를 장려하여 잡거(雜居)정책을 가속화함으로써 지역분리 경향과 소수민족의 문제를 결합하여 위험을 사전에 예방하고자 했다. 실제로 동북지역의 조선족은 호구문제의 유연화, 단위체제의 해체와 함께 동남연해지역으로의 이전이 빨라지고 있으며,

---

책," 『중국연구』, 38권(2006), pp.395-397.

42) 寧一・冬寧, 『東北昨整』(北京: 當代世界出版社, 2004).

43) 취엔테신(全鐵新)시장과의 인터뷰, 중국 단둥시(2004년 8월 24일).

44) 지안시의 경우 북한접경 200여km에 155개 초소를 최근 설치하여 탈북자문제 등 국경관리를 강화하였다. 목격자 인터뷰, 서울(2004년 11월 9일).

칭따오·엔타이 등 산둥성 지역은 조선족의 새로운 거점으로 등장하고 있다. 한편 동북지역 거주 조선족에게는 2002년 8월 이후 조선족의 역사는 소수민족의 역사라는 역사관, 조선족은 다양한 민족 속에서 살고 있다는 민족관, 조선족의 조국은 중국이라는 조국관 등 삼관(三觀)정책을 실시하면서 정체성의 위기를 타개하기 위해 노력하고 있다.45) 특히 조선족의 한국취업을 계기로 한국식 문화에 적응하는 경향이 늘어나고 있으며, 한류 등의 영향으로 중국 내에서 한국어 배우기의 열풍이 나타나고 있다. 이것은 한중수교 이전 조선족 2, 3세들이 지속적으로 중국에 동화되는 경향을 반전시키게 되었고 중국으로서는 이를 중국공민으로서의 정체성 위기라고 판단하였다. 실제로 한국 내에서 진행된 조선족의 국적회복운동이나 재외동포법안에 대해 중국은 민감하게 반응해 왔다.

3. 북한급변사태에 대한 대응

동북지역 변경안정의 차원에서 북한변수를 주목하게 된 계기는 1990년 중반 북한위기였다. 이 위기는 단순한 북한정권의 위기뿐 아니라 북중관계의 성격변화에도 영향을 미쳤다. 1995년 12월, 「중국변강사지연구중심 9·5연구조직계획」에서 처음으로 티베트 분리주의, 윈난-광시지역의 마약문제, 남사군도의 영유권 문제 등과 더불어 국가의 안전에 영향을 미치는 변강문제의 일환으로 동북변경이 연구과제가 되었다. 이 과정에서 처음으로 '동북변강문제가 기본적으로 정치문제'46)라는 견해가 제기되었고, 이에 따라 동북의 역사와 민족문제를 정치적 관점에서 재해석하기 시작했다. 1996년 시작된 변강센터의 고구려사 연구, 1997년 지린성 사회과학원의 고구려연구중심 설립,47) 1999년 변강센터와 동북사범대학이 주축이 되어 동북공작 기구를 만

---

45) 『연합뉴스』, 2003년 9월 19일. 이것은 남북한이 통일될 경우 조선족들이 중국에서 분리를 시도하면서 과거 고구려 영토를 한국의 일부로 요구할 것에 대해 우려하고 있다는 추론까지 나타나고 있다. *Time*, August 17, 2004.

46) 全哲洙, "開展東北邊疆問題研究的幾個問題," p.8.

든 것은 이러한 작업의 일환이었다. 이것은 지방수준에서 제한적으로 진행되어왔던 사업들이 중앙정부의 체계적인 지원을 통해 발전되고 있다는 것을 의미한다. 이 과정에서 동북지방에 존재했던 모든 역사와 민족을 중국사와 중국민족으로 해석하려는 작업이 이루어지기 시작되면서 고구려사를 둘러싼 역사해석의 차이를 현실의 문제로 끌어 내렸다.

동북공정은 이러한 일련의 과정과 한반도 정세변화와 밀접한 관련을 가지고 있다. 특히 북핵문제가 본격적으로 등장한 이후 한반도 상황에 대한 예방적 연구의 필요성이 크게 높아졌다. 특히 중국은 잘 조직된 한국의 민족주의운동이 만주를 향한 남한지향적인 '대한민족권'이라는 지역 경제블록에 포섭될 것을 우려하였다. 그러나 동북공정이 유사시 북한을 접수하여 친중정권을 세운 후 북한 땅에 대한 영유권을 주장하기 위한 목적에서 출발했다는 주장은 논리의 비약이다.48) 비록 중국이 한반도 상황변화를 예의 주시해왔고 한반도의 현상(status quo)을 유지하는 전략을 유지해왔으나, 동북공정이 북핵 이후의 한반도 정세를 변경하고자 하는 고도의 기획 속에서 출발한 것이라고 보기는 어렵다.

물론 중국의 한반도 정책변화와 동북공정은 상황적인 유사성이 발견되고 있다. 즉, 중국이 북한붕괴 이후 영유권을 주장하기 위해 고구려사를 왜곡하고 심지어 신라지역까지의 연고권을 주장하며, 향후 다툼의 여지를 만들기 위한 포석이라는 해석도 이러한 맥락에서 제기되었다. 그러나 이러한 해석을 입증하기 위해서는 중국의 한반도 관리방식이나 북한체제에 대한 중국의 입장변화에 대한 실증적인 작업이나 인식변화에 대한 연구가 선행되어야 할 것이다. 실제로 중국은 북한붕괴에 따른 친중정권의 수립보다는 북한의 전

---

47) 지린성 사회과학원은 연구소(research institutes)와 연구센터와 훈련중심(research center and training department)에 각각 고구려연구소와 지린성 고구려연구중심이 설치되어 있으나, 실제적으로 활동하고 있는 것이 아니라 형식적으로 운영되고 있다.

48) 이것은 '북한위기론'을 확산하면서 인도주의적 견지에서 중국이 북한을 공격하여 과도정권을 세워야 한다는 주장도 나타나고 있다. Bruce Gilley, "China Should Invade North Korea," *Asian Wall Street Journal* (February 1, 2004).

략적 방벽을 통해 분단된 한반도를 관리하는 것이 중국의 국가이익에 부합
한다고 평가할 수 있다. 그리고 동북공정을 추진하는 시기에 선출된 후진타
오의 적극적 대북관계 개선은 바로 이러한 맥락에서 이해할 수 있다.[49] 오
히려 중국은 통일한국이 다자안보협력의 틀을 구축하고 비교적 중립국가의
틀을 유지하는 것이 자국의 동북아 안보에 유리하다고 생각하고 있다.[50] 왜
냐하면 통일한국의 출현은 불가피하게 민족주의의 열기가 고조될 것이고 이
것은 중국 국경 내에 살고 있는 자국 국민인 조선족들에게도 부정적인 영향
을 줄 수 있다고 믿기 때문이다.[51]

　이런 점에서 동북공정은 근본적으로 간도 등 한반도와의 국경을 안정적
으로 관리하는 데에 보다 직접적인 관심을 가지고 있으며, 이 문제에 대한
예방적 연구에 주력하고 있다. 이미 1995년 리펑 총리는 한국총리에게 간도
문제 등 고토회복을 주장하는 '다물운동'에 대한 주의를 환기한 바 있고[52]
한국과 북한의 간도연구가 북방 영토와 국경문제에 대한 야심을 노골적으로
드러낸 것으로 보고 있다. 이 때문에 역사강역 귀속이론과 그것에 기초한
북한의 『조선전사』의 역사기술방식에 불만을 토로하기도 했다.[53] 고구려사
가 불거진 이후 한국을 방문하여 구두양해사항을 협의했던 우다웨이 외교부

---

49) 이희옥, "한반도 문제와 중국역할: 의미와 한계," 『한국과 국제정치』(2004 여름). 이
　　러한 북중관계의 변화는 중국기업의 대북한 투자로 가시화되고 있다. 이에 대해서는
　　이희옥, "중국의 대북한 정책의 함의: 동북4성론논란을 포함하여," 『한국과 국제정치』,
　　제8집 1호(2006)
50) 唐世平, "朝鮮半島的演變和東北亞的未來," 『塑造中國的安全環境』(北京: 中國社會科
　　學出版社, 2003), p.114.
51) *Korean Times*, November 31, 2001.
52) 『한겨레신문』, 2004년 8월 24일.
53) 焦潤明, "解決邊界爭議的法理原則," 馬大正 主編. 『中國東北邊疆研究』(北京: 中國社
　　會科學出版社, 2003). 실제로 순진지는 고구려사에 관한 논쟁은 북한학자들에게 먼저
　　시작되었다고 주장하면서 1979년 북한에서 출간된 『조선전사』를 문제 삼고 있다. 또
　　다른 측면에서는 고토회복과 같은 과도한 민족주의 의식, 북한의 고구려유적의 유네
　　스코 등재와 같은 요소들도 중국을 자극하는 요인으로 작용했다. 孫進己(서길수 역),
　　"고구려의 귀속문제에 관한 몇 가지 논쟁의 초점," 『고구려연구』, 15(2003), pp.255-
　　256.

부부장도 한국이 간도문제를 내부적으로 거론하지 말 것을 요구하는 등 영토문제의 정치화를 막는 데 관심을 기울였다.54) 실제로 한국 국회는 간도문제를 고구려사 해법과 연계하여 활용하자는 주장을 제기하였고, 나아가 간도협약 자체가 무효라는 결의를 국회에 제출하기도 했다.55)

중국은 최근 간도문제에 대해서는 비타협적 입장을 견지하는 한편 고구려사 문제에 대해서는 토론의 여지를 남겨두는 이중적 자세를 취하고 있다. 형식적으로 간도문제는 백두산 정계비에 기록된 '서쪽으로는 압록강 동쪽으로는 두만강(Tumen River)에 대한 해석의 문제이다. 그러나 간도문제에 대한 역사적 사실을 각국이 유리한 증거를 채집한 상황에서 이를 영토적 주권회복의 차원에서 접근하는 것은 대화 자체를 유지하기 어려운 현실적 제약이 있다.56) 뿐만 아니라, 1962년 북한의 김일성과 중국의 저우언라이(周恩来)가 국경조약(朝中邊境條約)을 맺고 1964년에는 박성철과 천이가 의정서를 교환하면서 백두산 천지의 영유권(북한 54.5% 중국 45.5%)과 두만강을 확정했다.57) 따라서 북한을 배제한 문제제기는 북한의 자존심을 자극할 뿐 아니라, 조중 간 국경조약을 무시하고 간도문제를 제기할 경우 북중변경 조약의 계승을 불가능하게 하여 기존의 국경선 자체의 불안정정성을 확대할 가능성도 있다.

---

54) 한국정부 외교관계자 인터뷰, 서울(2005년 10월 9일).
55) 김원웅 의원 등은 한중 간 외교마찰을 우려하는 당시 열린우리당의 반대에도 불구하고 국회의원 59명의 서명을 받아 "동북공정을 통한 중국의 역사왜곡 시도는 단순히 고구려사에 국한된 것이 아니라, 우리 땅 간도에 대한 영유권을 고착화하려는 숨은 의도도 내포하고 있다"며 "국회가 중국의 역사왜곡을 계기로 간도협약의 무효를 확인해야 한다는 의미에서 결의안을 제출했다. 『동아일보』, 2004년 9월 4일.
56) 김우준·김예경, "중국의 대내외 전략과 동북공정," 『세계지역연구논총』, 22집 2호 (2004), pp.205-207.
57) 국경조약과 의정서 전문은 다음을 참조. 이종석, 『북한-중국관계: 1945-2000』(서울: 중심, 2002), pp.318-343.

IV. 동북공정의 평가

동북공정 문제를 대처하는 과정에서 한국도 사려 깊은 분석을 통해 역사의식을 고양하고 정확한 정보를 추구하면서 세련된 공론의 장을 구축하지는 못했다. 따라서 중국의 역사인식과 역사해석을 비판하기 위해서는 사실과 해석, 정치와 학술, 역사와 영토문제 사이의 복잡한 관계를 과도하게 단순화하는 태도를 지양할 필요가 있다.[58] 이런 점을 고려할 때 동북공정과 동북공정에 대한 한국 내 '평가의 평가'가 필요하다.

첫째, 동북공정의 정치성에 대한 논란이다. 동북공정은 중국의 부인에도 불구하고 그 정치적 의도를 간과할 수 없다. 그러나 중국정부가 막대한 비용을 들여 국무원 산하 연구소를 통해 권력핵심부가 정교하게 기획한 시나리오인가 하는 점이다. 이에 대한 한국의 해석은 대체적으로 동북공정을 주관한 '변강사지 연구소'가 속해 있는 중국사회과학원이 국무원 직할 연구기구이고 당시 후진타오 국가부주석이 이 사업을 비준했으며 막대한 예산을 사용했다는 것에 근거한다. 그럼에도 불구하고 동북공정이 국가의 역사서술방침이라는 가이드라인이나 비준을 받아 진행되었다는 해석은 여전히 근거가 부족하다. 또한 당의 이론과 선전라인을 관장하던 당시 후진타오 부주석도 적극적 기획자라기보다는 최종결재 라인에 있었다는 것이 정치적 사실에 가깝다. 막대한 비용의 문제도 고구려 유적지 주변의 도시계획까지 포함된 것으로 실제로 중국 측이 주장하는 1,500만 위안(25억원) 수준과는 현격한 차이가 있다. 그리고 중국정부의 한반도 고대사에 대한 관심은 방치해 두었던 동북지역의 역사에 대한 한국의 반응이 예사롭지 않게 나타나고, 1995년 북핵위기가 발생하자 이에 대한 방어와 연구의 필요성을 느꼈던 계기적 측

---

58) 동북공정에 대한 영문표기에 대해서도 한국학계에서는 한때 China's Northeast Asia Project라고 표기하기도 했으나 China's Northeast Project로 정리되고 있다. 그러나 중국의 공식영문 명칭은 The Research Project of Northeastern China로 사용하고 있다. 중국의 표현은 보다 지역연구 프로젝트라는 성격을 강조한 것이고 한국에서는 보다 넓은 의미로 동북공정을 해석하고 있다.

면도 있었다.[59] 변강사지 연구센터가 동북공정을 하게 된 목적에서도 이러한 견해가 나타난다.

> 동북아의 정치 경제적 지위가 상승함에 따라 동북지역은 동북아의 중심 지역으로 중요한 전략적 지위를 차지하게 되었다. 그러한 상황에서 일부 국가의 연구기구와 학자들이 역사 관계에 대한 연구에서 사실을 왜곡하고 정객들이 정치적 목적으로 잘못된 이론을 공개적으로 선전하여 혼란을 조성하여 동북변강역사와 현상연구는 많은 도전에 직면하게 되었다. 그것이 동북변강 역사와 현상에 대한 학술 연구에 일련의 새로운 과제를 제공하였다.[60]

다시 말해서, 중국은 한국과 북한의 역사 연구가 정치적 목적을 가진 것으로 판단하고, 그것이 현실의 위기에 편승하여 현실정치의 문제로 비화되는 것에 대비하는 측면이 있었다. 이것은 영토와 국경 문제가 현실정치의 문제로 전화될 수 있는 역사적 유산이 남아있다는 전제하에 역사 문제에 대한 전반적 재검토에 들어 간 것이라고 할 수 있다.

둘째, 북한 급변사태와 같은 한반도 유사시에 영토적 근거를 주장하기 위한 이론적 준비작업이라고 보는 것이다. 이 근거로 동북공정 응용사업에「한반도 통일과정 및 그것이 우리나라에 미치는 영향」등의 프로젝트가 포함되어 있는 것을 지적하고 있다. 그러나 북한 급변사태에 대한 대비는 한국을 포함한 주변 국가들의 오랜 관심사이고 이미 '작전계획' 등을 통해 면밀하게 준비하고 있는 것에 비추어 보면 물론 중국도 이 부분에 대해 아무런 준비가 없다고 보기는 어렵다. 그러나 이것이 동북공정이 이 문제를 직접적

---

59) 1996년 중국사회과학원이 추진한 동북지역변경지역 문제에 대한 연구에서 비롯되었다. 이 일환으로 작성된 <한반도와 정세변화와 동북지역의 안정문제>에 관한 세 차례의 연구보고서를 통해 동북변경 지역연구의 필요성을 제기한 바 있다. 이어 2000년 <동북변강의 민족역사와 현황연구의 전개>에 대한 중앙의 동의를 얻은 후에 진행된 것은 사실이다. 이에 대해서는 다음을 참조. 전병곤, "중국 동북공정의 정치적 함의,"『중국연구』, 38권(2006), pp.362-363.

60) http://www.chinaborderland.com/cn/company/create/page024.htm?siteid=1&lmid(검색일: 2006년 10월 4일)

인 목표로 삼았다는 것은 과도한 일반화이다. 실제로 북한의 급변사태 (implosion 또는 explosion)에 대한 중국의 연구관심은 북한핵실험과 미사일 발사 이후 본격화되었다고 볼 수 있다.[61] 그리고 동북공정이 한반도 유사시를 염두에 둔 정치적 프로젝트였다면 주관단위도 국방부나 중앙당교 등에서 비공개적으로 전개되었을 가능성이 크다. 실제로 이 용용프로젝트의 결과가 출판되지 않은 것은 내용의 민감성보다는 연구수준이나 내용의 빈약성과 관련되어 있다고 볼 수도 있다. 이렇게 보면, 중국은 역사 그 자체보다는 변경 안정화 작업의 일환으로 이 문제에 접근했기 때문에 중국사회과학원 산하의 세계사연구소나 역사연구소가 아니라 변강사지연구센터가 주관했다고 볼 수 있다. 물론 이러한 해석이 '국가통일, 민족단결, 변경의 안정'이라는 동북공정의 내밀한 정치적 의도 자체를 누락시켜야 한다는 것까지 합리하는 것은 아니다.

셋째, 계기적 요인이다. 1992년 수교 이후 중국여행이 자유화되면서 동북지역과 백두산을 여행하면서 한국인들 일부가 공공연히 '고토회복' 문제를 제기한 바 있다. 이것은 영토문제를 주권문제로 간주하고 비타협적 입장을 취하고 있는 중국을 자극한 측면이 있었다. 2001년 만주를 한국영토로 회복하려고 했던 '다물운동' 등 한국 민간단체의 움직임도 하나의 사례이다. 이처럼 대응양식이 역사의 차원을 국가주권, 영토주권의 차원으로 확장되면서 중국의 지방정부와 지방당위원회에서는 이 문제를 예의 주시한 측면이 있었다.[62] 일례로 2001년 북한이 고구려 벽화고분군을 세계문화유산으로 신청한 것이 직접적으로 중국을 크게 자극하였다. 그 결과 중국은 다양한 문물복원 작업을 벌이는 한편 국제사회에 대한 적극적인 노력을 기울인 끝에, 북한

---

61) 북한급변사태에 대한 중국의 태도는 주도적으로 개입하기보다는 주한미군이 3.8선을 넘는 문제, 북한체제의 관리방식, 탈북난민에 대한 처리 등에 대한 합의가 있으면 협력적 자세를 취할 가능성이 높은 것으로 보인다. 중국의 한반도문제 전문가 연쇄 인터뷰 국방부 고위관리 S, 당 주요간부 W, 전직주요국 대사 D (2007년 4월 23~24일).

62) 이러한 우려는 "몇몇 정객이 정치적 목적으로 여러 가지 잘못된 논리를 공개적으로 펼치면서 혼란을 초래한다"는 주장으로 나타났다. www.chinaborderland.com(검색일: 2004년 9월 20일)

내 고구려유적이 단독으로 세계문화유산으로 등재되는 것을 막았다. 이어 2002년 중국 내 고구려유적을 세계문화유산으로 신청했고, 그 결과 2004년 7월 1일 쑤저우에서 열린 유네스코 세계유산위원회(WHC) 28차 연차회의에서 중국과 북한의 고구려유적을 동시에 세계문화유산으로 등재하기에 이르렀다.

넷째, 중국내부의 학술연구조직의 문제이다. 중국 학술계에서는 대통일 천하관념과 국민국가와의 부정합성을 통일하려는 시도가 있었고, 북한과 중국의 우호관계를 고려하여 고대 동북사 연구에서 내부적으로 존재했던 금기가 부분적으로 풀리기 시작한 상태에서 역사연구의 공간이 확대되었다.63) 이것은 1980년대 이래 내부적으로 정리해 온 한국고대사 관련 역사인식을 공개화하는 의미도 지니고 있었다. 또한 변강사지연구센터와 고구려 연구자들 사이의 프로젝트 확대를 통해 부문적 이익을 경쟁적으로 확보하고자 한 측면도 있었다. 특히 동북지방에 소외되어 있던 지방학자들이 정치적 목적과 공명심으로 인해 동북공정의 의의를 자가 발전시킨 측면도 있었다. 즉 동북공정의 의제확대가 중국사회과학원과 변강센터 및 동북지역 연구기관의 부문이익을 관철할 수 있었다.

뿐만 아니라 대외문제에 관련된 프로젝트는 중앙의 재정지원을 받을 수 있었기 때문에 지방 연구자들이 고대사 부분을 정치적으로 과대해석한 측면도 있었다. 다시 말해 부문이익을 위해 추진주체들이 의도적으로 정치화하자 중앙정부가 이를 추인하면서 증폭된 측면도 있었다. 이에 대해서는 동북사지를 중심으로 동북공정의 후속결과를 이어가고 있다는 새로운 비판도 있다.64) 즉, 동북사지연구 총서가 지린성 인민출판사에서 출판하고 중국사회

---

63) 장웨이둥은 한국의 고구려사 연구가 일본의 동양사연구의 영향을 받았으며, 한국의 고구려사 연구가 국내정치에 복무하는 경향이 있다고 주장하기도 했다. 姜維東, "高句麗研究的若幹問題," 馬大正 主編 『中國東北邊疆研究』(北京: 中國社會科學出版社, 2003), pp.155-157, 160.

64) 예컨대 서길수 교수는 '중국 동북공정 5년의 성과와 전망'이라는 발표문을 통해 특히 지린성 사회과학원이 출판하고 있는 『東北史志』를 주목하고 "동북공정에서는 고구려와 관련해 5편의 연구과제가 채택된 것에 반해 '동북사지'는 20배가 넘는 106편의

과학원 변강사지연구센터가 지도하고 지린성 사회과학원 규획영도소조 판공실이 지원하고 있다. 이러한 견해는 사실에 기초하고 있다. 그러나 세계문화유산이 지린성에 집중되어 있고 문헌연구와 유물연구를 결합할 필요가 있어 '학문적 책임을 학자 스스로가 지는 방식(文責自負)'도 새롭게 대두하는 것을 동시에 주목할 필요가 있다.[65]

다섯째, 향후 전개방식에 관한 문제이다. 이에 대해서는 동북공정의 결과를 역사교과서에 반영하여 청소년의 정치사회화에 영향을 미칠 것인가 하는 점이다. 일부 한국 내에서 중국이 중고등학교 실험용 교과서에서 한국 고대사를 의도적으로 누락시키고 그 결과를 다시 정식 교과서에 반영할 것이라는 견해가 있다. 이것은 중국의 한반도 북부경영에 대한 행동을 본격화하기 위한 정비작업이라는 견해로 나타나고 있다. 그러나 동북공정의 결과물은 중국학계의 보편적 역사인식이나 당정의 지침 속에서 일관되게 나타난 것은 아니다. 2006년 10월 이후 출간되는 한국고대사 관련 서적에서는 여전히 고구려가 한국사에 속한다는 견해가 적시되어 있다.[66] 또한 2006년 5월 한국학중앙연구원이 중학교 역사교과서의 오류시정을 요구하였고 2006년 가을학기용 중학교『세계역사』9학년 책에는 이러한 내용들이 반영되어 기술

논문을 실었다"고 밝히고 "고조선 관계 논문이 한 학술지에 3년간 9편이나 실린 것은 우리나라에서도 흔치 않은 현상"이라고 강조했다. 또한 동북공정을 실질적으로 이끌어가는 전문가위원회 위원인 장푸유(長福有)가『東北史志』사장으로 취임한 점을 들며 중국이 동북공정으로 비판의 시선이 쏠려있는 사이『東北史志』를 통해 우회연구를 해왔음을 쉽게 알 수 있다고 지적했다. 서길수, "중국 동북공정 5년의 성과와 전망,"『중국 동북공정 5년의 성과와 전망』발표자료집(2006).

65) 이에 대해서는『東北史志硏究叢書』시리즈의 공통서문을 참고할 것. 劉矩·姜維東,『唐征高句麗史』(長春: 吉林人民出版社, 2006). 동북사지 연구총서의 주임은 전문가위원회 위원인 장푸유(長福有)와 지린성 사회과학원 원장인 빙정(邴正)이 공동으로 맡고 있다.

66) 2007년 5월 한중 양국에서『열국지』논쟁이 벌어진 바 있다. 즉 중국사회과학원 문헌출판사가 2005년 11월에『열국지』한국편에서는 고조선과 고구려사를 한국사로 기술하였다. 이를 둘러싸고 개인적인 학문적 견해라는 시각과 중국정부의 입장과는 동떨어진 것이라는 견해가 대립되었다. 이에 대해서는 董向榮,『列國志: 韓國(KOREA)』(北京: 社會科學文獻出版社, 2005); 汪高鑫 程仁桃,『東亞三國古代關係史』(北京: 工業大學出版社, 2006), pp.11-51.

되어 있다. 다시 말해 2004년 이후 한국 측의 요구에 따라 중국이 한국고대
사 관련내용을 수정하거나, 일부 실험용 교과서에 한국의 요구를 반영한 사
례도 있다는 점이다. 그리고 한국 고대사를 교과서에서 누락시킨 것도
APEC 시대 등 중국현대사의 서술비중을 늘리고 중국사와 세계사를 통합하
고 이를 분류사의 방법을 택하는 과정에서 나타난 것이라는 점도 함께 고려
할 측면도 있다.

V. 결론을 대신하여: 정책적 함의

중국의 역사학계가 동북공정을 이용하여 고구려사를 중국사의 일부라고
주장하는 것은 현재의 중화인민공화국이라는 국경에 과거 '중국'이라는 유
구한 역사를 편입하는 역사인식의 빈곤을 드러내는 것이다.[67] 특히 동북공
정이 전개되는 과정에서 정치적 논란을 확장하면서 하나의 역사에 두 개의
해석이 존재할 수 있다는 유연한 입장도 정치적 영향을 받아 위축되고 있다.
일반적으로 어느 국가의 위협은 능력과 의도의 곱셈식으로 구성되지만 상대
국, 특히 소국이 느끼는 주관적 인식은 이것과는 별도로 작동하는 것이다.
이런 점에서 한국판 중국위협론의 등장은 근거 없는 억측이라기보다는 중국
이 동북공정을 다루는 태도가 가져다 준 정치적 결과이거나 중국의 매력공
세(charming offensive)라는 새로운 외교노선이 한국에서 뿌리 내리지 못했다
는 것을 의미한다.[68]

그러나 적어도 '이미 정치화된 역사문제'를 접근할 때에는 몇 가지 세심

---

67) 이에 대한 인식으로는 김한규, "중국과 중화인민공화국 사이," 임지현 엮음, 『근대의
국경 역사의 변경』(서울: 휴머니스트, 2004), pp.269-271.

68) 실제로 중국은 1997년 외환위기 당시 위안화 평가를 제제하고 6자회담의 주도국으로
한반도문제에서 한반도의 평화와 안정, 평화적 해결을 주장하기도 했다. 이를 통해
결과적으로 한반도에서의 중국의 영향력이 제고되는 결과를 가져왔다. Joshua
Kurlantzick, *Charm Offensive: How China's Soft Power is Transforming the World*
(New Heaven: Yale University Press, 2007), pp.3-36, 55.

하고 객관적인 사실에 대한 분석이 필요하다. 즉, 중앙정부가 기획단계에서 정교한 의도를 가지고 동북공정을 추진했는가? 그것이 사실이라면 그것의 중앙정부의 의도와 목표는 무엇인가 하는 점이다. 이 평가에 대한 해석은 합리적이고 현실적인 대응을 수립할 수 있는 가장 기본적인 출발이다.

다시 말해 동북공정이 북핵 이후 한반도 영토분할 가능성까지 염두에 두고 사전에 역사분쟁을 제기하여 선점효과를 목표로 한 고도의 정치적 기획이라면, 한국이 이 문제를 해결하는 데 있어 절충주의가 개입될 여지는 크게 없다. 그러나 중국이 동북진흥의 일환으로 동북변경에 대한 역사연구를 시작하고 민감해진 동북의 국경을 안정적으로 관리하기 위한 '방어적 측면'이 있었다면, 이를 외교문제로 확산할 경우 상당한 정치적 비용을 지불하게 된다. 양국의 외교관계에서는 하나를 얻으면 하나를 잃게 되는 교환관계가 작용하기 때문이다. 즉, 역사적 정체성에 대한 재확인을 위해 많은 기회비용을 지불해야 하는 것이다.

그리고 역사분쟁의 기원이 중앙정부의 치밀한 가이드라인보다는 지방 역사학자들의 주장을 중앙이 수동적으로 수용한 것이라면, 한국의 대응방식도 중앙정부의 지방기구에 대한 합리적인 감독과 통제, 그리고 왜곡된 역사관을 교과서에 반영하는 것을 방지시키는 현실적 접근이 유효할 것이다. 왜냐하면 역사문제가 양국관계를 악화시키기도 하지만 양국관계가 나빠질 때마다 이 문제가 표면위로 등장하는 속성을 지니고 있기 때문이다. 이것은 우리에게 동북공정에 대한 즉자적 문제제기를 재검토하고 합리적인 대응을 모색할 필요가 있다는 것을 함축해준다.

첫째, 우선 중국의 고구려사, 발해사에 대한 중국의 역사인식 빈곤을 지속적으로 문제 삼아야 한다. 중국은 풍요롭고 화려했던 중국역사를 오늘의 중화인민공화국이라는 근대국가의 틀로 묶어내려는 '비역사적' 태도를 취하고 있다. 중국은 55개의 소수민족이 있고 14개국과 국경을 맞대고 있으며, 여전히 미완의 국민국가로 남아있기 때문에 오늘의 중국영토 안에 있는 모든 역사는 모두 중국의 역사, 중국의 지방정권이라는 성급한 결론을 내리고 있다. 더구나 '하나의 역사는 두 가지로 사용될 수 있다(一史兩用)'는 초기의 유연한 입장마저 거두어들인 상태이다. 따라서 한국은 중국의 역사관이 주변국가와 선린우호관계를 유지하고자 하는 중국의 새로운 외교노선과 모순된다는 점을 지속적이고 반복적으로 제기할 필요가 있다.

둘째, 구체적으로는 중국 교육부에서 제정한 교과서 서술지침인 「역사과정표준」을 바꾸는 데 주력해야 할 것이다. 「역사과정표준」은 교과서 내용을 결정하는 가장 기본적인 지침이다. 동아시아 고대사가 중국 세계사 교과서에서 축소된 지침도 여기에 따른 것이다. 중국은 2001년 「역사과정표준」에서 이미 한국사 관련내용을 수정하였고 2004년 가을학기용 실험용 교과서에도 근대 이전의 한국사 내용을 삭제한 바 있다. 따라서 「역사과정표준」을 수정하지 않는 한, 세계사 교과서에 한국고대사가 들어설 여지가 크지 않다. 심지어 실험용 교과서에는 한국을 중국을 번속국(藩屬國)으로 기술했는 데 이것은 미래지향적 역사서술이라기보다는 복고적이라고 볼 수 있다. 따라서 동북공정이 한시적 사업이고 일부 중국역사학계의 인식의 빈곤을 드러낸 것이라면, 「역사과정표준」은 미래세대를 정치사회화하는 과정에서 역사왜곡을 구조화할 수 있다는 점에서 이 문제에 대한 세심한 접근이 중요하다.

셋째, 영토와 역사문제를 분리하는 방법이다. 한국 시민사회 일부에서 동북공정에 대한 강력한 외교적·정치적 압력이 소기의 성과를 거둔 것에 고무되어 이를 간도문제나 백두산의 영토문제로 접근하는 것은 현실적인 문제의식이 아니다. 더구나 이 문제가 국경을 직접 맞대고 있는 북한의 침묵 속에서 제기되고 있는 것이 우려스럽다. 무엇보다 '주권이 인권에 우선한다'는 중국의 비타협적 주권관과 마찰을 일으킬 가능성이 있고, 이것은 한중관계를 악화시키는 변수가 될 것이다. 물론 한국사회에서 고구려사가 한국의 민족정체성과 관련된 양보할 수 없는 것이라는 것을 지속적으로 강조하는 것은 중국에게 이 사안의 민감성을 환기시키는 데 유효하다. 그러나 중국이 '백두산'을 세계문화유산과 세계지질유산에 등재시키고 2012년 동계올림픽을 유치하는 등 백두산을 관광벨트화하는 것에 대한 한국의 정서적 반응과 정치적 현실을 구분해서 접근할 필요가 있다.

넷째, 우리 내부에 과도하게 내면화된 민족주의를 풀어내고 역사연구의 조건을 혁신할 필요가 있다.[69] 오늘날 우리 사회는 형질적·문화적 영속성을 근거로 고구려사를 한국사의 일부로 보는 경향도 있었고, 이를 통해 역사적 정통성을 계승하는 관점이 투영되어 나타나기도 했다. 한국의 중고등학교 교과서에도 중국사를 왕조반복사로 기술하고 있는 데 이것은 또 하나의 오리엔탈리즘이라고 할 수 있다. 그리고 엄밀한 의미에서 한국고대사 문제를 둘러싼 학문적 토론에서 우리 역사학계가 일방적인 우위에 서있다고 보기도 어렵다. 왜냐하면 주요한 고대사 관련 유적이 중국지역에 있고, 한국학이나 고대사 영역의 학문후속세대 양성이 척박하기 때문이다. 이런 점에 비추어 볼 때, 한국학계가 중국의 연구성과에 대한 문제제기를 하는 수준이 아니라 스스로의 고대사의 체계를 세워나가는 데에는 여전히 한계가 있다.

다섯째, 연구담론을 동아시아 지평으로 확장하는 문제이다. 사실 동아시아 공동체가 어려운 이유는 국가를 넘어 지역을 상상하는 인식이 부족했기 때문이다. 즉 동아시아 각국의 '국민'으로 살면서도 아시아인(Homo Asiaticus)으로 스스로의 이중 정체성을 규정해 본 적이 거의 없었다.[70] 오히려 암암리에 스며든 종족적 민족주의의 과잉이 문제해결을 어렵게 하는 경우가 쉽게 발생했다. 따라서 일본의 역사교과서 왜곡이나 중국의 개발민족주의의 유혹도 문제지만, 우리사회의 동원적 민족주의 과잉도 성찰적으로 진단해 보아야 할 것이다. 한중일 3국이 공동으로 편찬한 『미래를 여는 역사』[71]를 고대사 영역까지 확장하는 시도가 의미 있는 이유도 여기에 있다.

요컨대 한중관계는 승자독식의 규칙이 작용하지 않는다. 따라서 현재의 전면적 협력 동반자관계를 '전략적 관계'로 격상하는 과제를 역사문제와 연계할 필요도 있다. 즉, 한미관계와 한중관계의 비대칭성도 이러한 역사문제

---

69) 물론 이에 대해서도 어떤 동아시아인가, 동아시아의 주어가 무엇인가 하는 논쟁은 여전하다. 동북공정에 대한 국내학계의 대응논리에 대한 개괄은 송기호, 『동아시아의 역사분쟁』(서울: 솔, 2007), pp.292-307.

70) 이희옥, "중국의 대북한 정책의 함의: 동북4성론 논란을 포함하여," p.10.

71) 東亞三國的近現代史共同編寫委員會, 『東亞三國的近現代史』(北京: 社會科學文獻出版社, 2006).

에 있다는 것을 주지시키는 한편 중국이 '책임대국'으로서의 품위와 격을 가질 수 있도록 유인하는 정책이 필요할 것이다. 한국정부도 중국에 대한 과도한 '민주평화론'의 논리로부터 벗어나 한 차원 높은 관계를 맺는 방식을 고민해야 할 것이다.

‖참고문헌

김우준·김예경. "중국의 대내외 전략과 동북공정."『세계지역연구논총』, 22집 2호. 2004.

김한규. "중국과 중화인민공화국 사이." 임지현 엮음.『근대의 국경 역사의 변경』. 서울: 휴머니스트, 2004.

서길수. "중국 동북공정 5년의 성과와 전망."『중국 동북공정 5년의 성과와 전망』 발표자료집. 2006.

송기호.『동아시아의 역사분쟁』. 서울: 솔, 2007.

신형식. "중국의 동북공정의 허실."『백산학보』, 67. 2003.

윤명철.『역사전쟁』. 파주: 안그라픽스, 2004.

이종석.『북한-중국관계: 1945-2000』. 서울: 중심, 2002.

이희옥. "동북아 시민사회 교류와 공동체적 지역통합." 한국동북아지식인연대 편.『동북아공동체를 향하여』. 서울: 동아일보사, 2004.

_____. "한반도 문제와 중국역할: 의미와 한계."『한국과 국제정치』(여름). 2004.

_____. "중국의 국가전략: 전면적 소강사회 건설을 중심으로."『한국과 국제정치』, 21(1). 2005.

_____. "중국의 동북공정의 논리와 추진체계." 이개석 외.『동북공정과 중화주의』. 서울: 고구려연구재단, 2005.

_____. "중국의 대북한 정책의 함의: 동북4성론 논란을 포함하여."『현대중국연구』, 8(1). 2006.

_____.『중국의 국가대전략연구』. 서울: 후마니타스, 2007.

전병곤. "중국 동북공정의 정치적 함의."『중국연구』, 38권. 2006.

정환우. "동북3성 지역의 발전여건과 동북진흥정책."『중국연구』, 38권. 2006.

쩡삐젠 (이희옥 역).『중국 평화부상의 새로운 길』. 오산: 한신대 출판부, 2007.

姜維東. "高句麗研究的若幹問題." 馬大正 主編. 『中國東北邊疆研究』. 北京: 中國社會科學出版社, 2003.

寧一·冬寧. 『東北昨整』. 北京: 當代世界出版社, 2004.

唐世平. "朝鮮半島的演變和東北亞的未來." 『塑造中國的安全環境』. 北京: 中國社會科學出版社, 2003.

東亞三國的近現代史共同編寫委員會. 『東亞三國的近現代史』. 北京: 社會科學文獻出版社, 2006.

董向榮. 『列國志: 韓國(KOREA)』. 北京: 社會科學文獻出版社, 2005.

劉矩·姜維東. 『唐征高句麗史』. 長春: 吉林人民出版社, 2006.

李熙玉. "東北亞歷史問題與和平合作的議題." 『當代韓國』(秋季號). 2006.

孫進己(서길수 역). "고구려의 귀속문제에 관한 몇 가지 논쟁의 초점." 『고구려연구』, 15. 2003.

孫進己(임동석 역). 『동북민족원류』. 서울: 동문선, 1992.

汪高鑫·程仁桃. 『東亞三國古代關係史』. 北京: 工業大學出版社, 2006.

張威威. "韓國高句麗史問題評論綜述." 『國際資料信息』(9.27-31). 2004.

全哲洙. "開展東北邊疆問題研究的幾個問題." 馬大正 主編. 『中國東北邊疆研究』. 北京: 中國社會科學出版社, 2003.

中國社會科學院學術委員會編. 『21世紀初中國面臨的重大理論和對策問題』. 北京: 中國社會科學文獻出版社, 2003.

焦潤明. "解決邊界爭議的法理原則." 馬大正 主編. 『中國東北邊疆研究』. 北京: 中國社會科學出版社, 2003.

邴正. "當代社會發展與中國東北社會結構的變遷." 馬大正 主編. 『中國東北邊疆研究』. 北京: 中國社會科學出版社, 2003.

Chang, Maria Hsia. *Return of the Dragon: China's Wounded Nationalism.* Boulder: Westview Press, 2002.

Evan, Medeiros S., and Taylor M. Fravel. "China's New Diplomacy." *Foreign Affairs,* 82(6) (Nov./Dec.). 2003.

Gilley, Bruce. "China Should Invade North Korea." *Asian Wall Street Journal.* 2004.

International Crisis Group. "China and North Korea: Comrades forever?" *International Crisis Group Asian Report* No.112. 2006.

Kim, Samuel S., and Tai hwan Lee. "Chinese-North Korean Relations: Managing Asymmetrical Interdependence." S. Samuel Kim and Tai Hwan Lee, eds. *North Korea and Northeast Asia*. New York: Rowmam & Littlefield Publishers, 2003.

Kurlantzick, Joshua. *Charm Offensive: How China's Soft Power is Transforming the World*. New Heaven: Yale University Press, 2007.

Lee, Heeok. "China's Northeast Project and South Koran-Chinese Relations." *Korea Journal* 45(2) (Summer). 2005.

_____. "China's Northeast Project: Political Backgrounds and Implications." *East Asian Review*, Vol.18, No.4(Winter). 2006.

_____. "Korea-China Relations: Present Condition and Future Prospects." Su-Hoon Lee. *Security and Foreign Policy of the ROK Government*. Seoul: Happyreading, 2007.

Peng, Yuan. "U.S-China Relations: Two Possibilities, One Option." *Brookings Northeast Asia Survey 2003-2004*. Washington, D.C.: Brookings Institute, 2004.

Shambaugh, David, ed. *Power Shift: China and Asia's New Dynamics*. Berkely and London: University of California Press, 2006.

Shenkar, Oded. *The Chinese Century*. New Jersey: Wharton School Publishing, 2005.

Shim, Jae-yun. "Diplomatic Rows Feared After Court Orders Revision of Ethnic Koreans Law." *Korean Times* (Nov. 31). 2001.

Shutter, Robert G. *China's Rise in Asia: Promises, Prospects, and Implications for the United States*. Honolulu: Asia-Pacific Center for Security Studies, 2005.

Zacher, March W. "The Territorial Integrity Norm: International Boundaries and the Use of Force." *International Organization* 55(2) (Spring). 2001.

Asian Wall Street Journal.
Christian Science Monitor.
Korean Times.
Times.

『光明日報』.
『동아일보』.
『연합뉴스』.
『중앙일보』.
『한겨레신문』.

◈색 인◈

◆편자 및 필자 소개◆

▌편자 소개 ··

전성흥(全聖興)

서강대학교 정치외교학과를 졸업했으며, 대만 復興崗 政治硏究所 석사를 거쳐 서강대 정외과에서 정치학 박사학위를 취득했다. 한양대학교 중소연구소 연구원과 동덕여자대학교 중국학과 교수를 역임했으며, 현재 서강대학교 정치외교학과 교수로 재직 중이다. 전공분야는 중국의 농촌개혁, 지방정치과정, 한중관계 등이며, 주요 연구로는 "중국 정치체제 변화의 회고와 전망"(2002), 『전환기의 중국 사회 I, II』(편서, 2004), "중국 자본주의의 발전과 세계정치에서의 위상"(2005), 『중국모델론』(편서, 2008), 『중국의 권력계승과 정책노선』(공편, 2008) 등이 있다.

이종화(李鍾華)

충남대학교 중어중문학과를 졸업했고 한양대학교 국제학대학원에서 석사학위를 받았으며, 베이징대학교 정치학과에서 정치학 박사학위를 취득했다. 서울대 외교학과 박사 후 연구원과 서강대 동아연구소 전임연구원을 거쳐 현재 목원대학교 중국학과 교수로 재직 중이다. 주요 연구로는 "중국의 중앙-성급정부간 관계변화에 관한 교환네트워크분석"(2006), "중국 지역발전전략의 특징과 함의"(2007), "중국 산시성과 쓰촨성의 자율성 편차에 관한 비교연구"(2007), "경제개혁에 관한 중국식 분권화와 지방정부 역할의 재조명"(2008) 등이 있다.

▌필자 소개(가나다순) ···

리페이린(李培林)

산동대학에서 철학을 전공했으며 졸업 후 프랑스 Lyon 대학에서 사회학 석사 과정을 거쳐 Paris-Ⅰ 대학에서 사회학 박사학위를 받았다. 사회과학원 사회학 연구소의 연구원을 거쳐 현재 중국 사회과학원 교수로 재직 중에 있으며, 주요 학술성과로는 "Great Transformation: The End of Villages, A Study of Villages in the City"(2002, chinese), "Economic Status and Social Attitudes of Migrant Workers in China"(2007) 외 다수의 논문과 저서가 있다.

먼홍화(門洪華)

산동대학에서 영미문학을 전공했으며, 베이징대학 국제관계학원에서 법학박사 학위를 받았다. 칭화대학 공공관리학과에서 박사 후 연수를 거쳐 중공중앙 당교의 국제전략연구소의 연구원을 역임했다. 현재 중공중앙당교의 교수로 재직하고 있다. 주요 연구성과로는 "霸权之翼: 美国国际制度战略"(2005), "中国软实力评估报告"(2007), "中年观念变革的战略路径"(2007) 등이 있다.

문흥호(文興鎬)

한양대 정치외교학과를 졸업하고 대만 復興崗 政治硏究所 석사, 한양대 정치외교학과 박사학위를 받았다. 통일연구원 책임연구원, 서원대학교 정치외교학과 교수, 미국 University of Oregon 정치학과 초빙 교수를 역임하고 현재 한양대 국제학대학원 중국학과 교수로 재직 중이다. 주요 저서로는 『13억의 미래』(1996), 『중국의 대외전략과 한반도』(2006), 『대만문제와 양안관계』(2007), 등이 있으며 주요 논문으로는 "전환기의 중, 일관계와 대만문제"(2006), "중국의 대중남미정책과 중, 미관계"(2006), "중, 미관계와 대만문제"(2008) 등이 있다.

은종학(殷鍾鶴)

서울대학교 국제경제학과(경제학사)와 동 대학 국제대학원에서 석사(경제학 석사)를 했으며, 중국 淸華대학 기술경제경영학과에서 경영학 박사학위를 취득했다. 중앙일보 신문기자, LG경제연구원 중국팀 선임연구원, 그리고 대외경제정책연구원(KIEP) 중국팀 부연구위원을 거쳐 현재 국민대학교 국제학부 중국학 전공 조교수로 재직하고 있다. 주요 연구 성과로는 "Explaining the 'University-run enterprises' in China: A theoretical framework for university – industry relationship in developing countries and its application to China"(2006), "중국의 과학기술 역량에 대한 재고: 신 슘페터리안 관점"(2007), "중국 대학의 과학연구와 기술상업화"(2008) 등이 있다.

▌필자 소개(가나다순) ···

이동률(李東律)

한국외국어대학교 중국어과를 졸업하고 동 대학 아시아지역학과에서 정치학 석사를 받은 이후 중국 베이징대학교 국제관계학원에서 정치학 박사를 취득했다. 외교안보연구원 연구원과 Columbia University 방문교수를 거쳐 현재는 동덕여대 중어중국학과 교수로 재직 중에 있다. 주요 연구 성과로는 『중국의 영토분쟁』(공저, 2008), "유엔에서의 중국 외교행태에 대한 실증연구: 안보리 표결행태를 중심으로"(2007), "중국 정부의 티베트에 대한 중국화 전략: 현황과 함의"(2006), "수교이후 한중정치관계의 회고와 전망: 중국외교전략의 변화를 중심으로"(2002) 등이 있다.

이희옥(李熙玉)

한국외국어대학교 중국어과를 졸업했으며, 동대학원 국제관계학과에서 "현대중국의 이데올로기 수정연구"(1993)이라는 논문으로 정치학 박사학위를 받았다. 베이징대 교환 연구원, 중국 해양대학 초빙교수, 길림성 사회과학원 객좌교수, Univ. of Washington 방문교수, 한신대학교 교수를 거쳐 현재는 성균관대 정치외교학과 교수로 재직 중에 있다. 주요 연구저서로 『중국의 새로운 사회주의 탐색』(2004), 『중국의 국가대전략연구』(2007) 등이 있다.

조영남(趙英男)

서울대 동양사학과를 졸업하고 동 대학원 정치학과에서 석·박사학위를 취득하였다. 중국 북경대학(北京大學) 현대중국연구센터에서의 객원연구원 그리고 서울대학교 한국정치연구소 상임연구원을 거쳐 중국 남개대학(南開大學) 정치학과와 미국 하버드-옌칭연구소(Harvard-Yenching Institute)의 방문학자로 연구활동을 지속하였으며, 현재는 서울대학교 국제대학원 부교수로 있다. 주요 연구성과에는『중국 정치개혁과 전국인대: 개혁기 구조와 역할의 변화』(2000),『중국 의회정치의 발전』(2006),『후진타오 시대의 중국정치』(2006), "Local People's Congresses in China: Development and Transition"(2008) 등이 있다.

지만수(池晚洙)

서울대학교 경제학과를 졸업했으며 동 대학원에서 경제학 석·박사 학위를 취득했다. LG경제연구원 책임연구원을 거쳐 현재는 대외경제정책연구원 연구위원으로 재직 중에 있다. 주요 연구성과에는『한국기업의 대중투자: 변화, 전략, 성과』(2007),『중국의 산업고도화와 기업성장의 현황과 시사점』(공저, 2005),『중국진출 한국기업의 경영실태와 시사점』(공저, 2004) 등이 있다.

현대중국연구총서 1

중국의 부상
동아시아 및 한중관계에의 함의

초판 1쇄 발행: 2008년 10월 25일
초판 2쇄 발행: 2009년 8월 27일

엮은이: 전성흥·이종화
발행인: 부성옥
발행처: 도서출판 오름
등록번호: 제2-1548호 (1993. 5. 11)

서울특별시 서초구 서초동 1420-6 통일시대연구소빌딩 301호
전화: (02) 585-9122, 9123 / 팩스: (02) 584-7952
E-mail: oruem@oruem.co.kr
URL: http://www.oruem.co.kr

ISBN 978-89-7778-303-4   93340   정가 15,000원

* 잘못된 책은 교환해 드립니다.